国家出版基金项目
NATIONAL PUBLICATION FOUNDATION

欧亚历史文化文库

总策划 张余胜
兰州大学出版社

国外敦煌学、藏学研究

——翻译与评述

丛书主编 余太山

杨铭 编

图书在版编目（CIP）数据

国外敦煌学、藏学研究：翻译与评述／杨铭编．——
兰州：兰州大学出版社,2012.5
（欧亚历史文化文库／余太山主编）
ISBN 978-7-311-03914-1

Ⅰ.①国… Ⅱ.①杨… Ⅲ.①敦煌学—研究—国外②
藏学—研究—国外 Ⅳ.①K870.64②K281.4

中国版本图书馆 CIP 数据核字（2012）第 101047 号

总 策 划　张余胜

书　　名　国外敦煌学、藏学研究
　　　　　　——翻译与评述
丛书主编　余太山
作　　者　杨　铭 编
出版发行　兰州大学出版社　（地址：兰州市天水南路 222 号　730000）
电　　话　0931－8912613（总编办公室）　　0931－8617156（营销中心）
　　　　　　0931－8914298（读者服务部）
网　　址　http://www.onbook.com.cn
电子信箱　press@lzu.edu.cn
印　　刷　兰州人民印刷厂
开　　本　700 mm×1000 mm　1/16
印　　张　25.5
字　　数　340 千
版　　次　2012 年 7 月第 1 版
印　　次　2012 年 7 月第 1 次印刷
书　　号　ISBN 978-7-311-03914-1
定　　价　78.00 元

出版说明

随着 20 世纪以来联系地、整体地看待世界和事物的系统科学理念的深入人心，人文社会学科也出现了整合的趋势，熔东北亚、北亚、中亚和中、东欧历史文化研究于一炉的内陆欧亚学于是应运而生。时至今日，内陆欧亚学研究取得的成果已成为人类不可多得的宝贵财富。

当下，日益高涨的全球化和区域化呼声，既要求世界范围内的广泛合作，也强调区域内的协调发展。我国作为内陆欧亚的大国之一，加之 20 世纪末欧亚大陆桥再度开通，深入开展内陆欧亚历史文化的研究已是责无旁贷；而为改革开放的深入和中国特色社会主义建设创造有利周边环境的需要，亦使得内陆欧亚历史文化研究的现实意义更为突出和迫切。因此，将针对古代活动于内陆欧亚这一广泛区域的诸民族的历史文化研究成果呈现给广大的读者，不仅是实现当今该地区各国共赢的历史基础，也是这一地区各族人民共同进步与发展的需求。

甘肃作为古代西北丝绸之路的必经之地与重要组

成部分,历史上曾经是草原文明与农耕文明交汇的锋面,是多民族历史文化交融的历史舞台,世界几大文明(希腊—罗马文明、阿拉伯—波斯文明、印度文明和中华文明)在此交汇、碰撞,域内多民族文化在此融合。同时,甘肃也是现代欧亚大陆桥的必经之地与重要组成部分,是现代内陆欧亚商贸流通、文化交流的主要通道。

基于上述考虑,甘肃省新闻出版局将这套《欧亚历史文化文库》确定为2009—2012年重点出版项目,依此展开甘版图书的品牌建设,确实是既有眼光,亦有气魄的。

丛书主编余太山先生出于对自己耕耘了大半辈子的学科的热爱与执著,联络、组织这个领域国内外的知名专家和学者,把他们的研究成果呈现给了各位读者,其兢兢业业、如临如履的工作态度,令人感动。谨在此表示我们的谢意。

出版《欧亚历史文化文库》这样一套书,对于我们这样一个立足学术与教育出版的出版社来说,既是机遇,也是挑战。我们本着重点图书重点做的原则,严格于每一个环节和过程,力争不负作者、对得起读者。

我们更希望通过这套丛书的出版,使我们的学术出版在这个领域里与学界的发展相偕相伴,这是我们的理想,是我们的不懈追求。当然,我们最根本的目的,是向读者提交一份出色的答卷。

我们期待着读者的回声。

总　序

本文库所称"欧亚"(Eurasia)是指内陆欧亚,这是一个地理概念。其范围大致东起黑龙江、松花江流域,西抵多瑙河、伏尔加河流域,具体而言除中欧和东欧外,主要包括我国东三省、内蒙古自治区、新疆维吾尔自治区,以及蒙古高原、西伯利亚、哈萨克斯坦、乌兹别克斯坦、吉尔吉斯斯坦、土库曼斯坦、塔吉克斯坦、阿富汗斯坦、巴基斯坦和西北印度。其核心地带即所谓欧亚草原(Eurasian Steppes)。

内陆欧亚历史文化研究的对象主要是历史上活动于欧亚草原及其周邻地区(我国甘肃、宁夏、青海、西藏,以及小亚、伊朗、阿拉伯、印度、日本、朝鲜乃至西欧、北非等地)的诸民族本身,及其与世界其他地区在经济、政治、文化各方面的交流和交涉。由于内陆欧亚自然地理环境的特殊性,其历史文化呈现出鲜明的特色。

内陆欧亚历史文化研究是世界历史文化研究中不可或缺的组成部分,东亚、西亚、南亚以及欧洲、美洲历史文化上的许多疑难问题,都必须通过加强内陆欧亚历史文化的研究,特别是将内陆欧亚历史文化视做一个整体加以研究，才能获得确解。

中国作为内陆欧亚的大国，其历史进程从一开始就和内陆欧亚有千丝万缕的联系。我们只要注意到历代王朝的创建者中有一半以上有内陆欧亚渊源就不难理解这一点了。可以说，今后中国史研究要有大的突破，在很大程度上有待于内陆欧亚史研究的进展。

古代内陆欧亚对于古代中外关系史的发展具有不同寻常的意义。古代中国与位于它东北、西北和北方，乃至西北次大陆的国家和地区的关系，无疑是古代中外关系史最主要的篇章，而只有通过研究内陆欧亚史，才能真正把握之。

内陆欧亚历史文化研究既饶有学术趣味，也是加深睦邻关系，为改革开放和建设有中国特色的社会主义创造有利周边环境的需要，因而亦具有重要的现实政治意义。由此可见，我国深入开展内陆欧亚历史文化的研究责无旁贷。

为了联合全国内陆欧亚学的研究力量，更好地建设和发展内陆欧亚学这一新学科，繁荣社会主义文化，适应打造学术精品的战略要求，在深思熟虑和广泛征求意见后，我们决定编辑出版这套《欧亚历史文化文库》。

本文库所收大别为三类：一，研究专著；二，译著；三，知识性丛书。其中，研究专著旨在收辑有关诸课题的各种研究成果；译著旨在介绍国外学术界高质量的研究专著；知识性丛书收辑有关的通俗读物。不言而喻，这三类著作对于一个学科的发展都是不可或缺的。

构建和发展中国的内陆欧亚学，任重道远。衷心希望全国各族学者共同努力，一起推进内陆欧亚研究的发展。愿本文库有蓬勃的生命力，拥有越来越多的作者和读者。

最后，甘肃省新闻出版局支持这一文库编辑出版，确实需要眼光和魄力，特此致敬、致谢。

余太山

2010 年 6 月 30 日

目 录

2

附　录

评　述

1 国外关于敦煌藏文文献
《阿柴(吐谷浑)纪年》的研究

周伟洲　杨铭

敦煌发现的藏文文书,除《吐蕃历史文书》外,还有一件关于吐谷浑与吐蕃关系史的重要文书,国外学者多称为《阿柴纪年》。20世纪以来,国外学者对此文书作过一些研究,积累了不少成果。他们认为,尽管此文书残缺不全,但它较详实地记录了吐蕃统治下吐谷浑君臣的政治生活,结合《吐蕃历史文书》,就可以比较具体地讨论公元8世纪中叶以前吐蕃与吐谷浑关系的一些重要问题。对于这件颇有价值的文书,国内很少有人作全面的介绍,更谈不上进一步的研究。这里,我们把有关资料综合起来,对这件文书本身和国外的有关研究作一简介,希望有益于国内同仁对此文书的钻研或引用。

下面的资料主要摘自:F. W. 托马斯《有关西域的藏文文献和文书》,G. 乌瑞《阿柴小王编年——斯坦因文书敦煌 Vol. 69,fol. 84 号的年代与类型问题》,山口瑞凤《吐蕃王国成立史研究》等。

1.1

斯坦因文书敦煌 Vol. 69,fol. 84 号(藏文文书),系斯坦因第三次去敦煌时(1914)所获。此文书残破不全,右方约五分之二失落,而且每一行废缺 16 ~ 17 个字母;有的地方如卷首等残破更为厉害,几乎不能

辨读。此文书长 49 厘米,宽约 14 厘米,共存藏文 55 行。现汉译如下[1]:

(1)……在羊山(Gyang can)堡……[2]

(2)……蔡·牙咄赤达(Sgra yo sto khri gdas)与属卢·穷桑达贡(Cog ro cung bzang dam kong)……

(3)……向莫贺吐浑可汗(Ma ga tho gon kha gan)致礼,并设盛宴……

(4)送其女古银五枚及丰盛礼品……

(5)……马年初夏之月,举行圣寿大典……

(6)巡视……此年夏宫定于玛曲之滨的曼头岭(Mu rto lying)……

(7)……大围猎。群兽亦……

(8)……之宫……其冬,在萨巴(Sra bal)之羊山堡度过……

(9)此冬……莫贺吐浑可汗娶……之女……

(10)为妃;至此,吐谷浑(Va zha)王选妃事完成……

(11)晋升达热达通井(Da re davi ltong jeng)。[3] 其后为猴年,于萨巴……

(12)祭典。其夏,母后赤邦(Khri bangs)之待从……

(13)对各千户(东岱,Stong sde)课以新税。定宅于玛曲河之兰麻梁(Glang ma lung)……

(14)入秋,移居于萨巴之羊山堡……

---

〔1〕此处译文基本上是引 F. W. 托马斯的,只是在个别明显错误的地方,才据藏文原文及日本学者山口瑞凤的考订加以纠正,目的是为把托马斯的译文较忠实地介绍给大家,以存一家之说。参见 F. W. 托马斯:《有关西域的藏文文献和文书》(*Tibetan Literary Texts and Documents concerning Chinese Turkestan*),第 2 卷,伦敦 1951 年,第 8 – 12 页;山口瑞凤:《吐蕃王国成立史研究》,岩波书店 1983 年,第 576 –585 页。

〔2〕为了方便读者,本书除了附录部分涉及国外学者的论著原文以外,在评述或翻译中均采用国内流行的藏文与拉丁字母转写方案。参见附录《藏文与拉丁字母转写符号对照表》。

〔3〕托马斯此句原译:"移居德(Bde)之龙井(lyong jeng)。"这里是依据山口瑞凤的译法,见《吐蕃王国成立史研究》,第 578 页。

（15）于羊山堡过夏。[1] 尚·甲赞（Zhang rgyal tsan）任……

（16）改二尚论之任。进行户口大清查……

（17）举行祭典，定夏宫于色通（Se tong）。此后……

（18）行圣寿大典。后圣神赞普之……

（19）韦·通热纳云（dBavs Tong re gnad nyung）等到来，参加议会……

（20）制定六种职务之……再巡视并行户口大清查。……狗……

（21）年之初夏，行圣寿大典。此后……月……

（22）赞娶唐王之女 Mun sheng 公主为妃……

（23）尚·赞咄热（Zhang btsan to re）与没庐·尚赤桑喀切通（vBro zhang khri bzang kha che stong）[2] 及属卢……

（24）蔡·牙咄到来。此后，母后赤邦与其子莫贺吐浑可汗……

（25）抵达后，母后与可汗及待从、吐谷浑大尚论……

（26）达热达弄益（Da red da blon yi）与泥（Dny）之官员慕登（Mug lden）到来，及马官旺（Wang）……

（27）宫廷的官员及高位阶之人……

（28）会见了 Mun sheng 公主，双方相互致礼，大宴会……

（29）奉献各种礼品。此后，Mun sheng 公主于藏（rTsang）域之中心地[3]……

（30）居住。其后宫室定于措（Tsog）之彭域度（rBong yo du）。冬……

（31）圣寿大典于夏之孟月举行。夏宫定于郎玛（Lang ma）……

---

〔1〕"夏"dbyar 恐为"冬"dgun 之误，因第 14 行有"入秋"字样。如此为"夏"，则又是一年（山口瑞凤即于此前加一年）。但残卷第 20 行有"狗年"，则第 11 行猴年至 20 行狗年之间只有鸡年一年，其间残卷 17—19 行有"定夏宫于色通"之记载，知至此方为鸡年，从上文知羊山堡一直是可汗的"冬宫"，于此过冬是很自然的。

〔2〕托马斯原译为："送至克什米尔 Kashmire 尚·赞咄热和没庐·尚赤桑处，及属庐……"，见《有关西域的藏文文献和文书》，第 2 卷，第 11 页；此处依山口瑞凤说，见《吐蕃王国成立史研究》，第 580 页。

〔3〕托马斯原译作"垒域"dhon yul，见《有关西域的藏文文献和文书》，第 2 卷，第 9、11 页，山口瑞凤读作 rtang yul，见《吐蕃王国成立史研究》，第 581 页。

（32）朵（mDo）之大臣没庐·尚贪蔡牙咄（vBro zhang brtan sgra ya sto）等来致礼……

（33）赐予丰盛礼品，以酬其劳。秋……

（34）此年冬，吐谷浑尚论高官达热达弄益去世。其后……

（35）授予其家族玉石告身，内大臣、负责司法之……鼠

（36）年之初夏举行圣寿大典，大宴会……

（37）此后，冬季住于茶雪（Tsha shod），母后赤邦……

（38）赠送礼品给尚宁（Zhang nyen）之子韦·赤尚钵叶（dBavs khri bzang spo skyes）……莫贺吐……

（39）浑可汗于行宫娶慕登阿里拔（Mug lden ha rod par）之女慕（Mug）……

（40）之后[1]，赐名阿列班弟兴（vA lye bang dig zhing）……

（41）牛年，定宅于茶雪。夏……

（42）……被罢免……任命苏仆赤苏布均（Shud pu khri gzu sbur cung）接任……

（43）此年夏，居于茶雪。尼娥（Gnyi vod）公主……

（44）圣寿大典，赠送礼品，后（礼品）接踵而至……

（45）布百匹，百只骆驼及饲者，百匹马及饲者……

（46）一齐赠送，韦氏族人不分主仆，属父方的亲属全部……

（47）此后，定宅于茶雪。初冬[2]举行圣寿大典……莫贺吐……

（48）浑可汗于行宫，娶属卢·东热孔孙（Cog ro stong re khong zung）之女为妃……

（49）名弟兴（Dig zhing）。东热孔孙由是晋升，银字告身……

（50）得授。虎年，初夏举行圣寿大典……

（51）命令：韦·达札恭禄（dBavs stag sgra khong lod）与属卢·东

---

〔1〕托马斯原译为："于莫贺吐浑可汗之行官，木登曷洛帕之女木……生一女婴"，见《有关西域的藏文文献和文书》，第2卷，第12页。此依山口瑞凤说，《吐蕃王国成立史研究》，第583页。

〔2〕转写件原作dgun"冬"；托马斯误译为"夏"，现纠正。见《有关西域的藏文文献和文书》，第2卷，第10、12页。

热孔孙……

（52）东列布孔（Stong nyen sbur kong）与慕登达奔奔（Mug lden davi dben sben）及达热……

（53）送至吐谷浑国后，吐谷浑臣民受到劫掠……

（54）又赴援吐谷浑国，途中……

（55）母与其子……

最早解读这件文书的是英国学者 F. W. 托马斯。他在 1927 年的《英国皇家亚洲学会会刊》上，首先转写、释读了这份文书。后来收入他 1951 年出版的《有关西域的藏文文献和文书》第 2 卷中。托马斯认为，这件文书应出自吐蕃公主赤邦——莫贺吐浑可汗之母，因为文书中女子的口气很明显：对王室利益的关注，各种庆典，各处住宅，亲属的会见，尤其关于女性的记载很多，如莫贺吐浑可汗娶妻，可汗女儿降世等，几乎淹没了其他事件。

托马斯认为文书所涉时间的考证并不困难。他认为：文书中提到的唐公主，就是与吐蕃赞普松赞干布成亲的文成公主。他指出：虽然汉文献记载此次唐蕃联姻在公元 641 年，但藏文献却记在公元 639 年，至于文书中唐公主入蕃的年份是狗年（638），与后世藏文献不同（638/639），这仅是历法换算的细小差别。据此，文书从起首的马年到虎年，应即公元 635—643 年。

文书中出现的赤邦母后及其子莫贺吐浑可汗是谁呢？托马斯认为：赤邦明显出自松赞干布王族。他指出：在敦煌本吐蕃历史文书《大事纪年》中，有一位于公元 689 年下嫁阿柴王的吐蕃公主其名亦为"赤邦"。此外，在一古典文学作品中，亦见有"赤邦"。此名当属吐蕃王族之一系。至于莫贺吐浑可汗，托马斯指出：这个称号很像是突厥人的，因为突厥人中有统叶护可汗（Ton ngo khagan），其人活动于公元 7 世纪初。那么，似可认为：赤邦之夫是一个突厥人，或其子接受了突厥称号。

托马斯当然提到了另一种可能。他认为：莫贺吐浑可汗称号中，"莫贺"Maga 可能来自"慕容"Mu jung；"吐浑"Tho-gon 可能为汉文"吐谷浑"Thu huen 或 Tu yu[k] hun 之原型。他继续指出：吐谷浑既不是一个人名也不是家族名,而是一个国名,它出现于莫贺吐浑可汗这个称号中,正符合其身份,而可汗真正的名字可能就是诺曷钵(No ho po),此人于公元 636 年任吐谷浑王。

尽管如此,托马斯仍然提出了两个疑问。其一,赤邦既可能是松赞干布的姐妹之一或其父亲之姐妹(至少为近亲),则不可能在此期中嫁予吐谷浑王作妃。因为据汉文史书记载,公元 7 世纪 30—40 年代,吐谷浑是吐蕃的头号敌人,在公元 635 年左右,吐谷浑人因龃龉吐蕃向唐求婚,而遭到松赞干布的军队的毁灭性打击。而在此文书中,赤邦作为一个重要人物与其国民接待了入蕃的文成公主。其二,莫贺吐浑可汗之女(妃),其中有叫阿列班弟(vA lye bang di)的,这不像蒙古人名,而更像是一个突厥人名。

此外,托马斯认为:文书中提到的地名和住宅名,可能都在吐谷浑统辖范围之内,大致是河州到鄯善之间。如:(1)朵(Mdo),在藏东北。(2)曼头岭(Mu to lying)、兰麻梁(Glang ma lung),在黄河上游。(3)萨巴(Sra bal)、羊山(Gyang can)可能在原城(Yung chang),即凉州一带。(4)龙井(lyong jeng)在德(Bde)地,后者似在西宁(Si ning)地区的栾城(liung cheng)一带,此地在吐谷浑统辖范围内。(5)色通(Se tong)在鄯善(Shan shan)或河州地区。(6)茶雪(Tsa/Tsha shod),“下茶”,似在河州地区。(7)玛曲(Rma chu)即黄河。[1]

1.2

继托马斯之后,意大利藏学家 L. 伯戴克于 1956 年发表了《一件敦煌文书之研究》一文,提出了与托马斯大相径庭的观点。[2]

经过仔细分析和对照,伯戴克发现,在此文书中出现的 8 个人名,同样在《大事纪年》689、704—728 数个年头中出现,他们分别是:

(1)此文书第 2 行的属庐·穷桑达贡(Cog ro Cung bzang dam

---

〔1〕以上均见 F.W. 托马斯:《有关西域的藏文文献和文书》,第 2 卷,第 13－19 页。

〔2〕《罗马东方丛书》,第 31 卷(1659),第 261－263 页。

kong），与《大事纪年》公元 728 年条下的没庐·穷桑倭儿芒（vBro Chung bzang vor mang）。

（2）此文书第 12、24、37 行的赞莫（公主）赤邦（Bcan mo khri bangs），与《大事纪年》公元 689 年条下的赞莫赤邦（Bcan mo khri bangs）。

（3）此文书第 23 行的尚·赞咄热（Zhang bcan to re），与《大事纪年》公元 701、710、714、718—721 年数条下的尚·赞咄热拉金（Zhang bcan to re lhas byin）或尚·赞咄热（Zhang bcan to re）。

（4）此文书第 23 行的没庐·尚赤桑喀切通（vBro zhang khri bzang kha che stang），与《大事纪年》公元 704、721 年条下的尚赤桑达乍布（Zhang khri bzang stag cab）及赤桑达乍布（Khri bzang stag cab）。

（5）此文书第 32 行的没庐·尚贪蔡牙咄（vBro zhang brtan sgra ya sto），与《大事纪年》公元 706、710 年条下的尚·甲咄（Zhang kgya sto）。

（6）此文书第 38 行的韦·尚宁（dBavs zhang nyen），与《大事纪年》公元 705 年条下的韦·乞力徐尚宁（dBavs khri gzigs zhang nyen）。

（7）此文书中第 48 行的属庐·东热孔孙（Cog ro stong re khong zung），与《大事纪年》公元 711 年条下的属庐·乞力徐囊公（Chog ro khri gzigs gnang kong）。

（8）此文书第 51 行的韦·达扎恭禄（dBavs stag sgra khong lod），与《大事纪年》公元 721 年、728 年条下的韦·达扎恭禄（dBavs stag sgra khong lod）。

除以上人名相同这个条件外，伯戴克还指出：公元 710 年正好是吐蕃纪年中的狗年。那么，在此文书中嫁与吐蕃赞普、途经阿柴地方的唐公主，就不应是文成公主，而是金城公主。此文书中从马年到虎年的时间，则相应为公元 706—714 年。[1]

与伯戴克发表上文同时或稍后的一些文章，各国藏学家也讨论了

---

〔1〕上述观点均见伯戴克：《一件敦煌文书之研究》（"A proposito di un documento di Tun-huang"），《罗马东方丛书》，第 16 卷，1956 年。

这件文书。李方桂在《唐蕃会盟碑研究》(1956)一文中认为,此文书记载事件的时间是错乱的。[1] A.麦克唐纳夫人发表文章,赞同伯戴克对此文书编年的观点,但她提出,此文书应是一份吐蕃属下的《阿柴小王官方编年》,或《阿柴小王王廷编年》。[2] 山口瑞凤在1967年一篇名为《吐蕃和唐朝的联姻》的文章中,对此文书重新作了转写、翻译,并详细地加以讨论。他认为:此文书应是松赞干布之子贡松贡赞(gung srong gung bcam)的生平纪年。[3] 尽管他的解读和编年在结构上与托马斯不同,但他亦认为文书所涉及的年代为公元635—643年。山口瑞凤在其文章的第一部分指出:文成公主起初并非松赞干布之妻,她是下嫁给松赞干布之子贡松贡赞的。因为根据一些后来的藏文史书记载,贡松贡赞在其父王之世——公元638年就已承继了王位,执政5年后,于公元643年去世,在此期间下嫁的唐公主自然为贡松贡赞之妻。只有在贡松贡赞死后,松赞干布重新执政,文成公主才成为后者的妻子。这一观点,是山口瑞凤根据敦煌本吐蕃历史文书《赞普传记》、《大事纪年》及后世的一些史书而得出的,但很明显又与E.哈理于1969年出版的《雅隆王朝》一书中的说法相同。[4]

鉴于以上众说纷纭的情况,匈牙利藏学家G.乌瑞于1978年著《阿柴小王编年——斯坦因文书敦煌 Vol. 69, fo1. 84 号的年代与类型问题》一文,全面评述了各家观点,并在此基础上提出一些自己的见解,试图对此文书的年代学、编纂学等问题作出正确的说明。据乌瑞先生自己讲,他将对此件原文重新作编订、翻译、注释等工作,最后收入《吐蕃历史文献》一书。[5] 关于此文书的年代问题,乌瑞不同意托马斯、山口瑞凤的说法,而采纳伯戴克的观点。他指出:文成公主入蕃的时间是公元641年,而此文献所记唐公主途经阿柴国之年在狗年,如对应公元

〔1〕《通报》,第44卷(1956),第67页,注24。

〔2〕《关于 P. T. 1286,1287,1038,1047 和 1260 号藏文卷子的考释》,见《拉露藏学纪念论文集》,巴黎,1971年,第304页。

〔3〕载《东洋学报》,第49卷第4册(1967),第40-96页。

〔4〕哥本哈根,1966年,第452页,注92。

〔5〕《乔玛纪念论文集》,布达佩斯汉学研究院,1978年,第541-578页。

7 世纪 30 年代则为公元 638 年。这种年代学上的差别是不能忽视的。至于托马斯所称藏文献记载文成公主进藏在公元 639 年，这是由于当年乔玛在换算一部后世的藏史年代时误了两年；如果纠正过来的话，正好为牛年（641），这些已是藏学界所熟知的事实。[1]

乌瑞同意伯戴克比较此文书与《大事纪年》中相同人名的观点。但他又指出：当时吐蕃的人名，一般说来由三个部分组成，即：族名（rus），前名（mkhan）[2]，后名（mying）。如属官吏之列，通常又在族名之后加上"论"或"尚"这种称号（thabs）。考虑到人名的省略形式或不同时代会出现相同的人名等情况，乌瑞指出：只有当某两个人名的三个部分都完全相同时，才能认为他们是一个人。当然，如果两个人名只有一个部分或两个部分相同，但有充足的证据说明这是同一个人，也应归入上列。最后，相比较的两个名字中，如或有族名、前名或后名不同，只要能指出属于误写，亦应视其为同一人。

根据上述原则，伯戴克列举的 8 个人中，只有第 2、8 两条是完全相符的，这两人就是赞莫赤邦和韦·达扎恭禄。此外，第 3、6 条如有进一步的事实证明，则可视为符合条件，这两人即是：尚·赞咄热（拉金）、韦·（乞力徐）尚宁。乌瑞进一步指出，第 3 条中提到的尚·赞咄热就是《大事纪年》中的尚·赞咄热拉金，这是有可靠的事实来证明的。

该文书第 23 行在"……赞娶唐王之女 Mun sheng 公主为妃……"之后，被托马斯译作："送至克什米尔（kashmir）尚·赞咄热和没庐·尚赤桑处，及属庐……"其实，藏文原为："Zhang btsan to re dang vBro zhang khri bzang kha che btang dang Cog ro…"，直译为："尚·赞咄热与没庐·尚赤桑喀切通；及属庐……"是知托马斯将喀切通（kha ce btang）误译为"送至克什（米尔）"。这一点是由山口瑞凤首先指出的。他甚至还认识到：尚·赞咄热、没庐·尚赤桑喀切通及属庐［……］等

〔1〕乌瑞：《阿柴小王编年——斯坦因文书敦煌 Vol.69,fol.84 号的年代与类型问题》，第546页。实际上，乔玛所依据的是《白琉璃璎珞》中的年表，其载文成公主入藏的时间为"金丑"年，而公元641年正为丑年。参见山口瑞凤：《吐蕃王国成立史研究》，第589页。

〔2〕山口瑞凤译作"称号"，见《敦煌历史讲座》，第201页，大东出版社，昭和五五年（1980）。

人,是被派往唐朝迎接入蕃公主的,但由于他认为此文书为贡松贡赞的生平纪年,故未能进一步联系《大事纪年》以揭示真正的史实。

乌瑞指出:《大事纪年》公元710年条下谓:"派员准备赞蒙公主来蕃之物事,以尚·赞咄热拉金等为迎婚使",正与此文书讲赞普娶唐公主,以尚·赞咄热等出迎相符。因而由伯戴克提出,由乌瑞进一步证实的第3个人名,该文书与《大事纪年》所记实为一人。这样,该文书共有3人与《大事纪年》所记的同名,他们是:赤邦、尚·赞咄热(拉金)、韦·达扎恭禄,其年代分别为689、710、727—728,加之该文书所记唐公主入蕃在狗年,与《大事纪年》公元710年(狗年)金城公主入蕃及汉文史书有关记载相符,故不能不认为此文书所记为公元706—714年间吐蕃或阿柴方面的事件,入蕃途经阿柴地面的是金城公主。[1]

为此,乌瑞将自己及伯戴克等对该文书的编年与托马斯的编年对照成表,如下:[2]

表1-1　乌瑞与托马斯对《大事纪年》编年的对照表

文书行数	吐蕃十二生肖纪年	托马斯编年	乌瑞编年
?-5	马年	634/635	706/707
5-11	羊年	635/636	707/708
11-16	猴年	636/637	708/709
16-20	鸡年	637/638	709/710
20-30	狗年	638/639	710/711
30-35	猪年	639/640	711/712
35-40	鼠年	640/641	712/713
40-50	牛年	641/642	713/714
50-?	虎年	642/643	714/715

〔1〕乌瑞指出:该文书中唐公主 Mun sheng khon cu 应为金城公主的译名,《大事纪年》公元710年条作 kim shan khong co,而文成公主的译音为 Wen cheng kung chun。见《阿柴小王编年》,第577页。

〔2〕乌瑞指出:即使将此文书定为唐初的编年,托马斯在第11行之前的划定也是错误的,这之后才是正确的。此表第11行以前的托马斯编年,即是经过乌瑞等修订的。见《阿柴小王编年》,第560页。

关于此文书的类型问题，乌瑞不同意托马斯、伯戴克等人的观点。后者认为该文书是来自赤邦公主的一份记录，或是一封给赞普的信，其所持的证据是赤邦之名处处都在莫贺吐浑可汗前面。[1]

乌瑞认为，在估计赤邦这个人物的作用时，应注意到阿柴（吐谷浑）已不是一个独立的王国。在公元663—670年之间，吐蕃彻底占据了阿柴地方，对其绝大多数臣民实施权力，阿柴成为吐蕃王朝的一个小邦。赤邦作为吐蕃王室成员之一下嫁附蕃的吐谷浑王，而其子莫贺吐浑可汗不过是吐蕃众小邦王之一，故赤邦的地位是远远高出后者，其名字自然应在后者之前。乌瑞还列举了吐蕃碑铭、敦煌文书等，说明在官方文书中通常的顺序是赞普、赞普兄弟及妻妃、小王、尚论等。[2]总之，这份文献并非出自赤邦之手。

乌瑞同意山口瑞凤、麦克唐纳夫人等认为此文书是一份纪年的观点。他还通过自己的研究，认为这是一份官方的纪年文书，可称作"阿柴小王编年"。

他认为此份文书最大的特征是纪事的编年性。文书每一段之首记有生肖纪年的名称，之后，有序地记录了此年中阿柴小王王廷发生的各类事件；其他一些有关王廷或属国的重要或一般事件，也按编年方法记于其中。有序记录的大事件有：

新年的庆典、夏之孟月对神灵（sku bla）的祭祀（第5、11－12、16－17、20－21、30－31、35－36、41、50行）；

母后赤邦与莫贺吐浑可汗每年中移动两三次住宅的地方（第6、8、13、14、15、17、30、31、36、37、41、43、47、50行）；

其他被提及的有关事件：吐蕃官员向赤邦、莫贺吐浑可汗致礼及有关仪式、礼品（第2－4、32－33、37－38、43－46行，公元706/707，711/712、712/713、713/714）；一次王室围猎（第7行，公元707/708）；

---

〔1〕乌瑞：《阿柴小王编年——斯坦因文书敦煌 Vol. 69, fol. 84 号的年代与类型问题》，第573－575页。

〔2〕乌瑞：《阿柴小王编年——斯坦因文书敦煌 Vol. 69, fol. 84 号的年代与类型问题》，第573－575页。

可汗的婚娶,有关其妃子的名字,对岳父职位的提升(第 9－10、38－40、47－49 行,公元 707/708,712/713,713/714);对东岱(千户)的赋役(第 13 行,公元 708/709);高官的改任,官员被免职或死亡、除职记录,以及与此有关的户口及财产清查(第 15－16、34－35、41－42 行,公元 708/709,711/712,713/714);冬之孟月的两次神灵祭典(第 17－18、47 行,公元 709/710,713/714);会盟定制(第 19－20 行,公元 708/710);赤邦、莫贺吐浑可汗及属下官吏迎接金城公主及随员(第 22－29 行,公元 710/711)。

总之,此文书与《大事纪年》应同属一类,这不仅表现在其有年代序列方面,而且记录事件的手法与《大事纪年》几乎完全相同。并且,此文书所记载的上述内容,也证明山口瑞凤的"贡松贡赞生平说"是不能成立的。[1]

除上述有关该文书的年代、类型之外,还有一个关于吐谷浑与阿柴的关系问题。

托马斯在分析此篇及其他敦煌及新疆藏文文书以后,表示不完全接受伯希和关于阿柴就是吐谷浑的说法。[2] 他认为阿柴与吐谷浑是有区别的,前者驻牧于从河州到南疆鄯善一带,而后者的中心住地在青海湖一带。只是在公元 445 年以来,吐谷浑征服了阿柴地方,后者才成为吐谷浑王朝的一支旁系,但两者之间的区别是仍然存在的。他举例说:《大事纪年》公元 659、694 年条,都记载了阿豺达延之死,但却未见到同年有吐谷浑王朝主要成员死亡的记载。因此,托马斯在译注该文书时,虽然比较肯定地讲莫贺吐浑可汗就是吐谷浑可汗,就是吐谷浑之王,但他始终把阿柴与吐谷浑区别对待。[3]

托马斯在此问题上的错误是明显的,这主要在于他对汉文史籍中

----

〔1〕山口瑞凤在收入其研究吐蕃史重要篇章的《吐蕃王国成立史》中,称此文书为"文成公主编年",仍持"文成公主嫁贡松贡赞"说。他引《新唐书》卷216《吐蕃传》咸亨三年(672)唐高宗与吐蕃使谷仲琮语,证明在赤邦公主下嫁吐谷浑(689)之前,吐蕃与吐谷浑已有甥舅关系。参见《吐蕃王国成立史》,第957页。

〔2〕伯希和:《吐谷浑和回纥的藏文名称》,见《亚洲杂志》,1912年第2期,第522页。

〔3〕F. W. 托马斯:《有关西域的藏文文献和文书》,第2卷,第33－38页。

所载吐谷浑史实不了解,尤其是对唐高宗龙朔三年(663)以后,吐谷浑正式分裂为徙往内地依附于唐和留在故地臣属于吐蕃这样的两部分不了解。所以,上述乌瑞等藏学家在这个问题上几乎都赞同伯希和的观点,故以"阿柴小王编年"等名来称呼这件文书。

综上所述,国外藏学界对斯坦因敦煌 Vol.69,fol.84 号藏文文书的研究,开展较早、成绩也较为显著。至于其中的分歧,主要集中在该文书所记事件的年代,以托马斯为代表的学者力主公元 7 世纪前半叶说,以乌瑞为代表的则倾向 8 世纪初年说。以内容而论,则有以乌瑞为代表的"阿柴编年"说,与以山口瑞凤为代表的"贡松贡赞—文成公主编年"说。虽然就前文看来,乌瑞等人的观点虽然可以令人接受,但估计对此文书的讨论还将继续下去。

(原载《国外中国学研究》第一辑,漓江出版社 1991 年版)

2 国内外有关英藏敦煌、和田等地出土古藏文写本的研究

马筑 杨铭

斯坦因（Sir Aurel Stein）在 1900—1915 年间所进行的 3 次中亚考察，获取了大量的古藏文写本和简牍，均交由印度事务部图书馆（India Office Library and Records，简称 IOL，位于伦敦）收藏。其中的非佛教文书由 1903—1927 年任馆长的托马斯（Frederick William Thomas，1867—1956）负责整理，敦煌藏文佛典则交由瓦雷·普散（Valle Poussin）编目。后来，印度事务部图书馆并入大英图书馆，这批古藏文写本入藏于后者的东方文献部（Oriental Collections of the British Library，简称 OC），合并为"东方和印度事务部收集品"（Oriental and India Office Collections，简称 OIOC）。

这些藏品，经过国内外敦煌学、藏学界几代学者近百年的整理和研究，已经出版了大批成果，无疑是敦煌学、藏学研究的第一手资料，弥足珍贵。当然，比较而言，国内学术界对英藏古藏文写本的研究，受到人力、资料等多方面的限制，起步较晚，系统研究成果不多。为此，笔者拟对上述写本中的社会文书部分，从它们的入藏单位、数量、编目和研究成果方面着手，介绍国外学者研究的概况与精华，供大家参考。

2.1 英藏敦煌、和田等地出土古藏文写本的数量和编号

2.1.1 敦煌部分

根据荣新江《海外敦煌吐鲁番文献知见录》的初步统计，散落在海外的敦煌藏文写本总数应在 6000 件以上，主要收藏于法国、英国，其中

英国收藏品目录约 3500 件。近年,大英图书馆开通的国际敦煌学项目(The International Dunhuang Project)网站,披露其馆藏的敦煌古藏文写本共 2022 件。

世人所知,1962 年出版的比利时佛学家瓦雷·普散《印度事务部图书馆藏敦煌藏文写本目录》(*A Catalogue of the Tibetan Manuscripts from TunHuang in the India Office Library*, London, Oxford University Press),共收佛教经卷 765 个号。日本东洋文库 1977—1988 年出版《斯坦因收集藏语文献解题目录》(*A Catalogue of the Tibetan Manuscripts Collected by Sir Aurel Stein*)共 12 册,其中 1~8 分册将瓦雷·普散的 765 号重新编目,自第 9 册开始,从 1001 号新编顺序号,至 12 册止共著录到 1518 号。

除上述以外,据笔者目前所知,敦煌古藏文写本大致由以下各部分构成:

(1)混杂于大英图书馆东方文献部、编号为 Or. 8210~Or. 8212 敦煌汉文文献中的,有 33 件藏文写本。

(2)托马斯《有关西域的藏文文献和文书》(*Tibetan Literary Texts and Documents concerning Chinese Tukestan*, London)第 2 卷刊布了 39 件,当时的收藏情况是:印度事务部图书馆 37 件,大英图书馆、大英博物馆(The British Museum)各 1 件。

(3)武内绍人 1995 年出版的《中亚的古藏文契约文书》(*Old Tibetan Contracts from Central Asia*),其中敦煌部分与托马斯第 2 卷相比,多出 5 件文书。

(4)大量重复的、未及编号的古藏文《无量寿宗要经》写本。

斯坦因当年在敦煌、和田等地窃取大量的古藏文写本时,就在其对各类文物进行综合编号时顺便编了号。后来,根据各资助其进行西域考察单位的事前协定,这些古藏文写本的绝大多数入藏了印度事务部图书馆,个别的混杂在其他文字的写本中,分别入藏了大英博物馆、大英图书馆。

对这些敦煌古藏文写本,斯坦因最初在较完整的卷子前面标作

·欧·亚·历·史·文·化·文·库·

Ch.（千佛洞），残卷标作 Ch. fr. ，在 Ch. 之后标注罗马数字和阿拉伯数字，表示不同的分类。这部分写本进入印度事务部图书馆后，馆方又根据其尺幅的大小进行了分册装订，共装为 73 卷（但实际上现存只有 71 卷），卷内又编叶，每叶分为 a 与 b 面。

2.1.2 新疆部分

《国际敦煌学项目》网站刊载，藏于大英图书馆的斯坦因从和田的麻扎塔格、若羌的米兰两个戍堡窃取的古藏文写本和简牍分别编 1306、1277 号，共计 2583 个号。

据武内绍人先生的《英国图书馆藏斯坦因收集品中的新疆出土古藏文写本》（*Old Tibetan Manuscripts from East Turkestan in the Stein Collection of the British Library*，东京东洋文库与伦敦英国图书馆 1997 年合刊）一书，出自麻扎塔格、米兰、安得悦等地的古藏文写本共计 702 件，其中以麻扎塔格为主的有 360 件，米兰、安得悦等地的 342 件。这些写本早先的分布情况是：大约 601 件入藏了印度事务部图书馆，117 件入藏大英图书馆东方文献部，1 件入藏了大英博物馆，共计 719 件。最初，斯坦因也给这些写本编了序号，具体情况如下：

（1）属于今和田北面麻扎塔格戍堡出土的，编为 M. Tagh. ，共 321 个号。

（2）属于今若羌县境米兰遗址出土的，编为 M. I. ，其中的 I. 表示遗址编号，共计 304 个号。

（3）出土于和田东南达马沟的 24 件，打头编为 Dom. 。

（4）出土于安得悦地方的 23 件，打头编为 E. i. 。

（5）吐鲁番县境内吐峪沟出土的 6 件，打头编为 Toy. 。

（6）出土于和田东北卡达里克的 4 件，打头编为 Khad. 。

（7）余下的 20 件，是零星出土于一些小地点，或出土地不详的。

以上写本，托马斯在《有关西域的藏文文献和文书》第 2 卷中，转写、译注的藏文写本共计 82 件，出自麻扎塔格的 45 件（其中 Khad 地方 1 件），米兰的 37 件。

武内绍人刊布的以麻扎塔格为主的 360 件写本，分三种情况：第一是包括托马斯已作编目、转写和译注的,有 45 件;第二,约有 70 件是托马斯未涉及而比较有价值的,多为社会文书如借契、买卖契约等;第三是占总数约三分之二的残卷,多为古藏文片言只语。武内绍人刊布的 342 件米兰、安得悦等地的藏文写本,据笔者目前所作的初步统计,其中有 37 件是托马斯已经公布过的。其余约 300 件中,大约 100 件具有编目、译注的价值,剩余约 200 件属于佛经或残件。

2.2 托马斯、武内绍人等对英藏 古藏文文书的研究

从 20 世纪 20 年代起,国际敦煌学界和藏学界开始发表整理和研究斯坦因收集品中古藏文文献的成果,迄今近百年。其间,有关的专家、学者诸如瓦雷·普散、乌瑞、佐藤长、藤枝晃、山口瑞凤、森安孝夫、白桂思等,其成就均不可谓不显;但就有关社会历史文书这一领域来看,笔者以为真正的集大成者非托马斯莫属,其人筚路蓝缕,有开山之功。而众多的后来者中,佼佼者又要数日本学者武内绍人。以下,简要介绍他们的研究成果。

2.2.1 托马斯的研究

从 1927 年到 1933 年,托马斯陆续在《英国皇家亚洲学会会刊》(*Journal of the Royal Asiatic*)上发表整理研究敦煌、新疆出土古藏文文书的成果。在 1935 年和 1951 年,他又先后以《有关西域的藏文文献和文书》为名,集结出版了 2 卷专著。其中,第 1 卷主要是从藏文《大藏经》中辑录并翻译的有关于阗史料。第 2 卷分 7 部分刊出了敦煌、新疆出土的古藏文社会历史文书,即:

(1)阿柴(The Va zha,吐谷浑);

(2)沙州地区(The Sa cu Region);

(3)罗布泊地区(The Nob Region);

(4)于阗地区(The Khotan Region);

(5)突厥(The Dru gu);

(6)政府与社会状况(Government and Social Conditions);

（7）吐蕃军队（The Tibetan army）。

以上内容包括转写和译注,将斯坦因所获的社会历史文书中的精华部分公之于世,共计敦煌、麻扎塔格等地出土古藏文写本 120 件,古藏文简牍 380 件。在第 1、2 卷的基础上,托马斯和他的学生,又于 1955、1963 年汇集出版了该书第 3、4 卷。其中,第 3 卷是对第 1、2 卷某些未及展开的问题补充说明,而第 4 卷是具有藏英词典性质的工具书,收有完备的藏英梵词汇索引。

托马斯在整理、研究敦煌藏文文书方面的另一个重要成果,就是他与法国的藏学家巴考、杜散一起,把敦煌本吐蕃历史文书解读出来了。他们 3 人在 1946 年出版了自 1940 年以来的研究成果,书名为《敦煌吐蕃历史文书》(*Documents de Touen-Houang elatifs à l' histoire du Tibet*,巴黎,1940—1946)。其中,托马斯负责解读的是入藏于大英博物馆资料部的,原登录号为 S. 103(19Ⅷ.1)、现编为 I. O. 750、B. M. 8212 (187)的那一部分,具体来说,就是敦煌吐蕃历史文书《大事纪年》中公元 743 年至 763 年的这一段。毫无疑问,以上成果至今仍在被敦煌学、藏学界的后学们使用。

此外,托马斯还出版了《南语——汉藏边境地区的一种古语言》(*Nam, an Ancient Language of the Sino - Tibetan Borderland*, London, 1948)、《东北藏区的古代民间文学》(*Ancient Folk - literature from North - Eastern Tibet*, Berlin, 1957),也是他整理、研究古藏文非佛教文献的成果,其中刊布了一些较为重要的文学、占卜和语言资料。

匈牙利著名藏学家乌瑞在一篇文章中是这样评价的:"托马斯的著作除了提供一个相当可观的史料集外,同时在吐蕃语言和历史的研究上也是首开其端的巨大成就。虽然他不可能避免开拓者所不可避免的错误,并且不免时而在这里时而在那里甚至还犯有方法学上的错误,但他对卷子的绝大部分的翻译和部分历史、地理的解释仍然站得住脚。因此,他的著作今后在很长时间里也仍将被藏学家当做手册来使用。"

国内学术界就是通过托马斯的著作,了解到英藏藏文文书的基本内容和学术价值的。20 世纪 50 年代，王忠出版的《新唐书吐蕃传笺证》一书，首次引用了托马斯书中的部分译文。1986 年王尧、陈践合作出版的《吐蕃简牍综录》，其中主要部分是对托马斯著作所收简牍作的转写和译注。近年来，刘忠、杨铭合作，将托马斯《有关西域的藏文文献和文书》第 2 卷全书译出，2003 年以《敦煌西域古藏文社会历史文献》为名由民族出版社出版。至此，国内学术界方正式完成了对托马斯主要研究成果的翻译和介绍。目前，杨铭、胡静正在对武内绍人书中托马斯未涉及的部分古藏文写本进行编目，撰写提要，并已陆续在《敦煌学辑刊》上载出。

2.2.2　武内绍人的研究

武内绍人 1951 年 7 月生，1975 年京都大学文学部毕业，1984 年修完京都大学博士课程。曾任京都大学文学部、大学院博士课程兼任讲师，国立民族学博物馆共同研究员，东京外国语大学共同研究员，大阪大学文学部、大学院博士课程兼任讲师，现任大阪外国语大学教授。

武内绍人的主要著作有：

（1）与今枝由郎合编《法国巴黎国立图书馆藏敦煌古藏文手卷》（*Choix de documents Tibétains conservés à la Bibliothéque Nationale complété par queques Manuscrits de l' India Officeet du British Museum*）Ⅲ，巴黎，1990 年。

（2）《古藏文契约文书研究》（*A Study of the Old Tibetan Contracts*），学位论文，印第安纳大学欧亚研究中心（Indiana University Department of Central Eurasian Studies），布卢明顿，1994 年，361 页。

（3）《中亚的古藏文契约文书》（*Old Tibetan Contracts from Central Asia*），东京，1995 年。

（4）《英国图书馆藏斯坦因收集品中的新疆出土古藏文写本》（*Old Tibetan Manuscripts from East Turkstan in the Stein Collection of the British Library*），卷 1：图版，卷 2、卷 3：索引和转写，1997—1998 年。

武内绍人发表的藏学论文主要有：

（1）《古藏文 Lho-bal 考》（"On the Old Tibetan World Lho-bal"），

欧·亚·历·史·文·化·文·库·

《第31届国际亚洲与北非人文科学会议纪要》(*Proceedings of the* 31*st International Congress of the Human Sciences in Asia and North Africa*),2卷,东京,1984年。

(2)《吐蕃大事记中源自〈史记〉的一个段落》("A Passage from the *Shih-chi* in the Old Tibetan Chronicle"),阿齐兹等编《西藏文明论集》(*Soundings in Tibetan Civilization*),新德里,1985年。

(3)《北庭、安西(龟兹)和西州的吐蕃与回鹘(790—869A. D.)》("The Tibetan and Uighurs in Pei-t'ing An his[Kucha], and His-chou",790—869 A. D.),《近畿大学教养部研究纪要》,17卷3号,1986年。

(4)《敦煌、新疆出土藏语书信文书研究序说》,山口瑞凤编《西藏的佛教与社会》,东京,1986年。

(5)《大谷探险队将来藏语世俗文书》,《龙谷大学佛教文化研究所纪要》26集,1987年。

(6)《一组归义军时期的古藏文书信:古藏文书信类型初探》("A Group of Old Tibetan Letters Written Under Kuei-I-chun: a Preliminary Study for the Classification of Old Tibetan Letters"),《匈牙利东方学报》(*Acta Orientalia Hungarica*)卷44,布达佩斯1990年。

(7)《大谷收集品中的藏文文献》("On the Tibetan Texts in the Otani Collection"),《法日中亚出土文书与档案学术讨论会论文集》(*Documents et Archives provenant de L'Asie centrale*),佛教民间研究会,1990年。

(8)《中亚出土古藏文家畜买卖文书》,《内陆亚洲言语研究》5,神户,1990年。

(9)《古藏文买卖契约文书研究》("On the Old Tibetan Sale Contracts"),斯·塔拉、山口瑞凤编《西藏研究》(*Tibetan Studies*),纳里塔,1992年。

(10)《大谷将来藏文文书基本研究报告》("Preliminary Report on the Tibetan Texts in the Otani Collection"),威孜勒等编《第32届国际亚洲与北非人文科学会议纪要》(*Proceedings of the* 32*st International Con-*

gress of the Human Sciences in Asia and North Africa），汉堡，1992 年。

（11）《古藏文借贷契约文书》（"Old Tibetan Loan Contracts"），《东洋文库研究纪要》（*Memoirs of the Research Department of the Toyo Bunko*），第 51 期，东京，1993 年。

（12）《将：吐蕃王朝千户部落的下属行政单位》（"Tshan：Subordinate Administrative Units of the Thousand-districts in the Tibetan Empire"），克瓦尔内编《第六届国际藏学研讨会论文集》（*Tibetan Studies：Proceedings of the 6th Seminar of the International Association for Tibetan Studies*），奥斯陆，1994 年。

（13）《象雄语及其写卷初探》（"Preliminary Analysis of the Old Zhang zhung Language and Manuscripts"），合著，Y. 纳伽罗编《象雄语研究》（*Linguistic Studies on the Zhang zhung Language*），大阪，国立民族博物馆，2001 年。

可以说，武内绍人是敦煌、新疆古藏文文书研究的后起之秀。尤其是他受日本东洋文库资助亲赴英伦，经过多年的努力，编辑出版了《中亚的古藏文契约文书》、《英国图书馆藏斯坦因收集品中的新疆出土古藏文写本》这两部巨著，为国际敦煌学界、藏学界提供了第一手的资料和系统的研究成果，功莫大焉。

《中亚的古藏文契约文书》，是武内绍人在 20 世纪 80 年代后期陆续发表研究古藏文契约文书的基础上集成的，共收出自敦煌、新疆而分藏于英法两国的古藏文契约文书 58 件，汉文契约文书 2 件。该书除了在第一部分用专章对古藏文契约文书作分类和综合论述外，第二部分是对每一件契约文书所作的考释和翻译，可谓是研究敦煌、新疆古藏文契约文书的集大成者。

《英国图书馆藏斯坦因收集品中的新疆出土古藏文写本》，尽收大英图书馆斯坦因收集品中的新疆古藏文写本，共编 702 个号。该书分为 3 大卷，第 1 卷为图版，第 2 卷为音节词索引，第 3 卷为写本的藏文转写。在第 3 卷中，写本按斯坦因原编号的顺序并配上大英图书馆东方文献部的编号列出。每一个号头下，有介绍写本规格、保存情况、正反面藏文行数、主要术语等一段文字,其下分行列出写本的藏文转写体。毋庸置疑,这是一部可供国际敦煌学界、藏学界进一步释读、翻译的宝贵资料。

2.3　国内学术界对英藏古藏文文书的研究

相对而言,国内的研究起步要晚一些。国内学术界首先是通过托马斯的著作,了解到英藏古藏文文书的基本内容和学术价值的。

20 世纪 50 年代,王忠出版的《新唐书吐蕃传笺证》一书,首次引用了托马斯书中的部分译文。之后,到 20 世纪 80 年代以后,王尧、陈践、黄布凡等先后参考国外学者的成果,以敦煌古藏文文献胶片为底本,翻译出版了《敦煌本吐蕃历史文书》、《敦煌藏文吐蕃史文献译注》等多部重要的论著或资料,其中涉及英国收藏的古藏文写本较少,大多与法国的收藏品有关。[1]

与此同时,国内学者开展了相关的研究,发表了一些有价值的论文,如:

陈践:《敦煌、新疆古藏文写本述略》,《甘肃民族研究》1983 年 1 至 2 期。

黄布凡:《敦煌〈藏汉对照词语〉残卷考辨订误》,《民族语文》1984 年 5 期。

黄正建:《敦煌本吐蕃历史文书大事纪年有关唐蕃关系的译注》,《西藏研究》1985 年 1 期。

巴桑旺堆:《藏文文献中的若干古于阗史料》,《敦煌学辑刊》1986 年 1 期。

黄文焕:《吐蕃经卷里的数码研究》,《敦煌学辑刊》1986 年 1 期。

---

〔1〕王尧、陈践译注:《敦煌本吐蕃历史文书》,民族出版社,1980 年,1992 年增订版;王尧编著:《吐蕃金石录》,文物出版社,1983 年;王尧、陈践译注:《敦煌吐蕃文献选》,四川民族出版社,1983 年;王尧、陈践编著:《吐蕃简牍综录》,文物出版社,1986 年;王尧、陈践:《敦煌吐蕃文书论文集》,四川民族出版社,1988 年;王尧:《西藏文史考信集》,中国藏学出版社,1994 年。

罗秉芬:《唐代藏汉文化交流的历史见证——敦煌古藏文佛经变文研究》,《中国藏学》1989 年 2 期。

周伟洲、杨铭:《关于敦煌藏文写本〈吐谷浑(阿柴)纪年〉残卷的研究》,《中亚学刊》(四),中华书局 1990 年。

陈宗祥、王健民:《敦煌古藏文拼写的南语卷文的释读问题》,《中国藏学》1994 年 3 期。

黄明信、东主才让:《敦煌藏文写卷〈大乘无量寿宗要经〉及其汉文本的研究》,《中国藏学》1994 年 2 期。

杨铭:《一件有关敦煌陷蕃时间的藏文文书》,《敦煌研究》1994 年 3 期。

黄盛璋:《敦煌遗书藏文 Ch.73.Ⅳ〈凉州节度、仆射致沙州、瓜州刺史敕牒〉及其重要价值》,台北《蒙藏国际学术研讨会论文集》,1995 年。

罗秉芬:《从三件〈赞普愿文〉看吐蕃王朝的崩溃》,《敦煌吐鲁番学研究文集》,书目文献出版社 1996 年。

杨铭:《英藏敦煌藏文文书选介(一)》,《敦煌学辑刊》1997 年 1 期。

杨铭:《英藏敦煌藏文文书选介(二)》,《敦煌学辑刊》1998 年 2 期。

张月芬:《试论敦煌吐蕃历史文献的文献学和历史学价值 》,《西藏研究》2000 年 2 期。

刘忠:《敦煌藏文文献》,载宋家钰、刘忠编:《英国收藏敦煌汉藏文献研究》,中国社会科学出版社 2000 年。

尕藏加:《敦煌吐蕃藏文文献在藏学研究中的史料价值初探》,《中国藏学》2002 年 4 期。

杨铭:《英藏新疆麻扎塔格、米兰出土藏文写卷选介(一)》,《敦煌学辑刊》2002 年 1 期。

杨铭:《英藏新疆麻扎塔格、米兰出土藏文写卷选介(二)》,《敦煌学辑刊》2003 年 1 期。

杨铭:《四件英藏敦煌藏文文书考释》,《2000 年敦煌学国际学术讨论会文集》,甘肃民族出版社 2003 年。

马德:《敦煌文书所记南诏与吐蕃的关系》,《西藏民族学院学报》2004 年 11 期。

杨铭:《英藏新疆麻扎塔格、米兰出土藏文写卷选介(三)》,《敦煌学辑刊》2005 年 3 期。

杨铭:《新刊西域古藏文写本所见的吐蕃官吏》,《中国藏学》2006 年 3 期。

杨铭、胡静:《新疆安得悦出土古藏文写本研究》,《丝绸之路民族古文字与文化学术讨论会文集》,三秦出版社 2007 年。

以上均为单篇或系列论文,尚未有系统的著作问世。

20 世纪 90 年代,杨铭与中国社会科学院的刘忠等合作,将托马斯《有关西域的藏文文献和文书》第 2 卷全书译出,2003 年以《敦煌西域古藏文社会历史文献》为名,由民族出版社出版。至此,国内学术界方正式完成了对托马斯主要研究成果的翻译和介绍。需要提及的是,托马斯一书主要涉及英国收藏的敦煌和新疆出土的古藏文写本。此外,杨铭在 2005、2008 年出版的 2 本著作,《唐代吐蕃与西域诸族关系研究》和《吐蕃统治敦煌与吐蕃文书研究》,其中有相当多的篇幅涉及英藏敦煌、新疆古藏文文书的内容。[1]

21 世纪以来,杨铭还先后开展了 3 项有关的研究。第一是与西南民族大学图书馆的胡静副研究员合作,对武内绍人书中托马斯未涉及的部分古藏文写本进行编目,撰写提要,以《英藏新疆麻扎塔格、米兰出土藏文写卷选介》为名,陆续在《敦煌学辑刊》上载出,从 2002 年 1 期到 2009 年 1 期,已经连载 5 期。最后的计划是编写一本《大英图书馆收藏敦煌、新疆出土藏文写卷解题目录》,此项目已经申报《上海"十二五"重点图书出版规划》,争取由上海古籍出版社出版。

---

〔1〕杨铭:《唐代吐蕃与西域诸族关系研究》,黑龙江教育出版社,2005 年;《吐蕃统治敦煌与吐蕃文书研究》,中国藏学出版社,2008 年。

其次,从 2007 年开始,杨铭与西南民族大学藏学院的贡保扎西、索南才让两位教授合作,申请了一个国家社科基金重大委托项目《新疆通史》的子课题《英国收藏新疆出土古藏文写本文书选译》。计划从《英国图书馆藏斯坦因收集品中的新疆出土古藏文写本》中挑选出约 300 个号的写本进行编目和翻译。挑选的标准一是写本本身比较完整、内容有价值的社会文书,如借契、买卖契约、书信等;二是包括托马斯转写、译注过的 82 件写本,这次重新从藏文直接翻译。加上附录部分,全书共计约 30 万字。现在已经基本完稿,正在结项中,计划于 2012 年由新疆人民出版社出版。

　　第三,从 2011 年起,杨铭与西南民族大学西南民族研究院的杨公卫副教授合作,再度申请了一个《新疆通史》的子课题,即翻译出版武内绍人的《中亚的古藏文契约文书》一书。该书分为 3 大部分,第一部分:第 1 章"古藏文契约文书的分类",第 2 章"买卖契约",第 3 章"借贷契约",第 4 章"雇佣契约",第 5 章"契约的特点及社会背景";第二部分:契约的转写,翻译及注释;附录:引文索引,音节索引表,单词及短语索引表、图版一览表。现在,已经开始着手将这些内容翻译成中文,计划 2012 年底翻译、校对完成,2013 或 2014 年交由新疆人民出版社出版。

　　我们了解到,上海古籍出版社、西北民族大学与法国国家图书馆合作,在完成《法国国家图书馆藏敦煌藏文文献》的出版之后,准备与英国国家图书馆合作,将藏于该馆的敦煌、新疆古藏文文献全部影印出版,并且已经出版第一辑。我们相信这对国内敦煌学、藏学界是一个好消息,随着这批文献的影印出版和翻译,以及更多的学者加入到这一研究的行列中来,必将推进英藏古藏文文献的研究向纵深发展,一些有见地的新成果必将不断问世。

　　(原载《敦煌研究》2005 年第 2 期,"国内学术界对英藏古藏文文书的研究"一节为新增)

3 国内外吐蕃统治敦煌史研究的
回顾与展望

杨铭

吐蕃统治敦煌史的研究,与敦煌古藏文写本的发现和研究密不可分,因为仅凭唐代留下的残缺不全的汉文文献,显然不足以重构起吐蕃如何统治敦煌的立体画面。斯坦因(Sir Aurel Stein)与伯希和在 20 世纪初进行的数次中亚考察,从敦煌莫高窟获取的大量古藏文写本和其他物品,分别交由英国印度事务部图书馆(India Office Library and Records)与法国巴黎国家图书馆(Bibliothéque Nationale)收藏。其中,英国部分的非佛教文书由 1903—1927 年任馆长的托马斯(Frederick William Thomas,1867—1956)负责整理,藏文佛典则交由瓦雷·普散(Valle Poussin)编目。法国部分的系统整理与研究工作进展相对缓慢,编目工作则由拉露女士进行。正是由于敦煌藏文文献整理、编目与翻译成果的陆续问世,方促成了吐蕃统治敦煌史这一课题的提出、推进和发展。

3.1 上世纪海外学者的研究概述

大致说来,国外对"吐蕃统治敦煌"这一重大课题的研究,发轫于 20 世纪二三十年代,四五十年代渐成气候,其标志就是巴考、托马斯、杜散合作编著的《敦煌吐蕃历史文书》(*Documents de Touen-Houang elatifs à l'histoire du Tibet*,1940—1946)、托马斯的《有关西域的藏文文献与文书》(*Tibetan Literary Texts and Documents concerning Chinese Turkestan*)第 2 卷(1951)、戴密微的《吐蕃僧诤记》(*Le consile de Lhasa*,1952)等一批专著的问世。

其中,首先要提到的是托马斯,其人筚路蓝缕,有开山之功。从

1927 年到 1933 年,托马斯陆续在《英国皇家亚洲学会会刊》(*Journal of the Royal Asiatic*)上发表整理研究敦煌古藏文文书的成果。在 1935 年和 1951 年,他又先后以《有关西域的藏文文献和文书》为名,集结出版了 2 卷专著。其中,第 1 卷主要是从藏文大藏经中辑录并翻译的有关于阗史料,第 2 卷分 7 部分刊出了敦煌、新疆出土的古藏文社会历史文书。以上内容包括转写和译注,将斯坦因所获的社会历史文书中的精华部分公之于世,共计敦煌、麻扎塔格等地出土古藏文写本 120 件,古藏文简牍 380 件。在第 1、2 卷的基础上,托马斯和他的学生,又于 1955、1963 年汇集出版了该书第 3、4 卷。其中,第 3 卷是对第 1、2 卷某些未及展开的问题补充说明,而第 4 卷是具有藏英词典性质的工具书,收有完备的藏英梵词汇索引。

托马斯在整理、研究敦煌藏文文书方面的另一个重要成果,就是他与法国的藏学家巴考、杜散一起,把敦煌本吐蕃历史文书解读了出来。他们 3 人在 1946 年出版了自 1940 年以来的研究成果,即《敦煌吐蕃历史文书》。其中,托马斯负责解读的是入藏于大英博物馆资料部的,原登录号为 S. 103(19Ⅷ.1)、现编为 I. O. 750、B. M. 8212(187)的那一部分,具体来说,就是敦煌吐蕃历史文书《大事纪年》中公元 743 年至 763 年的这一段。毫无疑问,他的这一成果,至今仍在被敦煌学、藏学界的后学们使用。

与托马斯同时代或稍后的两位法国专家也是必须提到的,这就是法国藏学界的两位女士,一位是拉露(M. Lalou),一位是麦克唐纳夫人(A. Macdonald)。前者花了几乎毕生的心血,编成了 3 大本的《巴黎国家图书馆所藏敦煌藏文写本目录》(*Inventaire des Manuscrits tibétains de Touen-houang conservés à la Bibliothéque Nationale*)(Founds Pelliot tibetain,Ⅰ. No. 1 – 849,1939;Ⅱ. No. 850 – 1282,1950,Ⅲ. No. 1283 – 2216,1961)。此外,她还撰写了一系列的有关文章,《公元 8 世纪大蕃官吏呈请状》(" Revendications des Fonctionnaires du Grend Tibet au Ⅷ e Siècle",1955)、《古代西藏小邦王臣一览表》("Cataloque des principautes du Tibet ancien",1965)等,就是其中的一些著名的篇章。麦克唐纳

夫人则与今枝由郎一起,编辑出版了《敦煌古藏文手卷选集》(*Choix de documents Tibétains conservés à la Bibliothéque Nationale complété par queques Manuscrits de l' India Officeet du British Museum* ,1978, 1979)两册。此外,她还撰写了长篇论文《关于 P. T. 1286,1287,1038,1047 和 1290号藏文卷子史地考释》("Une lecture des Pelliot Tibetan 1286,1287, 1038,1047,et 1290, études tibétains dédiées à la Mémoire de Marcelle Lalou",1971)。

后来,日本学者在 60 至 80 年代也取得了一些成果,其中以藤枝晃的长篇论文《吐蕃支配期的敦煌》(1961)、山口瑞凤主编《讲座敦煌 2 敦煌的历史》(1980)涉及的吐蕃统治敦煌部分为代表。

藤枝晃的《吐蕃统治下的敦煌》是他的代表作之一,其篇章如下:

一、序说 吐蕃统治时期的敦煌文献:(一)吐蕃文书,(二)汉文文书;

二、吐蕃人占领行政官:(一)吐蕃占领沙州与尚绮心儿,(二)论悉诺息、论莽罗、论殉息,(三)吐蕃人的诸官职;

三、部落——汉人的行政组织:(一)沙州内外的部落,(二)基于职能的部落,(三)近邻的部落,(四)部落的实态,(五)将——部落的下级组织;

四、汉人的生活:(一)吐蕃统治时期出现的诸变化,(二)经济流通,(三)语言生活;

五、佛教界的作用:(一)佛寺与僧尼的增加,(二)讲经、译经、写经。

可以看出,藤枝晃的研究是开创性的,他在其所处的时代尽可能地引用了敦煌汉、藏文文献,试图从政治的、经济的、宗教的几个大的方面,勾勒出吐蕃统治下敦煌的基本态势。尽管这些研究从今天的角度看来,不免有粗疏的地方,但其某些方面的考证,还是相当深入的,譬如他在第四和第五节中,对于吐蕃统治下汉人生活、敦煌佛教界的活动等探讨,无疑是细腻而深入的。

山口瑞凤在《讲座敦煌 2 敦煌的历史》中,撰写的《吐蕃统治时

期》一章,其专题性更强,其章节标题名称如下:

（一）吐蕃统治敦煌的时间:1.占领敦煌,2.退出敦煌,3.进攻敦煌的将领。

（二）吐蕃统治敦煌政策的变化:

1.敦煌与吐蕃社会:1）位阶,2）中央政府,3）军团组织,4）税制、审判;

2.统治敦煌的政策:1）对汉人社会的评价,2）军政权下的职官与序列,3）行人部落的作用;

3.汉人二军部落的编成:1）汉人职务名簿,2）汉人职务的序列,3）曩儿波与节儿;

4.沙州汉人二军部落成立的日期:1）上部落与下部落,2）"三国会盟纪念愿文"成立的日期,3）"军部落"与"丝棉部落",4）沙州三部落,5）"子年"。

（三）敦煌的佛教界:1.僧侣与译经,2.寺院与写经事业,3.敦煌历。

除此之外,山口瑞凤还撰写了若干与吐蕃统治敦煌有关的文章,其中《沙州汉人吐蕃二军团的成立与 mkhar tsan 军团的位置》(1981)、《汉人及通颊人沙州吐蕃军团编成的时期》(1982)两篇尤为重要,被国际藏学界反复引用。当然,山口瑞凤的上述研究还只是专题性的,因为他的研究领域遍及整个藏学领域,就像藤枝晃的研究是整个敦煌学一样,他们都不可能专门对吐蕃统治敦煌的历史作系统的研究。

从 20 世纪 70 年代起到 80 年代,有一位国外的藏学家必须提到,他就是匈牙利的学者乌瑞。他发表的有关吐蕃统治敦煌及敦煌吐蕃文书的主要论著如下:(1)《阿柴小王编年:斯坦因文书敦煌 Vol. 69, fol. 84 号的年代与类型问题》(*The Annals of the VA – ZA Principality: The Problems of Chronology and Genre of the Stein Document, Tun -hung, Vol. 69, fol. 84, 1978*);(2)《有关公元 751 年以前的中亚历史的古代藏文史料研究》(*The old Tibetan Sources of the History of Central Asia up to 751 A. D. : A survey, 1979*);(3)《"khrom":公元 7—9 世纪吐蕃帝国的行政

单位》(*KHROM：Administrative Units of the Tibetan Empire in the* 7*th* – 9*th Centuries*,1980）；（4）《吐蕃统治结束后甘州和于阗官府中使用藏语的情况》(*L' Emploi du tibétain Dans les Chancelleries des états du Kan – sou et Khotan Posté-rieurs à la Domination tibétaine*,1981）；（5）《9 世纪前半叶吐蕃王朝的千户部落》(*Notes on the Thousand -districts of the Tibetan Empire in the First Half of the Ninth Century*,1982）。

王尧先生在 20 世纪 80 年代评价到：从这几年见到的材料来看，取得进展最大的几位是乌瑞、今枝由郎、山口瑞凤和戴密微，他们这几位分属几个不同的国家，但有一个共同点，都懂汉文，都能阅读汉文典籍，能以汉文史料与吐蕃文献相互印证、补充，纠正其伪误，使吐蕃文书写卷的重要价值得以放光四照。另外一点是，近几年取得成就的学者们能以吐蕃文书写卷与后来的藏文史籍相比较，从而廓清历史上的迷雾，恢复历史的本来面目。第三点是这些学者们对于敦煌吐蕃文书写卷的语言与现代藏语（特别是安多方言）之间的关系，有了进一步的认识，大大地推动了研究事业的发展。

继乌瑞之后，海外研究吐蕃统治敦煌或敦煌吐蕃文书的学者，不得不提到武内绍人。武内绍人，1951 年 7 月生，1975 年京都大学文学部毕业，1984 年修完京都大学博士课程。曾任京都大学文学部、大学院博士课程兼任讲师，国立民族学博物馆共同研究员，东京外国语大学共同研究员，大阪大学文学部、大学院博士课程兼任讲师，现任大阪外国语大学教授。有关著作如下：

专著：

（1）与今枝由郎合编《法国巴黎国立图书馆藏敦煌古藏文手卷》（*Choix de documents Tibétains conservés à la Bibliothéque Nationale complété par queques Manuscrits de l' India Officeet du British Museum*,Ⅲ,1990）；

（2）《中亚的古藏文契约文书》(*Old Tibetan Contracts from Central Asia*,1995）；

（3）《英国图书馆藏斯坦因收集品中的新疆出土古藏文写本》(*Old*

Tibetan Manuscripts from East Turkstan in the Stein Collection of the British Library ,1997）。

有关的藏学论文主要有：

（1）《古藏文 Lho -bal 考》（"On the Old Tibetan Word Lho -bal", 1984）；

（2）《吐蕃大事记中源自〈史记〉的一个段落》（"A Passage from the *Shih -chi* in the Old Tibetan Chronicle" ,1985）；

（3）《北庭、安西（龟兹）和西州的吐蕃与回鹘（790—869A. D.)》（"The Tibetan and Uighurs in Pei-t'ing An his［Kucha］, and His-chou, 790—869 A. D. " ,1986）；

（4）《敦煌、新疆出土藏语书信文书研究序说》（1986）；

（5）《中亚出土古藏文家畜买卖文书》（1990）；

（6）《古藏文买卖契约文书研究》（"On the Old Tibetan Sale Contracts" ,1992）；

（7）《古藏文借贷契约文书》（"Old Tibetan Loan Contracts" ,1993）；

（8）《将：吐蕃王朝千户部落的下属行政单位》（"Tshan：Subordinate Administrative Units of the Thousand-districts in the Tibetan Empire", 1994）。

武内绍人是敦煌、新疆古藏文文书研究的后起之秀，尤其是他受日本东洋文库资助亲赴英伦，经过多年的努力，编辑出版了《中亚的古藏文契约文书》、《英国图书馆藏斯坦因收集品中的新疆出土古藏文写本》这两部巨著，为国际敦煌学界、藏学界提供了第一手的资料和系统的研究成果。

3.2　20世纪80—90年代国内的研究概况

相对而言，国内的研究起步要晚一些，可以说是发萌于50年代。从正式出版物来看，首推王忠先生的《新唐书吐蕃传笺证》（1958）有关部分。20世纪60至80年代香港和台湾学者的成果有：苏莹辉《论唐时敦煌陷蕃的年代》(1961)、《再论唐时敦煌陷蕃的年代》(1964)、《论敦煌县在河西诸州中陷蕃最晚的原因》(1970),这几篇文章的主要观点是结合敦煌汉文卷子论证敦煌于贞元元年(785)或贞元二年(786)陷于吐蕃。饶宗颐《论敦煌陷于吐蕃之年代》(1971)一文,主旨也是引用敦煌文书,以证敦煌陷蕃之岁为贞元二年(786)为不误。

而国内的研究真正全面展开是 20 世纪的 80 年代,其标志就是王尧、陈践译注的《敦煌本吐蕃历史文书》(1980)正式出版。其直接的起因也是来自国际藏学界的推动,前面已经提到,麦克唐纳夫人、今枝由郎编辑的《敦煌古藏文手卷选集》第 1、2 卷,1978、1979 年在巴黎出版。以后王尧、陈践先生陆续出版了:《敦煌吐蕃文献选》(1983)、《吐蕃简牍综录》(1986)、《吐蕃金石录》(1983)、《敦煌吐蕃文书论文集》(1988)等几部重要的论著或资料,以及一批重要的学术论文,为国内学术界在这方面作深入的研究提供了古藏文史料方面的基础。

正是利用上述敦煌吐蕃历史文书以及敦煌汉文文书的整理出版,国内学术界始得以结合汉、藏文献对吐蕃统治敦煌这一课题展开研究。80—90 年代,一批学者开展了相关的研究,如果按专题作大致的划分,研究吐蕃占领敦煌时间的有:史苇湘《吐蕃王朝管辖沙州前后》(1983),陈国灿《唐朝吐蕃陷落沙州城的时间问题》(1985),马德《沙州陷蕃年代再探》(1985),杨铭《一件有关敦煌陷蕃时间的藏文文书》(1994)。

研究吐蕃统治敦煌的政治制度的有:张广达《吐蕃飞鸟使与吐蕃驿传制度》(1983),李正宇《吐蕃子年(808)沙州百姓范履倩等户籍手实残卷研究》(1983),杨际平《吐蕃子年左二将户状与所谓"擘三部落"》(1986),姜伯勤《沙州道门亲表部落释证》(1986),杨铭《吐蕃时期敦煌部落设置考》(1987)、《试论吐蕃统治下汉人的地位》(1988)、《关于敦煌藏文文书〈吐蕃官吏呈请状〉的研究》(1993),马德《吐蕃统治敦煌初期的几个问题》(1987),荣新江《通颊考》(1990),张云《"节儿"考略》(1992),邵文实《沙州节儿考及其引申出来的几个问题》(1992),黄盛璋《敦煌遗书藏文 Ch.73.Ⅳ〈凉州节度、仆射致沙州、瓜州刺史敕牒〉及其重要价值》(1995),郑炳林与王尚达《吐蕃统治下的敦煌粟特人》(1996),刘安志《唐朝吐蕃占领沙州时期的敦煌大族》(1997)等。

研究吐蕃统治敦煌的经济制度的有:杨际平《吐蕃时期敦煌计口授田考》(1983)、《吐蕃时期沙州经济研究》(1986),姜伯勤《突地考》(1984),唐耕耦《吐蕃时期敦煌课麦粟文书介绍》(1986),杨铭《吐蕃在敦煌计口授田的几个问题》(1993)。

研究吐蕃统治敦煌时期宗教制度及文化交流的有:黄文焕《跋敦煌 365 窟藏文题记》(1980),黄布凡《敦煌〈藏汉对照词语〉残卷考辨订误》(1984),黄颢《敦煌吐蕃佛教的特点》(1988),谢重光《吐蕃占领期与归义军时期的敦煌僧官制度》(1991),梅林《吐蕃和归义军时期敦煌禅僧寺籍考辨》(1992),樊锦诗等《吐蕃占领时期莫高窟洞窟的分期研究》(1994),王继光与郑炳林《敦煌汉文吐蕃史料综述》(1995),马雅伦、邢艳红《吐蕃统治时期敦煌的两位粟特僧官——史慈灯、石法海考》(1996)。

以上提到的,只是有关研究中具代表性的一部分,尚有许多成果未能一一提及。当然据此可以看出,这些研究多是专题性的而非系统性的,只能说是在若干重要方面,譬如有关部落的设置、部落的民族属性、统治机构与职官的设置等问题上,在国内外藏学界已有研究的基础上,取得了重要的进展和重要的成果。

3.3　新世纪的展望

从 20 世纪末到 21 世纪初,国内学术界有两位年轻的学者加入到了研究"吐蕃统治敦煌专题"的队伍中来,他们就是金滢坤博士和陆离博士。

金滢坤陆续发表了《敦煌陷蕃年代研究综述》(1997)、《吐蕃统治敦煌的社会基层组织》(1998)、《吐蕃统治敦煌的财政职官体系——兼论吐蕃对敦煌农业的经营》(1999)、《吐蕃沙州都督考》(1999)、《吐蕃统治敦煌时期的部落使考》(1999)、《吐蕃沙州节儿及其统治新探》(2000)、《吐蕃节度使考述》(2001)、《吐蕃瓜州节度使初探》(2002)、《吐蕃统治敦煌的户籍制度初探》(2003)等系列文章。

陆离发表了《吐蕃统治敦煌基层兵制新考》(2003)、《吐蕃统治时期敦煌酿酒业简论》(2004)、《吐蕃统治时期敦煌僧官的几个问题》(2005)、《吐蕃统治河陇时期司法制度初探》(2006)、《吐蕃统治敦煌的基层组织》(2006)、《吐蕃统治敦煌时期的官府牧人》(2006)等。

两位年轻学者的加盟,可以说是把吐蕃统治敦煌这一专题,往更系统、更细化方面推进了一步。当然,他们的研究也不是说没有值得商榷的地方,关键的问题还在于对敦煌藏文文献的识读和理解能达到一个怎样的深度,这个问题解决不好,就将影响到某一具体研究所得出的观点或结论。

国外的研究者,还要提到日本的高田时雄与岩尾一史。前者的代表性著述有:《藏文社邑文书二三种》(1998)、《敦煌的多语种使用》("Multilingualism in Tun-huang",2000)、《敦煌莫高窟第十七窟发见写本から见た敦煌における多言语使用の概观》(2001)、《有关吐蕃期敦煌写经的藏文资料》(2001)、《吐蕃期敦煌有关受戒的藏文资料》(2003)。岩尾一史的代表论著是:《吐蕃のルと千户》(2000)、《Pelliot tibétain 1078bisよりみた吐蕃の土地区画》(2006)、《关于吐蕃统治下的敦煌地区的都督》("On Tu-du Tibetan-ruled Dunhuang",2006)。其中,岩尾一史师承武内绍人,虽然是初露头角,但看得出来,他是想借助对敦煌所出藏文文献的深研,试图重构吐蕃统治敦煌的历史。

可以看出,不管是国际还是国内藏学界,到目前为止对吐蕃统治敦煌的研究还不能说就画上了一个句号,其标志是目前国内外学术界还未出版一本诸如《吐蕃统治敦煌史》这样的专著。现有的一些研究成果,多是针对吐蕃统治敦煌的某一方面课题的,或者是政治的,经济的或宗教的,目前需要有一部或数部系统研究吐蕃统治敦煌历史的专著问世,这样才能推动吐蕃统治敦煌史的研究进一步深入。

现在,从事相关研究的条件也更加具备了,一方面上海古籍出版社等陆续出版了英藏、法藏、俄藏的敦煌汉文社会历史文献,另一方面上海古籍出版社又与西北民族大学等单位合作,计划将藏于法国、英国的敦煌古藏文文献全部编目、影印、翻译出版,目前已经出版了《法国国家图书馆藏敦煌藏文文献》1－2卷。因此,相信随着敦煌汉、藏文献及其他民族文献的出版和翻译,以及更多的年轻学者加入到这一研究的行列中来,必将推进吐蕃统治敦煌的研究向纵深发展,一些有见地的新成果必将不断问世。

附:

吐蕃统治敦煌史研究中、日文论著简目
（以姓氏拼音为序）

一、中文论著

安忠义,《吐蕃攻陷沙州城之我见》,《敦煌学辑刊》,1992(1－2)。

陈国灿,《唐朝吐蕃陷落沙州城的时间问题》,《敦煌学辑刊》,1985(1)。

陈国灿,《敦煌所出诸借契年代考》,《敦煌学辑刊》,1984(1)。

陈庆英、端智嘉,《一份敦煌吐蕃驿递文书》,《甘肃社会科学》,1981(3)。

陈庆英,《从敦煌藏文 P.T.999 号写卷看吐蕃史的几个问题》,《藏学研究论丛》1,西藏人民出版社,1989。

褚俊杰,《吐蕃苯教丧葬仪轨研究(续)——敦煌古藏文写卷 P.T.1042 解读(一)》,中国藏学,1989(3－4)。

樊锦诗、赵青兰,《吐蕃占领时期莫高窟洞窟的分期研究》,《敦煌研究》,1994(4)。

方广锠,《吐蕃统治时期敦煌流行的偈颂失号法》,《敦煌学辑刊》,1990(1)。

黄布凡,《敦煌〈藏汉对照词语〉残卷考辨订误》,《民族语文》,

1984(5)。

黄布凡、马德,《敦煌藏文吐蕃史文献译注》,甘肃教育出版社,2000。

黄颢,《敦煌吐蕃佛教的特点》,《藏族史论文集》,四川民族出版社,1988。

黄盛璋,《〈钢和泰藏卷〉与西北史地研究》,《新疆社会科学》,1984(2)。

黄盛璋,《敦煌文书中"南山"与仲云》,《西北民族研究》,1989(1)。

黄盛璋,《敦煌遗书藏文 Ch.73.Ⅳ〈凉州节度、仆射致沙州、瓜州刺史敕牒〉及其重要价值》,台北《蒙藏国际学术研讨会论文集》,1995。

黄文焕,《跋敦煌 365 窟藏文题记》,《文物》,1980(7)。

黄文焕,《吐蕃经卷里的数码研究》,《敦煌学辑刊》,1986(1)。

金滢坤,《吐蕃瓜州节度使初探》,《敦煌研究》,2002(2)。

金滢坤,《吐蕃统治敦煌的财政职官体系——兼论吐蕃对敦煌农业的经营》,《敦煌研究》,1999(2)。

金滢坤,《吐蕃沙州都督考》,《敦煌研究》,1999(3)。

金滢坤,《吐蕃统治敦煌的社会基层组织》,《中国边疆史地研究》,1998(4)。

金滢坤,《吐蕃节度使考述》,《厦门大学学报》,2001(1)。

金滢坤、盛会莲,《吐蕃沙州节儿及其统治新探》,《中国边疆史地研究》,2000(3)。

姜伯勤,《唐敦煌"书仪"写本中所见的沙州玉关驿户起义》,《中华文史论丛》,1981。

姜伯勤,《突地考》,《敦煌学辑刊》,1984(1)。

姜伯勤,《沙州道门亲表部落释证》,《敦煌研究》,1986(3)。

李正宇,《吐蕃子年(808)沙州百姓范履倩等户籍手实残卷研究》,《1983 年全国敦煌学术讨论会文集》(文史·遗书编)上,甘肃人民出版社,1987。

李其琼,《论吐蕃时期的敦煌壁画艺术》,《敦煌研究》,1998(2)。

林冠群,《〈敦煌本吐蕃历史文书〉与唐代吐蕃史研究》,项楚等主编《新世纪敦煌学论集》,巴蜀书社,2003。

刘安志,《唐朝吐蕃占领沙州时期的敦煌大族》,《中国史研究》,1997(3)。

刘进宝,《关于吐蕃统治经营河西地区的若干问题》,《中国边疆史地研究》,1994(1)。

龙远蔚,《吐蕃统治敦煌时期的部落使考》,《民族研究》,1999(2)。

陆离,《吐蕃统治敦煌基层兵制新考》,《中国史研究》,2003(4)。

陆离,《吐蕃统治时期敦煌酿酒业简论》,《青海民族学院学报》,2004(1)。

陆离,《吐蕃统治时期敦煌僧官的几个问题》,《敦煌研究》,2004(3)。

陆离,《敦煌、新疆等地吐蕃时期石窟中着虎皮衣饰神祇、武士图像及雕塑研究》,《敦煌学辑刊》,2005(3)。

陆离,《吐蕃统治河陇时期司法制度初探》,《中国藏学》,2006(1)。

陆离,《吐蕃统治河陇西域时期职官四题》,《西北民族研究》,2006(2)。

陆离,《吐蕃统治敦煌的基层组织》,《西藏研究》,2006(1)。

陆离,《吐蕃统治河陇西域时期的军事、畜牧业职官二题》,《敦煌研究》,2006(4)。

陆庆夫,《略论敦煌民族史料的价值》,《敦煌学辑刊》,1991(1)。

罗秉芬,《从三件〈赞普愿文〉看吐蕃王朝的崩溃》,《敦煌吐鲁番学研究文集》,书目文献出版社,1996。

罗秉芬,《唐代藏汉文化交流的历史见证——敦煌古藏文佛经变文研究》,《中国藏学》,1989(2)。

马德,《沙州陷蕃年代再探》,《敦煌研究》,1985(3)。

马德,《吐蕃统治敦煌初期的几个问题》,《敦煌研究》,1987(1)。

马德,《Khrom 词义考》,《中国藏学》,1992(2)。

马德,《敦煌文书所记南诏与吐蕃的关系》,《西藏民族学院学报》,2004(6)。

马德,《甘肃藏敦煌古藏文文献概述》,《敦煌研究》,2006(3)。

马雅伦、邢艳红,《吐蕃统治时期敦煌的两位粟特僧官——史慈灯、石法海考》,《敦煌学辑刊》,1996(2)。

梅林,《吐蕃和归义军时期敦煌禅僧寺籍考辨》,《敦煌研究》,1992(3)。

潘重规,《敦煌唐人陷蕃诗集残卷作者的新探测》,《唐代研究论集》第三辑,新文丰出版公司,1992。

强俄巴·次央,《试析敦煌藏文 P. T. 999 写卷》,《西藏研究》,1990(1)。

饶宗颐,《论敦煌陷于吐蕃之年代》,《东方文化》,1971,9(1)。

任树民、白自东,《仕蕃汉人官职考述——P. T. 1089 号卷子研究》,《西藏民族学院学报》,1990(2)。

荣新江,《通颊考》,《文史》,1990(33)。

沙武田,《吐蕃统治时期敦煌石窟供养人画像考察》,《中国藏学》,2003(2)。

邵文实,《沙州节儿考及其引申出来的几个问题》,《西北师大学报》,1992(5)。

邵文实,《尚乞心儿事迹考》,《敦煌学辑刊》,1993(2)。

史苇湘,《河西节度使覆灭的前夕——敦煌遗书伯 2942 号残卷的研究》,《敦煌研究》,1983(创刊号)。

史苇湘,《吐蕃王朝管辖沙州前后——敦煌遗书 S.1438 背〈书仪〉残卷的研究》,《敦煌研究》,1983(创刊号)。

苏莹辉,《论唐时敦煌陷蕃的年代》,《大陆杂志》,1961,23(11)。

苏莹辉,《论敦煌县在河西诸州中陷蕃最晚的原因》,《大陆杂志》,1970,41(9)。

苏莹辉,《论唐时敦煌陷蕃的年代》,《敦煌论集》,台湾学生书局,1983。

苏莹辉,《再论唐时敦煌陷蕃的年代》,《敦煌论集》,台湾学生书局,1983。

孙修身,《敦煌遗书吐蕃文书 P. T. 1284 号第三件书信有关问题》,《敦煌研究》,1989(2)。

唐耕耦,《吐蕃时期敦煌课麦粟文书介绍》,《中国社会经济史研究》,1986(3)。

托马斯编著,刘忠、杨铭译注,《敦煌西域古藏文社会历史文献》,民族出版社,2003。

王继光、郑炳林,《敦煌汉文吐蕃史料综述》,《敦煌吐鲁番文献研究》,兰州大学出版社,1995。

王尧,《吐蕃译师管·法成身世事迹考》,《西藏文史考信集》,中国藏学出版社,1994。

王尧,《敦煌吐蕃文书 P. T. 1297 号再释——兼谈敦煌地区佛教寺院在缓和社会矛盾中的作用》,《中国藏学》,1998(1)。

王尧,《敦煌石窟里的吐蕃文书——纪念敦煌学研究 100 周年》,《中国西藏》,2000(5)。

王尧、陈践,《敦煌古藏文〈罗摩衍那〉译本介绍》,《西藏研究》,1983(1)。

王尧、陈践,《敦煌本吐蕃历史文书》,民族出版社,1980。

王尧、陈践,《敦煌吐蕃文献选》,四川民族出版社,1983。

王尧、陈践,《吐蕃简牍综录》,文物出版社,1986。

王尧、陈践,《吐蕃兵制考》,《中国史研究》,1986(1)。

王尧,《敦煌本吐蕃法制文献译释》,《1983 年全国敦煌学术讨论会文集》(文史·遗书编)上,甘肃人民出版社,1987。

王尧,《蕃占期间的敦煌佛教事业探微》,《世界宗教研究》,1988(2)。

王尧,《归义军曹氏与于阗之关系补》,《敦煌吐蕃文书论文集》,四川民族出版社,1988。

王尧,《吐蕃职官考信录》,《中国藏学》,1989(1)。

王尧,《敦煌吐蕃官号"节儿"考》,《民族语文》,1989(4)。

王尧编著,《吐蕃金石录》,文物出版社,1983。

王忠,《新唐书吐蕃传笺证》,科学出版社,1958。

杨富学,《敦煌吐鲁番文献所见吐蕃回鹘之文化关系》,《首都师范大学学报》,2001(1)。

杨富学,《20世纪国内敦煌吐蕃历史文化研究述要》,《中国藏学》,2002(3)。

杨际平,《吐蕃时期敦煌计口授田考》,《甘肃社会科学》,1983(2)。

杨际平,《吐蕃子年左二将户状与所谓"擘三部落"》,《敦煌学辑刊》,1986(2)。

杨际平,《吐蕃时期沙州经济研究》,《敦煌吐鲁番出土经济文书研究》,厦门大学出版社,1986。

杨际平,《吐蕃时期沙州仓曹状上勾覆所牒研究》,《敦煌吐鲁番出土经济文书研究》,厦门大学出版社,1986。

杨铭,《吐蕃时期敦煌部落设置考》,《西北史地》,1987(2)。

杨铭,《试论吐蕃统治下汉人的地位》,《民族研究》,1988(4)。

杨铭,《关于敦煌藏文文书〈吐蕃官吏呈请状〉的研究》,《马长寿纪念文集》,西北大学出版社,1993。

杨铭,《敦煌文书中的 Lho bal 与南波》,《敦煌研究》,1993(3)。

杨铭,《吐蕃在敦煌计口授田的几个问题》,《西北师范大学学报》,1993(5)。

杨铭,《关于敦煌藏文卷子中 Lho Bal 的研究》,《西北民族研究》,1994(2)。

杨铭,《一件有关敦煌陷蕃时间的藏文文书》,《敦煌研究》,1994(3)。

杨铭、何宁生,《曹(Tshar)吐蕃统治敦煌及西域的一级基层兵制》,《西域研究》,1995(4)。

杨铭,《英藏敦煌藏文文书选介(一)》,《敦煌学辑刊》,1997(1)。

杨铭,《英藏敦煌藏文文书选介(二)》,《敦煌学辑刊》,1998(2)。

杨铭,《四件英藏敦煌藏文文书考释》,《2000 年敦煌学国际学术讨论会文集》,甘肃民族出版社,2003。

谢重光,《吐蕃占领期与归义军时期的敦煌僧官制度》,《敦煌研究》,1991(3)。

张广达,《吐蕃飞鸟使与吐蕃驿传制度》,《西域史地丛稿初编》,上海古籍出版社,1995。

张广达,《唐代禅宗的传入吐蕃及有关的敦煌文书》,《西域史地丛稿初编》,上海古籍出版社,1995。

张云,《吐蕃与党项政治关系初探》,《甘肃民族研究》,1988(3 - 4)。

张云,《"节儿"考略》,《民族研究》,1992(6)。

赵晓星,《吐蕃统治敦煌时期的落蕃官初探》,《中国藏学》,2003(2)。

郑炳林、王尚达,《吐蕃统治下的敦煌粟特人》,《中国藏学》,1996(4)。

二、日文论著

池田温,《8 世纪中叶における敦煌のソゲド人聚落》,《ユーラッア文化研究》1,1965,pp.49 - 92。

池田温,《沙州图经略考》,《榎博士还历纪念东洋史论丛》,明和印刷株式会社,1975,pp.31 - 101。

池田温,《中国古代籍帐研究》,东京大学出版会,1979。

高田时雄,《藏文社邑文书二三种》,《敦煌吐鲁番研究》第 3 卷,北京大学出版社,1998 年,pp.183 - 190。

高田时雄,《敦煌莫高窟第十七窟发见写本から见た敦煌における多言语使用の概观》,《石窟寺院の成立と变容》,平成 10 年度科学研究费补助金基盘研究(B),2001 年。

前田正明,《河西の历史地理学研究》,如川弘文馆昭和三九年(1964)。

森安孝夫,《ウィグルの西迁について》,《东洋学报》59,1977,pp.

105 – 130。

森安孝夫,《チベット语史料中に现われる北方民族 Dru-guと Hor》,《アヅア.アフリカ言语文化研究》14,1979,pp.1-48。

森安孝夫,《吐蕃の中央アジア进出》,《金泽大学文学部论集·史学科篇》4,1984,pp.1-85。

山口瑞凤,《苏毗の领界——rTsang yul Yan Lag gsum pavi ru-》,《东洋学报》第 50 卷 4 号,1968, pp.1-69。

山口瑞凤,《吐蕃の国号と羊同の位置——〈附国传〉与大小羊同的研究》,《东洋学报》第 58 卷 3、4 号,1977,pp.55-95。

山口瑞凤,《讲座敦煌 2 敦煌の历史》,大东出版社,1980,pp.195-232。

山口瑞凤,《沙州汉人による吐蕃二军团の成立とmkhar tsan 军团の位置》,《东京大学文学部文化交流研究施设研究纪要》4,1981,pp.13-47。

山口瑞凤,《汉人及び通颊人による沙州吐蕃军团编成の时期》,《东京大学文学部文化交流研究施设研究纪要》5,1982,pp.1-21。

山口瑞凤,《吐蕃王国成立史研究》,岩波书店,1983。

藤枝晃,《吐蕃支配期の敦煌》,《东方学报》31,京都,1961,pp.199-292。

武内绍人,《スタイン收集トルキスタン出土古チベット语文书—概要とカタログ作成プロジェクト—》,《内陆アジア言语の研究》XI 1996,pp.121-137。

武内绍人,《归义军期から西夏时代のチベット语文书とチベット语使用》,《东方学》第 104 辑,2002,pp.124-106。

武内绍人,《中央アジア出土チベット语木简の综合的研究》,平成 12 年度-14 年度科学研究费补助金基盘研究(C),2003 年。

岩尾一史,《Pelliot tibétain 1078bisよりみた吐蕃の土地区画》,《日本敦煌学论丛》, vol.1,2006,pp.1-26.

佐藤长,《唐代青海东道诸城塞について》,《史林》58,1975,pp.

1–21。

佐藤长,《古代チベット史研究》2卷,同朋舍,1977年再版。

佐藤长,《チベット历史地理研究》,岩波书店,1978。

（原载《敦煌学国际联络委员会通讯》2008,上海古籍出版社2008年版）

4 国外有关敦煌藏文文书 《吐蕃官吏呈请状》的研究

杨铭

4.1 研究概述

伯希和所获的敦煌藏文文书中，除著名的《大事纪年》、《赞普传记》以外，还有一件记载公元 8 至 9 世纪吐蕃占领河陇时期的蕃、汉官吏制度的文书，它就是被编为 P. T. 1089 号的《吐蕃官吏呈请状》。此写本长约 1 米，宽 31 厘米，保存基本完好，共计写有古藏文 84 行。

1955 年，法国著名藏学家拉露（Marcelle Lalou）在《亚洲学报》（*Journal Asiatique*）上刊布了 P. T. 1089 号文书的拉丁字母转写，并用法文作了翻译和注释，该文章名为：《公元 8 世纪大蕃官吏呈请状》（"Revendicationts des fonctionnaires du Grand Tibet au Ⅷe siècle"）。[1] 从这以后过了许多年，国际藏学界很少有人对此文书作进一步研究，引用它来阐述吐蕃官职的也不多见。直到 70 年代末，日本藏学家山口瑞凤感到有必要重新审订拉露的译文，以适应世界范围内藏学发展的需要。所以，尽管山口氏曾经亲自受过拉露女士的指导，他还是愿冒受人批评之风险，重新译注了 P. T. 1089 号文书，对拉露译文中某些不确切的年代比定作了订正。山口瑞凤的文章题为：《沙州汉人による吐蕃二军团の成立と mkhar tsan 军团の位置》，发表在《东京大学文学部文化交流研究施设研究纪要》第 4 号（1980 年度）上。山口瑞凤在文章的序言中说道，拉露刊布和译注的 P. T. 1098 号文书，"这是为探讨吐蕃统治时期的敦煌（沙州）与其邻近占领区有关吐蕃统治机构而介绍的

---

〔1〕《亚洲学报》第 243 卷第 2 期。

最有用的史料,但是,用此史料来论述吐蕃统治机构的研究文章,至今未见"[1]。这就道出了 P. T. 1089 号文书在吐蕃史研究上的重要性。

据笔者所见,迄今为止 P. T. 1089 号文书有 4 个译本,除上述法文和日文译本外,国内汶江、王尧和陈践各有一个中文译本[2]。很明显,这两个中文译本都没有参考山口瑞凤的译文。由于山口氏的译文是在拉露译文的基础上进行的,而且他有机会参照、吸收自 1955 年以后的藏学研究成果,因而其译文的引用价值更大一些。1985 年,笔者在中央民族学院进修藏文期间,承蒙北京大学历史系的荣新江先生惠赠山口瑞凤文章的复印件一份。是年底,我将山口氏文章中的 P. T. 1089 原文释读部分译为中文,准备在以后进一步研究此文书时利用。后来荣新江来函告之,他已将山口氏文章全文译出,正寻求发表。转眼间 5 年过去了,荣新江的译文仍未问世。现在,我将自己在数年前翻译的文字整理出来,介绍给国内同仁,供大家批评、借鉴。山口瑞凤的文章全文,只有等待荣新江的译文早日刊行,才能观其全貌了。

4.2　文书的释读

山口瑞凤对文书进行解读时,凡属较重要的人名、地名、官名、术语等,都在译文后面附上了原藏文的拉丁字母转写。不同的部分,在译文中以括号来表示。译文中,括号里的数字即原文的行数。方括号"[ ]",用来表示补充与说明。[3] 现将山口瑞凤的译文汉译如下:

P. T. 1089 号文书译文:

〔1〕狗年冬腊月,由柴地(zha)议政厅(vdun sa)给公文盖了御印……〔2〕关于[序列(gral)与]位阶(thabs)意见不一致之事,沙州

---

〔1〕山口瑞凤在注释中举例说:藤枝晃的《吐蕃支配期の敦煌》就没有参考这件文书。

〔2〕汶江:《吐蕃官制考——敦煌藏文卷子 P. T. 1089 号研究》,见《西藏研究》1987 年 3 期;王尧、陈践:《吐蕃职官考信录》,见《中国藏学》1989 年 1 期。

〔3〕以下对 P. T. 1089 号文书所作的释读,是以山口瑞凤的翻译为基础,参照拉露过录的原文而完成的,笔者尽量做到保留山口瑞凤应用上述规则的原貌,对于山口瑞凤漏译及采用王尧等译文的地方,笔者将在注释中——指出。

万户长(khri dpon)和万户都护(khri spyan)以前曾呈请过……[3]……以前上奏之后,经受理,议决了序列[与位阶]……[4]奏上时,命令照盖了御印之文施行。[议决]了的序列与位阶[写成了一览表]……[5]从沙州节儿论(rtser rje blon)以下的下级官吏,对序列与位阶的意见不一致,以后的序列与位阶按此[6]已写成的一览表。狗年冬季,宫廷驻于[地名空缺]。德伦会议(bde blon gyi vdun sa)由尚·赞桑(zhang btsan bzang)和论·结卓(blon rgyal sgra)[7]都护(spyan)论·坚热(blon byang bzher)和论·喻卓(blon gyu[sgra])于[柴地]召集,此系陆、岸两部落(lug ngan sde gnyis)及廓尔巴(dkor pa)与玛曲大行军衙地(rma grom pa thang)[1]对峙之际,所以[8]沙州万户长与万户都护提出了如下呈文:

此呈,在沙州,以前由吐蕃方面任命的千户长(stong pon)[2]之职位,仅有一人持大藏(gtsan cen pa)之位。但[9]自去年[鼠年]以来,沙州汉人组成军团之后,也随即定下了千户长和小千户长(stong cung)的[职位]。并授予千户长小黄铜告身的位阶,小千户长的位阶[10]授予大红铜告身。[为此],汉人都督(to dog)与千户长[之间]就序列与位阶的意见不一。吐蕃方面任命的小千户长,与汉人副都督(to dog vog pon)[11]及汉人副千户长(stong zla)等也有持黄铜告身的,[彼此]亦对序列与位阶的意见不一致。现在副节儿(rtsa rje vog pon)之序列虽在大都督[12]之下,[但在]副都督安本义(van bung yig)与汉人方面任命的都护(spyan)张大力(cang stag legs)之上。去年[鼠年],[由于]姑藏军团(mkhar tsan khrom)[3][13]的官吏对序列与位阶的意见不一致之事,将军(dmag pon)向大尚论(zhang lon ched po)论·结赞(blon

---

〔1〕山口瑞凤原译为"此即,两群歹徒及贡物管理者与玛·仲巴塘对峙之际"。现采用王尧、陈践二位的译名。

〔2〕藏文 stong sde,意为千户区、千户所、千户部落,或有一千户人家的地区;stong dpon,即千户长、千夫长、千总,或作为一千人的首领。山口瑞凤在翻译 stong dpon 和 stong cung 时,均加上了"军"字,作千户军长、小千户军长,而笔者未采纳。

〔3〕山口瑞凤原译"mkhar tsan 军团",笔者译作"姑藏军团"。

rgyal tsan)和论·腊卓(blon legs sgra)提出了呈请，[14]经讨论作出了决定。根据此决定：吐蕃和孙波(bod sum)的千户长之下为通颊(mthong khyab)与吐谷浑(va zha)的千户长，在其下为节儿红铜告身者(rtse rje zangs[dang]/[pa])，其下为吐蕃和[15]孙波的小千户长与通颊、吐谷浑之小千户长，在其以下为红铜告身的无官职者(zang spa sug stong)和带大虎皮肩者(stag gi can pa/cen pa)等等。节儿和[16]都督之序列与位阶仍如以前的顺序，仅仅整顿了从前的形式而未加改变。对吐蕃方面新近任命的千户长和小千户长应如何等[17][同汉人]的顺位、序列与位阶等等，因我等不应提议决定，谨根据圣上之御命执行。在[18]尚未决定的情况下，如官吏已开始就任的同时等等，因为如此程序之琐事，很难一致，若引起争端，对完成圣上差事[19]极为不利，于圣上亦无益，此种情况定难于继续维持。千户长们的序列，都督二人与副节儿们的[20]顺序应如何办才是适当的，汉人的副千户长和吐蕃[方面任命]的小千户长又由哪一方居上位？亦请下达御示。奏上。

[沙州的汉人千户长、小千户长的呈文如下：][21]根据沙州汉人官吏之奏请，沙州的都督们奏请居我等千户长和小千户长之上位。被任命为南山部族(lho bal)[1]的都督和[22]副千户长的官吏们，位居[吐蕃方面任命的]正式官吏之上位之事，还不曾有过这种做法和相应的实例。如有上奏之例，则只有于阗国主(li rje)[23]进贡之例可对照，即通过进贡得到圣上恩赐，赐以王号，准许享有王者威仪(rgyal chos)。但却仍在[统治]于阗的持有银告身的[吐蕃]论之下[24]任职。于阗的阿摩支(a ma ca)[2]等的

---

〔1〕lho bal，山口瑞凤译作"南泥婆罗"。后来，他在《汉人及び通颊人による沙州吐蕃军团编成の时期》一文中，放弃了这种译法，也未提出新的见解。见《东京大学文学部文化交流研究施设研究纪要》第5号(1981年度)。笔者译作"南山部族"，理由见后。

〔2〕Amaca，源于梵文amātya，意为"大臣"，"辅相"，参见 F. W. 托马斯：《有关西域的藏文文献和文书》(*Tibetan Literary Texts and Documents concerning Chinese Turkestan*)，第2卷，伦敦，1951，第191页；《新唐书》卷221《西域传》、《册府元龟》卷964《外臣部》记为"阿摩支"。山口瑞凤原译为"总督"，据上改。

位阶虽授以金告身、[玉石告身]等,但其地位仍处于[吐蕃方面任命的]红铜告身的节儿之下。统率南[25]山部族千户长的万户长、千户长和小千户长虽持有玉石告身及金告身之位阶,但据说还不及至多持有大藏(gtsang cen)位的[吐蕃方面的]大将校(dmag pon ched po),[26]而在持藏(gtsang pa)之位的小将校之下。如此中央与边区[分别订立]的两种序列与位阶[之原则]因是过去规定的,所以即使附上了既定规定,[27]这样的御定准则仍保存于圣上之手。任命的沙州都督与副千户长等,与其他奏上的南山部族大集团相比,自然贡[28]献并不大,故位阶亦不高,所以序列与位阶应遵循以前所定的相应实例,我等[千户长和小千户长]应为上位,当否,请决定,奏请。

沙州都[29]督与副千户长们之奏请[如下]:我等被任命为大都督及节儿之辅佐(rtse rjevi zla),赐以颇罗弥石告身[等],在[我等之]上的红铜告身节儿[30]之上,[迄今]没有包括各[汉人]千户长,而现在经由姑臧军团向将军呈请的结果,决定千户长[31]们位居红铜告身节儿之上位,据此[汉人之]千户长们应居大都督之上位[,那是不恰当的]。另外[无论如何][32]银告身副都督和副千户长持有黄铜告身者之上,不能包括[同汉人一样的]红铜告身的小千户长,如此我等[33]都督应位居吐蕃方面任命的千户长和小千户长之上。可否,奏请赐复。

[列举三种参考资料]

[Ⅰ]姑臧军团的官吏的序列与[34]位阶[之关系],向大尚论呈请,经议定而接受的文书,作为盖有御印的文书由吐蕃方面任命的汉人官吏经手保存。[35]据其所载,关于姑臧军团对官吏的序列与位阶意见不一之事,与以前所定方法和预定完成圣上差事相[36]对照,向大尚论呈请后议论决定。[其]序列与位阶[如下]:

翼长(ru dpon)— 万户长(khri dpon)— 大守备长(dgra blon chen po)— 节儿(rtse rje)[37]黄铜告身者(ra gan pa)— 大营田

官（zhing pon chen po）— 大城塞长（mkhar dpon chen po）— 上部、下部牧地大管理长（stod smad kyi phyug mavi gzhis pon chen po）—翼都护亲任官者（ru spyan nang kor las bskos pa）〔38〕等 — 中守备长（dgra blon vbring po）— 副翼长（ru theb）— 小守备长（dgra blon chungu）— 大收税官（khral po chen po）— 机密大书吏（gsang gi yi ge ched po）— 事务总长（rtsis pa ched po）— 大司法吏（zhal ce pa ched po）—〔39〕吐蕃、孙波之千户长（bod sum gyi stong pon）— 通颊与吐谷浑之千户长（mthong khyab dang va zhavi stong pon）— 节儿红铜告身者（rtse rje zhangs pa）— 机密使者（gsang gi pho nya）— 机密中书吏（gsang gi yi ge pa vbring po）—〔40〕机密小书吏（gsang gi yi ge pa chungu）— 总管（spyi gcod）〔1〕— 吐蕃、孙波之小千户长（bod sum gyi stong cung）— 汉、回鹘语通译（rgya drugi lo tsa pa）—龙家将军（lung dor gyi dmag pon）〔2〕— 红铜告身官吏者（zangs pa sna la gtogs pa）— 事务（rtsis）〔41〕都护（spyan）— 通颊与吐谷浑之小千户长（mthong khyab dang va zhavi stong cung）— 大虎皮肩饰章者［与无官职红铜告身者］（stagi zar can pa［dang zangs pa］sna la ma gtogs pa）— 机密［情报］收集官与传递官（gsang gi rub ma pa dang vgyed ma pav）— 牧地管理都护（gzhis pon spyan）—〔42〕畜产大管理官（byang vtsho ched po）— 小虎皮肩饰章者（stag zar cung pa）— 副牧地管理长（gzhis pon vog pon）— 机密书吏小官（gsang gi yi ge pa phra mo）— 南山部族之将校（lho bal gyi dmag pon chungu）— 畜产小管理官（byung vtsho chungu）— 法（佛教）之（chos kyi）〔43〕事务官（rtsis pa）— 简牍文书官（khram pa）— 占卜风水师（sam mkhan）。〔3〕

［Ⅱ］由沙州节儿的通告牌使者曹勋子（tshevu shun tse）于狗

---

〔1〕山口瑞凤原未译，仅标注"？"，"总管"系王尧的译法。

〔2〕lung dor，山口瑞凤原译"遗弃地"；黄盛璋译为"龙家"，见《汉于阗吐蕃文献所见"龙家"考》，《丝绸之路民族古文字与文化学术讨论会文集》，三秦出版社，2007年，第225－258页。

〔3〕khram pa，山口瑞凤原译作"配达官（？）"，Sam mkhan，未译。这里采用王尧、陈践二位的译法。

年春三月〔44〕七日送到,〔沙州〕节儿以下汉人官吏们对序列与位阶意见不一致、经常发生争执一事,就序列与位阶〔45〕愿接受〔或服从〕瓜州将军议决的文书,以后如出现此情况时是否适合,〔46〕〔其结果是〕各自遵照沙州节儿论以下汉人官吏们的序列、位阶执行。瓜州〔47〕将军与都护经议定称号,由沙州节儿发布的序列与位阶表示〔如下表〕:

节儿论(rtse rje blon)——汉人之万人户长(rgyavi khri dpon)——〔48〕汉人之万户都护(rgyavi khri spyan)——大都督(to dog ched po)——副节儿(rtse rje vog pon)——小都督(to dog chungu)——汉人之都护(rgyavi spyan)——吐蕃方面任命的千户长等(stong pon bod las bskos pavi rna ms)——汉人方面任命的副千户长(stong pon gyi zla rgya las bskos pavi)〔49〕等——小节儿与财务官州内权限者(rtse rje chungu dang mngon go cu rub)——吐蕃方面任命的沙州全体守备长(sha cu spyivi dgra blon bod las bskos pa)——吐蕃方面任命的汉人小千户长等(rgyavi stong cung bod las bskos pavi rnams)——汉人方面的副小千户长(stong cung gi zla rgya la)〔50〕任命者等(bskos pavi rnams)——汉人方面任命的守备长(dgra blon rgya las bskos pa)——汉人全体之大收税官(rgya spyivi khral dpon ched po)——万户长之书吏官(khri dpon gyi yi ge pa)。

〔Ⅲ〕大尚论任命沙州汉人官吏〔51〕的缘由和经过是:从敕命递送大臣(phrin blon)论·悉诺热合乾(blon stag bzhre rgod khyung)等处发出通告牌(phrin byang),经属庐·腊都(cog ro legs vdus),在鼠年春三月〔52〕四日送到。〔此牌〕有如下记载:〔此〕鼠年之夏,大尚论到边境举行陇州(long cu)会议之际,将把沙州汉人分成两个部落(sde gnyis),〔53〕分派公务与任命官员,并下达布告。〔其时〕从吐蕃人中任命的沙州官吏者〔如下〕:

戎波·喻贡(rongs po gyu gong),节儿论(rtse rje blon)。〔54〕琼波·卢玛(khyung po klu rma),节儿都护(rtse rje spyan)。没庐·喻贡(vbrog yu gong),节儿中官(rtse rje vbring po)。末·塔

玛腊（vbal dra ma legs），节儿小官（rtse rje chungu）［兼］州内守备长（dgra blon go cu rub）。任命蔡洛·帕索（tshar lo spa sho）为小千户长（stong cung），［55］赐予红铜告身。任命塞·塔玛（ser lha rma）为小千户长（stong cung），赐小红铜告身。从汉人中任命的官吏［如下］:任命杜大客（do stag skyes）为汉人都督及吐蕃节儿之辅佐（rgyavi to dog dang bod kyi rtse rjevi zla），［56］从前领有颇罗弥石告身，圣上明鉴，晋升一级，赐大颇罗弥石告身。［57］任命安本义（van bun yig）为副都督（to dog vog pon），从前领有黄铜告身，今因褒扬年功，圣上明鉴，升为大黄铜告身。……［58］—［千户］部落（sde gcig）［成员］之官职任命情况［如］下:任命阎本（yem pheng）为副千户长（stong zla），虽然［其位阶］与小黄铜告身相当，但因从前已领有小黄铜告身，圣上明鉴，［59］褒扬年功，授予大黄铜告身。任命张多子（cang mdo tse）为一［千户］部落的收税官（sde gcig gi khral pon）和地方财务总管（gzhi rdzongs）。[1] 任命索播公（sag pho sngon）为一般大收税官（spyivi khral pon ched po），［60］因其系昔日都督门第，圣上明鉴于此，［参照以上做法］，授予相当大藏（gtsan chen）之位，予以褒美。任命曹昌季（tshevu cang zhi）为［军］部落的水官（sdevi chu mngan）。［61］任命李布华（li pu hvar）为一般大营田官（spyivi zhing pon ched po），虽已有大藏之位，圣上明鉴，赐予相当大藏之褒美。［62］任命张大力（chang stag legs）为［一般］水官（chu mngan）……［其他］—［千户］部落［成员］之官职任命情况［如下］:康塞堂（khang sevu tam），任命为副千户长（stong zla）。［63］［作为相应位阶］，虽应授予小黄铜告身，但察及年功，褒奖一级，授予大黄铜告身。刘憨（livu hvang），任命为［一千户部落之］收税官（khral pon）兼地方财务总管（gzhi rdzongs）。[2] ［64］任命安兴子（van hing tse）为［军］部落之营田

---

〔1〕gzhi rdzongs，山口瑞凤未译出，标注"？"；这里是王尧等的译法。

〔2〕gzhi rdzongs，山口瑞凤未译出，标注"？"；这里是王尧等的译法。

官（sdevi zhing pon）。任命李平（li phyir）为一般水官（spyvi chu mngan）。任命张德多（cang devu vdo）为小千户长（stong cung），[作为相应位阶]授予小红铜告身，[65][虽因]已持小黄铜告身，但圣上明鉴，再赐予相应于小红铜告身之精制铜[章]和刺绣等物。任命汜达季（bam stag zigs）为财务官（mngan）。[66]任命陈纳同（dzen lha rton）为财务官（mngan）。任命杨六力（yang klu legs）为水官（chu mngan）。任命王安（wang van）为[军]部落水官（sdevi chu mngan）。任命沙安（dza van）为[军]部落之营田官（dsevi zhing pon）。[67]称。

[呈请之后，因受其他同类争议的影响，以至结论迟出]

其后，没琳·页赞贡（vbrin yes btsan kong）于宣誓时曰，[仍旧]根据以前的制度，吐蕃方面任命的小将校等（dmag pon chunguvi rnams）处于南山部族内的万户长和[68]千户长之上，然而[其后]因支恩本（tse nge pong）被任命为辅佐札喀布（bra skyes bu）的副千户长，故[南山部族的]副千户长位居南山部族的吐蕃方面任命的小千户长之上，[69]对于圣上下达的这种序列与位阶实行一段时间之后，[现在]南山部族的千户长们照此[与自己]相同之实例向圣上奏请。其后，决定[他们也]位居小将校[70]之上。然而尽管御印[已]盖封，可是在猴年夏季，小将校们反过来向圣上呈奏，请求事务局（rtsis pa）和[71][情报]秘书局（gtogs pa）撤销审议。[1] [翻过来之后]，小将校的位阶在从南山部族人中任命的颇罗弥石告身及金告身的万户长等人之上。[72]尚·赞桑（zhang btsan bzang）、尚·弃桑（zhang khri brtsan）、尚·结赞（zhang rgyal tsan）、尚·弃都杰（zhang khri dog rje）议定之后，[为通告]各个万户，[73]奏请赐予各自御印[文书]。在猴年，[按照这种制度]统治南山部族的千户的吐蕃官吏和从南山部族方面任命的官吏们

---

[1]王尧译为"秉公办理"。

〔之间〕[1]，对序列与位阶的意见〔74〕不一致，〔德喀木的〕德伦（bde blon）和都护（spyan）〔关于序列与位阶〕的决定又未获圣上〔准许〕，本来应向各个千户赐予御印〔文书〕的，可是〔为承认〕〔75〕交付议政厅也不可能。对那样的决定，〔德伦等〕把御规则呈交给〔情报〕秘书局的论·腊热弃玛窦（blon legs bzher khyi ma vdrod）等。〔76〕上奏之后，好容易才从〔秘书局的论等〕得到呈请的撤销审议[2]，沙州官吏的序列与位阶以后就应当这样执行。〔77〕节儿论与都护之上，命其联络尚·赞桑（zhang btsan bzang）、论·结卓（blon rgyal sgra）、都护论·坚热（spyan blon byang bzher）和论·喻卓（blon gyu sgra），〔78〕经议论决定之后，再由论·腊热弃玛窦和论·录热葛赞（blon klu bzher sngo brtsan）副署后，决定沙州节儿和〔79〕官吏之序列与位阶日后就这样定了，特写成一览表如下：

沙州官吏的序列与位阶经议论〔80〕决定，以后照此执行：

节儿论（rtse rje blon）和万户长州内权限者（khri dpon go chu rub）、万户都护（khri spyan）、大都督（to dog ched po）、吐蕃方面之千户长（stong pon bod las）〔81〕任命者、副节儿（rtse rje vog pon）、小都督（to dog chungu）、汉人都护（rgyavi spyan）、汉人方面任命的副千户长（stong zla rgya las）、吐蕃方面之小千户长（stong cung bod las）〔82〕任命者、小节儿（rtse rje chungu）与财务官州内权限者（mngon go cu rub）、吐蕃方面任命的全沙州守备长（sha cu spyi-vi dgra blon bod las）、汉人方面的副小千户长（stong cung gi zla rgya las）〔83〕任命者、汉人方面任命的守备长（dgra blon rgya las）、全体汉人的大收税官（rgya spyivi khral pon ched po）、万户长书吏（khri dpon yi ge pa）。

〔以上〕〔84〕报给尚·录卓（zhang klu sgru）、论·塔桑（blon

---

〔1〕山口瑞凤在"吐蕃官吏"之后，漏译了 dang lho bal las bskos pavi rnams，现补上。
〔2〕王尧译为"秉公办理"。

·欧·亚·历·史·文·化·文·库·

zla bzang)、论·喻热(blon gyu bzher)和论·莽杰(blon mang rje)。罗伦季(lha lung zigs)口述笔记。

4.3　文书的内容提示

以上 P. T. 1089 号文书的译文既见。

拉露认为,这件写本为一公文书。山口瑞凤基本同意,但补充指出:这件报告文书的内容,是在所谓"狗年"冬,吐蕃王朝因为沙州民政与军政官吏的序列与位阶关系问题,于其年季冬之月在德伦会议上公布的。他还指出,向德伦会议提出申请的有 3 方面的人员:

第一,是沙州万户长与万户都护。他们报告了围绕民政、军政官吏的位阶,如何引起了序列之争的问题,提出了问题的症结所在(第 7 - 20 行)。

第二,是沙州汉人部落的吐蕃千户长与小千户长。他们认为军事系统的官吏应比民政系统的官吏的地位高,并引用了南山部族、于阗的情况作为例子。他们提出,属于民政系统的汉人官吏的贡献,比起南山部族、于阗来说还要低,故其位阶理应低一些。他们主张将汉人民政官吏的诉请状驳回(第 21 - 28 行)。

第三,为沙州都督与副千户长的奏请文。他们针对吐蕃王朝颁布的关于姑臧军团的序列进行力争。他们认为,汉人部落千户长、小千户长的地位,应在大都督、副都督之下(第 29 - 33 行)。

按照申请书的内容与当事者的关系来分,相关的参考资料可叙述如下:

首先,有关姑臧军团的民政、军事系统的官吏的序列,以及各自的位阶等事宜,经由大尚论论·结赞等的裁决,颁布了诸官吏的序列一览表(第 34 - 43 行),该资料是由吐蕃方面任命的汉人官吏保存的。其次,正当吐蕃王朝的决定尚未出台之际,沙州方面向瓜州将军与都护提出了申诉,后者根据自己的职权范围议定了称号,由沙州节儿发布了序列与位阶表(第 43 - 50 行)。最后,山口瑞凤认为是最重要的史料(第 51 - 67 行),即由汉人组成的吐蕃二千户部落编成之时,最初任命的人物与官吏的名称。上述 3 种资料之后,是记载德伦会议向吐蕃宫廷驿递关于沙州官职序列的决定,和裁决迟迟而至的理由,以及经议论后决定的沙州官吏的序列与位阶一览表。

4.4　文书的写成时期

关于 P. T. 1089 号文书的写成时间,拉露认为属于公元 700—799 年之间。拉露之所以作出这样的判断,是因为她认为文书中的大尚论之一论·结赞(blon rgyal tsan),就是吐蕃赞普赤松德赞统治后期的尚·结赞洛朗(zhang rgyal mtshan lha snang)。[1] 众所周知,赤松德赞的在位年代为公元 755—797 年。

而山口瑞凤认为,在一般的情况下,代表吐蕃王外戚系统的官吏的称号"尚"(zhang),与非外戚系统的官吏的"论"(blon),是不能互相混用的。所以,拉露简单地认同论·结赞就是尚·结赞洛朗,不能成立。山口瑞凤指出,文书中有一个叫论·塔桑(blon zla bzang)的官吏,在吐蕃王朝末期的朗达玛赞普时,曾与敦煌有名的吴和尚一起出现在 P. T. 1202 文书中,故 P. T. 1089 文书成立的时间,大致可以推定在吐蕃统治敦煌的后期,即公元 9 世纪上半叶。根据文书所载,由汉人组成的吐蕃二千户创设的鼠年,同时下达了关于姑臧军团的序列与位阶的调整布告。与前一事件有关的,是敕命递送大臣论·悉诺热合乾,与后一件事有关的是大尚论论·结赞。只要弄清楚这两个吐蕃大臣生活的年代,也就可以确定文书的时间范围。

建于公元 823 年的唐蕃会盟碑北面文中,记录了吐蕃"九大臣"及下属大臣的名字。其中,第 8 行的九大臣之一的藏文名称,可根据相应的汉文"宰相同平章事论·结赞世热"还原为 blon rgyal tsan。其次,第 17 行有 bkavi phrin blon bran ka blon stag bzher hab ken "给事中勃阑伽

---

〔1〕拉露:《公元 8 世纪大蕃官吏呈请状》("Revendicationts des fonctionnaires du Grand Tibet au Ⅷe siècle"),见《亚洲学报》第 243 卷第 2 期,第 173 页。

论·悉诺热合乾”。[1] 很明显，文书中的大尚论论·结赞就是唐蕃会盟碑中的"宰相同平章事论·结赞世热"；而文书中的敕命递送大臣论·悉诺热合乾就是碑文中的"给事中勃阑伽论·悉诺热合乾"。[2]在后一称呼中，Bran ka 为氏族名。phrin blon blon stag bzhre（/bzher），在文书和碑文两方面是完全一致的。文书中的 rGod khyung，汉字读音正好是"合乾"，而碑文以 Hab ken 对之，似系一种误读。Hab 显系 rGod之误，而 ken 与 khyung 读音相近。

依据唐蕃会盟碑建于公元 823 年这个线索，可以推论由沙州汉人组成的吐蕃军二千户编成的鼠年（子年）在公元 9 世纪 20—30 年代。其中，以 820 年（庚子）或 832 年（壬子）最有可能。根据文书中论·塔桑与吴和尚共见的情况，在这两个年代中取后一个（832 年）较妥。[3]在唐蕃会盟十年之后，吐蕃把自己统治之下的相对安定的汉人编入军事组织，意味着占领将长期继续，唐朝光复河、陇已经成为不可能。这就是 P. T. 1089 号文书与唐蕃会盟碑中，有关人名能够联系起来的历史背景。

4.5　mkhar tsan 军团的位置

P. T. 1089 号文书记载吐蕃 mkhar tsan 军团的情况较详，从前示译文中可以看出，这个军团下属吐蕃、孙波、吐谷浑和通颊等几个千户。其中，吐蕃、孙波人的地位较高，吐谷浑、通颊人次之。就在吐蕃当局编成沙州人二千户之前后，mkhar tsan 军团内部因官位之争，发生了民族

〔1〕参见王尧编著：《吐蕃金石录》，文物出版社，1982 年，第 16、19 页。
〔2〕山口瑞凤遗漏了一条很重要的史料。《新唐书·吐蕃传》记载，唐穆宗长庆元年（821年），唐朝大理卿刘元鼎为吐蕃会盟使赴蕃，"始至，给事中论悉答热来议盟"。《册府元龟·外臣部》作："元鼎至磨容馆之间，与蕃给事中论悉答热拥千余骑议盟事于藏蕃北川中"。很明显，《新唐书》和《册府元龟》中所记载的"给事中论悉答热"，就是 P. T. 1089 号文书和唐蕃会盟所载的"论·悉诺热合乾"。
〔3〕但是在研究了 P. T. 1079 号文书之后，山口瑞凤改变了观点，主张把汉人千户编成的时间定在公元 820 年。山口瑞凤：《汉人及び通颊人による沙州吐蕃军团编成の时期》一文，见《东京大学文学部文化交流研究施设研究纪要》第 5 号（1981 年度）。

官吏间的纠纷。对此,吐蕃大臣进行过一些调整。

被山口瑞凤译作"军团"的原藏文为 khrom,此词今意为"市场",匈牙利藏学家乌瑞则倾向于把它译作"军事当局"(military government)。后者认为,敦煌古藏文卷子中的 khrom 一词,是吐蕃"节度使"统领的军政机构,这是公元 7 至 9 世纪吐蕃设于本土之外的一级军事机构,其管辖的范围相当于唐朝的数个州。吐蕃"节度使"一词,在敦煌汉文文书和唐代史料中屡见不鲜,此词相当于藏文 dmag dpon(将军)。乌瑞还指出,所谓的 mkhar tsan khrom 的地理位置应在凉州(古称姑臧,今甘肃武威),但他没有进一步加以论证。[1]

山口瑞凤认为,mkhar tsan 军团的驻地是在唐朝的安乐州(今宁夏中宁县境)。他提出的论据有 3 个:首先,敦煌吐蕃历史文书《赞普传记》记载赤松德赞时,mkhar tsan 军曾攻陷唐朝的数个州县,在陇山一带活动频繁;其次,吐蕃《达札路恭记功碑》载达札路恭曾率领 mkhar tsan 军"收吐谷浑属唐者多部";最后,吐蕃历史文书《大事纪年》载,公元 758 年,论·弃赞等率军赴 khar tsan leng cu,leng cu 即灵州。山口氏联系陇山、灵州和唐属吐谷浑驻地等地理位置,因此得出了 mkhar tsan 军团位于安乐州的结论。

因为笔者在做硕士学位论文《唐代吐蕃对河陇地区的统治》时,对 mkhar tsan khrom 的问题有所涉及,故在这里顺便谈谈自己的看法。我认为,山口瑞凤提出的论据是有问题的。譬如,不能说 mkhar tsan 军曾活动于陇山一带,其驻地就一定是在陇山附近。唐将郭子仪说吐蕃的进攻,"属者虏来,称四节度"[2],说明吐蕃进攻唐朝州县时,调集的军队来自不同的地方。再譬如,归属唐朝的吐谷浑并非只有安乐州的一部,其部众分布于河西各地的还很多,如凉州界内就有吐谷浑部落,《旧唐书·地理志》陇右道条下记载:"吐谷浑部落、兴昔部落……已上八州府,并无县,皆吐浑、契苾、思结等部,寄在凉州界内,共有户五千四

〔1〕Geza Uray,"Khrom:Administrative Units of the Tibetan Empire in the 7th – 9th Centuries",*Tibetan Studies in Honour of Hush Richardson*,Warminster England,1979,pp. 312、314.

〔2〕《新唐书》卷 137《郭子仪传》。

十八,口一万七千二百一十二。"

其实,藏文 mkhar tsan(又作 khar tsan、khar tshan)一词,应是凉州古称"姑臧"的对音。姑臧系月氏语,汉语上古音读作 ka tsang,公元 4 世纪的粟特文记作 katsān,8 世纪的突厥文记作 kacǎn。[1] 因此,乌瑞认为吐蕃 mkhar tsan khrom 的位置在凉州是正确的。这个吐蕃 khrom 的首领在 P. T. 1089 号文书中被记作翼长(ru dpon),他就是吐蕃凉州节度使。

4.6 结语

除上述各节之外,山口瑞凤还在文章的最后以"沙州汉人军团及其前阶段"为题,讨论了吐蕃统治时期敦煌汉人部落的设置情况。不过,这些问题在作者的《敦煌的历史·吐蕃支配时代》中,已有较详细的考述,再说也超出了 P. T. 1089 号文书所载内容的范围,这里就不再赘述。

总的来看,国外藏学界对于 P. T. 1089 号文书的研究,始于拉露,而集大成于山口瑞凤。从以上分析可以认定,山口瑞凤对 P. T. 1089 号文书的释读,以及对文书内容和写成时间的考订,基本上是可信的,是可以引用的。至于我所指出的,他对 mkbar tsan khrom 地理位置的考证难以成立,这属于学术研究中观点不同、尚可作进一步讨论的问题。

(原载四川藏学研究所等编:《国外藏学动态》六,1992 年内部发行)

---

〔1〕〔法〕哈密顿著、耿昇译:《鲁尼突厥文碑铭中的地名姑臧》,见《甘肃民族研究》,1985 年第3~4期,第 105-106 页。

5 国内外关于敦煌藏文卷子中 Lho bal 的研究

杨铭

记载有 Lho bal 一词的敦煌藏文卷子,目前已知的有 P. T. 1085、P. T. 1089、P. T. 1071、P. T. 986 及印度事务部图书馆编 598 号。关于此词的含义,以往国内外藏学家多译为"南方泥婆罗",意指吐蕃边鄙地区之民。[1] 但现在看来,这一译法尚未揭示 Lho bal 一词的初起之意[2],因而有必要进一步作系统的研究。本文主要介绍有关 Lho Bal 的卷子与国内外的研究成果,同时也提出了自己的观点。

5.1 记载有 Lho bal 的敦煌藏文卷子

现将载有 Lho bal 一词的藏文卷子译录如下。

5.1.1 P. T. 1085《大尚论令下沙州节儿之告牒》

辰年冬十一月上旬,亨迦官用印颁发之告牒:令下沙州节儿,据沙州二唐人部落之民庶禀称:"沙州每年定期向官廷及大行军衙交纳年贡礼品冬梨一次,王廷虽已拥有果园多处,但仍要增加(年贡)。以往,蒙圣神王臣之恩典,我等 Lho bal 每户修筑一座果园,且从未交纳年贡礼品及岁赋。(如今)节儿长官等经常不断欺压掠夺乃至霸占(果园)。为今后不再发生掠夺、侵占民庶果园事,恳求颁布一严诏令,并赐以钤印告牒"等情。据此,大尚论以

---

〔1〕M. Lalou, "Revendications des Fonctionnaires du Grand Tibet au VIII e Siècle", *Journal Asiatique*, CCXLIII, 1955, 14(2), p. 200.

〔2〕Tsuguhito TAKEUCHI, "On the Old Tibetan Word Lho-bal", *Preceedings of the Sixth International Congress of Human Sciencesin Asia and North Africa* II, Tokyo, 1984, pp. 986 – 987.

下恐热、论腊藏悉通均用印并揿指印颁发如上。[1]

"辰年",笔者考定为唐穆宗长庆四年(公元 824 年,甲辰)。这里,Lho bal 一词用于吐蕃统治时期敦煌汉人的卑称,王尧译作"蛮貊边鄙之民户"。

5.1.2　P. T. 1089《吐蕃官吏呈请状》有关文字

（第 21 - 22 行）：根据沙州汉人官吏之奏请,沙州的都督们自行奏请居我等千户长和小千户长之上位。但被任命为 Lho bal 的都督和副千户长的官吏们,位居[吐蕃方面任命的]正式官吏之上一事,还不曾有过这种做法和相应的实例……（第 24 - 28 行）统率 Lho bal 千户的万户长、千户长和小千户长虽持有玉石告身及金告身之位阶,但据说还不及持大藏之位的[吐蕃方面的]大将校,而在持藏之位的小将校之下。这样一来,中央与边区[分别订立了]的两种序列与位阶[之原则]因是过去规定的,所以即使附上了既定规则,这样的御定准则仍保存在官廷里。任命的沙州都督与副千户长等,与其他奏上的 Lho bal 大集团相比,自然贡献并不大,故位阶亦不高,所以序列与位阶应遵循从前所定的相应实例……（第 42 行）Lho bal 之小将校。……（第 67 - 76 行）没琳·页赞贡于宣誓时曰,[仍旧]根据以前的制度,吐蕃方面任命的小将校等处于 Lho bal 内之万户长和小千户长之上。然而,[其后]因支恩本被任命为辅佐达喀布的副千户长,故 Lho bal 的副千户长位居 Lho bal 的吐蕃方面任命的小千户长之上。对于王廷下达的这种序列与位阶曾实行一段时间之后,Lho bal 的千户长们[用]相同之实例向王廷奏请。其后,决定他们也位居小将校之上。然而,尽管御印[已]盖封,可是在猴年夏季,小将校们反过来向王廷上奏。之后,呈请事务局和秘书局撤销审议。翻过来之后,小将校们的位阶在从 Lho bal 人中任命的颇罗弥告身及金告身的某些万

---

〔1〕王尧、陈践编著:《敦煌吐蕃文书论文集》,第 45、70 页。

户长等人之上。尚·赞桑、尚·弃赞、尚·结桑、尚·弃都杰"[1]

根据日本藏学家山口瑞凤的考订，P. T. 1089 号文书写成的时间是在吐蕃统治敦煌的中后期，具体的时间段可定在公元 820 至 832 年之间。笔者曾在一篇文章中分析到：上引被称作 Lho bal 的部落，是活动在吐蕃凉州节度使管辖范围内，以及敦煌附近的；在这种部落中，同样有万户长、都督、千户长和小千户长等官职；这些官吏受吐蕃"将校"的监领，表明整个 Lho bal 部族处于一种附庸或被统治的地位。[2]

5.1.3 P. T. 1071《狩猎伤人赔偿律》有关段落

（第 277 – 280 行）大藏和王室民户与所有武士及与之命价相同之人，被一切庸和 Lho bal 之人、囚徒等因狩猎射中，无论死亡与否，放箭人起誓非因挟仇有意伤害，可由担保人十二人，连同本人十三人共同起誓。如情况属实，其处置与《对仇敌之律例》同。……（第 288 – 292 行）王室民户一切庸及尚论和百姓之耕奴、Lho bal、囚徒等人，被尚论黄铜告身者以下和与之命价相同之人因狩猎射中……其处置与《对仇敌之律例》同。……（第 299 – 304 行）王室民户及一切庸和尚论、百姓所属耕奴、Lho bal 及囚徒以上之人，被大藏以下，一切武士及与之命价相同之人因狩猎等射中……其处置与《对仇敌之律例》同。……（第 311 – 312 行）王室民户一切庸和尚论、百姓之耕奴、庸和 Lho bal、囚徒以下之人，因狩猎中箭，赔偿相同。[3]

据上所引，《吐蕃狩猎伤人赔偿律》中反映出 Lho bal 的地位，与庸奴、囚徒等相同，处于吐蕃社会中较低的附属民阶层。因而，王尧将其译为"蛮貊"。

---

〔1〕山口瑞凤：《沙州汉人による吐蕃二军团の成立とmkhar tsan 军团 の位置》，《东京大学文学部文化交流研究施设研究纪要》第 4 号（1980 年度），第 14 – 21 页。

〔2〕杨铭：《有关敦煌藏文书〈吐蕃官吏呈请状〉的研究》，载《马长寿纪念文集》，西北大学出版社，1993 年，第 379 页。

〔3〕王尧、陈践编著：《敦煌本吐蕃历史文书》（藏文本），民族出版社，1980 年，第 35 – 38 页；王尧、陈践译注：《敦煌吐蕃文献选》，第 23 – 25 页。

5.1.4　P.T.986《尚书译文》有关段落

（第130－133行）予小王盛德之臣有九，连同一位贤妇人共十人，与此等臣属奉行天道，断绝纣王乱道。予之家邦与众不同，疆域辽阔，具典籍丰宏，Lho bal诸邦悉归治下，恭敬听命（《尚书·武成》原文：予小子，既获仁人，敢祗承上帝以遏乱略。华夏蛮貊，罔不率俾，恭天成命）。[1]

这里藏汉文字两相对照，不难发现Lho bal确是用来对译"蛮貊"的。

5.1.5　《于阗国阿罗汉授记》有关文字

在其随从前去问候和致礼之后，赭面王和公主询问僧伽中精通三宝的班智达："除尔等之外，尚有其他游僧否？"班智达回称："在安西、疏勒、勃律、迦什弥罗诸邦亦有许多游僧。"于是立即派一使者前去传唤，他将邀请所有的僧伽来到赭面国。其后，在赭面国建起七座寺院，三宝的权力和财富较前大有长进，僧伽们将被安置于这七座寺院之中。大约三四年之后，公主的胸部患了严重的痘症，她于病危之时对国王说"假使我不能从这种疾病中痊愈而死去，请允许我在弥留之际，将我的佣人和财产献给三宝"，并付诸实行。公主死后，她的600名侍从皈依三宝并出了家。其后，痘症瘟疫在赭面王的国度中蔓延，许多尚、论及其幼子染疾而死。所以大臣们俱奏国王说："从前此国度并无如此痘症；但现在因许多Lho bal游僧到来，公主才染疾而亡，许多尚、论及其家属亦因此毙命。理合禁止游僧入境，悉数逐出。"[2]

---

〔1〕王尧、陈践编著：《敦煌本藏文文献》（藏文本），第125－126页；王尧、陈践译注：《敦煌吐蕃文献选》，第77页。

〔2〕F. W. Thomas, *Tibetan Literary Texts and Documents concerning Chinese Turkestan*，Ⅰ，London，1935，pp. 82－83.但托马斯在这里把《于阗国阿罗汉授记》误名为《于阗国授记》，又把《于阗国授记》误名为《于阗国编年史》，详见：G. Uray, "The old Tibetan Sources of the History of Central Asia up to 751 A. D. : A survey", *Prolegomena to the Sources on the History of Pro-Islamic Central Asia*, by J. Harmatta（ed.), Budpest，1979, p. 288，乌瑞著、荣新江译：《有关公元751年以前中亚史的藏文史料概述》，《国外藏学研究译文集》5，西藏人民出版社，1989年，第48页。

以上引文中的"赭面王",就是指的吐蕃赞普赤德祖赞;"公主"即金城公主。英国学者托马斯认为,《于阗国阿罗汉授记》是用藏文编纂而成,但法国的伯希和却认为是从于阗塞语转译的。目前,除《大藏经》中有这个本子外,还在敦煌发现 3 个藏文卷子和 1 个相近的汉文卷子,后者是由管·法成(公元 770—约 858)从藏文译成汉文的。因此,藏文卷子的写成不会晚于 858 年。[1] 在上引藏文卷子中,Lho bal 被吐蕃的大臣们用来称呼来自于阗、安西、疏勒、勃律和迦什弥罗的佛教僧众,指责他们将瘟疫带进了吐蕃。

藏文《于阗国阿罗汉授记》的汉译本,就是 P. 2139《释迦牟尼如来像法灭尽之记》。此编号共一卷,存 69 行字,题款为:"□国大德三藏法师沙门法成译"[2],其中有这样一段文字:"王国界内,先无如是疮苦病恼,今诸波进戎夷僧众来到此处,公主崩逝,大臣百官多有死者,是故此诸出家之众,不留王界,理合驱出。"[3]这里用"波进戎夷"来对译藏文 Lho bal,可见 Lho bal 译"戎夷"或"蛮貊"是当时藏汉对译中的习惯用语。此外需附带提到的是,在一部被视为"信史"的藏文史书《汉藏史集》(成书于 1368 年)中,有着与上引内容相似的记载,而且文中吐蕃大臣用于称呼安西、疏勒、勃律和迦什弥罗佛教僧众的,也正是"Lho bal 游方比丘"。[4]

5.2　历来对 Lho bal 一词的翻译和解释

1935 年,F. W. 托马斯在《有关西域的藏文文献和文书》第 1 卷中,

〔1〕G. Uray,"The old Tibetan Sources of the History of Central Asia up to 751 A. D. : A survey",*Prolegomena to the Sources on the History of Pro-Islamic Central Asia*, by J. Harmatta(ed.), Budpest, 1979, pp. 275 – 304,张广达、荣新江:《和田、敦煌发现的中古于阗史料概述》,《于阗史丛考》,上海书店,1993 年,第 22 页。

〔2〕王重民等编:《敦煌遗书总目索引》,中华书局,1983 年,第 257 页。

〔3〕《大正藏》卷 51,佛陀教育基金会印赠本,第 996 – 997 页。

〔4〕达仓宗巴·班觉桑布:《汉藏史集》(藏文本),四川民族出版社,1985 年,第 96 – 97 页;陈庆英汉译本,西藏人民出版社,1986 年,第 59 – 60 页。

首先把 Lho bal 一词译作"南国泥婆罗"（Southern Country Nepal）。[1] 1955 年，法国著名藏学家拉露（Marelle Lalou）以《公元 8 世纪大蕃官吏呈请状》（"Revendications des Fonctionnaires du Grand Tibet au Ⅷe Siècle"）为题，刊行并释读了 P.T.1089 号文书。其中，在正文翻译和注释中，她均将 Lho bal 一词释为"泥婆罗"（Nepal）。[2]

国外藏学家在早期翻译 Lho bal 时均用了"南国泥婆罗"或"泥婆罗"这种释意，是基于现代藏语 bal 的词义。众所周知，在现代藏语中，bal 是一个名词，意指羊毛或绵羊毛；而 Bal po 是指尼泊尔国名及其境内的一个民族。[3] 所以，国外藏学家才将 Lho bal 翻译成"南国泥婆罗"。

上述情况到了 20 世纪 80 年代初开始有所变化。日本藏学家山口瑞凤在 1980 年发表的一篇长文中，重新释读了 P.T.1089 号文书。在碰到 Lho bal 一词时，他仍从拉露译作"南国泥婆罗"（南のネバール）。但紧接着在次年的一篇论文中，由于山口瑞凤释读了包括 P.T.1085 号文书在内的几件藏文卷子，当他发现沙州汉人两部落的百姓亦以"我等 Lho bal"自称时，便认识到历来以"南国泥婆罗"通释 Lho bal 是不能成立的。文中，山口瑞凤提出了两点认识：一是，从 P.T.1089 号文书和 P.T.1071 号文书均同时记有"汉人"（rGya）和 Lho bal 来看，Lho bal 的原意与汉人是不同的；第二，《贤者喜宴》所载的桑耶寺《崇佛誓约之第二诏敕》，其中提到了"Lho bal 之神与佛法"（Lho bal gyi Lha dang chos），从吐蕃佛教的传播来看，Lho bal 似有指南泥婆罗的含义。究竟以第二诏敕，还是以敦煌卷子为标准来释读 Lho bal 一词，尚需进一步探索。山口瑞凤还在注释中补充到："有关敦煌文献之 Lho bal 与泥婆罗无涉之观点，系 1981 年春在巴黎时蒙恩师 R.A.Stein 教授提示的。此外，根据今枝由郎氏的研究（《讲座敦煌·敦煌胡语文献》收录

---

〔1〕F.W.Thomas, *Tibetan Literary Texts and Documents concerning Chinese Turkestan*, Ⅰ, London, 1935, pp.82－83.

〔2〕*Journal Asiatique*, CCXLⅢ, 1955, 14（2）, pp.181、220.

〔3〕张怡苏主编：《藏汉大辞典》，民族出版社，1985 年，第 1824、1825 页。

论文:《中国、伊朗古籍的藏文翻译》),《书经》之藏文翻译卷子 P. T. 986 号第 133 行,用 Lho bal la stsogs 来对译'蛮貊'、'四夷'等语。"[1]

1983 年,英国学者 H. 黎吉生(H. Richardson)发表了一篇短文,题为《Bal-po 与 Lho-bal 考释》。其中关于 Lho bal 一词,他先后列举了唐蕃会盟碑东面第 19 行,《于阗国阿罗汉授记》、P. T. 986《尚书译文》、P. T. 1085、P. T. 1077、P. T. 1089、P. T. 1071、P. T. 1072 以及赤松德赞的《崇佛誓约之第二诏敕》。他指出,在最初的研究中,Lho bal 看来是与泥婆罗(Nepal)有关,但是经 R. A. Stein 提出,Lho bal 一词相当于汉文献中的"戎夷",即"蛮族"。在《于阗国阿罗汉授记》的汉文译文中,"蛮邦"用于称呼那些游方比丘,而在同一文献的藏文本中后者被称作 Lho bal。Lho bal 与"蛮邦"的勘同,这就可以解释其他敦煌卷子中的这个词了。在 P. T. 1085 中,敦煌百姓向吐蕃官吏上书自称为"我等蛮邦(Lho bal)之人"。此种用法亦见于 P. T. 1077 第 134 行。而 P. T. 1089 中的 Lho bal,无论如何也不与泥婆罗相干,其在此最好被看做边鄙之民——即非汉人,两者的区别在于一个被拼作 Lho bal,而另一个称作"汉沙州百姓"(Rgya sha cu pa)。由此看来,P. T. 1085 中,沙州百姓只不过是用 Lho bal 来形容自己卑贱的地位罢了,这种用法真正反映了此词的基本含义。[2]

1984 年,由日本东京出版的《第 31 届国际亚非人文科学会议发言纪要》一书中,收录了日本近畿大学讲师武内绍人的一篇论文提要:《有关古藏文词汇 Lho bal 的研究》。在提要中,武内绍人一一例举出载有 Lho bal 的敦煌藏文卷子和汉文卷子,它们就是前面提到的 P. T. 1085、P. T. 1071、P. T. 986、P. 2139 和印度事务图书馆编 598 号,在列举出 Lho bal 在这些卷子中的释意后,武内绍人指出:综上所举,古藏文词

〔1〕山口瑞凤:《沙州汉人による吐蕃二军団の成立とmkhar tsan 军団の位置》,《东京大学文学部文化交流研究施设研究纪要》第 4 号(1980 年度),第 14、16、18 页;《汉人及び通颊人による沙州吐蕃军团编成の时期》,《东京大学文学部文化交流研究施设研究纪要》第 5 号(1981 年度),第 11 页。

〔2〕Richardson,Hugh,"Notes and Communications Bal-po and Lho-bal",*Bulletin of the School of Oriental and African Studies*,Vol.XXXXVI,part Ⅰ,1983,pp.136－138.

汇 Lho bal 有以下几层含义:(a)其词释义既非"泥婆罗",又非指某一具体民族共同体,而只是广义上的"非吐蕃人",即吐蕃人以外的其他民族;(b)其词被吐蕃人用来作"非吐蕃人"的蔑称,或者被"非吐蕃人"用于自称,以表示其卑微的地位;(c)它相当于汉语中用于非汉人的"蛮邦"或"四夷"。总之,可以这样说,在古藏文卷子中,Lho bal 一词具有一个基本的含义,那就是它可以被翻译成"治外(非吐蕃人的)蛮夷"。武内绍人还补充说,从语源学的角度来讲,Lho bal 可以被看做是古藏文词汇 * glo-phal(蛮夷之众)的另一种写法。当然,这个分析还需要作进一步的论证。[1]

国内藏学界对 Lho bal 一词的释读,集中表现在王尧、陈践两位的论著中。在 1982 年出版的《吐蕃金石录》一书中,王尧译唐蕃会盟碑东侧碑文第 19 行的 Lho bal 为"蛮貊",并注释到:"蛮貊:此处藏文作 Lho bal,意为'南方泥婆罗',为当时吐蕃人习语,为边鄙属民部落的贱称。"[2]在发表于 1983 年的《敦煌藏文写卷 P. T. 1083、1085 号研究》一文中,王尧、陈践译 Lho bal 一词为"蛮貊边鄙之民户";在仍属当年出版的《敦煌吐蕃文献选》一书中,他们翻译 P. T. 1071、P. T. 986 号文书中的 Lho bal 为"蛮貊",并注释到:"蛮貊:吐蕃当时的统治者对边鄙地区的蔑称。意译为'南方泥婆罗人'。"[3]5 年之后,王尧、陈践二位在《吐蕃职官考信录》一文中,对 P. T. 1089 号文书作了全面的转写、译注,Lho bal 一词在其中被译作"边鄙人众",并于注释中补充说:"边鄙(Lho bal):吐蕃对其边境少数民族的蔑称。最早见于长庆唐蕃会盟碑东侧碑文第 19 行,载《吐蕃金石录》第 32 页。译作'蛮貊',今改译为'边鄙',义同,词义稍缓。"[4]

需要补充的是,黄颢在 1982 年发表的《〈贤者喜宴〉摘译(九)》之

---

〔1〕Takeuchi, Tsuguhito. "On the Old Tibetan Word Lho-bal", *Preceedings of the 31th International Congress of Human Sciences in Asia and North Africa*, Ⅱ , Tokyo, 1984, pp. 986-987.

〔2〕文物出版社,1982 年版,第 32、43、58 页。

〔3〕《甘肃民族研究》,1983 年第 4 期,第 46 页;王尧、陈践译注:《敦煌吐蕃文献选》,第 39 页。

〔4〕《中国藏学》,1989 年第 1 期,第 109、117 页。

中,亦将 Lho bal 一词译为"南方泥婆罗"[1];汶江于 1987 年发表的《吐蕃官制考——敦煌藏卷子 P. T. 1089 号研究》一文中,将拉露女士的法文论文翻译为汉文,自然从拉露译 Lho bal 为"泥婆罗"[2]。

5.3 Lho bal 初始含义的研究

从以上所引的敦煌藏文卷子暨研究成果来看,除 P. T. 1089 以外,其余卷子中的 Lho bal 确能归纳出一个基本含义,即"治外蛮夷"。

但是 P. T. 1089 卷子中的 Lho bal,很明显不能简单地译为"蛮夷"或"边鄙之民"。因为,在此卷中除吐蕃、孙波(Bod Sum)之外,与 Lho bal 相并列被提到的还有汉(rgya)、于阗(Li)、通颊(mThong Khyab)、吐谷浑(Va zha)、回鹘(Drug)等其他民族。[3] 这些民族,尤其是汉、于阗、回鹘对于吐蕃来说,肯定属于"治外蛮夷",即属于广义的 Lho bal 的范畴。但在 P. T. 1089 号中,他们与 Lho bal 排列在一起,被冠以人们熟知的藏文称呼,那么,这里的 Lho bal 肯定是指一个具体的民族或部落了。笔者认为,P. T. 1089 中提到的 Lho bal,就是敦煌汉文卷子中的"南山"或"南山部族",以下试证之。

根据 P. T. 1089 号卷子的记载,Lho bal 部落活动在吐蕃凉州节度使管辖范围内,以及瓜州与沙州之间。在 Lho bal 部落中,同样有万户、千户、小千户长等官吏,这些官吏受吐蕃"将校"的监领。Lho,藏文的意思是"南",Lho bal 既是指一种部落,则可译成"南境之部落"。汉唐之间,凉州、沙州之南有"姑臧南山"、"敦煌南山"等,其实都是指祁连山,因祁连山在河西走廊之南而得名。吐蕃凉州节度使治下及敦煌附近的 Lho bal,有可能就分布于南山之中,故可译作"南山"或"南山部落"。

---

[1]《西藏民族学院学报》,1982 年第 4 期,第 37 页。
[2]《西藏研究》,1987 年第 3 期,第 45 页。
[3] 山口瑞凤:《沙州汉人による吐蕃二军团の成立とmkhar tsan 军团の位置》,《东京大学文学部文化交流研究施设研究纪要》第 4 号(1980 年度),第 14 – 21 页。

在 P.T.1089 号卷子中,关于 Lho bal 部落官吏的情况,就是由担任沙州汉人部落千户长、小千户长的吐蕃人披露的,说明 Lho bal 部落所活动的南山距沙州不远。那么,吐蕃统治时期的敦煌汉文卷子中,一定会有关于 Lho bal 活动的记录。

S.542 背(8)号卷子,日本学者池田温定名为《吐蕃戌年(818)六月沙州诸寺丁仕车牛役簿[附亥年至卯年(823)注记]》。整个卷子较长,记有沙州龙兴寺、大云寺、莲台寺、开元寺等 14 座寺院 185 户寺户的丁仕车牛役情,其中第 49 笔为:"李加兴:六月修仓两日。南波厅子四日。送节度粳米。子年十二月差春稻两驮。落回纥。"第 60 笔:"成善友:南波厅子四日。子年十二月差春稻两驮"[1],这里的"南波"可与 Lho bal 对勘:"南"可对 Lho,"波"为 bal 的音译,而且两者均可作地名或族名讲。[2]"厅子",《集韵》卷 4 说"厅,古者治官处,谓之听事。后语省,直曰听,故加广",故"厅子"可释为公差。这样,"南波厅子四日"可解释为:"送南山(部族)公文(或什物)往返共四日"。

既然敦煌藏、汉文卷子中均有关于 Lho bal(南波)的记载,那么 Lho bal 一词的来源和族属究竟如何呢?这里不妨先从"南山"或"南山部族"说起。

南山或南山部族,作为族名在敦煌汉文卷子中已发现有 8 个编号。有学者提出,这些卷子中所记载的"南山",就是晚唐、五代分布于河西至西域东部的"仲云",系汉代小月氏的余裔。[3]证实这种观点有两条很重要的史料,一是 P.2790 于阗文《使臣奏稿》"仲云(Cimudas)一名南山人(Namsans)"[4];二是高居诲《使于阗记》:"仲云者,小月氏之遗种也。"归纳上述可以说,Lho bal 是指南山,南山就是仲云,仲云即小月氏的后裔。以下拟从历史、地理、语言等方面加以分析。

〔1〕池田温:《中国古代籍账研究》,东京大学出版社,1979 年,第 526 页。

〔2〕"南波"的来源为"南蕃",关于两者的转变,参阅杨铭:《敦煌文书中的 Lho bal 与南波——吐蕃统治时期的南山部族》,《敦煌研究》,1993 年第 3 期,第 12 页。

〔3〕黄盛璋:《敦煌文书中"南山"与仲云》,西北民族研究,1989 年第 1 期,第 4－12 页。

〔4〕Bailey, H. W. "ŚRĪVIŚA ŚŪRA AND THE TA-UANG", *Asia Major*, New Series. vol. XI. part I, 1964, p.4.

据《史记·大宛列传》记载,月氏始居敦煌、祁连间,后为匈奴所破,大部分迁葱岭以西,"其余小众不能去者,保南山羌,号小月氏"。小月氏退入河西走廊以南的祁连山中,依靠"南山羌"生存下来,自己也就成为汉唐间活动于南山中的"南山部族"或"南山人",这就是敦煌卷子中 Lho bal 或"南山人"来源的基本历史背景。但值得注意的是,在唐中期吐蕃攻占河西走廊及西域东部以前,敦煌汉文卷子中并不见"南波"或"南山"(部落)等记载,有关的藏文名称 Lho bal 也是在吐蕃统治敦煌时期出现的。这就提示出:虽然小月氏遗裔自汉以来就活动于祁连山中,但其被称为"南山"(Lho bal),却直接与吐蕃有关。

众所周知,公元 7 世纪 70 年代前后,吐蕃征服了分布于今青海、甘肃、四川西北的吐谷浑、党项、白兰等族,占据了今青海省境内黄河以南、青海湖以西的地区。与此同时,吐蕃又进军西域,联合西突厥贵族与唐朝争夺安西四镇。此后,吐蕃频频发兵进攻唐朝的陇右、河西诸州。仅据粗略的统计,从公元 696—764 年,吐蕃进攻河西走廊诸州就达十余次。[1] 吐蕃在穿越今祁连山脉进攻河西诸州的过程中[2],为了保障交通路线的畅通,首要的任务便是征服和驱使分布于河西走廊南山的民族,而小月氏余裔首当其冲。正因为小月氏余裔分布在南山之中,所以吐蕃以 Lho bal 相称。

Lho bal 一词的来源及族属既明,现在进一步分析"南山人"何以又称"仲云"。这里,有必要阐明西北史地中有关"南山"的概念及范围。其实,不仅河西走廊的祁连山在历史上被称为南山,就是整个横贯中国东西的昆仑山系在历史上都曾被称作南山。如《汉书·西域传》载:"其河有两源:一出葱岭山,一出于阗。于阗在南山下。"《十六国春秋》记张骏时马岌上言:"酒泉南山即昆仑之体也。"《大清一统志》安西州条说,南山"自葱岭分支,由和阗之南,绵亘而东,经安西一州二县南

─────────────

〔1〕《旧唐书》卷 196《吐蕃传》,《新唐书》卷 216《吐蕃传》。

〔2〕《新唐书》卷 216《吐蕃传》载钦陵对郭元振说:"甘、凉距积石道二千里,其广不数百,狭才百里,我若出张掖、玉门,使大国春不耕,秋不获,不五六年,可断其右。"又载:"后二年(公元 726),悉诺逻兵入大斗拔谷,遂攻甘州,火乡聚。"这些记载表明,吐蕃常从祁连山脉的交通孔道中进犯河西诸州。

·欧·亚·历·史·文·化·文·库·

北,皆曰南山"。整个昆仑山系之所以均被称作"南山",除了它地处河西走廊及西域之南以外,有学者提出用古代民族语言来解释,即:"昆仑"是古代于阗语"南"的意思,因为山在于阗国的南面,所以叫它"昆仑山",也就是南山。[1]

而且,不仅河西走廊的南山(祁连山)中有小月氏余裔,就是敦煌以西、逶迤葱岭的南山(昆仑山)中,也有月氏余种。《魏略·西戎传》说:"敦煌西域之南山中,从婼羌西至葱岭数千里,有月氏余种葱茈羌、白马、黄牛羌,各有酋豪。"[2]这里以"羌"相称,是谓小月氏与羌族有些相近之处,但两者实际上仍是有区别的。有学者认为,月氏民族属于西方学者所称的欧亚人,所操语言即中古以前曾于高昌、焉耆、龟兹一带使用过的"吐火罗语"。[3]

至此,可以揭开南山人何以又称"仲云"之谜了。原来,昆仑山的原意就是南山,昆仑的上古音可拟作 $*Kun *Lun$[4],而仲云在敦煌和土峪沟回鹘语写本中拼作 Cungul,在钢和泰藏卷中写作 cūnuda,在敦煌于阗文写本中拼为 cimūda(cimuda、cumūda),在晚唐的河西藏文写本中作 jun gul[5],这些有关"仲云"的各种拼读,均可能源于古于阗语的 $*Kun *Lun$。换句话讲,仲云就是昆仑的异读,意即"南"(山)。如果作进一步的对勘,就可以发现在仲云与昆仑这两个词汇中,$*kun$ 可与 cung(cun、cim、cum、jun)相对;而 $*lun$ 与 gul(nu、mū、mu)相对。依此,我们就会认识到于阗文《使臣奏稿》所云:"仲云一名南山人"之成立,如果完全用汉字汉意来翻译这段话,便成为:昆仑(人)又称南山(人)。

---

〔1〕刘维钧:《西域史话》(上),新疆青年出版社,1982 年,第 36 页。

〔2〕《三国志》卷 30《魏书》卷 30《乌丸鲜卑东夷传》引注。

〔3〕黄盛璋:《试论所谓"吐火罗语"及其相关的历史地理和民族问题》,载《西域史论丛》第二辑,新疆人民出版社,1990 年,第 228 – 268 页。

〔4〕李珍华、周长楫:《汉字古今音表》,中华书局,1993 年,第 172 页。

〔5〕哈密顿:《仲云考》,耿昇译,载《西域史论丛》第二辑,第 163 页;乌瑞:《吐蕃统治结束后甘州和于阗官府中使用藏语的情况》,耿昇译,载《敦煌译丛》,甘肃人民出版社,1985 年,第 214 页。

5.4　结语

　　综上所述,敦煌藏文卷子中的 Lho bal 一词有广义、狭义之分。其狭义的用法如前示 P. T. 1089 号卷子,Lho bal 是指小月氏的余裔——南山人,亦即仲云。这也是 Lho bal 一词的初起之义。关于这一点,除了以上从当时的历史、地理条件加以证明外,笔者还在另一篇拙作中,从经济生活、姓氏、官职几方面,引据史料作了论证[1],此处恕不赘述。Lho bal 一词的广义用法,即用来称呼吐蕃统治下的所有民族,所谓"治外蛮夷",是 Lho bal 一词的后起之义,那是公元 8 世纪中叶以后的事情。当然,其狭义的用法仍然存在,因为在写成于公元 9 世纪上半叶的 P. T. 1089 号卷子中,Lho bal 显然是一个具体的民族,实际上就是指稍稍晚一些的"南山"或"南山部落"。

　　(原载四川藏学研究所等编:《国外藏学动态》七,1992 年内部发行)

---

　　〔1〕杨铭:《敦煌文书中的 Lho bal 与南波——吐蕃统治时期的南山部族》,《敦煌研究》,1993年第 3 期,第 12 页。

·欧·亚·历·史·文·化·文·库·

6 《敦煌西域古藏文社会历史文献》
译后记

杨铭

《敦煌西域古藏文社会历史文献》一书，由我与刘忠先生合译自英国学者托马斯的《有关西域的藏文文献和文书》(*Tibetan Literary Texts and Documents concerning Chinese Turkestan*，伦敦，1951) 第 2 卷。此书的作者托马斯(F. W. Thomas，1886—1956)，是英国著名的东方学家、古藏文学者，他是从 20 世纪 20 年代起，国际上整理和研究斯坦因收集品中古藏文社会历史文书的开山鼻祖。

1927 年到 1933 年，托马斯陆续在《英国皇家亚洲学会会刊》(*Journal of the Royal Asiatic*) 上发表有关古藏文文书的研究成果。1935 年和 1951 年，他先后以《有关西域的藏文文献和文书》为名，集结出版了 2 卷专著。其中，第 1 卷主要是从敦煌古藏文写本和藏文大藏经中辑录并翻译的有关于阗史料。第 2 卷分 7 部分刊出了敦煌、新疆出土的古藏文社会历史文书中的精华部分，包括转写和译注，共计收古藏文写本 120 件、古藏文简牍 380 件。

托马斯整理、研究古藏文社会历史文书的另一个重要成果，就是他与法国的藏学家巴考、杜散一起，解读了敦煌本吐蕃历史文书。他们 3 人在 1946 年出版了自 1940 年以来的研究成果，书名为《敦煌吐蕃历史文书》(*Documents de Touen-Houang elatifs a l'histoire du Tibet*，Paris，1940—1946)。其中，托马斯负责解读的是入藏于大英博物馆资料部，原登录号为 S. 103(19Ⅷ.1)，现编为 I. O. 750 和 B. M. 8212(187) 的那一部分。具体来说，就是敦煌吐蕃历史文书《大事纪年》中公元 743—763 年的这一段。毫无疑问，他们的这一研究成果，至今仍在被敦煌学界、藏学界的后学们使用。

此外,托马斯还出版了《南语——汉藏边境地区的一种古语言》(*Nam, an Ancient Language of the Sino-Tibetan Borderland*,伦敦,1948)、《东北藏古代民间文学》(*Ancient Folk-literature from North-Eastern Tibet*, Berlin,1957),也是他整理、研究古藏文文献的成果,其中刊布了一些较为重要的文学、占卜和语言资料。

匈牙利著名藏学家乌瑞在一篇文章中评价到:"托马斯的著作除了提供一个相当可观的史料集外,同时在吐蕃语言和历史的研究上也是首开其端的巨大成就。虽然他不可能避免开拓者所不可避免的错误,并且不免时而在这里时而在那里甚至还犯有方法学上的错误,但他对卷子的绝大部分的翻译和部分历史、地理的解释仍然站得住脚。因此,他的著作今后在很长时间里也仍将被藏学家当做手册来使用。"(荣新江先生译文)

国内学术界就是通过托马斯的著作,了解到英藏藏文文书的基本内容和学术价值。20世纪50年代,王忠出版的《新唐书吐蕃传笺证》一书,首次引用了托马斯书中的部分译文。1986年王尧、陈践合作出版的《吐蕃简牍综录》,也参考了托马斯对古藏文简牍所作的转写和译注。

遗憾的是通译托氏全书的工作,国内学术界一直无人组织。我与中国社会科学院历史所的刘忠研究员,还是通过《中国当代历史学学者辞典》(1993年西北大学出版社)中的信息,得知彼此从各自的专业研究出发,已经分别研读、翻译了此书的一些章节。通过书信往来,我们商定一起来完成《有关西域的藏文文献和文书》第2卷的翻译、出版任务。于是从1996年开始,我们相约互相校订对方的译文,然后集结成书。当时供稿的具体情况是,我提供已在有关内部刊物发表过的托马斯原书一、三、四章译文的修订稿:

《关于新疆的藏文文献和文书·第一章 阿柴 Va-zha》,载四川外语学院、四川省民族研究所等编《国外藏学动态》第三期,1988年12月内部发行。

《关于罗布(Nob)地区的藏文文书》,载新疆维吾尔自治区图书馆编《新疆社会科学情报》1989年第十二期。

《有关于阗地区的藏文文书》，载新疆维吾尔自治区文化厅编《新疆文物》1992年第三期。

其余四章由刘忠先生提供：

第二章　沙州地区（The Sa cu Region）；

第五章　突厥（The Dru gu）；

第六章　政府与社会状况（Government and Social Conditions）；

第七章　吐蕃军队（The Tibetan Army）。

以上我与刘忠先生的分工，从篇幅上讲大约各占一半。但其中的第二、五、六章的内容，我从唐代西北史地的角度对刘忠先生的译文作了较大的修订，并由我将这三章抄写成定稿寄给刘忠先生。对此，刘忠先生曾在给我写的信中说道："寄来书稿（指第二、五、六章的抄定稿），我看了一下，除了体例力求与你已发表的一致作了改动外，有些修改也提高了质量。"（见刘忠1996年3月16日来信）就在同一封信中，刘忠先生还说："所提沙州一章改后共同署名，先投《敦煌研究》发表，皆同意。今后六、七章也可如此，如能发表，就先发表，以求得反馈。"因此在1997年，我们共同署名的托马斯书第二章的译文《有关沙州地区的藏文文书》，发表在当年的《敦煌研究》第三期上。

当然，刘忠先生对我的译文也作了大量的、细致的审定，他主要是从藏文词汇的角度，修订了我的一些不确的译法。这一点，读者可以从我以前的译文与后来出版的书中对应的章节作比较。再就是刘忠先生为了此书的出版做了大量的工作，费尽了周折，最终申请到中国社会科学出版基金的资助，并由国内级别较高的民族出版社出版了此书，可以说这是刘忠先生一人的功劳！

但不得不指出的是，《敦煌西域古藏文社会历史文献》在2003年上半年刚出版的时候，封面、扉页和版权页上只署名"刘忠译注"，而且在刘忠先生撰写的《中译者序》中把我放到英文校对者中一笔带过。我随即向刘忠先生和民族出版社进行了交涉，并提供了刘忠来信中涉及的应共同署名的关键部分的影印件。面对事实，刘忠先生与出版社立即表示同意改正，尽可能地将已经发行出去的书籍全部收回重印。考虑到为了减少出版社重印的工作量和刘忠先生个人承担的重印费用，我主动提出了仅修改封面、扉页和版权页而不动内页的方案。到当年国庆节前后，重新印刷的，署名刘忠、杨铭译注的《敦煌西域古藏文社会历史文献》一书到了我的手上，这一下我心中的不快才基本平静下来。尽管仍有读者对我说：如果只看这本书的《中译者序》《译注说明》，看不出来应该署上你的名字。听后，我也只能很坦然地把上述经过给他作一番解释，并声明我不愿过分地去纠缠这件事情。

通过一些友人的告知和我亲自查阅国内一些大型的图书馆的藏书目录，我知道有一小部分只署名"刘忠译注"的《敦煌西域古藏文社会历史文献》一书已经流入社会，因此我想在此把这件事情说一说，好让读者在偶尔碰到这本书的两种署名版本的时候，可以通过阅读我的这篇文章了解到背后的原因。要不然，数十年、数百年后，读者岂不是会对该书不同的两种译者署名大伤脑筋！

至此，我愿意将出版这本书的经过和幕后的种种故事尘封起来，讲述它，就是为了忘记它！

抛开以上种种曲折的过程与不愉快的经历，令人欣慰的是：这本书带着淡淡的墨香摆在了我的书桌上，这总是应该使人高兴的吧！由于本书不仅仅是忠实于托马斯原著的翻译，我与刘忠先生还引用了国际、国内学术界近年来的研究成果，对该书作了较为详尽的译者注，指出哪些地方后来的研究有了进展，哪些地方属于托马斯因不熟悉汉文史料而引起的失误。可以说，《敦煌西域古藏文社会历史文献》一书的翻译出版，了结了中国藏学、敦煌学和西域史地学界的一桩心愿，它为研究者解决了托马斯原著不好找、不好读的困难，为学术界提供了一个基础较好的汉文读本。加上译者在译文后附上了原文书的藏文转写，大大方便了有关学者进一步释读藏文原文和作深入研究的需要。

（原载罗布江村主编：《历史、现状、发展——中国民族研究西南论坛文集》，民族出版社，2008 年）

翻　译

7　吐蕃统治下的敦煌

〔日〕藤枝晃　著

刘豫川　译　　杨铭　校

前　言

　　敦煌城在公元 781 年被吐蕃占领,此后受吐蕃统治。公元 848 年(唐大中二年),当地豪强张义潮赶走吐蕃人,并脱离其统治。大中五年(851),他被唐王朝封为"归义军节度使",敦煌至少在名义上回归为唐朝领土。这期间的近 70 年,是敦煌历史上的吐蕃统治时期。20 年前,我以《沙州归义军节度使始末》(《东方学报》12 卷 3 ~ 13 卷 2,1942—1943 年)为题,撰写了敦煌从 9 世纪中叶至 11 世纪末的历史,但有关此前吐蕃统治时期的事情却涉猎极少。具体地说,仅是在该文的前言部分引用了以《新唐书·吐蕃传》的记载为中心的有关事情,并且多放在注释之中。这不是因为要避免偏离主题而仅稍许涉猎,实际上是没有撰写。在讨论归义军时期的历史时,当然必须对此前吐蕃时期有一个简单的交代,这无论是谁只要稍许思考都可以明白的。但是,勉强去做或许会不可收拾。当时托马斯的藏语文书解读已经在杂志上发表了,但它与汉文史书和文书怎样进行联系呢? 所以基本上没有使用。牵强地联系起来使用,现在再回顾就理解到常常有错误的地方。在当时,由于不能见到汉文文献中的许多资料,特别是与缩微胶片相关的许多资料,对于吐蕃时期的认识甚至是幼稚的,这也是难免的。4 年前,斯坦因搜集的全部文献的翻拍照片从东洋文库送到本研究所,从那时起,我在逐一阅读这些文献的过程中发现,吐蕃时期书写的汉文文献出乎意外的多。再者,由于共同研究组的诸位成员从各自的角度出发进行了研究,使得个人研究所不能及的有关这一时期的方方面面明了起来。要深入研究吐蕃时期的历史,存在着两个大的障碍:第一是见不到伯希和收集

·欧·亚·历·史·文·化·文·库·

的全部文献;第二是没有能力解读斯坦因收集的全部藏语文献的翻拍照片。由于我感到这些不是短期内可以一起解决的,这些不完备的障碍只能将来逐步地解决,但目前可以通过现有的材料进行大体的推断。这种想法的出现一方面来自于正在进行相关问题研究的研究组诸位的相劝甚至强求,另一方面是因为在敦煌文献研究中,特别是在我国,对吐蕃时期存在着不正确的忽视甚至是无视的现状,所以存在着希望通过我们来改变一下现状的想法,也可以说如同是一种责任感。前不久,我在写完《敦煌的僧尼籍》(《东方学报》29 卷,1959 年)之后,又得知其中出现了关于吐蕃时期的几个错误,这种如同责任感的情绪更迅速地变得切实了。更进一步引发我对吐蕃时期的敦煌产生研究愿望,还得益于佐藤长氏的《古代藏史研究》和戴密微(Dewieville)《拉萨僧净记》(1952 年)这两部力作。佐藤氏的书,对直到与本文研究时期平行的吐蕃本国的实况在现今能够达到的限度内进行了解读。戴密微氏的书对伯希和收集的若干关于吐蕃时期的重要文献进行了翻译、注释和引用。因此,我以上列举的两大障碍中的一项已在某种程度上解决了,这也使得我可以在很大程度上安心从事我的工作了。

如上所述,本文的目的仅仅是使用现今的材料,对吐蕃占领时期敦煌的历史进行初步的推断。将来,随着吐蕃时期文书的解明,还需要再进一步补订。再则,本文还有许多不足之处期待着诸位方家指正。此外,所谓"现今的材料"中包含着很多共同研究组诸位的成果,在这里特表谢意。

7.1　序说　吐蕃统治时期的敦煌文献

作为吐蕃统治时代的敦煌历史史料,不用说,由于汉文史籍等所见记载十分稀少,因此必须依赖于敦煌石室文书中的有关内容。如果说吐蕃占领汉地建立统治时期的文献,存在用占领者的语言书写和用被统治民族语言书写的两种情况,也是不言而喻的。两种文书中,由于吐蕃文书必然是吐蕃统治该地期间所写,或者是吐蕃人携带而来的,因而可以认为这些文书全与这一时期有关。然而,在汉文文书方面,由于存在从 4 世纪至 10 世纪的内容,首先必须鉴别出其中与这一时期相关的部分。吐蕃时期的汉文文书当然不会用中原王朝的年号,因此,乍想来似乎不存在什么鉴别工作,然而所有汉文文书、记录里面,不书年号的并非异例。设若汉文文书不书年号,特别是公文,则应当将之看做是王朝统治以外的、不奉中原正朔的其他地区所作,这种文书就大体具备疑为吐蕃时期的文书。由于上述理由,辨别是否为吐蕃时期的文书本身不是过于困难,本书附文拟叙述这种鉴别方法。

这些敦煌石室出土的文书在日本极少。为本文所利用的、能够见到实物的不过两三件,此外均系照片、转录之类,以及被论文引用者的转抄、音写、翻译乃至可以从目录见到的提要等,本文即有赖于上述各种二手资料的方法。因而,进入正文之前,先将利用方法略为说明是有必要的。

7.1.1　吐蕃文书

敦煌石室出土文书中的吐蕃文书,无论是斯坦因收集的还是伯希和收集的,都可以用下述诸方法利用。至于北京的敦煌文书尚未全部发表,不了解其中包含多少吐蕃文书。

(1)斯坦因收集品。为现在伦敦的印度事务部图书馆(India Office Library)收藏,几年前山本达郎教授摄回的胶卷存于东洋文库,本研究所得到其洗印本。原件具有多种形态,诸如印度风格、藏式贝叶形、汉式卷子、用汉文经典纸背及空白所书的文书等,乃至还有木简之类。经缀合订正,形成从编号 vol.1 至 vol.73 的序列,各卷每一页附有"fol"编号。又,斯坦因探险队原编号冠有"Ch"(千佛洞)、"M. I."(米兰)"M. T."(玛扎塔克)等出土地的字母符号,这些也被附于其上。虽然我们采纳的是以冠有"Ch"的文书为主,但也检出其他地点的有关联的文书。图书馆有关于其形状、尺寸等详细资料的卡片,若干样本在《塞林提亚》、《亚洲腹地》发表过。托马斯(Thomas)从中选译若干,在《英国皇家亚洲学会会刊》上连载,进而又以如下的标题刊行了经修订的集结本,集结本增添了包含补正、语汇、图版在内的附卷:

《有关西域的藏文文献和文书》,由 F. W. 托马斯编译。第 1 卷文献(1935),第 2 卷文书(1951),第 3 卷补遗、勘误、词汇表及索引(文书编号),图录(1955)。

由于该书引用的文书每一件均附上了编号,故每件文书自然有托马斯、图书馆、探险队 3 种号。本文引用时,为避免烦琐,省去探险队编号而仅标明其余两种。以"Thomas 2 ～ 6, fr. 80(730, vol. 37, fol. 37)"为例,意为托马斯书第 2 卷第 2 章引用的第 6 号文书,图书馆的 fr. 80 号,即馆藏缀合本第 73 册、第 37 页粘贴的第 730 号文书。本文引自托马斯书的颇多,全部来自第 2 卷;引用的材料均出自敦煌千佛洞,如有必要请参照托马斯原书。本文引用的材料全部与照片作了校对,照片中不见者有两三件。此外,由于原文书有损坏,也有不能读全照片的情况。

笔者虽仗托马斯先生的译解而得以引用这部分文书,然由于托马斯对中国学不熟悉,以及机械式直译等缘故,时有笔者不敢苟同者,故译文经过适当修改。

(2)伯希和收集品。巴黎国立图书馆的伯希和文书 1 ～ 2000 号为吐蕃文及其他中亚诸语文的写本。其中大约三分之二由管理员拉露(M. Lalou)女士以高质量的解题目录得以刊行问世:M. 拉露《敦煌藏文写卷目录》卷 1(伯希和藏文文书)编号:1 ～ 849(1939);卷 2 编号:850 ～ 1282(1950)。

由于文书内容确定,时而有首尾原文转写,因此文书的性质易于把握。这批文书不用说实物,连照片也未得见,因此 P. 1 ～ 1282 诸文书的引用,均依靠上述目录。本文引用时,只限于注明伯希和编号。

吐蕃文标音法在托马斯先生的文中与拉露女士的略有不同,为方便起见,本稿遵从托马斯的方法,从拉露处引用的也经过改写而统一起来。但是,托马斯氏按照原文在转写的各音节间打上点或双点,本文则不加这些点。一词多音节者,按照一般方法,用连音符标记。托马斯氏的注释及语汇部分也即按照这种方法。[1]

7.1.2 汉文文书

(1)斯坦因收集品在研究所的收藏,系榎一雄教授摄回的东洋文

---

〔1〕关于现行吐蕃文的种种标音方式,北村甫、西田龙雄《藏文的转写及藏语的表记》(《日本西藏学会会报》第七号,1960 年)一文有详细对比表,请参阅。

库的微缩胶卷的 A 5 型放大照片。所引斯坦因收集品全出自其中。关于这些收集品的情况，一如众所周知，为翟理斯氏的《写卷目录》（1957）所刊行。引用之际，一并标出收集品所附的斯坦因编号（S）以及翟理斯氏《目录》的编号（G）。

（2）伯希和收集品 P. 2001 以后为汉文，这方面全靠诸家论文中所引以及笔录、复制件、目录等类材料。这批材料中贺光中先生翻拍的王重民所摄胶卷，进而为东洋文库再翻拍的有三百多件。其中，虽然得以印晒到若干，给该文库的田川孝三先生及各方面添了麻烦，但最后本稿未能引用。

这方面所引的，标注伯希和编号（P），并说明所据来源。

（3）北京图书馆所藏这批材料随每个千字文附有 1～100 的编号。随着第一次整理完毕，已经正式出版了目录《敦煌劫余录》（1931 年）。该目录对这些深奥的经卷文书作了注记。此外，参与工作的许国霖氏的笔记《敦煌石室写经题记与敦煌杂录》也已发表。承东洋文库惠意，笔者能够一阅该库所藏这批材料的微缩胶卷 33 卷，所以核对只限于得以见到的这部分。如果准确讲，按《劫余录》的顺序是从开始到 189页。校对结果，两书的记载均不完整，胶卷间有脱落，加之接触不到的胶卷有三分之二，无法据此比较两书。

此外，关于龙谷大学的藏品等能见到的两三件实物，一一注明其来源。

最后，引用敦煌文献时，在本文引用编号之下所记的，不用说即各种收藏编号。文书原未加标题的场合，仍把代拟的标题记入"《 》"符号之中。

附：吐蕃时期汉文文书的鉴别方法

从敦煌出土的 4 至 14 世纪期间的汉文写本中，如何选出吐蕃统治期 70 年间的物品，下面说明我们的标准。虽然想尽可能全面地举例，但为避免烦琐，还是以本文及《敦煌的僧尼籍》（〔日〕《东方学报》二十九号，1955）一文中作为"资料"引用的文书为例。

（1）日期记录方面

（a）"大蕃国某某（干支）年"、"大蕃某某年"、"蕃中某某年"等。

这种记录无疑属吐蕃时期。因为总共70年,同一干支重复的时间很短,不好判断的情况并不多。例:资料十二、十九。

（b）只用十二支纪年的场合,可以认为大多是吐蕃时期的。特别是公文、跨十年以上事件而只以十二支纪年之类（例如《僧尼籍》二十）无疑属吐蕃时期。例:资料四、七、十一,《僧尼籍》六、八、九。

（c）只用干支纪年的场合。这种情况,即使在其他时期,也为私人文书、寺院文书常用,因此不成为依据。必须指出,如果汉族公文文书只用干支纪年,则是西汉的金山国时代。例:资料十六。

（d）月、日的特殊记录方法。"后□月"（闰月）、"中旬日""下旬日"等。

（2）可见吐蕃人名的情况

这方面不成问题,马上可以判定属吐蕃时期。例:资料四、二十四,《僧尼籍》六。

（3）可见吐蕃时期特殊官职制度的情况

（a）赞普（例:资料十二）

（b）乞里本、乞利本（例:表一）

（c）节儿（例:资料七）

（d）监军（例:资料四）

（e）部落、部落使（例:资料四、十二）

（f）都教授、副教授

（g）寺卿（例:《僧尼籍》资料九）

（h）寺户

关于（f）～（h）与佛教有关的头衔,请看与本文同刊发表的竺沙雅章君的论文。

（4）官职、吏职记录汉蕃有别的情况

例:蕃卿,蕃判官（资料二十四）

（5）度量衡单位上写出汉斗、汉尺、蕃驮、蕃斗、蕃尺等汉蕃有别的情况比如记有"汉尺"一名,如果是其他时期,就不会特意标明"汉",这应意味着它与"蕃"单位的并行。又,一蕃驮等于二十蕃斗,纳贡之时,必须用"蕃"的单位。

(6)汉人专人名称

一旦定为吐蕃时代的汉人的名字,如果随其名衔再次出现,自然就确定了其前后关系。例:资料二十二,《僧尼籍》资料六。

(7)用笔

用写吐蕃文的木笔写汉字,其他时期见不到。看到这一点固然不错,但用毛笔书写的汉文文书中,汉人有时却以吐蕃文签名。例:资料十四、二十一。

(8)用纸(例略)

唐代宽26厘米左右的纸是常例,而吐蕃时期使用宽31~33厘米、外观粗糙的大型纸,后者或许是敦煌所产。作为照片虽然纸质表现不出,但尺寸却往往可以判别。由于这种型号的纸归义军时期也使用,尚无决定性的区别标准,但至少可说与唐制不同。

(9)笔迹(例略)

吐蕃时代的写经文书右肩有显著特征,这在经典以外的文书中也经常出现。想是唐笔用不顺手,加之在地上书写,给人以笔毛太粗、十分干涩的感觉,好像吝于蘸墨似的。归义军时期更普遍使用软毛笔,请参阅拙稿《敦煌写经的字迹》(〔日〕《墨美》九十七号,1960年)。

上举诸项,必须哪一条都提及才不致出入,而且也不难。况且,一件文书中上述各项并不是单独出现,常常数项并具。因此,如前文所述,鉴别吐蕃时期文书一事,因为标准已如此明确,几乎只要不是残片,就绝不麻烦。

7.2 吐蕃占领的行政官

7.2.1 吐蕃占领沙州与尚绮心儿

统治势力直达塔里木盆地各个角落的唐王朝,把河西走廊作为其统治西域的重要前进基地。然"安史之乱"一朝发生,不用说西域,连河西诸城都孤立起来。大乱之后的唐朝,完全没有支持这一带的力量。连长安都一度占领了的吐蕃,从东至西逐步占领了河西诸城。守卫河西首府凉州的长官因通向本土的道路已被阻塞,必须往西寻求退路。这样,最后剩下的即最西边的沙州。敦煌地区吐蕃人统治的历史,当然始于吐蕃人对沙州的包围及占领。首先,应该引录有关此事的几乎是汉文史籍的唯一记载:

资料一 《沙州陷落的过程》(据《新唐书 · 吐蕃传》抄出)

> 始,沙州刺史周鼎为唐固守,赞普徙帐南山,使尚绮心儿攻之。鼎请救回鹘,逾年不至,议焚城郭,引众东奔,皆以为不可。鼎遣都知兵马使阎朝领壮士行视水草,晨入谒辞行,与鼎亲吏周沙奴共射,彀弓揖让,射沙奴即死,执鼎而缢杀之,自领州事。城守者八年,出绫一端募麦一斗,应者甚众。朝喜曰:"民且有食,可以死守也。"又二岁,粮械皆竭,登城而呼曰:"苟毋徙他境,请以城降。"绮心儿许诺,于是出降。自攻城至是凡十一年。赞普以绮心儿代守。后疑朝谋变,置毒于靴中而死。州人皆胡服臣虏,每岁时祀父祖,衣中国之服,号恸而藏之。

敦煌陷落后,有关该地的情况,在中原一边不过只有零星消息流传[1],而且上面引文又是《新唐书》独特省文的代表文体[2],由于解释难点很多,所以释文作了增补解说。[3] 现想就这段引文的内容进行

---

〔1〕藤枝晃:《沙州归义军节度使始末》(一)(以下简称《归义军》)注(48)、(50)大体有引用(载《东方学报》第十二册第二分册,全文至十三册第二分册载完),但如本书89页注〔3〕所述,前稿解释多有误。又,戴密微(Dewieville)《拉萨僧净记》(1952年)167－178页注脚也详细引了这些内容。

上述戴密微书中"史料疏义"(Commentaire historique)一章与本文相同,以吐蕃占领时期的敦煌为主题。该章详解来自伯希和收集的汉文文书 P.3201v(王锡上表)、P.2449(祈福文)、P.2765(圣光寺碑之外)、P.2555(诗)和来自斯坦因收集的 S.1438 等重要资料。特别是伯希和收集文书中应发表的得以发表很多。只是,该处同时引用的 S.1438 虽肯定是吐蕃时期的官方文书,但它并非实用之物,而是当时称为"书仪"的标准文例集。而且,由于使用了文书为材料,故其内容有相当的研究价值。

〔2〕丰田穰:《新唐书的文章》,《东方学报》东京第十三册第一分册,1937年。

〔3〕兹略去释文。——译者注

讨论。

所谓沙州末任刺史周鼎,在注明"大唐大历十年八月"(公元775年)日期的《大唐陇西李府君功德碑记》[1]中被称为"节度观察处置使、开府仪同三司、御史大夫、蔡国公周公"的即此人。这个头衔比起仅是刺史来要高级,然前者或者是自称,或者已无法给予实质性援助的唐王朝可能仅仅给了继续抗战的周鼎以虚衔。河西地区开始受到吐蕃压迫之际,驻防于凉州的河西节度使杨志烈于公元762年弃城逃往甘州(见《旧唐书 · 吐蕃传》),由此被沙陀所杀。取代其为节度使的杨休明,第二年到了沙州,取代杨休明当上节度使的,即周鼎其人。[2] 据《旧唐书 · 德宗纪》所记,因建中会盟,唐与吐蕃之间恢复和平期间,伊西北庭节度使杨休明、河西节度使周鼎及其他对吐蕃坚持抗战的将军们的灵柩被送了回来,还为之追封了各种官爵(建中三年五月丙申)。

关于阎朝的事迹,除下面文书残片外,尚未见到其他文献。

资料二　S.5697(G.7512)《阎使君文书》

（前缺）□供奉,前后文……

　　阎使君等同行,安置瓜州。所有利害事由,并与阎使君状咨申。因缘河西诸州,蕃、浑、嗢末,羌、龙狡杂,极难调伏（后缺）

虽然只是一件残片,但从这段可以感觉到当时紧张气氛的文字中可见,所谓"阎使君"应该就是阎朝其人。《新唐书》的编者把阎朝等人的话插入吐蕃传,置于其对手尚绮心儿的名字最后出现的元和十四年(公元819年),即攻击盐城一条之后,用"初"、"后"二字表明前后顺序。如果粗读这段文字,易将沙州陷落理解为9世纪的事件[3],然而

---

〔1〕该碑在今第148窟之南侧窟檐内。徐松《西域水道记》、罗振玉《西陲石刻录》、沙宛(ch-vannes)"Dix in scrptions"等有著录。沙宛书附载了拓本的影印本。该碑前部磨灭,伯希和所获中有数行写本,而斯坦因所获中有后半部写本(S.6203)。

〔2〕《归义军》(一)注(48),时引"蔡国公周公"作二人理解不对,蔡国公是周公的头衔。因此,该文注(48)、(50)所述,应按本文的说法订正。

〔3〕布歇尔(Bushell)《汉文史料所载的西藏古史》,JRAS,卷12(1880)。该书514页似乎觉察到其间的倒错,把这部分传说采取了以小字插入的形式。而托马斯《藏文文献和文书》第2卷315页引用这一段时,又谓沙州汉人抗战直至元和十四年,经历了11年(809—819)。

这实际上是建中年间(公元 780—783 年)或者至迟贞元初年的事件，在《元和郡县志》中，明确地定为"建中二年"，或有某种依据，大致可信，笔者过去已有叙述。[1] 时值唐蕃建中会盟前夕，其他方面，由于吐蕃在北庭与回鹘之间、西域同大食之间处于关系颇为紧张之际，与唐朝会盟也正是考虑到这一点。为利于作为对回鹘、大食行动的前进基地，应尽快而且不流血地占领继续抵抗的沙州。[2] 连接沙州的河西地区占领完结，作为实行会盟的契机之一考虑，是合乎常情的。正其如此，赞普也进驻到南山督战。这时的赞普应即是明君赤松德赞(khri-sron-lde-brtsan)。所谓南山，不用说，当指沙州南方的山地，这一语汇在敦煌文书中也时有出现，当时似指阿柴族的地域。[3]

然而，关于前述经过及年代，并非没有问题。据前文，尚绮心儿是进攻沙州的总司令官，占领该地后留驻下来，成为首任行政长官。据云：此人出身于崇佛派的没庐(vbro)氏，父尚结赞磨，任副尚书令，祖父为侍中，曾祖父也做过宰相。[4] 他于赤祖德赞王(公元 815 年即位)初年任大论，拥戴幼年的赞普，处于吐蕃宫廷领导地位。[5] 公元 816 年，指挥对回鹘主要都城的攻击，819 年参加对唐盐州城的攻击，又在长庆会盟(公元 821 年)时任吐蕃实际首席代表。[6] 亡年不详。至少，若其在长庆会盟时任吐蕃宫廷要职，那么从占领沙州(公元 781 年)开始，有 40 年左右。如果再从前 11 年首次攻城算起，将有 50 年以上的活动期。这在世界历史上虽不是没有先例，但如果说公元 770 年他已进入成年，到相继对回鹘及大食的远征，已是七八十岁时的事，这当然使人

---

〔1〕《归义军》(一)397 页及注(50)。谢稚柳《敦煌艺术叙录》有涉及，概述中也同意这点。该书更进而引 S.788 写本《沙州地志》中为谓沙州寿昌县"建中初陷吐蕃，大中二年张议潮收复"(9 页)。本文所引周鼎遗体归唐一事也很确凿。《归义军》一文中把下限放到贞元初年，不考虑这样晚也可以。关于这一点，佐藤长《古代藏史研究》下 634－635 页注(16)赞成上文之说，另外戴密微氏把沙州陷落放在公元 787 年(贞元三年)左右。

〔2〕与唐高宗时吐蕃攻击北庭相同，应是考虑到将沙州作为前进基地。

〔3〕《归义军》(一)500－502 页。

〔4〕据藏密书 284－292 页所引 P.2765 大蕃右敦煌君布衣窦[良骥撰]：《大蕃敕尚书令赐大瑟瑟告身尚起律心儿圣光寺功德颂》。

〔5〕佐藤长：《古代藏史研究》下 691－696 页，1959 年。

〔6〕在《唐蕃会盟碑》里实际上还有一个首席代表，但其为僧人，不过是形式上的首席代表。

不能苟同。应该考虑:《新唐书》的记载系直接或间接根据归义军时期沙州汉人的传闻而来,或许把吐蕃人始占沙州与后来发生的尚绮心儿平定汉人造反[1]的传说混同了。[2]

尚绮心儿这一名字,数次出现于敦煌汉藏两类文书之中。然而从其头衔或内容看来,这些文书绝不是他在沙州时的物品。其中最醒目的是造寺功德记之类,有汉藏两种文字。汉文文书(P.2555)据戴密微氏引用解释,是尚绮心儿建造沙州圣光寺的功德碑。其标题写有"大蕃敕尚书令赐大瑟瑟告身尚起律心儿圣光寺功德颂"。这里的"尚起律心儿",按戴密微、佐藤长两氏的看法,即两唐书及其他资料写作的"尚绮心儿"其人。碑中,述及建寺由来及其父、祖功业后,讲到他自己的军功,内容如下:

资料三 P.2555《尚起律心儿圣光寺碑记》抄出(《拉萨僧诤记》,288－289页)

> 统六军以长征,广十道而开辟。北举挽枪,扫狼山一阵;西高太白,破九姓胡军。猃狁□边,逐贤王遁窜;单于帐下,擒射雕贵人。

文用骈体,述及对北方回鹘的攻击(公元816年)和与西边中亚粟特人的战事,那么,应该将之看做尚绮心儿已不在敦煌任上,而是其后的作品。

吐蕃文造寺功德记,原为数十页贝叶形细长纸相连,其上似连书多篇的模样,现则分别由伯希和收集(P.16)与斯坦因收集(Ch.I.37;vol.32,88－96)而分散保存。前者为拉露女士解题,后者为托马斯先生详解所发表。[3] 该文书把在德嘎(De-ga)瑟瑟林所创建佛寺的功德

---

〔1〕见托马斯书第2卷编号2~6中46－50页,这种起义似有多次发生的迹象。

〔2〕佐藤长先生认为:这种场合,也可以考虑同名异人的情况。

〔3〕伯希和本据拉露目录6页,7×42.8厘米,记有 kha50、na22－34、71－73 页;斯坦因本据托马斯《文书》第2卷92页说,约42.5×7.5厘米,25－41 之后续以74页。两者原为连续的文书基本明确了。

·欧·亚·历·史·文·化·文·库·

记同德论(bde-blon)诸人、姑臧[1]、瓜州以及擘三部落诸人相缀的功德相连接,其中若干开篇在称颂赞普的圣德之后,述及大论尚绮心儿(blon chen-po zhang-Khri-sum-rje)等人的功业。从头衔看,应认为是他仍作为最高大臣而拥有权势时期的作品。此外,P.1166文书的人名里也能见到他,其头衔zhang-blon chen-po(大尚论)亦即国务大臣,因此,似乎他这时仍未在敦煌任上。另一方面,《阴处士功德记》中有这类记载:称吐蕃人占领沙州后,给土著汉人封官职为"宰相给印之初",这似可以理解为作为宰相的尚绮心儿担任了沙州的首任总督。

姑不论《新唐书》传为占领敦煌的首任地方行政长官尚绮心儿与以后的大尚论是否为同一人,应该注意到大尚论尚绮心儿是敦煌圣光尼寺的创建施主,他不是与敦煌无关的人这一事实。从圣光寺碑首书其官职"敕尚书令赐大瑟瑟告身"看,他确实是在宰相位上。该寺的建立,可以看做是在公元810年至823年这一期间。[2] 至于在公元788年的《辰年牌子历》中,这座尼寺当然不会出现。

7.2.2 论悉诺息、论莽罗、论殉息

虽然尚绮心儿在沙州的政绩阙如,以致从敦煌文书中也不可能探求,但其他两三位似行政长官的人物之名及其事迹,却能从汉文文书中看出。其一为吐蕃统治行将结束前所作,是包括房屋所有权在内的一件诉讼文书。

资料四 S.5812(G.7371)《丑年令狐大娘诉状》

[1]丝棉部落无赖桢(?)相罗织人张鸾鸾见住舍半分尊严舍,总是东行人舍收得者,为主居住,两家总无凭据。后阎开府上,尊严有文利。四至内草院,不嘱张鸷分,强构翁见人侵夺。请检虚实。论悉诺息来日,百姓论宅舍不定,遂留方印,已后见住为

[5]主,不许再论者。又论莽罗新将方印来,于亭子处分百姓

---

〔1〕mkhar tsan,今译为"姑臧"。详见杨铭:《吐蕃时期河陇军政机构设置考》,《中亚学刊》第4辑,北京大学出版社,1995年。——译者注

〔2〕《通典》卷190:"其官章饰有五等:一谓瑟瑟,二谓金,三谓金饰银,四谓银,五谓熟铜。各以方圆三寸,褐上装之,安膊前,以辨贵贱。"瑟瑟之级章乃最高者。

田园舍宅,亦不许侵夺论理。右尊严翁家在日,南壁上有厨舍一口,张鸾分内门向北开。其时张鸾父在日,他取稳便,换将造堂舍了,尊严遂收门庑,充支(?)堂地替便,着畜生经四五年,张鸾阿耶,更无论理。

[10]及至后时,嫁女与吴诠,得地势便,共郭岁达相知设计,还夺□舍。将直蕃和己来,吴诠着马。后吴诠向东后、其庑舍,当时尊严自收,着畜生,经七八年。后致三部落了监军,借张鸾堂一、南房一、厨舍一、小庑舍,共四口;又借尊严庑舍草院着马,亦经五六年。监军死后,两家

[15]各自收本分舍,更无言语理论。今经一十八年,于四月内,张鸾因移大门,不向旧处安置,更侵尊严地界已北。共语便称:须共你分却门道。量度分割,尽是张鸾。乃至分了,并垒墙了,即道:庑舍草院,先亦不嘱杜家,此人扰搅公衙。即右舍等分,何经廿年已上不论?请寻问。

[20]右件人,从上已来,无赖有名,欺尊严老弊。妇人无处识故,又不识公衙道理,从[纵]有言语,亦陈说不得。向里换舍子细,外人不知,并舍老人委知。南壁上将舍换庑舍,□张鸾所有见人,共他兄弟相似,及是亲情,皆总为他说道理。又云:你是女人,不合占得宅舍。气[岂]有此事,丝棉部落

[25]人论事,还问本部落见人为定。自裁自割,道理自取,尊严妇人说理不得谕,若后母怜儿乳,亦终当不与。伏望殿下仁明,详察处分。牒件状如前,谨牒。丑年八月女妇令狐大娘牒

文书本身有使人很感兴趣的内容,然这只有留待今后研究。如果把文书中"蕃和"作长庆会盟解释,把"今经一十八年"解为"从交涉之初至今十八年",则文书所落"丑年"即指公元833年。如果解为与上不同的含义,某些地方将有抵牾。据正文头几行,确属进入吐蕃统治多年的事,那么,定下递状之年当无可非议了。

最早有论悉诺息和论莽罗两位吐蕃高官的名字出现。文中提及,前者为裁决有关沙州汉人住房、宅地所有权纷争而来,他强行以"按现

居者承认所有权"的意见进行粗率处理,不知是这种处理反而引起新的争执还是经年累月又有问题沉积起来,后者对不动产纠纷作了再次处理,以"不许争辩"为结论。既然只是处理这些问题,或许他系为此特别派来,否则的话,与驻该地官吏中地位最高者没有什么不同。

论悉诺息一名,在《旧唐书·吐蕃传下》中以拉萨长庆会盟后作为护送唐使直至长安的吐蕃首席使节出现。其后,把太和五年(公元831年)的使节记作论思诺悉(另本作论悉诺悉)。因所录系同音字,似可看做同一人[1],这样,可以认为此公是吐蕃对唐交涉的专职使节。从年代、职权考察,不难把《令狐大娘诉状》中出现的论悉诺息看做是上述同一人。他任使节之前,或作为使节,会有驻于沙州或出使外地之事。敦煌吐蕃文书中的"blon Stag-(g)zigs"应即此公。这些文书大多是牒文草稿、习字帖之类,现将同时出现的人名排在一起,编入本文下面"表一"的第一组,即公元820年左右的行政官员中[2]。如果从他的经历、地位等分析,认为他在沙州任上先于会盟,也许较为妥当。

另一位名论莽罗,在《通鉴》兴元元年(公元784年)夏四月庚戌条下能见到这一名字。时值"朱泚之乱",该人作为率领两万吐蕃军队与

---

[1]前引佐藤长书693页认为是同一人,作"论思诺悉"的是南宋本《白氏长庆集》卷56,影印本1374页。

[2]出现论悉诺息名字的文书之一 P.560,据拉露介绍是在汉文道经纸背两端的一篇习字,其一可见如次:nang-rje-po blon Stag-zigs-gyi zha-snar Yang-ta-legs-gyi mchid-gsol – ban。据说相并的有"a-pa-ri-mi-ta-a-yun-na-ma-ya……",是《无量寿宗要经》梵语经题的反复习字。如果不误,这当是该经写经盛行时期的文书。但由于该经写经活动的时间不短,还不能据以决定他的在任期。可是,举到上引习字文书的石滨纯太郎、吉村修基《无量寿宗要经和它的写本——西历822年的标准写本》(《西域文化研究》Ⅰ,1958年)一文在217页写道:"在《道经》写本背面……本经多次重复。这一写本上,有可以辨认的跋文谓来自吐蕃内大臣(nang-rje-po blon)dge-bsher 和 stag-zigs 的写经供养。"他们所据的即是拉露的《目录》no.560条,与我所据的是同一件。只能认为上述dge-bsher 是指在同一写本的另一处出现的习字"nang-rje-po-blon Dge-bzher-gyi sna-nar ∥ Legs brtan-vi mchid-gsol-ba",所谓"写经供养云云"则未能见到。此外,把"nan-rje-po blon"译作内大臣也有问题(参本文资料八),但这非重要的本质问题,兹不作深述。接着,该文继续据《旧唐书》定论悉诺息于822年前后滞留在敦煌,并推定这时写经的盛行。

如果这一点照该文所述,能够决定论悉诺息于敦煌的在任时期,这对笔者是十分方便的,然而在该文引以为据的《旧唐书·吐蕃传》中,载有公元822年,即唐历长庆二年,因为会盟,论悉诺息远赴与敦煌方向相反的长安。而其他年份,所谓论悉诺息在敦煌滞留一事,则只字未提。该论文中的以上诸点,由于与本文所论有关,因此冒昧指出不从的理由。

朔方浑瑊协同作战的人物。贞元四年(公元 788 年)同名的有一位进攻唐宁州城的指挥官(《旧唐书·吐蕃传下》)。然而,这与后来在沙州出现的论莽罗是否同一人,尚无法证实。又,吐蕃文书中至今还未见到这一名字。或者,是否是"表一"所列的"blon Rma-sgra"呢?

据前引文书,这两个人被赋予了很大的权力,去处理占领区土地纠纷这类棘手之事,要有怎样的官职才能如此呢?值得注意的是文书中用的"来"字。不用说,即便作为尚绮心儿的继任总督到沙州上任,也可以称"来",但文书却不能不使人感到为某种事情临时派遣而来的意味。比方说,由于土地纠纷,占领区汉人发生暴动,为善后处理而派遣高官,这种情况在 70 年的占领期间肯定也有多次。[1] 从论悉诺息的粗暴处理方法看来,应该考虑到,其汉人的上诉反而到了使占领者头痛难于应付的状态。

由于后文论及的沙州处于瓜州万户(节度使)管辖之下,对"来"的另一解释是瓜州万户为处理重要事出行沙州。如果不误,这两人就是"瓜州节度使"。至少,因论悉诺息一名在吐蕃公文文书一类(即便多为习字帖)中多次出现,他在瓜州节度任上十分可能。目前,由于尚不具备证实这一点的材料,这种说法当否只有留待今后。

作为有瓜州节度使头衔的吐蕃人,从戴密微氏介绍的 P.2449《祈福文》之第二至第四残片上,可以见到论悉殉乞里悉去罗一名。[2] 在这些文书中,依圣神赞普、令公尚乞心儿(尚绮心儿)、瓜州节度使的次序写有受到祝福的人物,从而了解尚绮心儿在宰相任上的事实。而《僧尼籍》资料二十介绍的 S.3287v.《子年擘三部落户口手实》第 21、22 行中,有奴一人(或两人)、婢一人"被论悉殉息带去"的注记,论悉殉息一名,有可能是当时瓜州节度使的略称。无论看做一人还是两人,上引注表明这位高官具有征用百姓家中奴婢以供驱使的特权。

此外,据说前述写本的第五残片是为"瓜州大节使论纥颊热渴支"

---

〔1〕见托马斯书卷 2。
〔2〕前引戴密微书 281 页。该氏把"殉"写作"�🐦",难于相从而纠正。

·欧·亚·历·史·文·化·文·库·

祈福的文书。由于吐蕃文书大体用略名书写,相当于此公的吐蕃人反而难于寻求。

要之,与汉文文献中衔名相称的吐蕃高官,只出现过瓜州节度使论悉殉乞里悉去罗和论纥颊热渴支二人,其余所有见到名字的,虽然记有政绩却不书官职,书写官职时又不见名字。一般认为,通常吐蕃高官当然用吐蕃文书写往来文书,因而仅仅从汉文记载中探求这些人,莫如说是无意义的。下面试根据蕃汉两种文书,讨论统治者身边的官僚组织。

7.2.3 吐蕃人的诸官职

首先,如果从汉文文书、记录中检视,就会发现吐蕃行政官员中的节度使、留后使、乞里本、节儿、都督、监军等职务。比如从吐蕃时期的杂斋文之一,可见如次:

资料五　S.6101(G.6313)

行城文(中略六行半)

又持胜善,奉福庄严,我当今圣神」赞普,伏愿皇阶峻、帝业昌,朝廷献神恻之谋,大国贺康灾之乐。又持胜善福,我释门教授和尚、僧统和尚等,伏愿金刚作体,般若为心。又我乞利本、节儿、都督等」,伏愿荣班宠,后禄增,城人贺清正之谋,帝阙播歌遥(谣)之讼(颂)。然后四方晏蜜(宁),万国来隆」,法门共天地常坚,国界保休灾之乐。摩诃神咒,长福消灾,大众虔成,一切普诵。("」"为原文换行)

这种文章在唐统治下写成时,一般是先赞颂大唐圣明天子,有时也连及后妃、皇子,以下则依次呈上对宰相、节度使、刺史、县令、百僚的赞辞。归义军时代,这种赞辞按节度使或大王、天公主、郎君、文武百僚的顺序出现。由于例文属吐蕃时代,上述排列只得被圣神赞普、乞里本、节儿等所替代。即使同一时代,不同文章的排列顺序并不都一样,现从同类杂斋文、碑铭之类中,收集受这种赞辞的人物,排为下表:

表7-1　杂斋文类出现的吐蕃官职[1]

文书编号	题 名	赞普	乞利本·节度使	节儿	都督·监军	部落使	部落官僚
S.2146	布萨文	圣神赞普		节儿尚论			
S.2146	罢四季文	圣神赞普		节儿	都督	部落使	官僚
S.2146	行城文	圣神赞普		节儿尚论麦	都督杜公	部落使	诸官
S.2146	行城文	圣神赞普 皇太子、夫人、妃嫔			都督杜公		
S.6101	行城文	圣神赞普	乞利本	节儿	都督		
S.6172	行城文	圣神赞普 皇太子、太夫人	留后		都督	部落官僚	
S.6172	行城文	圣神赞普		节儿	监军尚论	部落使	官僚
S.6315	?	当今圣神赞普　节度使（以下缺） 东军宰相大论					
9.2807		圣神赞普 皇太子、十一郎等		节儿	都督公	部落使· 夫人	部落判官 并诸僚

因为赞普、皇后、宰相等是中央的官职,姑不论,外任官职是乞利本以下。下面把这些官职与藏文文书、记录边作对照,边依次说明。

7.2.3.1　乞利本——节度使:Khri-dpon

乞利本显然是 Khri-dpon 的音译。Khri 即"万人队",是北亚游牧民族中常见的军事、行政组织,汉文典籍里译作"万户",这一制度也被吐蕃采纳。[2] dpon 是"长"之义,所谓乞利本即指"万人长"。此外,其管辖地区称为 Khri-sde。托马斯、翟理斯两位先生介绍吐蕃文的《蕃汉对译语汇》之第40可见到这一词汇(因后文也须引用,在此将相关语汇一并引出):

---

〔1〕这份表由于承教于同刊发表的竺沙雅南君论文中的《僧统表》而作(《东方学报》第31册143页),因而资料相同者较多,此表之中,略去了"教授"、"僧统"等僧职。

〔2〕前引佐藤长书下,750-756页。

资料六　S. 2736（G. 2950）（《蕃汉对译语汇》[1]抄出）

　　［38］stong-dpon/bo-lag-shi//（＝部落使）

　　［39］stong-cun/phu--tseng//？

　　［40］khri-dpon/vi-ban-zhin-dzyang//（＝一万人将）

　　虽然原话含义恰好是"一万人将"，但不见当时汉文文书、记录里这一译语的实际使用例子。在沙州附近（南方乃至东南方）有"阿柴上万户"（Va-zha khri-sde stod-pa）[2]，当然也应该有"下万户"，另还有叫做"阿柴的新万户"的（P. 1222），然而，确实只有沙州未设置万户。此外，管辖沙州的万户如何称呼，也还没有发现。

　　万户当然是千户（部落）的上级，理应是管辖机构。[3]　这样，就可以看成在汉文文书里出现的"节度使"作为"khri-dpon"的译语而被使用。即使从前列"表一"看，出现"乞利本"的地方不会出现"节度使"或"留后使"，出现后者的地方也不会出现"乞利本"。按前表所示，可以把这三者看做同一职务。这里的"留后使"显然是模仿唐制的说法。按唐制是"节度留后使"的省略，以称呼接受中央正式任命之前代行节度使事务的官员。实际上留后使往往照样得到承认。在吐蕃治下，这也许是指作为临时代理而在这一职位上的官员。

　　"节度使"一职，在前涉 P. 2449《祈福文》中有瓜州节度使论悉殉乞里悉去罗和瓜州大节度使论纥颊热渴支二人，从而知道在瓜州置有节度使。如果万户府不置于沙州而置于瓜州，即便从地理的角度考虑，也应认为沙州当然从属于瓜州万户。对此更为确切的信息还有若干。

　　首先，S. 542v 以《戌年六月十八日诸寺丁仕车牛役簿》为题的文书中，可以看到列有针对沙州寺户劳务的"亥年（还有子年）送粳米瓜州节度"的 7 条记载。如果这些粳米用于进贡，沙州就肯定是瓜州管辖

---

　　〔1〕F. W. 托马斯、L. 翟理斯：《蕃汉对译语汇》（BSOAS, Ⅻ, 1948）P. 756。原写本是各自写在 S. 2736《妙法莲华经》和 S. 1000《金刚般若波罗蜜经》背面的别本，可以看到不少语汇是两者共有的。还原汉字系原介绍者所推测。只是第［39〕之 phn-tsen 介绍者推测为"抚千"，难于接受，本文故未录出。

　　〔2〕托马斯书，第 2 卷 30 页。

　　〔3〕托马斯书，第 2 卷 452 页；第 3 卷 90 页。

下的地区。

其次,在有岁次己未(公元 839 年)日期的《阴处士碑》(见后文"资料十二")中,称处士之弟的官职为"大蕃瓜州节度行军并沙州三部落仓曹支计等使",瓜州节度使下一机构任职的人兼理沙州会计官员,这可说是沙州从属于瓜州节度使的明证。

第三,在戴密微氏介绍的 S.1438《书仪》一节中,记载沙州节儿(rtse-rje)因叛乱而自杀后,"留后使派来新节儿"一事。虽然未说明什么地方的留后使,若从文章上下看来,由于不像是远处,可以看做是瓜州的留后使。纵然不是瓜州,也表明拥有对节儿亦即沙州最高官职(详后文)任免权的节度留后使就在附近。

从以上诸例看来,似可以认定:沙州未置节度使亦即万户,其从属于瓜州节度,只是不见这一万户的吐蕃名称,瓜州早已被吐蕃占领而设立万户府,后来被占领的沙州则置于其管辖之下,这一说法,当能成立。

7.2.3.2 节儿:rtse-rje

节儿当看做 rtse-rje 的音译。不只是音译,rtse 还相当于节度使的"节",可以相信,一半有意译的用心。节儿和 rtse-rje 的用例蕃汉两种文书均多,吐蕃文写作 Sha-cuvi rtse-rje(沙州节儿),汉文里讲到张议潮起兵说成"赶走吐蕃节儿"[1],节儿是驻在沙州统治乃至监督全州的职务。出现节儿一词的下面的汉文文书曾不止一次被发表介绍:

资料七 S.5816(G.7556)《杨谦让契文》[2]

[1]寅年八月十九日,杨谦让共李条顺相诤,遂打损经[胫?]□□。节儿断,令杨谦让当家将息,至廿六日,条顺师兄及诸亲等,迎(?)将当家医理,从今已后,至病可日,所要药饵当直及将息物,

---

〔1〕P.3633《沙州百姓上回鹘天可汗书》第 28－31 行[王重民《金山国坠事零拾》,1935 年《国立北平图书馆刊》9 卷 6 期 20 页以及藤枝晃《归义军》(一),394 页注(32)所引]。

〔2〕这一文书最初由玉井是博《支那西陲的契约》(《京城帝大文学会论集》五,1934 年)发表,先生去世后,《支那社会经济史研究》再次登录,以后仁井田陞《唐宋法律文书研究》(1937 年)第十章中从前者又引用。玉井先生把第一行的"经"读为"胫"(这点笔者也同意),并和次行的"节儿"连读。

亦自李家自出,待至能行日,算数计会。又万日中间,条顺不可

[5]及,有东西营苟,破用合着多少物事,一一细算打牒,共乡间老大,计算收领,亦任一听。如不稳便,待至营事了日都算,共人命同计会。官有政法,人从此契,故立为验,用后为凭。僧师兄惠常(署名)

[10]僧孔惠素(署名)见人薛卿子(署名)

文书是关于杨、李之间争执,引起杨负伤,由李一方负责治疗的契约。杨、李二人及中人薛卿子之名,均在后文"资料二十四"引用的吐蕃文写经生的名簿中发现,因而知道这是写经生之间的纠纷。[1] 从有关文书判断,可以认为这份文书的"寅年"是公元 822 年或 834 年。

问题在于事件一发生,"节儿"就对此作了裁决。由于相关者都是汉人写经生,本来按一般的想法,应该由汉人官吏或僧官处理。是汉人吏官被限制了裁判权?还是因为关系人特殊呢?是吐蕃节儿先作出裁决,以为依据呢?还是因对裁决不满,改由在关系人之间以私人契约了结呢?这些一般的问题有各种难解之处。但关于"资料四"反映出的土地问题,则由更高级官吏定出原则,看来这或许是纠葛事件的结局,其初审及细节的处理由汉人官吏去办,这种情况多少有不同。

过去引用这件文书之时,都把"节儿"按人体"关节"去理解了。因此本文冒昧地征引全文并作了解释。[2]

与 rtse-rje 类似乃至相近的职务,一般认为有 jo-cho(jo-co)一职,但这一职务的汉名尚不清楚,而且在吐蕃文书中其应该明了的性质也还看不出来。

7.2.3.3 监军

如果从前引《令狐大娘诉状》记有"致三部落了监军"看来,可以认为监军是作为按部落配置的吐蕃监督官。S.1438《书仪》记有"监使"一名,恐怕指的是同一职务。该处文句尚不能解释。

---

〔1〕杨谦让的名字在斯坦因收集品中的本编号文书前后的一些文书中屡屡出现。有:S.5823《社司牒状》(寅年十一月)、S.5825《社司转贴》(四月一日)、S.5831《社司转贴断片》(无年月)。

〔2〕释文略。——译者注

7.2.3.4 都督:to-dog

都督不用说是唐朝的制度,唐时对外番首领曾大量授予这一头衔。其结果,域外也产生了称之为 to-dog 的职位,即使没有从唐得到辞令,自己也可以任免。西回鹘等地称为 tutug 的这一官职甚至进入了突厥语。吐蕃统治敦煌时,并非有唐的任命,都督应是吐蕃官职。由于都督常出现于前引杂斋文类中节儿之后,因此估计是节儿的下级,但与监军同格还是不同系统,这类细节尚不能判别。在吐蕃文书中,有呈 to-dog 的一件牒文残片(P.1160),这是否为阿柴族的文书尚不能知。此外,在另一件文书中,可以看到如下记载:

资料八 托马斯书 2 – 6(Stein,Fr. 80 – 730,vol. 73,fol. 37)抄出:

> todog rtse-rjer bskos-the dgung-lo-bdun lags-na……任命都督节儿,经过七年岁月……

从这一记载看,都督与节儿是否为同一职务,由于前后残破,不能判断。

7.2.3.5 Nang-rje-po

藏文文书中最频繁见到的就是这一称为 Nang-rje-po 的职位,多作为公文文书发信人或收信人的头衔出现,是领有大权及重责的职务。一个突出的特征是多为二人或三人连记,亦即不像节度使或者节儿那样只有一个位置。托马斯将之翻译为"内大臣"(minister of internal affairs)。认为 nang(内部、内部的)与 phyi(外部)亦即武官相对,含有"文官"、"民政"的意思。在和田地区,Nang-rje-po 是最高行政官,但不在大的城镇,而驻于玛扎塔克,从这些地方发出指令[1]。

与此相类,在沙州的场合,也似可解释为 Nang-rje-po 不驻沙州,而以瓜州为驻屯地。既同意其为最高职位而又明确拥有相应权限,这一点上,宁可说他相当于前述"节度使"的地位,但不好解释的是其定员常为复数。在文书类中能见到的 Nang-rje-po 数目很多,仅已发表的就有 60 多人。如果说在 70 年间有 60 多人,不能说为最高职位。Nang-

---

〔1〕托马斯书第 2 卷,314 页。

rje-po 也许是某一级别以上高级官员的尊称或是该级别的通称，不然，就应该解释为存在由数名 Nang-rje-po 组成最高会议制的习惯。

Nang-rje-po 二人出现在同一文书中，表明他们在同一时期任职的事实。反之，不同时期在职的人，当不会在同一文书中出现。按上述看法考察 Nang-rje-po 的组合时，我们发现了汉人都教授正勤与 Btsan-bzher、洪辩与 Ldong-bzang、法荣与 Dge-bzher 之间的书信。正勤之名曾在《辰年牌子历》中见到[1]，是于公元 821 年当上最高僧官的人物，正勤的书信应是他在这一位置上，作为沙州宗教界的代表发出的。其对方 Btsan-bzher 的在任期也许较长，不少文书中可以见到他的名字，因而与他相关联的有 Nang-rje-po 称号的人数也不少。此外，还可以认为，与他名字有关联的人在别的文书中的连名者，都在此前后在任。这就选出了下表的"第一群"Nang-rje-po。这些吐蕃人理应是值正勤在任期前后数年间，可说是吐蕃统治的中期在其任上。

表 7－2　Nang-rje-po 两组

1）blon Btsan- bzher——正勤群（公元 820 年前后？）
blon Btsan-bzang
blon Btsan-bzher
blon Dpal-sum-rje
blon Gyu-bzhre
blon Gyu-smang
blon Klu-mnyer
blon Mdo-bzher
blon Mtsho-bzher(bzhre)
blon Stag-gzigs
blon Stag-khri-sgra
blon Stag-slebs
blon Rgyal-sgra
blon Rma-sgra
zhan Legs- bzher
2）blon Ldong-bzang-洪辩、法荣群（公元 840 年前后？）
blon Dge － bzher
blon Ldon － bzang
blon Zla － bzang

---

[1]《僧尼籍》"资料六"第 13 行，"宋正勤"在前稿中误读为"勒"，今改正。

洪辩是吐蕃时代末期的都教授,法荣是副教授。把能同这二人编组的吐蕃人作为"第二组"标示,人数不多,但他们是吐蕃统治临结束前,可能是公元 840 年以后的在任者。

虽然仅检出这些材料,能够排定大量 Nang-rje-po 之若干段的任职期的一定范围也还可喜。待获得进一步的资料,还想把这个表补充精密。

我想,吐蕃人的高级官职即如上述。其他的下级官职也相当多,这些官职能够从吐蕃文书中见到,但其分量、组织情况尚不清楚,不用说,连汉译名称也未发现。此外,吐蕃语的官名并非由吐蕃人独有,后文的例子显示出也有把汉人官吏职位译为吐蕃文使用的情况(资料十三)。又,其中不是行政官职而属僧官寺职一类的也往往可以发现。

此处只限于最重要的官职——具有汉译名称的和大量出现的称号。详细的想留待下一步,放在被统治者方面的官职中去研究。

7.3　部落——汉人的行政组织

7.3.1　沙州内外的部落(stong-sde)

唐的地方行政组织,如果说以县为基准,可以细分出县—乡—里。吐蕃人一占领沙州,就带来了以部落(stong-sde)为基础的组织系统。"stong-sde"有时被单称作"sde",为前述万户之下的组织,相当于"千户",原有军事上的含意,平时也作为行政上的单位,在当时的汉文文书中被译为"部落"[1]。在汉文文书中,悉董萨部落、曷骨萨部落(有时作阿[纥]骨萨部落)二者出现的次数占压倒多数,这是对 stong-sar-gyi-sde、Rgod-sar-gyi-sde 的各种译名,在吐蕃文书中所见之处,仍然差不多全是这两者[2]。Stong-sar 意为"新千户",Rgod-sar 意为"新

---

〔1〕《僧尼籍》329 面以及注(27)对此作了若干说明,但尚不充分,而且也有错误。关于 Sto-sden,过去,在托马斯书第 2 卷 P. 315 - 321 以及前引佐藤长书下 750 - 567 页有说明,但前者需修正之点尚多,后者则为一般记述,特别是没有举到关于沙州的材料。

〔2〕托马斯书第 2 卷 315 - 316 页。在池田温《西域文化研究》Ⅱ 的书评(《史学杂志》69 卷八期,1960 年)中,引用了托马斯书并作了批评。

rgod",托马斯认为它似乎与鄯善地区的"rgod"有关。有时,又像是对新占领地区的命名。虽然了解到这一层,但接下来难于判断的地方仍然不少。

托马斯先生统计了沙州地区的千户地点,举出 Rgod-sar、Stong-sar、Spyi-lcogs、Snyin-tsoms、Tshas-stobs 等 5 个,估计这些大约是全部内容[1]。然而,其中的 spyi lcogs 并非千户而像寺院之名。此外,除上面5 个,Phyug-mtshams、Dar-pa、Gos-dmar、Bor-rgyan 等各个千户名称也能在文书里见到。诚然,不能因为敦煌文书中有这些名称,就断定这些千户置于沙州地区。现在,敦煌文书中也确能见到若干明确写上"阿柴某某千户"的文书。至于 Phyug-mtsams、Dar-pa 等,托马斯先生认为是其他地区的千户,这似乎有再作讨论的必要。

表 7-3　汉文文书中出现的"部落"

部落名	原名	例
悉董萨部落	Stong-sar-kyi(gyi)-sde	
阿骨萨部落	Rgod-sar-gyi-sde	本文资料九
丝棉部落	Dar-pavi-sde	本文资料四、二十七
行人部落	Nyan-rnavi-sde	本文资料二十七
僧尼部落	?	《僧尼籍》资料六
擘三部落	Phyug-tshams-stong-sde	《僧尼籍》资料二十
上部落	?	
下部落	?	《僧尼籍》资料二十[2]

吐蕃文书中出现的"千户"也如上表,与此相对,除两大部落外,还列出了汉文文书中丝棉以下 6 个部落的名字。其中,出现最频繁的是行人部落,其次是丝棉部落,其他部落所见不过一二。这些部落的名称和记载的文书也见表 7-3。未知的极少,他们以前在某些论文中被引用,只能了解名称。

---

〔1〕托马斯书第 2 卷。
〔2〕附记:上表的"例"尽量举本文所引用者;本文尚无,则举《敦煌的僧尼籍》一文中所引。

悉董萨、曷骨萨两部落分别是 stong-sar、Rgod-sar 的音译不成问题，又因为在文书中所见绝大多数是这两者，因而不管其余小部落，直接以上述两者作为"部落"实体而展开讨论当然也行，然而事与愿违，连这两个部落的地点也较模糊，有关的不详之点更不在少数。想来，从讨论其他部落的状况方面进入本论还较为合适。

7.3.2 基于职能的部落

一般认为，"部落"（stong-sde、sde）的特点是按地域而组织起来的。以文书中出现的实际情况看来，多少有不以地域，而按另一基准——职能——而组织成部落。下面想首先讨论这些作为特例的部落。

7.3.2.1 僧尼部落

看来，实际状况最为清楚的就是这个僧尼部落。前面介绍过的 S. 2729《辰年牌子历》（见《僧尼籍》资料六）是我们了解这一点所必须依赖的文书。该文书为公元 788 年时僧尼部落全部 310 人的正式名籍，而且还记入了其后数年间人口变动——死亡及迁出——的情况。另外，作为僧尼部落一名，也仅仅在这份文书中才能见到。从这份文书中得知，吐蕃把沙州的县乡组织改编为部落之时，把州内各地寺院内的僧尼全部统一整编，作为一个单独对待的部落。[1] 所谓单独对待，是指僧尼当然不会同一般居民一样，按部落的固有机能去承担服兵役及上税的义务。进一步说，这是把应该作为"部落"对待以外的人统一起来，为方便起见，也将其称作了"部落"，这样解释恐怕较为恰当。因为寺院散于州内各地，僧尼部落并不是地域集团。有鉴于此，可以说，僧尼部落是各部落中实际状态最为明确的部落。但是，这份文书所述的最晚时间，也只是公元 788 年亦即吐蕃统治时期刚开始不久，如果从后期的文书看来，这个僧尼部落是否就以这种形式一直保持下去呢，尚存疑点。其中之一是斯坦因收集的一件吐蕃文书，该文书缺前部分，以40 人为一队，每两人以 dgon（主）、vphongs（从）组合，可见是军队或者

---

〔1〕《僧尼籍》295 页。

力役的编成表之类,但是很长,下面录出其中之一队。[1]

资料九　托马斯书2-12《编成表》(fr. 12, vol. 69, fol. 62-63)[2]

（1-7行略）

阿骨萨部落中翼孙补勒支主从四十人,一曹(Tshar)之本籍表:

阿骨萨部落,安则亨,主;右小翼张卡佐之旗将氾昆子及随从。(以上朱书)

阿骨萨部落,僧(Ban de)董佝佝,主;阿骨萨部落张华华,从。

阿骨萨部落,僧钟忱忱,主;阿骨萨部落张琨哲,从。

阿骨萨部落,张淑淑,主;阿骨萨部落张白娣,从。

阿骨萨部落,僧段客四,主;阿骨萨部落马空空,从。

阿骨萨部落,僧董卜蛮,主;阿骨萨部落辛礼客,从。

阿骨萨部落,僧张禄勤,主;阿骨萨部落辛琨英,从。

阿骨萨部落,僧张皮皮,主;普光寺寺户曹泽泽,从。

阿骨萨部落,段亨谷,主;阿骨萨部落辛节节,从。

阿骨萨部落,薛空,主;阿骨萨部落薛琨琨,从,持手。

阿骨萨部落,折逋勒,主;阿骨萨部落张忱忱,从,烘员。

阿骨萨部落,王可勒,主;阿骨萨部落张相泽,从。

阿骨萨部落,僧张拉启,主;阿骨萨部落辛相泽,从。

阿骨萨部落,僧曹逮逮,主;阿骨萨部落张娣成,从。

普光寺寺户,郝朝春,主;阿骨萨部落王忱新,从;灵图寺(Leng ho si)寺户王琨泽,从。

阿骨萨部落,王勤新,主;阿骨萨部落董旺多,从。

阿骨萨部落,僧李金昂,主;阿骨萨部落薛忱因,从。

---

[1]下表在原文中是以日文与托马斯书中的表对照出现,今汉译合为一表。——译者注

[2]第39行"郝朝春"一名据《戍年诸寺丁仕名簿》,该处还可见到名"郝朝顺"之另一人。又,除原注上面举出的外,另有31行"折逋"以及所有汉姓为原著者拟音,余之人名均为译者据日文拟音。——译者注

阿骨萨部落,张泽泽,主;阿骨萨部落张更子,从。

阿骨萨部落,僧空泽,主;阿骨萨部落钟子成,从。

阿骨萨部落钟子新,主,左中翼之左翼杨塔勒的旗将曹什德及随从。[1]

这是一份不明之点很多的文书。托马斯认为,主(dgon)即"射手"之义,从(vphongs)或许是其副手。以这样的组合20个为一队。略去的1—7行,是可以看到少许的前队之尾。

文书中出现以"僧"(ban-de)为冠注的数人,僧人这样值役令人吃惊。这些僧人的名字,如果按音写判断,是用俗名记载的,且前面有"曷骨萨部落"字样,不从属于僧尼部落。在S.542v《戊年六月十八日诸寺丁仕车牛役簿》中出现的寺户,若干有服役的期限,因而把上述《编成表》也看做吐蕃统治中期的文书为宜。看来,存在于初期的僧尼部落其后已被废止。

其次,"寺户"(Lha-vbans)如前表,人名前书"某某寺寺户",乃是与其他人"某某部落"相对应的记录方法,表明了寺户并不从属于部落。然而,因为《辰年牌子历》只记载僧尼,不记载寺院所属的寺户,他们也是不属于僧尼部落的。在第25—26行,有"主"为僧人,"从"为寺户的组合,可以理解这显示了他们的身份,但第39行却有寺户作为"主"的情况,显然不能把寺户当做贱民。又,即使在前者组合的情况下,作为"从"的寺户中有"普光寺寺户",因普光寺是尼寺,在日常联系上,与作为"主"的僧人没有其他特殊关系。看来,从像其他人一样承担劳务的方面来理解他们的身份是重要的。[2]

下面再说"僧尼在征税、力役上应单独对待"。这大致是按唐朝的惯例而言,而且从常识考虑,僧尼不与农民承受同样的负担。这是推论,尚没有确切的证据,然而,如前文所见,僧人却被加上力役或是兵役之负担。又,即使僧尼,若有田地,也要照常纳田租,这在归义军时期有

---

〔1〕关于寺户的研究,竺沙笨雅章君将有文近期发表。

〔2〕见 P.3155。那波利贞《有关中晚唐时代伪滥僧的一条根本史料的研究》(《龙谷大学佛教史论丛》)以及其他所引。

例子。[1] 前文节度使项有寺院使役人在瓜州节度使许可下运米的记录,虽然不知道这是礼物还是供品,但因为大致每年定期,后者很有可能。看来可以认为:寺院或者僧尼在吐蕃统治时期,同样被派上了物质上、劳役上的负担。

7.3.2.2　丝棉部落(Dar-pavi-sde)

虽然有前引资料四《令狐大娘诉状》及后文资料二十四《应经坊合请菜蕃汉判官》等若干例,但都未特别表明这一部落的性质。由于发音相近的藏文词未发现,也许是意译来的汉语词。这一推测若不误,dar-pavi-sde(绢的千户)一词似与其相当。伯希和收集的一件文书(P.1166)像是若干随意写的书简草稿,其中出现这一名称的,是由绢的千户(dar-pavi-sde)和阿骨萨千户的税吏写给论·卓热(Mcho-bzhre)的书简的前面部分。由于下面出现作为大论的尚绮心儿的名字,而他被这样称呼,应是从长发王[2]即位(公元 815 年)前后至长庆会盟(公元821—822 年)前后,因而文书也应属这一段时期。应该注意的是,这个部落与阿骨萨部落的纳贡一揽子处理这一点。此外,斯坦因收集的一份文书中,有沙州一位比丘尼出自该部落的例子:

资料十　托马斯书 2 - 13《尼名籍》(vol. 56, fol. 39) 抄出[3]

尼朗超(L[a]ng-c[a]vu),沙州人,绢的千户(Dar phavi-sde),[俗名]白氏赫薇(Beg-za Hye-wi[vu])。

按托马斯先生的说明,出身地大都为阿骨萨部落(Rgod-gyi-sde),因而这是很珍贵的例子。进而,在下面的汉文文书中,还可以看到这一部落的名称。

资料十一　P.3613《令狐子馀请地牒》(《史学杂志》54 ~ 2,176、179 页所引)

[1]孟授索底渠地六亩

右子余上件地,先被唐朝换与石英顺。

---

〔1〕这件文书污迹甚深,东洋文库的照片无法卒读,因而有赖于托马斯氏。
〔2〕即赤祖德赞。——译者注
〔3〕说到尼,由于通常在俗姓之后附上"za"的拼写,这应相当于"氏"的含义。

　　　　其地替在南支渠,被官割种稻,即合于

　　　　丝棉部落得替。望请却还本地。子余

[5]　比日已来,唯凭此地,与人分佃,得少

　　　　多粮用。养活生命,请乞□矜处分。

　　　牒件状如前。谨牒

　　　　　申年正月　日　百姓　令狐子余　牒

　　　(判辞)付水官与营田

[10]官同检点之。润示

　　　　　　　九日

　　　孟授渠令狐子馀地六亩

　　　右件地,奉判。付水官与营田官同检上者。

　　　　　谨依就检其地,先被唐清(朝)换与石英顺。昨

[15]寻问令狐子[余],本口分地。分付讫。谨录状上。

　　　　牒件状如前。　　　谨牒。

　　　申年正月　日　营田副使　阚昭　牒

　　　　　水官　令狐珽

　　　(判词)准状。润示

[20]　　　　　十五日

　　这是一份有关对唐时更换口分地不满,请求取消这一处理而得到
认可的诉状。该诉状特意点明引起不满的乃是唐时的处置,表明已非
唐治下的文书。这种诉状在敦煌写本中每每被发现。在这一事件中,
假如石英顺不服气,非要索回田地不可,处理起来就相当麻烦。按理,
会有如同“资料四”中出现的吐蕃高级官吏的裁决。然而,举出这件事
情并不是本文的目的,它的目的是指出这里所记的换地在丝棉部落这
一事实。那么,丝棉部落与僧尼部落不同,有一定的地域。所谓“绢的
千户”一称,似乎可以解释为一个商人集团,他们经营着沙州重要的贸
易品兼等价物——绢。按地方风俗,他们从事绢的贸易,在赋役及兵役
等方面与农民有区别,这样一群人的存在并非不可能。这样看来,在
《应经坊合请菜判官》文书里见到的丝棉部落与行人部落专门负责写

经生饭资一事,也可以理解了。

7.3.2.3　行人部落

这一部落的名称显然不是吐蕃语的音译。关于敦煌文书中所见的"行人"一词,那波博士曾经举出伯希和收集文书中的两件"行人转帖"(P.2877、P.3070),文中"行"字是述及"行夜"等词时的"行","行人"被解释为警备的当值者[1],因为两份文书都是命令带上"弓箭枪排白捧"集合的转帖。其时代,根据相连的其他文书推定,一属公元905年,一属公元896年,亦即归义军时期的例子。同类"行人转帖",在伯希和之外,还有 S.1159、S.1163v、S.4504v、S.6272、S.6300、殷字四十一号[2]等数例。但 S.1163v、S.4504v 明显是习字帖的一部分,而非实用的"传帖"。上述包括习字帖在内的文书,大多有要求带上"弓箭枪排白捧"早晨当值以及命令点名集合的内容。每一件文书,即便有月、日,也无纪年,无一件可以认定属于吐蕃时期,故一件件说明从略,总之都属归义军时代以后的。例如 S.1159,是召集"神沙乡散行人"的文书,而吐蕃时代不可能出现称为"乡"的行政组织,已如前述。从而,关于吐蕃时期的"行人部落",尚不知道在下面用例之外的其他例子。

目前,属于吐蕃时期的有4例:

(a)S.1864《维摩诘所说经》共3卷,1卷以小字所书的写本末署有"沙州行人部落百姓张玄逸写"。由于仅仅如此,尚未反映出行人部落的任何实态,但它却是说明这一部落设在沙州的资料。据笔迹,该文书断在吐蕃时代为宜。

(b)S.1475v《借麦文书》,在相连的15件文书中之第4件上,是酉年十一月行人部落百姓张七奴从灵图寺仓库借麦的契约。[3] 所有的相连文书均属吐蕃时代。

(c)S.5824,以《应经坊合请菜蕃汉判官等》为题的写本(见后文资料二十四),是与此有关的来自"经坊"的应受供养的39名实有人员的

---

〔1〕那波利贞:《唐代行人考》,《东亚人文学报》3卷4期,1944年。

〔2〕斯坦因本似均属未发表者,为免烦琐引用省略。北京本按许国霖《敦煌杂录》所引。

〔3〕这一文书的全文,有仁井田陞《中国法制史研究·土地法·交易法》703－704页所引。

报名文书。既见"蕃僧"、"蕃判官"等语,显系吐蕃时期的。

（d）P.2449,在戴密微氏所引的相连的数通请愿文之中,赞颂瓜州节度上论悉殉乞利塞去罗的恩德后,记有"流沙僧俗,敢荷殊恩,百姓得入,行人部落,标其籍信,皆因为申赞普,所以纶旨垂边,合城仰赏其功,长幼深心顶谢,近闻迁职,欣喜不胜"等语。戴氏把"入"字另读为"人",但即便这样含意仍不解。如果把"百姓"看成与"部落"对举,将上文断句为"百姓得入行人,部落标其籍信"更好。尽管如此,"行人"的准确含意还是难于把握。

即使综合以上诸例,仍感遗憾的是,很难看出"行人"含意之所在。既然部落是具有征兵机能的组织,像在"行人转帖"情况下的"行人"那样作自卫团来解释行人部落并不妥当。由于每一个部落必然有各自的特点,所谓只是以自卫团来单独组织部落是难于令人相信的。"行人"是汉语,如果以是否定居为标准,将所有"行人"构成一个部落的话,那应从汉语一般用例考虑[1],只好解释为以同域外或其他城市往来为职业的一群人。若不误,在吐蕃语文书里见到的 Nyan-rnavi-sde 恰好与之相当。nyan-rna 本来类似于"信使",托马斯译作"messenger"（Ⅲ．p.52）。出现这一名称的文书（见托马斯书Ⅲ.2－9）据称出于米兰,是供应使者们从小罗布到瓜州途中的命令文书,纸左上捺有骑马者的印,缺下部。被称为"Nyan-rnavi-sde 莫某和 Tsog-stod-gyi-sde 的彭某",似是该队之负责人。Tsog-stod-gyi-sde 似是沙州附近的千户（详见后文）,因而与彭某同行的莫某所在的 Nyan-rnavi 千户仍应该看做分布在沙州或者在其附近。

上述僧尼、丝棉、行人 3 个部落,大致可解释为以从事特别职业者而组织起来的部落。关于后两者,还能找到大致相当的吐蕃名称。看来,恐怕其人数既少,赋税徭役也与其他部落不同。

7.3.3 近邻(？)的部落

上述两大部落和若干特别组织起来的部落之外,在敦煌文书中还

---

[1]那波利贞:《唐代行人考》,1－8页。

可以见到几个部落的名称。按其名称,这些部落并不限于在沙州。下面将要举出的几个部落就似设于沙州之外。虽这么说,却距沙州并不太远,估计与沙州诸部落相邻,包含于管辖沙州的瓜州万户之中,或者包含于与沙州相邻的阿柴上下万户之中。无论如何,既在敦煌文书中出现,与沙州诸部落的关系当不浅,有一并探讨的必要。

7.3.3.1 擘三部落(Phyug-[m]tshams-gyi-sde)

前引《敦煌的僧尼籍》328、329 页作为资料二十介绍过的 S.3287v——吐蕃治下的《子年户口手实》即这一部落的文书。汉文文书中,除此而外未再发现这一部落的名称。然而吐蕃文书中所屡见的Phyug-(m)tshams-gyi-sde,从音韵看应与之相当。

上举的《户口手实》本身未反映该部落的从属关系,但从其中注记的数人的通婚关系看来,似只能认为仍在沙州附近。换句话说,其大部分在本部落内通婚,只有两例与外部落,其一是 12 - 13 行索宪忠之女担娘嫁与丝棉部落;其二是第 24 行氾国珍的儿子住住从下部落娶妻(关于前者,在《僧尼籍》一稿中将"嫁与丝棉部落"误读为"嫁鸟并总部启",现改正)。前已说明丝棉部落在沙州内,下部落按下文所述虽不在沙州,也是相邻的部落,从而,仅据这一份文书也知道擘三部落当不会离沙州太远。

行人部落和丝棉部落早在子年就受命供菜给所有在写经所的 5 名蕃僧及 25 名写经生,这在吐蕃文书中,前已涉及的《造寺功德记》关于Phyug-mtshams-gyi-sde 的内容最为引人注目。其在诸大臣功德记(Pelliot 16,nga33 - 34)之后,按诸德伦(Bde-blon)(Stein 722,nga35 - 38)、姑臧大城(38 - 39)、瓜州大城(39 - 40)、擘三部落使及诸部众(40 - 41)的顺序接连写出各自的功德文。所谓姑臧大城多次出现于吐蕃文书中[1],从它与瓜州大城前后相连看来,也可以看做是这一区域的部落。作为施主的部落使的名字未在文中出现,又由于文章以吐蕃文写成,这位部落使也许是吐蕃人,但从前述的《手实》看来,部落民则是汉人。所谓

---

〔1〕托马斯书第 2 卷,72、76、82 页。

"Phyug-mtshams"是"家畜之圈"的含意,当在城外的草地上吧。

7.3.3.2　上部落、下部落(Tsa-stod,Tsa-shod-gyi-sde[?])

S.1475v 为释注的《稻竿经》把吐蕃时期的《便粟契》等 15 通及社司转贴连接起来,其中可见到这两个部落。15 通契约中大部分是从灵图寺寺库的值岁僧海清手中借出谷物的字据,可以看做吐蕃时代中期的文书[1]。从 15 通之第二看来,与灵图寺没有直接关系,是上部落百姓安环清将其所持地卖给同一部落百姓武国子的文书[2]。其土地所在则指"宜秋十里西支"(第 1 行)。所谓"宜秋"是灌溉渠名,敦煌文书中多次见到,已知它源于州西南而流经州城之西[3]。既然提到在该渠一带领有耕地,至少可以推知上部落在离该渠不致太远的地方。

关于下部落,上述连贴文书之第一通,是该部落一百姓从灵通寺借贷豆类的借约[4]。

又,在《僧尼籍》资料二十《擘三部落户口手实》之中,有一例擘三部落与下部落之间的通婚(见前文),可以认为他们是相当邻近的部落。

吐蕃文书中,Tsa-shod-gyi-sde(下之"tsa"部落)作为邻近的部落出现,当然也应有与之相对的上之"tsa"部落。至于与上下部相当的千户名称则没有发现,因此,这也许是略称[5]。

7.3.3.3　Snyin-tsoms,Tsas-stobs-gyi-sde

托马斯氏认为上列的两个千户都置于沙州地区。斯坦因收集的

---

〔1〕由于一系列文书中出现的僧人名字均不见于公元 788 年的《辰年牌子历》,因而知道这些文书不属于吐蕃初期,而是吐蕃中期乃至末期的。这些文书报废以后,被连贴起来,在后面书写《大乘稻竿经随听疏》。对此,在后面将述及的法成的著作中认为是吐蕃时代末期的物品。况且,看来它不像是进入归义军时期以后的写本。从其性质考虑,它多流行于吐蕃末期。上述观点如果不误,则灵图寺文书、社司转贴等形成的时期(寅年、申年、卯年、酉年),当是公元 810—817 年或者 822—829 年。

〔2〕仁井田陞前引书,680 - 681 页;那波利贞前引文,167 - 168 页所引。由于如上述被多次发表,故本不再引出。

〔3〕P.2005《沙州都督府图经》残卷(罗振玉《鸣沙石室佚书》所收)中有说明。另见前引那波利贞论文 168 - 169 页。

〔4〕仁井田陞前引书,702 页。

〔5〕托马斯书第 2 卷,8 部落名表[cist of Regints(sde)]455 - 470 页中,具上、下千户名称的部落不少,然而从这些材料看不出来其地域在沙州。

一份文书(托马斯书 2 – 11A, frag. 82v, vol. 55, fol. 27)中有如下的两行标题:

"子年初夏月始, Tsas-stobs 千户"

"子年初夏月始, Snyin-tsoms 千户"

是关于谷物借贷的文书。又,据说另一文书 2 – 15(斯坦因 558, vol, 69, fol. 53 – 56)中,有关于分配写经用纸的记录,背面并列悉董萨和曷骨萨两个千户的分配等数字,其后继以悉宁宗的名称,因而,这些必然同样是附近的部落,其说可从。然而就目前看来,这些部落尽管也在沙州近旁,但在沙州城内的却恐怕没有。藏文文书和汉文文书中,悉董萨和曷骨萨两个部落名称都是以压倒多数出现的,无非表明其他部落是小部落,或者稍稍有距离的地区的部落。此外, Cos-dmar、Bor-rgyan、Ste-vjom 等等更为罕见的那些"千户",看做在沙州的外面是合适的。

下面,再要而言之,沙州城内除悉董萨(Stong-sar)、曷骨萨(Rgad-sar)两大部落外,还有丝棉(Dar-pa)、行人(Nyan-rna)、僧尼三部落。与其相邻,说不定也在沙州域内,有擘三(Phyug-mtshams)、Snyin-tsom、Tsa-shod 等部落。

7.3.4 部落的实态

7.3.4.1 部落的构成

部落的汉蕃名称终于对勘定下,因而应该进一步探讨它的实态。由于在前面的对勘过程中涉及沙州外围的若干部落名,因此继续从这一范围探讨是必要的。

从汉文文书中"部落"的用例看来,通常记作"沙州某某部落百姓某某"。这在唐代或归义军时代,写作"沙州(敦煌县)某某乡百姓某某",可以说,在文书的书写格式上,部落与乡完全被等同使用。然而,部落方面,两个(或如后文所述三个部落)就占据了沙州土地的大部分,与此相对,乡建制却由 11 至 13 个构成。[1] 按唐制,由于沙州分为敦煌、寿昌二县,因而宁可说部落的大小应该看做距离县城的远近,亦

---

〔1〕藤枝晃《僧尼籍》,326 页。

即应该是把原来若干个乡合并起来后的大小。按这样理解,作为百姓的称谓,就不表示部落以下的行政单位,因此不得不认为乡一级组织在吐蕃统治下完全解体了。从归义军时代原来的乡名几乎都恢复的地方看,乡的区划大致都是按地域的或者习惯的角度组建的呢?还是保留了在部落制下的某种遗制呢?总之,部落的区划,虽然在某种程度上必定基于原来的乡的区划,但哪些乡组成哪个部落,却完全不了解,令人遗憾。托马斯先生提出,因为曷骨萨(新 God)大概是由鄯善地区 God 部落而来的名称,所以多半与其相近,或许位于最靠西边的地点(Ⅲ. P. 316),但这一看法完全是推测,找不到必要的证明乃至支持的材料。

这样,沙州的绿洲首先被两个部落大体划分以后,僧尼从上述部落脱离而从属于僧尼部落。此外,又组织了特殊对待的丝棉部落和行人部落。这两个部落之内,至少丝棉部落似乎组建于一定区域,如前所述。

部落里有部落官吏进行管理,官吏中长官以下全是汉人。虽然在部落之上有统治部落的吐蕃监督官,但还可以看到管辖各个部落官吏和包括诸部落在内的沙州全部的组织存在。在其上,当然全部从属于瓜州万户。下面,将要探讨所说的汉人官吏及其组织。

7.3.4.2 部落使

部落之长称为"部落使"(Stong-dpon)。资料六《蕃汉对译字书》里也有"Stong-dpon/bo-lag-si",这本身没有疑问。然而,在藏文文书中,能看见"Stong-dpon"之名的,只有瓜州的噶察钦(Kha-tsa-chin),沙州诸部落的部落使一个名称也未看到。但根据汉文文书,几位部落使姓名随如下的头衔而得知。

(a)沙州大蕃纥骨萨部落使康再荣。(公元 847 年岁次丁卯三月,建宅文,《沙州文录补》29 页)

(b)沙州刺史张议潮、安景旻及部落使阎英达等,差使上表,请以沙州降。(《通鉴考异》所引《宣宗实录》,大中五年二月,公元 851 年)

(c)大蕃部落使河西节度太原阎氏。(P. 3481,戴密微书,p. 176,

·欧·亚·历·史·文·化·文·库·

注3）

（d）前沙州道门亲表部落大使阴伯伦。（岁次己未四月，公元839年，《阴处士功德记》，《沙州文录》8页）

（a）文书是有关康再荣新建住宅的祈福文。关于他的头衔本身似乎没有说明的必要了。因为文书写成的丁卯年乃张议潮举事的头一年，如果康某参与了其事，就说明他是最后一位纥骨萨部落使。该文书日期写有"三月丙寅朔二十三日戊子"，这一干支相当于唐历闰三月。我们知道敦煌在二月或之前置闰的事实。

（b）记载的是提到张议潮举事这一敦煌重大事件的唐史记载的最早者。从这一记载看来，报告的不只是张议潮一人，也有其他有实力者联名上书。其中之一有"部落使阎英达"。也许原本记有部落名称，但被《实录》省略了。因为康再荣已被确定为纥骨萨部落使，也可把阎考虑为悉董萨部落使。举事之际康被驱逐，阎顶替了康的部落使之名也有可能。如果是后一种情况，不只是一个部落的部落使，也许是联合起来的几个部落的部落使。总之，作为这份报告书的联名人，当然会用最体面的职务。

（c）文书是戴密微先生引用的，因为原来是小的断片，无法知道文书的性质，或许看做指阎英达为宜。戴密微先生当做是唐的最后一任刺史阎朝，但由于阎朝在吐蕃占领前期被杀，不可能号部落使。头衔之下有河西节度，不用说这是自称。资料四中出现称作"阎开府"的人物，想是同一人。一面号河西节度，一面又称开府，时值吐蕃统治末期，于中足以窥见部落使逞威的程度。

解释困难的是（d）阴伯伦的头衔"道门亲表部落大使"。《阴处士功德记》的写成是在与吐蕃统治末年相异的公元839年，但具有这一头衔的伯伦是阴处士之父，接受这一官职是在吐蕃占领之初。据《功德记》所说，他在安禄山之乱前，当过唐游击将军丹州长松府左果毅都尉；安禄山之乱后，唐的政治势力不及这一地区，而接受了吐蕃的统治。此外，还叙述如下：

资料十二(之一) 《阴处士碑》抄出[1]

　　　　岂图恩移旧日,长辞万代之君。事遇此年,屈膝两朝之主。自赞普启关之后,左袒迁阶;及宰辅给印之初,垂袪补职。蕃朝改授,得前沙州道门亲表部落大使。承基振豫,代及全安。六亲当五秉之饶;一家蠲十一之税。复旧来之井赋,乐己忘亡;利新益之园池,光流竟岁。

　　文中所谓"宰辅给印",想如前文所述,指尚绮心儿占领沙州之初,任命汉人官员一事。但他所受的职名称"道门亲表",不可能理解为藏语的音译,作为意译,也不见与此相当的部落名。不用说,这一名称除此而外并未出现,而且"部落大使"一称也无其他例子。只是部落使的敬称呢,还是比部落使更高一级的职务呢?不得其详。据《功德记》所述,在唐时他的地位是三品官员,因而吐蕃占领后当给予相应的待遇。似乎可以这样考虑:这是占领之初的临时官职,与后来的部落使性质不同。

　　上面,虽然只有吐蕃占领之初和末期的例子,却充分反映了部落使任用汉人的事实,可以把这些汉人看做土著的豪族。可以推测,吐蕃中期仍然是这类汉人担任这一职务。吐蕃文书中之所以没有出现沙州部落使的名称,因为他们是汉人,因此文书一般用汉字书写,而吐蕃文书也许只限于十分必要的情况下使用。在吐蕃文书中出现 Stong-dpon(部落使)的姓名、家系的只有噶察钦(托马斯书,第 2 卷 p. 22 – 29, doc. 15, vol. 56, fol. 72)的情况,这不像汉人的姓名,似乎是阿柴族的部落,但看来仍然是土豪的身份。

　　由于高于部落使的节儿等职务为吐蕃人占有,部落使成为被占领地民族中的最高职位。因此,按前引《令狐大娘诉状》,处理土地纠纷一事,照论悉诺息和论莽罗等的命令执行。后引的言及写经生伤害等类事件也由节儿处理,部落使的裁判权似乎受到相当大的限制。

──────────

〔1〕罗振玉《沙州文录》、蒋斧《敦煌石室真迹录》等所收。最近,西野贞治君在《敦煌碑记译注》(《人文研究》11 卷 11 册,1960 年)中,举有此碑,其解释与本文有较大差别,不一一列举。

7.3.4.3　部落官僚

部落使之下受其统属的部落官僚,如"表一"所见。部落虽然应相当于唐制的县,或者小于县的拥有居民的实体,但反映其官僚机构或其规模的文书却极为稀少。因为部落乃军制,重点在征兵及军事组织,可以推想,有关民政的机构极其简略。

关于这方面汉人官僚的信息,在有"岁次己未四月十五日"(公元839年)日期的《大番故敦煌郡阴处士功德记》中有记载。阴处士名嘉政,为敦煌名门,曾祖父作为唐朝军人任敦煌守备队长。祖父考上明经,进而任地方的军职。其父任沙州道门亲表部落大使之事如前所述。嘉政未仕,关于他的第二位弟弟,在《功德记》中有如下记述:

资料十二(之二)　《阴处士碑》抄出

其弟嘉义所管大蕃瓜州节度行军先锋部落上二将告身减斾矣[1] 三年学剑,累及蒐军;二岁论兵,曾经选将。入擒生之地,远踏前茅;出死休之门,能齐后殿。

乘孤击寡,起阵云于马蹄;裹甲从军,候回风于鹊尾。时唯殷血[2],人畏多功,指抉悬门,先申拒辔。征修部落,亚押偏裨。职久公徒,使宜军政。为忠则决战,预差则亘修。清信也如斯,敬事也如此。

又,弟嘉珍大蕃瓜州节度行军并沙州三部落仓曹及支计等使。九九初生,心中密算;二王旧体,笔下能书。收租寄义于冯谖[3];请粟恩用于冉子[4]。端然章甫,称为南面之臣;束带立朝,

---

〔1〕此处似有误字。作为吐蕃级章,有(1)瑟瑟、(2)金、(3)金饰银、(4)银、(5)熟铜5种,直径3寸,将之佩于膊上(《通典》卷190)。吐蕃时期敦煌文书中"瑟瑟告身"(戴密微书284－286页),"金银间告身"(前引谢稚柳书45页)即指此。虽然想将之作为与此相似的用例,但其或者是指的更下级的告身,在这里于义不通。

〔2〕原文的"唯"应改读为"灌"。

〔3〕冯谖(一作驩)乃孟尝君之客,以三度唱"长铗归来"之歌而知遇。曾为孟尝君讨债,将契约烧弃而返。

〔4〕冉子为孔子弟子,作季氏之宰。他为子华母亲请粟一事,见《论语》"雍也"篇。

可使诸侯之庭[1]。承家高户,重客盈门,夕阳日新,茵筵靡倦。咨询礼顺,泛爱乡间;克谨贤敦,具瞻人仰。

碑文本身似土秀才拼凑典章词句作成,决非名文,没有特别引人注意的叙述,但可作为汉人官僚产生及职能的例子看待。阴嘉义不在沙州,当差于瓜州节度使府,该府当然是由占领地的汉人组织的部队的本部。其下级乃至中级将校中必然用汉人之有实力者。在与回鹘及粟特的战争中,他们当被驱上第一线。据碑文,他有这样的地位,这大致是一般的情况。

另一位弟弟嘉珍的职务是会计员,以计算、写作文书、收取租税、供给或者救恤为任务,但由于他出身名门,与当地人的应接交际也较忙。此外,他兼有瓜州与沙州的职务。当然,瓜州节度使府的会计有赖于辖下沙州的经济力量之处必定不少,或者也有这样的结构:瓜州某一支部队由沙州直接负担而成立。其次,不得不使人注意,言及阴嘉珍在沙州的地位"三部落仓曹及支计等使"。该处的"三部落"无脱字,而且前述《令狐大娘诉状》中第 12 – 13 行也有"致三部落了监军借堂一"的说法,如果其中"致"读为动词,被呼作"沙州三部落"的就应该存在。这恐怕是在纥骨萨、悉董萨两大部落之外再加上某个部落吧。如果存在这样的体制,那么吐蕃人把沙州分成了若干部分,然而应该看到:唐代的州厅或者县厅,就是作为包括这三个部落亦即沙州全体的机构。

非常幸运,与阴嘉珍有关的吐蕃文书之一的财务文书,因有托马斯氏介绍,得以引述如下:

资料十三　托马斯书 1 – 12(Fr. 66 , vol. 54 , fol. 18)《财务文书》

[1] jo-cho 职的论·祖热(blon Gtshug -bzher)并论·勒蔡(blon Legs-sgra)收悉。由塔布赞(Lha vbrag-brtsan)[2] 奉上,神圣庄严的尊驾座前。心常祈福,书[3] 拜平安。既承命令,阿柴特库(steg)的农[4] 夫的谷物三十驮,从 jo-cho 职论·勒蔡府上下达者

---

〔1〕"庭",在《沙州文录》里作"迎",在《敦煌石室真迹录》里作"选"。这里当是"庭"。由于敦煌文书中的"庭"字常常被习惯的异体字代用,故上述两书均系误读。

已计量[5]完毕。未归者沙州之缴付,按论·贪热(blon Brtan-
bzher)尊驾书面要求,沙州会计吏阴嘉珍(Im ka-cin)[6]及曹庆庆
(Dzevu Tshing-tshing)又进而处理。特库(steg)农夫交纳已毕,交
纳书已领受。[7]百[驮]即刻缴纳,下附领收书,又,关于会计吏
及论·贪热[8]以后计量谷物时,再告上足量之情。朱印两颗
(一)"会计监"(二)塔布赞之府[1]

由于托马斯氏把这份文书中的 Im ka-cin(阴嘉珍)和 Dzevu Tshing-
tshing(曹庆庆)解为地名,使译解有些费解,这方面姑且不论。据这份
文书,阴嘉珍与曹某作为沙州的会计吏(tsang-mngan)经办纳贡计账,
他们的上级,这件文书的发信者是任 Tsang-lon 职的 Lha vbrug-brtsan 其
人。"Tsang"也许是吐蕃语,但又像汉语"仓"的音译。"lon"是"blon"
的省称,即"仓论",乃是"会计长官"之意。Lha 其人既像吐蕃人,又似
乎可译作"罗"姓的汉人。vbrug 是"龙"义,托马斯氏作龙族的官吏解。
吐蕃文书中简称的"tsang-mngan"一职在《阴处士碑》中很正规地称为
"仓曹及支计等使"。虽然,也可以考虑职务变迁,认为这两件文书并
非同时的东西,但如果从汉文经常出现这一长长的职名看来,tsang-mn-
gan 当不会是会计以外的职务。加之前引有"三部落云云"的提法,这
意味着在总汇沙州全体而一的会计机关中处理会计事务。这样,各个
部落里是否有会计吏,必然成为问题。前面所说看来其统治机构简单
这一点,正是指的这种情况。或者,其贡纳等事务,由当地有实力者承
包,按其承包区域是以部落或是以州为单位而有种种不同的职役称
呼,这一分析可能是合于实际的,为纳贡而交谷物,或是关于递解等事
的文书,绝大多数由托马斯氏译解发表。例如,在上述文书之后所见的
Fr. 67 是督促辰年沙州夏税不足部分的公文。又,另一件文书(Ⅱ. Gp
40)是关于从沙州的悉董萨和曷骨萨两个部落向瓜州送交50袋谷物及
其他物品的命令。包括沙州在内的河西绿洲地区,想必一定是吐蕃王

---

〔1〕上面汉译文字按日文译出,虽照原格式作了分行对照,但由于语言关系,分行字、词间有
出入。——译者注

国的谷仓地带。

有一件残吐蕃文书(P. 1121)似是由曷骨萨部落的康进达(?)(Khang cin-tar)寄给沙州节儿和汉人(rgyavi dpon-sna-rnams)等收讫的公文的起头部分,文中 dpon-sna 想是指在吐蕃节儿属下谋事的汉人官吏们。

在"资料十一"中出现的"营田官"及"水官"等恐怕也是其中之一环。不同的是,后者在煌敦这样专仰赖于人工灌溉的地区理应是重要职位。"资料十一"中出现的营田官(有时称田官)是决定田地归属的职务。既然像这种按居民请求而允许变更耕地分配的事例一再见到,那么这一职务就是相当烦琐而且困难的。其处置的过拙或者太欠公平,具有使问题更加复杂的性质。

7.3.5　将——部落的下级组织

在吐蕃制度中,部落(stong-sde)之小者,有一称为 stong-cung 的单位。它不是指部落分成若干个 stong-cung,而是意味着规模较小的部落。前示之资料4《蕃汉对译语汇》里,在部落使(stong-dpon)之后,也有记为"stong-cung/phu-tseng"的条目,介绍者将其复原为"抚千"。这种复原值得怀疑,姑且不论,在沙州附近,stong-cung 也好,与 phu-tseng 相当的汉名部落也好,都找不到。

从文书看来,部落似乎进而分为若干个"将"。前《煌敦的僧尼籍》一文中,对于部落集合而构成"将"的理解是不对的,这是指该文"资料二十"的《擘三部落户口手实》提出的每一将综合为部落本部的解释。这种情况下,部落是分为左一将、左二将、左三将……右一将、右二将、右三将……若干个"将"的。前示阴嘉义的场合下,其头衔书有"先锋部落上二将",那么先锋部落[1]分成上一将、上二将、上三将……下一将、下二将、下三将……假如把"部落"作为大队,"将"就成为中队,其中队长也就又称"将"了。只是从以上例子,尚不知道部落分成多少将,但由于 Khri-sde(万户)、stong-sde(部落)是按原有十进制组织的,

---

〔1〕阴嘉义头衔似应读为"行军先锋、部落上二将"。——译者注

因此部落也许是分为 10 个或者 20 个(左一至左十;右一至右十)将。下面引的《夫丁修城记录》也许反映了部落、将的组织情形。

    资料十四　S.2228(G.7844)《夫丁修城记录》

（第一纸）

[1]六月十一日修城所　（别笔）丝棉

    右一　十二日宋日晟　王不额(?)　杨谦谨　郭意奴索再荣

    右二　十一日雷善儿　马再荣　唐国成　王禾国　令狐猪子

    右三　十一日安仏奴　王金奴　康通信　郝朝兴　庞保

[5]右四　十一日张英(?)子　张晟子　郭养养　张履六康友子

    右五　九日杜惠□　十一日田广(?)儿　杜福子　氾清清　张国朝

    右六　十一日曹保德　索老老　康与　索石住　张(?)达子

    右七　十一日张家琛　刘蒲子　刘君子　杜进　白清清

    右八　十二日张答哈　张进进　安善奴　张执药　张国奴

[10]右九　十一日翟胜子　张良胜　李达子　董石奴　赵像奴

    右十　十一日李顺通　米屯屯　郑兴光　伽兴晟梁有达

      右已上夫丁并于西面修城具件　如前、并各五日

      □部落十一日李清清石秀秀郭蒲子石专专朱朝子李再清王流德

        王国子八人

[15]　　　　　　亥年六月十五日毕功

    （第二纸,前缺）

[1]左七　赵安子　张庭(?)俊　翟买买　阴洛洛　张颜子

李六六各五日　欠一人

左八　傅太平　阎加兴　张黑奴　刘再兴　韩朝再　郭
和和　欠一人

左九　阴验验　邓王子　姚弁　索国清辛(?)不菜　郭
再清　任小郎　各五日

[4]左十　米和和　索小郎　刘清清　米奴子　安保真　毛养养　氾
和和　以上各五日(以下缺)

这是为修理城墙役使该地汉民的记录。这些文书原作为道教经典(S.5378)的裱里使用,形成 4 个残片,这里是第一及第二残片。第三及第四残片是各种笔迹的吐蕃文书。在第三残片中出现两行汉文写的黄麻纸计算书。在某一个残片的纸背还出现作为谷类计算书的吐蕃公文(有亥年日期)残字 3 行。虽然在第一残片的开始,有不同笔迹写的"丝棉"二字,但这一残片在用藏笔写谷物出纳记录之后,上下调头以毛笔写了上引役使记录。由于"丝棉"二字是用与出纳记录相同的藏笔所写,因此并不意味着役使名簿是丝棉部落人员的记录。名簿从左一到左十划分,每项中各记 5 人的名字,其中大部分服役 11 日。如果这种划分是反映修理场所的不同,就应该如东一至东十、北一至北十这样表示方位。而且,把每个人的日数详明记上,一定是因为考虑到每一部分负担的均衡,那么,左一至左十应该理解为左一将至左十将的略写。此说如果不误,其作为反映部落划分、部落民力役的实情文书,应该说有十分重要的价值。

按唐制,乡下面分为里。到吐蕃时代,像多次提到那样,乡制已消失,只有"里正"保留下来而出现,但与里制却无关系,可以见到的只是把相似于原来里正的职务仍称作"里正",这在有关《大般若经》写经的一件吐蕃公文(托马斯书 2－15,Ⅱ,14－15)中,记有写经生在期限内未完成分配写经定额的情况下,"li-ceng 当按每一(不足的)纸卷笞十的比例惩罚其人"。li-ceng 显然是"里正"的音译,不能认为是一般的里正去监督吐蕃文写经生的功效。由于里正"职在驱催"(《唐律疏议》卷 11 职制下),写经的督促职役就这样被称作 li-ceng 了。既然连写经的监督也如此称呼，该地肯定存在承担执鞭巡视、收取贡纳这一责任的真正的里正。

7.4 汉人的生活

7.4.1 吐蕃统治时期出现的诸变化

由于敦煌地区经历了吐蕃人70年的统治，与中原相隔绝，其间这一地区必然会产生各种变化。仅据前面的了解也不得不承认这一点。例如，若我们相信第二章开始所引用的《新唐书·吐蕃传》的记载，那么敦煌汉人甚至连服装也非一般汉服了。在《令狐大娘诉状》中，吐蕃官员还楔入汉人的宅邸中居住，这样，不仅公务甚至日常生活中汉蕃之间也有接触。公务方面的接触由汉人中被称为"舍人"的职役去承担。[1] 如果从《辰年牌子历》（《敦煌的僧尼籍》资料之六）来看，反映了僧尼死亡之际，先由吐蕃职役验尸，此后由舍人去接着处理的事实。更引人注目的是，有迹象表明汉人起义或叛乱之类的事件多有发生[2]，遗憾的是我们无法知道其具体时间和规模。与此相反，在戴密微氏的介绍中（该书194－238页），有一汉员为求职而向吐蕃当局送去自荐信。吐蕃宰相向容纳数十名比丘尼的大尼寺这类圣地布施，也一定以某种效果为目标。

此外，笔者曾介绍过莫高窟维摩经变相壁画中所出现的帝王像，其中描绘了吐蕃时代的赞普。[3] 进一步说，县—乡—里的行政组织变为部落—将的体制这一事实，也必然给汉人的生活带来某种影响。至少，丝绵部落、行人部落等制度是这一时期前后所不见的。

可以设想，也不能说吐蕃时代一切事情都变了样。比如S.2103这件关于几位农民要求开垦荒地的申请文书，除日期外就找不出与其他时代的区别。这是任何时代都能见到并在该时期也照常通行的例子。

---

〔1〕戴密微书，197－199页。
〔2〕托马斯书，第2卷编号2－6，46－50页。
〔3〕藤枝晃：《维摩变之一场面》，载《佛教艺术》34号，1960年。

又如 S.2041《社司约条》写于吐蕃时代末期的巳年（公元 837 年？），修订于丙寅年（公元 846 年），而它在其他时代也作为通用的约条。这一类例子不胜枚举。

于是可以认为，在吐蕃统治时期敦煌的内部，既有由于吐蕃人的统治而发生变化的一面，又有未发生变化的一面。按笔者的观察，想举出其中变化特别显著的三点：①经济流通方面的变化，②语言的问题，③佛教界的活动。关于第三点，由于相当复杂，故专章说明。

7.4.2　经济流通

唐代流通中最常见的交换媒介是铜钱，不必赘述。唐王朝统治西域不久，铜钱就在直到塔里木盆地沿边地带流通起来。从吐鲁番、和田一带出土的当时的文书看来，买卖、借贷、纳贡等大都使用铜钱。在大谷探险队所获的吐鲁番出土文书中，连当时诸色物价也按上中下三品以铜钱分别标出，最近对此已有介绍。[1] 过去也在吐鲁番出土的长行马文书中，曾读到马夫用旅途中倒毙于沙漠的马的皮肉换成钱带回衙门，我不得不为铜钱的流通程度感到惊叹。[2]

既然远者如西域都如此[3]，那么敦煌自然处于铜钱流通的范围之中。敦煌出土的文书证明，直到大历年间，授受双方在买卖、借贷之际还是以用铜钱为主。当然决不会不用连唐朝腹地都采用的绢、谷等实物交换手段，但这总会有某些原因，而铜钱则严格地保持着本位货币的地位。对这点最有力的说明，是驻守沙州的豆卢军于天宝四至六载（公元 745—747 年）以其存有的绢购进军粮的记录（P.3348）。由于该文书长达 132 行，故仅录其中一段。

---

〔1〕龙谷大学所藏西域文书 3032～3100 号之大部分以及其他文书即此。其最初由西域文化研究会在《社会经济关系文书目录》中作了介绍，以后，为仁井田陞《吐鲁番出土唐代交易文书》（载《西域文化研究》三，收入 1960 年出版的《敦煌吐鲁番社会经济资料》一书）和那波利贞《关于唐朝政府医疗机构及民间对疾病之救济方法小考》（载《史窗》17、18 合订本，1960 年）等所发表。

〔2〕藤枝晃：《长行马》，载《墨美》60 号，1956 年。

〔3〕在斯坦因收集品中，包括 S.5871 署大历十七年闰三月的《便粟契》、S.5867 署建中三年七月的《举钱契》、S.5869 署建中八年四月的《举钱契》等文书均为和田出土（斯坦因：《古代和阗》第 2 卷，图版 XV－CXVI，它们未反映出敦煌钱币流通的状况。根据下文所述，直到后来和田仍有铜钱、银钱流通。

资料十五　P.3348《豆卢军军粮收购记录》（引自 1952 年《京大文学部研究纪要》第一辑,19－27 页）

（前 60 行略,[ ]内为行数）

[61]柒仟壹拾柒屯匹壹拾铢、行纲敦煌郡、

参军武少鸾、天宝三载十

月十二日,充　旨支四载和

籴壹万段数、其物并给百

[65]　姓等和籴直、破用并尽

伍仟陆佰匹　大生绢匹估四佰六十伍文计

贰仟陆佰肆贯文

伍佰伍拾匹　河南府绝匹估六佰廿文

计叁佰肆拾壹贯文

[70]贰佰柒拾匹、缦绯匹估伍佰伍十文

计壹佰肆拾捌贯伍佰文

贰佰柒拾匹　缦绿匹估四佰六十文

计壹佰贰拾肆贯贰佰文

叁佰贰拾柒屯壹拾铢　大绵屯估一佰伍十文

[75]　　计肆拾玖贯伍拾文

以前匹段、准估都计当饯叁仟贰佰陆

拾陆贯柒佰伍拾玖文、计籴得斛斗

壹万壹佰壹拾伍硕陆斗玖胜壹合、

其斛斗收附、去载冬季军仓载支

[80]粮帐、经支度勾、并牒上金部·比部·

度支讫

玖仟贰佰肆拾柒硕柒胜肆合　粟斗估卅二文

计贰仟玖佰伍抬玖贯陆拾肆文肆分

肆佰壹抬柒硕叁斛斗伍胜叁合　小麦

[85]斗估卅七文　计壹佰伍拾肆贯肆佰

贰拾文陆分

壹佰叁拾玖硕贰㪷陆胜肆合床斗估卅口文

计钱肆拾肆贯伍佰陆拾伍文贰分

[90] 肆拾玖硕伍㪷　豌㪷估卅四文 计钱壹

拾陆贯捌佰叁拾文

贰佰陆拾贰硕伍㪷　青麦斗估卅五文

计钱玖拾壹贯捌佰柒拾伍文（以下略）

上例是购进谷物。按字面理解实际是直接以绢交换，但作为文书，则将绢布类先换算为钱，共计 3266 贯 759 文，再将谷物类一一换算为钱，得到大体相等的数目。钱在实际上没有使用，但起着本位货币的作用。

敦煌文书中至今未见有关 8 世纪后半期钱谷方面的材料，因而尚不了解铜钱在敦煌使用到何时，但根据可确认为吐蕃时期的文书，交易全用实物，更严格地说是以粟或麦为主要等价物。下面将吐蕃统治时期出现在交易文书中的等价物以表列出（表 7－4）：

表 7－4　吐蕃时期的交易文书[1]

公元	文书番号	日 期	文书种类、标题	等价物	主要登载文献
803	S.5820 S.5826	未年润十月	卖牛契	牛：麦·粟	BSOS，Ⅸ，25 页；交易法 649－650 页
806	S.6829v (2)	丙戌年正月至八月	缘修造破用历		本稿资料十七
811	S.6829v (3)	卯年四月	永康寺造杌篱契	工钱：麦	交易法 749－750 页
821	咸 59	辛丑年，丑年二月	诸寺寺户借麦牒 6 通	麦：麦	杂录，119－124；史学杂志 69/8，1022－1024 页

〔1〕说明：1）本表列举敦煌吐蕃时期有关买卖、借贷、承包的文书和记录中年代明确或经推测所知者的内容。至于年代的推定，则据文书中出现的寺名、人名以及相接文书的前后关系。2）"等价物"一栏，契约内容在借粟还粟时以（粟：粟）表示，在卖牛得麦时以（牛：麦）表示，其余场合同此。由于"破除历"一类无法表示，这里未列。登载文献全称（表五、表八同此）：BSOS＝翟林奈：《斯坦因所藏汉文写卷年代考证》，Ⅲ，公元 8 世纪，Ⅳ－Ⅴ。公元 9 世纪，《东方学院公报》，Ⅸ－1（1937），Ⅸ－4（1939），Ⅹ－2（1940）；交易法＝仁井田陞《中国法制史研究·土地法·交易法》，1960 年；杂录＝许国霖《敦煌杂录》，1936；写经题记汇编＝许国霖《敦煌石室写经题记汇编》，《微妙声丛刊》，1936 年；支那佛教史学＝那波利贞《梁户考》1－3，《支那佛教史学》Ⅱ，1、2、4，1938 年。

续表 7 - 4

公元	文书番号	日 期	文书种类、标题	等价物	主要登载文献
822	S. 1475v (7)	寅年正月	卖牛契	牛:麦	交易法 692 页, P1. Ⅻ
822	咸 59	寅年八月	造佛堂契	工钱:麦·布	杂录 25;交易法
823	S. 1475v (17)	卯年二月	便麦契	麦:麦	交易法 710 - 711 页
823	S. 1475v (18)	卯年二月	便床契	床: 床	交易法 711 页
823	S. 1475v (19)	卯年四月	便麦契	麦:麦	交易法 711 - 712 页
827	S. 1475v (6)	未年十月	卖地契	土地:麦·粟	交易法 680 - 681 页
829	S. 1475v (5)	酉年三月	便豆契	豆:豆	交易法 702 页
829	S. 1475v (8)	酉年十一月	便麦契	麦:麦	交易法 703 - 704 页

　　按上表,在买卖、借贷中从不用钱,该情况在吐蕃文书中仍然相同。如果铜钱流通,文书中不会不留痕迹。从上表列举的 S.6829v "丙戌年正月十一日之后缘修造破用斛斗布等历" 来看,这一点极为明确。这是佛寺修缮需要的木材及其他材料费、劳动力工钱等按日记账的明细书。

　　资料十六　S.6829v(2)(G.5906)

　　[1]丙戌年正月十一日已后缘修造破用斛斗布等历

　　　十九日买张奉进木付麦肆硕

　　　廿二日买康家木价付布肆匹计壹佰柒拾陆尺折麦壹拾

　　　硕又付粟叁硕

　　　二月十一日付翟朝木价布壹匹肆拾伍尺却入

　　[5]三月十四日出麦捌斗雇索鸾子等解木手功城西

　　　四月二日出麦柒斗付曹昙恩解木七日价

　　　同日出麦贰斗付索家儿充解木两日价又一日价麦壹斗

　　　九日出粟柒斗付索鸾子充解木五日价

　　　廿一日出粟柒斗付彭庭贤雇车载城西木

[10] 廿三日出麦肆硕捌斗付唐十一回造白面　又出麦壹硕
贰斗回造

五月三日出麦壹硕肆斗粟壹硕捌斗付孟家木价

同日出粟壹硕与荣国造关及毗篱手功

九日出麦壹硕肆斗粟叁斗伍胜买铁四斤打钉

十六日出麦贰斗壹胜买铁壹拾叁两

[15] 同日付康太清粟叁硕充先买材木价

六月二日出粟柒硕付荣清等充砌泥手功

同日出粟叁硕麦壹硕伍斗与王磨子砌泥手功

九日出粟贰斗伍胜砲供取草人等食

同日出粟贰硕付康太清买柱子价

[20] 十二日出粟陆硕叁斗还道莩等先修佛殿手功杜足足又
将粟三斗

廿一日出粟肆硕麦壹硕伍斗與王磨子砌泥手功

七月一日出粟壹硕砲供修造篱使入食
　　　　　　　別历收　　　　　　　別历收
八日出苏贰胜半面壹硕肆斗　米壹斗供众僧泥佛殿阶
　　　　　　別历收
白面贰斗将窟取赤出付不要　出布叁丈贰尺与法日赤
白造

[25] 出油陆胜内二升入石灰泥　四升油鸦吻

八月二日出布陆拾尺与道悝修佛坐赏物

同日出布陆拾柒尺付灵图金光僧充估邑木价
　　　　　　別历收
同日出白面叁斗付智英将窟取赤上白
　　　　　　別历收
同日出白面壹硕柒斗供赤白人从六月廿三日至七月

[30] 十四日并修佛坐人等食　布肆尺造泥巾
　　　　　　別历收

129

又出白面贰㪷入赤白处　油半胜赤白柱用

以前都计出麦粟五十二石二㪷一升内一十七石八㪷一
升麦卅四石四升粟油九升

布三百卅九尺　又布一丈一尺出赏每尺五升无念（下
缺）。[1]

标题中的丙戌年，可以定在公元 806 年。[2]

照文书的内容考察，木材的成本、运费以及泥水匠工钱等所有支出均用麦、粟、白面以及布、油等类支付，此外只有在工程中消耗的布、油等项个别支出，也就是说，在当时的敦煌，钱不仅完全不作为通货，而且连名义上的作用也起不到。"资料十五"所反映的天宝三至四载豆卢军的情况则完全不同。应该说，吐蕃时期其他文书中不出现钱是理所当然的，这样一旦谷物、布匹等各类物资需要折算，大概总会被换算为统一的谷物单位（S. 6064，S. 4982）。可以认为，随着吐蕃对敦煌的统治，铜钱从这一地区完全消失了。

吐蕃统治而导致铜钱消失，分析起来有两方面的原因。其一如前文所述，吐蕃占领沙州前后，正在准备对大食的大规模战争。在这场战争中，河西地区流通的数十万贯铜钱对吐蕃人来说显然是极贵重的军需品。另一方面更为重要的是，作为统治者的吐蕃人，在最盛时代也不曾有使用钱币这样一个经济阶段。[3] 从吐蕃文书中反映出，其统治地区的纳贡全为实物。于是便使沙州的汉人与铜钱告别了。然而当后来敦煌地区摆脱吐蕃统治并成立归义军节度使，即在事实上回到唐治下以后，一度消逝的铜钱，却并没有再度出现于敦煌。[4] 要证明归义军时期没有流通铜钱，即使未列举这一期间全部的交易文书，笔者以为

---

[1]引文"[　]"内数字为行数。

[2]这一件文书，前面接戌年八月给乾元寺的《施舍疏》，其后接卯年四月一日的悉董萨部落百姓张和子为永康寺作枋篱 20 枚以 1 蕃驮麦为工资的契约书。在这些文书未粘连的背面，连续书有《大乘稻竿经随听手镜记》。该经只有序是用毛笔写成，其余则用木笔书写。这一经疏即由后文所说的吐蕃僧法成所作，可认为是吐蕃后期利用废弃文书纸背记录的笔记。由于它与显然作于吐蕃晚期的契约书相关，从而该文的"丙戌年"只能是公元 806 年而非其他。

[3]这是在亚细亚内陆史学会第一届研究会上，受教于长泽和俊君得出的意见。

[4]《归义军》四，248 页。

仅列出与"资料十六"相类似的寺库入破历或破除历的一览表也相当充分了(见表 7－5)。这些文书大多只用干支表示日期,时间大体从归义军初期至 10 世纪后半叶。其计算方法表明他们没有货币经济,仅以实物交换为基础。

在沙州以外以于阗为中心的地区流通着银币,该情况在吐蕃语文书中有若干反映,然而没有迹象表明沙州处于这一流通圈中。

此外,以铜钱(don-ce)为内容的吐蕃语写本仅有过唯一一件(P.1035),但它并不表明铜钱作为通货,而表明以铜钱作为用具。它是以铜钱的正反面来判明吉凶的钱占的说明书。[1]

7.4.3 语言生活

无论在哪里,只要两个民族生活在同一地区,立刻会产生语言方面的问题。前文提及的被称为"舍人"的人在汉、蕃之间联络,是因为存在需要他们处理的事情。关于汉蕃之间在语言生活方面的接触,我们只能够通过残留的文书来考察。这类文书中牒文、计算书占大部分,在文书以外则只有佛经,因而要深入探讨日常生活中两个民族间在语言方面的相互渗透是甚为困难的。但所幸的是获得的材料为我们提供了若干种有趣的线索。

如果两种语言进行接触,始终会存在一种语言代替另一种语言的问题。这里的代替还可分为若干阶段,从简单的单词对应,到音写另一方的文字,也有更进一步将一类文书或典籍完全用另一种语言来翻译的情况。在不同情况下,两个民族都会有各种需要。敦煌文书中上述各阶段的材料都有,以前对它们已有不少的介绍和研究。

7.4.3.1 对照语汇

前文曾涉及的 S.2736 及 S.1000(资料六)是各种汉文佛经残片的纸背,上面再用吐蕃文写出吐蕃语单词之后又以吐蕃文字拼写出与之相当的汉语词。其中,S.2736 保留了 154 个语汇,S.1000 保留了 60 个

---

〔1〕在《阴处士功德碑》中,有"每以钱埒久盈,未施朴满","解五铢于绅带,添寄大功"之类的记载,但这些仅是单纯的文学修辞,而非实际的铜钱流通的表证,不及赘述。

语汇,其中一部分语汇在两者中均有。这种东西对吐蕃人来说甚为必要。据拉露女士所述,P.1257、P.1260似乎也是这类文书。特别是前者,由于它被装订成册,可以认为它属日常携带使用物[1]。

作为与其相对的汉蕃语汇文书,可提到P.1261。该文书长达4.2米,可推知它的内容很丰富。但由于只有"汉蕃词汇表"的说明,汉语方面是用汉字还是用吐蕃文音所写则不得而知。

7.4.3.2 注音本

将汉文的《千字文》逐字以吐蕃文注记发音的文书(P.3419),由于羽田亨、罗常培二氏的研究而非常出名[2]。同类的文书还有P.1646,是罗常培在《千字文》之外辨认出的《大乘中宗见解》。文书是汉字写本,但据说约有一半的文字仍以吐蕃文加注了读音。显然这种文书完全是为吐蕃人准备的,但可认为汉人也同样能够使用。

表7-5 归义军时期寺库诸色入破历要览[3]

文书番号	公元	日期	标题	出纳责任者	主要发表文献
P.3207	884	中和四年正月日	[安国寺]入破算会	上座钵圆	支那佛教史学Ⅱ-1,pp.24-26
P.3207	887	光启二年丙午岁十二月十五日	安国寺入破算会	上座胜净	支那佛教史学Ⅱ-1,pp.23-24
S.3793	891(F)	辛亥年五月八日	造斋油面[麦]破数		

---

〔1〕册子状书籍。像这样以吐蕃文书写、显然作于吐蕃统治时期的文书,对于书籍的历史而言具有重要的历史价值。这是因为:在汉文书籍册子中,还没有发现早于归义军时期以前的。因而,可以说P.1257是成册书籍中最早的实例。(参看《墨美》97号,34-35页)

〔2〕羽田亨:《蕃汉千字文断简之研究》(《东洋学报》13卷三,1923年;《羽田博士史学论文集》下,言语宗教编,1955年版)。罗常培:《唐五代西北方言》(《中央研究院史语所专刊》甲十二,1923年),均附有图版。

〔3〕表五说明:1)本表收集归义军时期(公元851年以后)寺库的诸色入破历中之纪年明确或可以推测出其确切纪年的内容。2)寺库入破历中包括每日出入的入破历或破记录,某段时期的总记录、整理这些材料的报告等各阶段文书。拟定标题时,则尽量取文书本身的用语。3)它只是粟、麦、面、油等物的综合出纳记录,没有收入单一品种的出纳记录。4)"公元"一栏中之(F)表示笔者的推测,(G)表示翟林奈《附说明分类目录》中所作推测,其他则据发表者的推测。5)P.2049v、P.3234两项见J.杰伦特(Gernet):《有关佛教经济的问题》(西贡1956年)一书的卷末,原件有这些文书首尾部分的图版,但上表没有引用它的全文。

文书番号	公元	日期	标题	出纳责任者	主要发表文献
S. 5800	900	光化三年正月一日以后	讲下破除数		BSOS, Ⅸ, p. 1044
S. 474v	918	戊寅年三月十三日	行像司便粟计会	都僧统法严	东方学报 31 号, p. 135
P. 2049v	925	同光三年乙酉岁正月	净土寺入破历	直岁保护	支那佛教史学 Ⅱ – 1, pp. 15 – 19
P. 2042	929	乙丑年正月	报恩寺破历	功司道信	东亚经济论丛 1 – 3, p. 35
P. 2049v	930	长兴二年辛卯岁正月	净土寺入破历	直岁愿达	支那佛教史学 Ⅱ – 1, pp. 19 – 23
S. 5937	941（F）	庚子岁十二月廿二日	[净土寺]沿常住破历	都师愿通	
P. 3234	942（F）	壬寅岁正月一日以后	入破历	直岁愿通	支那佛都史学 Ⅱ – 2, pp. 37 – 40
P. 2032v	944（F）	甲辰岁一月以后	[净土寺]入破历	直岁惠安	支那佛都史学 Ⅱ – 2, pp. 36
P. 2302v	944（F）	甲辰岁八月廿九日以后	[净土寺]西仓司入破历	愿胜等	支那佛都史学 Ⅱ – 2, pp. 32 – 33
P. 2040	945	乙巳岁正月廿七日以后	[净土寺]诸色入破历	净戒惠等	支那佛都史学 Ⅱ – 2, p. 65
P. 3352v	946（F）	丙午岁正月一日	三界寺诸色入破历	招提司法松	支那佛都史学 Ⅱ – 1, pp. 12 – 13
S. 4452	946	开运三年丙午岁二月十五日、三月一日	诸色入破算会	直岁保集等	BSOS, Ⅹ, p. 343
P. 2846	954（F）	甲寅岁正月廿一日	奉官处分书	都僧政愿政	支那佛都史学 Ⅱ – 2, p. 46
S. 1600	960（G）	庚申岁十二月一日以后	灵修寺入破历计会	净明典座	
S. 6452	982（G）	辛巳岁十二月一壬午岁	净土寺破除历类	周僧正等	

7.4.3.3 音写本

不同于上面那种在汉字旁加注发音的写法,而是不写出汉字,将其读音以吐蕃文记录下来。这样的写本也有相当数量。西蒙氏在这类文书中指出一件以吐蕃文字写成的乘法九九表,[1] 将它解释作为吐蕃人为记忆汉文的九九表而作的写本为宜。此外在伯希和收集品中,

---

〔1〕瓦尔特·西蒙:《耳拉(erl)的功用和含义》,《亚洲大陆》卷Ⅳ – 1,1955 年,第 24 页注释①。

P. 1228、P. 1231、P. 1237、P. 1238、P. 1239、P. 1240、P. 1249、P. 1253、P. 1254、P. 1255、P. 1258、P. 1259 等都属这一类。其中大多只能肯定系汉语的音写本,至于分别写了些什么内容还不易判断。从 P. 1231、P. 1253、P. 1259 三件中的五言句或七言句的结构看,可能是佛经约偈颂词或者其他韵文之类。又,P. 1228 的起首"gam the……g kug vpbu de dar ma……kvan mun"可以还原为"南天竺国菩提达摩(禅师)观门"一句。与此相同,P. 1253 也可以看做佛经的音写本。更为清楚的是 P. 1239,它是《法华经普门品》的音写本,可以还原如下:

资料十七 P.1239《法华经普门品音写》

vbyevu phab len hva kye/phu mun phyim de zhi shim vgo/zhi shi bu jin i bu sar / cig jung chva khi phyen dang yevu kyen/hab jov ho phur zhi cag shi vgyen……(还原汉字)妙法莲华经、普门品第二十五、尔时无尽意菩萨、即从坐起、偏袒右肩、合掌向佛、而作是言……

罗常培氏还提到《金刚经》及《阿弥陀经》的吐蕃文字音写本。它们都是斯坦因收集的文书。

以上我们所知的各种汉文佛经的吐蕃文音写本已有不少,这提出一个问题:如果草草作出解释,会认为由于这些音写本全用吐蕃文写成,大概属于不能读汉字的吐蕃人所有。事实上这种情况在前述乘法九九表那类文书中是存在的,然而此处这些冗长的经典也还是全为吐蕃人所使用的吗?假如真是这样,只有设想这样一种异常的情况:吐蕃僧人在承担音写经典工作的同时,又参加汉僧的修行仪式,又向汉僧讲授经义。当然,出现这种情景并非没有可能,但吐蕃文音写本或许不仅为吐蕃人所使用的可能性却更大。

综观现在所能见到的敦煌文献,可肯定汉文文书均出自汉人之手。然而就吐蕃文书而言,虽然其大半由吐蕃人经手而成,但汉人写成的也不少,关于这一点在下一章将要提及。此处应该说明的是,该现象不能只从被占领者在语言上受占领者影响更多的常情上去推测。中国的文字非常难,即使可以用汉语说话,以之做文章也不容易,这一点我们自己很有体会。因做文章而学习汉字十分困难,外国人要能流利地书写则必须作相当费力的训练。与此相反,由于吐蕃文字只是记音文字,学习起来远为容易。假定一个完全不懂吐蕃语的书记员,让他照着交给他的吐蕃文书的稿本录写,如果他素质不错,只要经过几周或几月的练习就可以达到相当流畅的程度。这绝不是不可能的。即便不去设想这种极端的情况,写下大量吐蕃语文书的汉人写经生即使不长于此道,但设想他们大体懂得吐蕃语还是有把握的。不论以为他们懂吐蕃语也好,不懂也好,在当时的敦煌,以书写吐蕃文为职业的汉人写经生是相当多的。仅"资料二十四"就记下了约 30 个人的名字。该名簿中不见而出现在现存的吐蕃文写经中的汉人写经生签名更是超出了这一数字。他们书写熟练,或许为此受过相应的教育。此外,理当认为除他们之外还有更多的人不能书写而能大体阅读。也就是说,吐蕃文字在汉人的普及达到了如此的程度。大量的汉文写本、文书在写作时使用了写吐蕃文字的木笔,这一点也有力地展示了吐蕃文书写的普及情况。有时候,在汉文写经的最后或是汉文文书上有着汉人用这种笔留下的吐蕃文署名。[1] 如果吐蕃文字在敦煌的汉人中这样被采用,进而联想到前面简单提及的《千字文》注音本,它在为吐蕃人学习汉字读音的同时也对汉人掌握难字的发音起作用的事实就使人理解了。在查阅以罗马字标记汉字读音的日英字典时,或能更正记忆的错误,或能进行新的学习,我们屡屡经历这类体验。利用吐蕃文注音学习《千字文》,哪怕对于汉人也远比反切法简便。如果是用这种方法来学习的汉人,比起读佛经和难字较多的汉文书来,读只用吐蕃文音写的书籍肯定更为容易。即使在今天的日本,为村翁牧童而编的片假名典籍也相当需要。

如果存在着吐蕃字音注本甚或音写本供不太通汉字的汉人使用的情况,这就不仅仅是吐蕃人占领下的汉地才发生的独特有趣观象,必须承认在汉文及汉语的历史上一度曾流行过以域外文字注音这样

---

〔1〕见仁井田陞《唐宋法律文书之研究》图版十。

·欧·亚·历·史·文·化·文·库·

一个重要事实。

7.4.3.4　翻译

这一时期在敦煌一带有大量汉文佛经被译为吐蕃文,另一方面吐蕃文佛经也被译为汉文。前者显然是吐蕃地区的梵文本中所没有的,由于这属于藏传佛教史的问题,故不在此详述。后者由于系这一地区过去未行的不同派别,依靠政治力量得以推行,故与其作为语言生活方面的变化,不如放在次章中讨论。

7.5　佛教界的活动

关于吐蕃占领时期的佛教史,有与本文同刊发表的竺沙雅章君的概述,此外过去还有冢本善隆博士的高水平论文《敦煌佛教概说》(《西域文化研究》第 1 卷,1958 年)。然而,由于吐蕃时期的敦煌历史不可能排除与佛教的联系,故而必须一一述及。从避免重复的角度看,这里应该限于作必要的最少限度的叙述,但另一方面因不清楚的问题尚多,不能作充分的考察也是事实。从而,在下面将避开歧见一直较多的地方,按所谓吐蕃时期敦煌历史中的佛教界的含意,分别叙述(1)这一时期佛寺、僧职人员的增减等外在表现;(2)从讲经、译经、写经三点所显示的佛教界的内部活动。[1]

7.5.1　佛寺与僧尼的增加

在《敦煌的僧尼籍》一文中,作为"资料六"举出的 S.2729《辰年牌子历》,被认为是吐蕃统治之初僧尼部落的代表按要求上报的名簿,当时全部寺院的僧尼人员为 310 人。因此这应作为我们以下考察的主要出发点。这 310 人当然是对占领前状况的统计,但它反映的是占领前的常态还是在遭受吐蕃军队长年围攻之后的异常状态呢? 这尚是问题。姑且不论这类穿凿,到结束占领的归义军初期时,寺院达到 16 所,僧尼增加到 1000 左右。为了说明这一过程,我们不得不离开行文顺序

---

〔1〕尤其是本章,有赖于本研究所同行的研究成果乃至具体建议之处特别多,尽管此前各章也有类似情况。

而从订正《僧尼籍》一文中出现的谬误开始。

在《敦煌的僧尼籍》文中作为"资料八"（S.545v）、"资料九"（P.3600）所列的永安寺、普光寺及另一尼寺的有戌年落款的《僧尼名报告书》，其成文年代过去据推测为公元926年或938年。可是该说法提出不久即受到竺沙雅章君的批评，他认为这两份有戌年落款的文书应与《辰年牌子历》相关，特别是出现在尼寺部分的"寺卿"，只能被看做属于吐蕃时代或相去不远时期的名称。进而根据在此出现的两位寺卿又见于其他文书，可推断这一写于普光寺之前、因首部残缺而寺名不全的报告书是大乘寺的物品。该推测完全正确。从而在两件文书写成的戌年，永安寺辰年的11名僧人中还有4人，已少了7人；普光寺的47名尼姑中最少还留下10人左右。考虑其年份为辰年（公元788年）之后的戌年即18年后的公元806年最为妥当。按这一修改，从《僧尼籍》的表七"敦煌各寺僧尼数一览"中抽出属吐蕃时期的3件文书，再列为表7－6的第一至第三栏：

表7－6　吐蕃时期僧尼、寺院数[1]

资料引用番号	僧尼数			寺院名		
	僧尼籍六	僧尼籍十五	僧尼八、九			十八
登载番号	S.2729	S.5677v	S.545v P.3600	S.542v	S.4914	P.994
资料名	辰年牌子历	僧尼数觉书	戌年申告	戌年寺丁簿	卯年付经历	寺名表
年代	788	?	806	806?	835?	850±X
僧寺						
1.龙兴寺	龙兴寺28人	龙23人		龙兴	龙	lung-khung
2.大云寺	大云寺16人	云15人		大云寺	云	de-yan
3.莲台寺	莲台寺10人	连10人		莲台寺	连	le-te
4.灵图寺	灵图寺17人	图37人		灵图寺	图	le-tu

[1]说明：左起第一至三栏表示按文书记录的僧尼数，第四至六栏表示列出的寺院名，第四至六栏出现于各文书中的寺院，并不包括存在于各时期的所有寺院。另外，《僧尼籍》"表一"里出现的"敦煌十七寺"中不见于《辰年牌子历》的诸寺，其大半是建于吐蕃时期，同文"表二"出现的诸寺也多存在于吐蕃时期。由于除圣光寺以外，不能够知道它们兴废的顺序，故本文"表六"第四栏以下的《寺名表》、《卯年付经历》等都表示尚能知道存在与否的各寺院。

	僧尼数			寺院名		
5.金光明寺	金光明寺 16 人	金 26 人		金光明寺	金	kyim-ko-mye
6.永安寺	永安寺 11 人	永 17 人	永安寺 36 人	永安寺	永安	
7.乾元寺	乾元寺 19 人			乾元寺		gyan-yan
8.开元寺	开元寺 13 人	开 21 人		开元寺		khye-yan
9.报恩寺	报恩寺 9 人	恩 31 人		报恩寺	恩	? -yon
10.永康寺		康 19 人			康	
11.宿		宿 19 人				
12.兴善寺				兴善寺		
13.永寿寺					寿	
14.三界寺				三界		pam-kye
15.显德寺						hyen-tig
16.乾明寺						gyen-mye
17.净土寺						je-tu
尼寺						
18.灵修寺	灵修寺 67 人	修 55 人		灵修寺	修	le-zhu-ci
19.普光寺	普光寺 47 人	普 57 人	普光寺 127 人	普光寺	普	pho-ko
20.大乘寺	大乘寺 44 人	乘 61 人	［大乘寺］X 人	大乘寺	乘	de-shing
21.潘原堡	潘原堡 13 人					
22.安国寺		国 29 人		（安国）	国	an-kog
23.圣光寺		圣 7 人			圣	ze-ho?
僧尼合计	310	406＋X 人				

　　按表 7－6 所列,马上给人的感觉是公元 806 年永安寺、普光寺的僧尼数比公元 788 年大大增加,接近于归义军时代,整个敦煌僧尼已达千人左右。从这个数字看来,在远不到吐蕃时代末期的公元 9 世纪最初几年已达如斯程度,应该说该期僧尼的增长速度是令人惊异的。

　　因而,第二栏所示的 S.5677v 纸片记下的僧尼数如果反映了各寺全部僧尼,它与公元 806 年的数目相比则更接近于公元 788 年的水平。《僧尼籍》一文推测它反映了公元 800 年前后的状态。据此或应该认为它是再早数年的文书。又,假如将之当做记载全体僧尼数目的文书,但其中却未出现乾元寺。由于乾元寺当时还存在,因此实际的僧尼总数应比文书所记的多出若干。[1]

有关公元 806 年以后僧尼数的记录尚未发现。如果说公元 806 年时已经接近于归义军时期的总数,那认为此后的数目不会有迅速乃至大量的增加是适宜的。

下面我们来看佛寺的兴废。

如前所述,圣光寺是由吐蕃宰相尚绮心儿的捐助而建,它的名字最早出现在第二栏的 S.5677v,该文书大约属于 8 世纪 90 年代。其中比丘尼数仅载 7 人,它反映了草创之初的状况呢? 还是在这 7 位汉人比丘尼之外尚有若干吐蕃比丘尼呢? 如果据前面的《功德记》所载,它建立在沙州城之内。[2]

同一件文书还出现安国尼寺,这座寺院的创建可能更早,比丘尼人数超过了 20。

永康寺也在此出现,该寺的名字间或见于吐蕃时代文书,它在吐蕃时期不是废止就是改了名,到归义军时期已不见这一寺名。[3]

《僧尼籍》一文曾注意到这份文书中出现的"窟",它会不会是后文三界寺的前身呢? 三界寺与莫高窟的修建有关。

S.542v(3)以《戌年六月十八日诸寺丁仕车牛役簿》为题,该文书值得注意,上面列有十三四家寺户名字,分别记录了其劳役项目,有时还有其服役时间。此文书的戌年姑且定为公元 806 年。[4] 重要的是,它按龙兴、大云、莲台、开元、永安、乾元、灵图、金光明、报恩、兴善的顺序列出了 10 座僧寺,接下来又列有灵修、普光、大乘 3 座尼寺,在有的开元寺寺户的头上还朱书有"安国"字样。这就是说,他们是从开元寺

---

[1]反之,假如它不表示全体僧尼数,就必然是较后的文书。这样处理起来就很有问题。

[2]在《僧尼籍》一文中,我曾分析过各大寺的位置,但却没有找到有关尼寺位置的记录。这方面得到了西本尤山先生的启发:从戒律看,尼寺应该设在城内。

[3]在《僧尼籍》资料十五中,"康"曾被误释为"宕泉",现予订正。

[4]竺沙雅章君认为这一文书中的戌年为公元 830 元。假如无误,此处不见永康寺出现,就只能理解为它不存在或已改名。

转让到新建的安国寺的寺户。由于末行之后有若干空白,它被认为可能不是完整的记录。假如其后还有内容,则只有圣光寺应在这里出现。永康寺是还未建立还是尽管已建却没有寺户呢?它的寺名与圣光寺均未出现。新出现的有兴善寺,它也是吐蕃时代之外所不见的寺院。

此外从 S.796《小抄》的跋尾(乙巳年,公元 825 年)和 P.2404《六门陀罗尼经论》的跋尾(癸丑年,公元 833 年)看来,表中的永寿寺,至少在上述时期是存在的。[1]

伯希和收集的一件写本将沙州 17 座寺院的汉名用吐蕃文写为如下形式。其中大部分可以还原,现一并录出还原的汉名:

资料十八   P.994《沙州诸寺名》

lung-khung zi/de-yan zi/pho-ko zi/gyan-yan zi/le-zhu-shi zi/ze-ho zi/khye-yan zi/yon zi/an-kog zi/de-shing zi/kyim-ko-mye zi/1e-tu zi/kyen-tig zi/gyen-mye zi/le-te zi/je-tu zi/pam-kye zi/……(还原汉名)(1)龙兴寺(2)大云寺?(3)普光寺(4)乾元寺(5)灵修寺?(6)圣光寺(7)开元寺(8)?(9)安国寺(10)大乘寺(11)金光明寺(12)灵图寺(13)显德寺(14)乾明寺(15)莲台寺(16)净土寺(17)三界寺……

(8)是座记载不详的寺院,设想应是永安、报恩中的某一座。略一过目,莫如说这些寺名与归义军时期的寺名一致。它是吐蕃晚期的文书呢,还是在进入归义军时期后用吐蕃语书写的文书?永康寺、永寿寺、兴善寺等寺名消失了,出现了显德寺、乾明寺等。这也许又是改名的结果吧。

总之,在进入吐蕃统治时期不久,敦煌的僧尼数便急剧增加。不仅如此,这时还创建了 5 座大寺院。此外,这一期间所开凿或修补的佛教洞窟可从其风格上鉴别出来,而若干金石文字的稿本也流传下这些功德。从外部看来,吐蕃时期敦煌佛教界的情况就是如此。

---

〔1〕《僧尼籍》表二作为出现永寿寺例子举出的雨字 55 号之后,从微缩胶卷看来,有"大蕃国沙州永康寺"的记录。永寿寺除本文提到两例外,还见于 P.3770(未年)、海字 5 号《稻竿经》等。

7.5.2 讲经、译经、写经

吐蕃进入敦煌时期,如摩诃衍、昙旷那样的高僧似乎屈指可数。摩诃衍为顿门派学僧,后被带到吐蕃国内,在那里得以与印度渐门派僧人展开教派之争。其经过在戴密微氏基于《顿悟大乘正理诀》所作的研究中较详细。昙旷是河西建康军(介于甘州与肃州之间)人氏,游学长安西明寺修习唯识论,后返归河西讲学,时值吐蕃军压迫,也许是随向西避难的汉族流民而来(见前),最后驻足于沙州,讲述《大乘起信论广释》及《略述》,《大乘百法门明论开宗义记》及其约本《同开宗义诀》等。他的著作《大乘廿二问》是关于前述顿、渐两门论战的论点,近来已引起相当的注意。[1] 至今在敦煌写本中还有数部不同的抄本,其中有些被认为是对讲义作笔录时的速记文本。这类笔记常常写于当做废纸的文书的背面。本文所用的大部分非宗教文书都是保留下来的当时的讲经记录。因当时不仅昙旷,而且其他经师的著述也没有传至中原,所以在佛学领域,这些敦煌写本向为世人所珍重。同时由于他们的著述而使这类文书得以保存,我们则更应为之感到庆幸。

以上姑且不论。在进入公元 9 世纪不久又出现了法成(chos-grud)。他是吐蕃郭西(Vgos)寺的僧人,通晓汉蕃两种语言。据说,他来敦煌是由于继奉佛的吐蕃长发王之后登位的达磨王排佛,他受到迫害。在敦煌写本中,有录其讲述的《瑜伽论分门记》、《萨婆多宗五事论》等论部之书及《稻竿经》的注译等。此外他的另一件稿本也很引人注目[2],即在圆晖《入楞伽经疏》的行间以疏为基础而将经文译为吐蕃文的一件写本。因在其大藏经译本的卷末有:"承吉祥天王敕命,参照中原教主圆晖所作的注释,廓西寺翻译僧法成译校"[3]的字样,因此可以认为其翻译年代在长发王在位[4](公元 815—836 年)期间。他后来逃往敦煌时携来了这一稿本。另外,因他汉译了不少吐蕃佛典,敦煌文

---

〔1〕这一问题山大峻君将要研究。

〔2〕河口慧海:《矢吹博士所摄的入楞伽经文研究》(《鸣沙余韵解说》第二部所收,1933 年)。

〔3〕引用译文同《矢吹博士所摄的入楞伽经文研究》,基于河口先生所译。

〔4〕关于长发王即赤祖德赞王在位年代,在前举佐藤长书的 576–594 页间有周密的考证。

本中的《般若心经》、《诸星母陀罗尼经》等汉译经典都冠有他的名字。在后者一件写经文书（S.5010）的卷首记有："壬戌年四月十六日于甘州修多寺译"的字样，据此可推测"壬戌年"当公元842年，这样就与法成在长发王死后逃至河西的说法正好吻合。后来他大致活动到公元860年左右（见《瑜伽论分门记》卷尾）。

法成的活动时期如上所述是在长发王在位及死后时期。与他同期或在他之前，《大乘无量寿经》（别名《无量寿宗要经》）、《大乘经纂要义》、《大乘稻竿经》等经典在吐蕃统治下被译成了汉文。不用说，这些经典的汉文旧译早已存在，不仅有玄奘、日净、佛陀波利等唐代翻译家的译本，还有经宫廷文人"润色"雅正后的汉文本。与此相比，前述经典中不少行文晦涩拗口，直到敦煌文书发现前并不为中原所知道。在斯坦因收集的名为《大乘经纂要义》的一件写本之跋尾中有如下字样：

资料十九 S.3966（G.4631）跋尾[1]

大乘经纂要义 壬寅年六月，大蕃国有赞普印信，并此十善经本，传流诸州，流行读诵。后八月十六日写毕记。

经文述及十恶十善，难度较低，它是按吐蕃王命而推行的，供占领地汉人（或汉僧）诵读。虽然这一经典传写的数量还不能具体了解，但另一种《无量寿宗要经》却同样遵照王命而在沙州写了数千部。在沙州写经坊，不仅译写上述经典，甚至1部600卷的《大般若经》也写了若干部，再加上吐蕃文诸经的传写，据此可以推知这里写经所具有的规模之巨大。敦煌文书中能够反映写经情况的材料总是零星的，因而要了解写经方面的全貌就必须从文书中去收集写经本身的跋文。所幸的是，大量学者的工作使得写经跋文的集成整理成为可能。下面欲述其大概。

沙州出现有组织的写经形式，就材料分析是进入9世纪相当一段时间以后的事，但推想其起源当在8世纪时期。历来在寺庙中就有管理经藏的僧员，他们任期届满向下一任交接时总要点交经卷的数目。

---

〔1〕在1960年的《墨美》97号上提到这一点，并有若干说明。

这时如有残卷便属前者的责任而应作补写（S.2447），因此临时性的写经是不可避免的。况且像安图寺、圣光寺这些新创的寺院，按理也必然先写经而后有经藏。现在所见经卷中，"报恩寺经藏"和"三界寺经藏"两方的藏经印钤在同一经卷上的情况不少，这是因为三界寺新建之时得到报恩寺分出的部分经卷。报恩寺为了补充就必然会进行写经活动。若稍事分析，实际情况是当三界寺创建之时由报恩寺写了某些藏经，写经一方的报恩寺将新的经卷作为收藏，而将原来的旧本拨给了三界寺。似乎在新寺建立之时，各寺院总要为之分头抄写所有经卷。下面的文书就反映了上述情况：

资料二十　S.2712（G.7893）《付经历》

[1]大乘寺　付大般若经从第一帙至第卅帙，付明顺

永安寺　付中阿含六帙（一帙末）六十一卷，增壹阿含四帙册卷，并帙，付道凝

莲台寺　付新译大方广花严经八帙七十五卷，付惠空

灵修寺　付大般若经廿七帙，付明性

[5]报恩寺　付放光般若二帙，大般若三帙，大品般若三帙廿九卷□，小品般一帙八卷，正法花经十卷一帙，文殊师利问经一帙，大般泥洹六卷一帙，佛本行七卷一帙，宝如来三昧经八卷一帙，虚空藏所问经八卷，大云经十卷一帙，道行般十卷一帙，大菩萨藏经二帙

[10]安国寺　付∟无尽意经十卷一帙，∟大悲经十卷一帙，∟法集等经十卷一帙，盖□□经二(?)卷□帙，∟菩萨见宝三昧十四卷一帙，∟大集贤护经十卷一帙，∟大法炬陀罗尼十卷一帙，∟五千五百佛名经七卷一帙，∟持人菩萨所问经□卷一帙，∟大悲分施利经七卷一帙，∟光赞般若十五卷一帙，菩萨善戒经九卷一帙，∟央掘磨经十卷一帙，∟禅秘要经十卷一帙，大树紧那罗王经□□□□拾(?)□□，菩萨璎珞，禅秘要，大树紧那罗

[15]龙兴寺　大般涅槃经四□，花严经四帙，杂阿含四帙，增

一阿含一长阿含一帙,菩萨本业经一帙六卷,佛本行集经十卷,大方等念佛三昧经十卷,无垢施卉经五卷,解深密经五卷,大方便佛报恩念佛三昧五卷,大法炬陀罗尼十卷,佛名经十二卷,贤劫经十三卷 卉璎珞经五卷,大悲分陀利经八卷,开解梵志十一卷,阿首

[20]□□集经十一卷,大方广善住意经七卷,贤劫经十三卷,华严经第五帙,诸佛要集十卷,摩诃般若经抄五卷,华严经 摩诃般若(废纸付藏家)华严经 诸佛要集十卷 卷

卷二

[纸背]

[1]乚增一阿含十卷 乚善见律九卷,进乚中阿含第六□十卷,进龙兴 乚常典大庄严论十五卷乚净通十住毗婆沙第一七卷,阿毗达磨大毗婆沙,第十八(十卷),付戒朗,乚顺正论第四帙乚第七满分别功德论九卷

[5]金光明 十住毗婆沙第二帙七卷,乚成实论第二帙十卷,乚摄大乘论七卷一帙,乚摄大乘本论释,僧祇律第四帙,乚阿毗达磨帙大毗婆沙论第七、十卷一帙,乚阿毗达磨顺正理论第帙十卷,付金粟,乚阿毗达磨第十六、十卷,阿毗达磨顺理论十卷,阿毗达磨 乚俱舍论十卷,未入

[10]永安 乚阿毗达磨大毗婆沙第十二帙,乚第九帙付昙隐,第六帙第七帙付隐舍利弗阿昙第二,七卷,阿毗达磨毗婆沙十卷

大云寺 阿毗达磨毗婆沙乚第十一乚第十五付法进乚阿毗达磨第十八进乚第十九乚摄大乘无性卉释六卷,乚般灯论第一帙八卷付进,毗□八,进乚□□记卷一,舍利弗第三、七卷,乚品类足第一,乚阿毗达磨第七乚大智度第二第三各一卷,乚阿毗达磨显宗第二、十卷,

[15]乚大智度第六、十卷,乚阿毗达摩俱舍论第帙十卷

兴善寺 十往新经卷一 □□仙三昧经十卷,□,道行

般若六卷，□神足经八卷□□撰经十二卷∟阿毗达磨第十四∟阿毗昙第二渊智∟阿毗昙第四各十卷

这里所见有大乘、永安、莲台、灵修、报恩、安国、龙兴、金光明、大云、兴善 10 寺，其中安国、兴善两寺前已出现。[1] 此外，有 13 位接经僧尼的名字(有两人略称一字)，其中明顺(大乘寺)、净通(龙兴寺)、法进(大云寺)3 人也见于《辰年牌子历》。在这 13 人中至少上述 3 人一同从公元 788 年生活下来，推测他们的时代不超过公元 800—810 年前后为宜。这意味着此时安国、兴善两寺已经建立。由于永安寺的道凝在公元 806 年的报告书(《僧尼籍》资料八)中没有出现，因而将这份文书看做此前的更合适。从这份文书中似乎可以看出为永康寺、圣光寺或者未知的某座寺院分写一切经文之事的痕迹。由于同类文书时有题作"付经历"者，因而上文"资料二十"按此而拟订了标题。文中"∟"符号可以解释为归还的记号。由于每一寺院的记载都在中途变换人手，且又留有空位，当不是一次所书，而是按取付的顺序分次写入的。留下的空位可以看做是为预计的交换而备用的。即是说，这是一件出借方面的记录文书，末尾所出现的"废纸付藏家"，表明它的借出不是为学习等原因，而是为了写经。

S. 476 也是件与上述 S. 2712 形式完全相同从而内容也有相同性质的备忘文书，以至可认为其主要部分同由一人所写。这件文书中同样也有不少甚至更多的人见于《辰年牌子历》。但这件文书由两页构成，每页两面书写，本来就非单一的记录。两页是连续的还是相关的？由于粘连而使行间注文相选，以至内容的解读特别是两页正反先后关系的判定都有相当困难。总的看来，笔者倾向于将这两页文书及 S. 2712 一起解释为相近的写经时期的记录。

这样，各寺的代表每人获得分配的经卷十数卷以至数十卷而返。在各寺的"经坊"中正有数个、十数个，有时甚至数十个的僧俗写经生

---

〔1〕在表六的 S. 542v(公元 806 年?)出现安国寺、兴善寺并列于 14 座寺中，相同的是都没有永康寺、永寿寺的出现。故认为它的时代极为相近较宜。

等着,然后样经被分配给每个人进行抄写。斯坦因收集品中就有这种可以显示各寺写经情况的文书。下面举出一例:

资料二十一　S.3071v(G.6960)《付经历》残片

（前缺）

[1]　部八卷,∟修行道现经一部六卷,卉本行经等三部九卷,并付寺主善,∟大般若廿卷付寺主,又般若廿卷并帙,又付新般若第廿帙,无尽意经等十卷∟大般若三卷(道士文书并无用处)

[5]∟大乘六人　∟大灌顶经一部十二卷,∟大树紧那罗经三部十卷,并付善智,又付∟放光般若廿卷,付善智,∟大般若卅卷付觉,又付新般若 ∟第卅七帙,∟第十七帙∟第三帙∟第卅九帙∟第二帙

[10]普光八人　∟观佛三昧经一部十卷,∟五千五百佛名经一部八卷,∟阿惟越智遮经等三部九卷并付胜觉∟大般若五十卷付胜觉,又般若廿卷,又付新般若第∟五十五帙,卅三帙付胜觉,又付新般若第十二帙,第廿二又一卷∟第十四帙,第十一帙,卅一帙,五十二帙

[15]修十二人 ∟法集经等两部十卷,大集贤护经一部五卷,大乘方便经等四部十二卷并付觉智,大般若五十卷付觉智,∟又般若廿卷第一帙,∟又新般若第廿一帙,第七帙,第十九帙,∟第卅三帙,∟第四帙三卷(尾缺)

这件文书与 S.478、S.2712 等《付经历》大体相似,只是记有每一寺的人数不同。在道经纸背的"道士文书,并无用处"一行字为僧人所书,字迹相当熟练。文书前面所残缺的应是并列的僧寺,保存下来的却只有大乘、普光、灵修 3 座尼寺。文书中提到的大乘寺 6 人、普光寺 8 人、灵修寺 12 人当是写经生人数。一见文书,人们会注意到先期交付的经典题名用毛笔勾过,这大概是用完归还后所作的标记,以交换另外的经卷。在此以下,各寺均用另外的笔书写。

还有一件录有全体写经人员的名簿,笔者认为它是稍后时期的文

书。虽然它反映的写经组织与前述《付经历》似乎不同且时代有别,但从写经这点着眼仍可引用如次:

资料二十二　S.2711(G.7842)《写经人名簿》

　　金光明寺写经人　戒然、弘恩、荣照、张悟真、法贞、贤贤、寺加、金塩、道政、缘法,俗人阴暠、郭英、秀索、庭照、索珹、索洎、王英、张善、张润子

　　离名、董法建、义真、惠照、辩空、法持、道岸、道秀、超岸、昙惠、利俗、净信、李峨、张宽、李清清、卢琰、陈璀、∟张润子、张釜、宝器、张重润、翟丘、张献、高子丰、立安、宗广、王进昌、孔爽、薛谦、李颛、张英环、安国照、∟张善、范椿、索奉禄

文书中有僧俗共 53 人(其中 2 人重复而实际为 51 人)的名字[1],列为两组。他们中不少人在现存的《无量寿宗要经》、《大般若经》等经的卷末写经生署名及其他相关文书中出现过。由于人员分为两组,难以判定所谓"金光明寺写经人"是指全部还是指仅第一组 18 人。但第二组中若干人又与《辰年牌子历》中所出现的僧名相同,如果他们是同一人,则因这些人均属别的寺院而可以说金光明寺只有 18 位写经人。从后文看来,这件文书的时代约在公元 9 世纪 10 年代或 20 年代的初期。

《付经历》一类的文书还有其他各种形式(如 P.3336、P.3365)。如果说沙州诸寺的写经坊一完成分配的经卷后又有新的抄写任务,那将是一派忙碌终日的情景。9 世纪之初建立了安国、圣光、兴善 3 寺,不久又建立了永康、永寿寺。为了给新寺准备经藏,诸寺的写经坊异常繁忙是当然的。若把沙州作为一个整体,从这方面看来已意味着它所具有的相当的写经能力。沙州还承接来自吐蕃赞普有关大量抄写新译经典的命令,因此不仅汉文经典,连吐蕃文经典的书写也是沙州写经坊的任务。令人吃惊的是,吐蕃文写经生中的一半以上竟是汉人。这是从经卷末尾的署名或各种记录中得出的结论。

---

〔1〕总 55 人之名,第一群 20 人,似计掉 2 人。——译者注

前引"资料十九"《大乘经纂要义》是在壬寅年（公元822年）按赞普的命令而书写的，但是该命令是否针对沙州尚不清楚。此外，现存的这一经卷在斯坦因收集品的文书中也仅存两件，因而似乎不见大量抄写的痕迹。然而，《无量寿宗要经》则完全不同。伯希和收集的吐蕃文书中的一件（P. 999）是"关于向天子赤祖德赞（sun-lha-sras khri-gcug-lde-brcan）贡上《无量寿宗要经》汉文135部及吐蕃文480部而书写的公文"，末尾有"发信人"的印，其中两位分别读为 guas-brtan ban-de Hong-ben 和 Dbang-chog。[1] 前者无疑是沙州都经师洪辩，因而该文书是来自沙州佛教教团代表的报告书，内容大致是报告所完成的上述书写任务。这一经卷的写本今天从各地的收藏中可以数出上千部。在敦煌实际的写经数当更多。这样多的写经，限于笔者所见，均是同一形式的小字写本，每一部均有写经者的署名，即使写经人不同，笔迹也出自同一师门，亦即是说至少笔者所见的这些均由同一集体写成。这一集体不外是沙州的这一群写经生。上举的报告书可以看成是这一经典在抄写过程中某一阶段的业务报告。要书写如此多的部数，如果是百人以内的集体，一两年也谈何容易。上文中赞普的命令下于哪一年尚不了解，但从提到赤祖德赞王看来，应该定在公元815年以后。[2]

又，前面曾引用过的托马斯2-15文书（见"将——部落的下级组织"一节之末）中有这样的标题：

午年和未年关于为天子书《大般若经》的写经生间纸张的分配（原文略）

这类《大般若经》也是敦煌写本中常见的经典，其中大都为上面述及的笔迹，而且卷末写经生署名与前述《无量寿宗要经》中署名相同者不少。这里所谓的"天子"也必定是长发王赤祖德赞，他在位的午年、未年或当公元826—827年，如果这样讲有误，就应该是此后的公元838—839年。

---

〔1〕洪辩屡见于其他的吐蕃文书。Dban-chog又见于P. 1207中。参照表7-2。
〔2〕前引佐藤长书上27页、下589页。

总之,沙州的写经生们,在为若干寺院准备一切经卷而忙碌之外,还承担着由王命而至的上述写经义务。所幸的是,有关这些写经事业的一系列文书由于托马斯先生的译解而发表出来。他把它们作为一般的文书对待,由于未见实物,想必他或许是出于慎重而这样做的。因为从东洋文库原版照片来看,所有的日期、发信方式等并不齐备,而且多种内容的文书还连接书写。然而,由于这些文书是了解沙州写经组织实体的重要文书,如果将之与其他文书及经卷作对照,将更容易使我们理解其间的情况。这些文书有的很长,而且还有若干难读之处,兹从托马斯书中照录如下:

资料二十三 托马斯 2－14(vol. 56, fol. 73－74)《写经所记录》抄出

第一通 （残片一行,不能解读）

第二通 （2－7行）为瓜州城的经典一部(sde)从论·杰齐及论·董赞处送至比丘伯尔章颇,现在贵城,但未署领收者名。计算书也已送达。用纸及工钱的赋课是否在官署办?欲送上计算的认可。若不同意,则欲径直送回经卷。

第三通 （8－17行）午年某时有贡,从前面的……而来,已写完吐蕃文《大般若经》(Shes-rab-vbum-pa)八集(sde)、汉文《大般若经》三集六百卷(bam-po)。汉文《大般若经》一集和吐蕃文《大般若经》两集,按以前得到的命令而完成。其费用请求按在沙州的仓(会计官员)处的计算(指头文书?)得以确认。汉文经三集和吐蕃文六集,共需费用约四百七十驮(khal),(已收到)的为六十驮。纸墨费在前也未领取,因这是写完后的事。写经生们尚未得到薪俸,请立即认可支付。（后略）

第四通 （18－23行）关于书写吐蕃文《大般若经》八集费用的日期,沙州的代表(? dphon-sna)减半,得到书写汉文的写经生八十人及校勘者二十人。他们的债务作汉文写经的费用……代表者已送文书。因以后论·孔谢尔(blon khon-bzhzer)决定在官府处理会计事,还有书写吐蕃文经的写经生……请求让我送上署名。

·欧·亚·历·史·文·化·文·库·

第五通　(24—25 行)……符牌到。书写……汉文《无量寿宗要经》,一卷……又书完,一卷……之费用付出……

第六通　(纸背 1—8 行)……成十,加上附属品成十三。贵城所有之经卷竟致有一丈(Vhdom)。经过十年后,估算其价值已达二两(Sran)又七钱(zho),其中未计废纸。关于废纸的计算未获命令。兹报告废纸的情况,首先,由于虫蛀,检查时除去一钱(zho)。由于潮气除去一钱(zho)。三十年的损耗又除去半钱(zho)。云云。

虽然上述文书有各种引人注目的记载,但最令人兴奋的是关于沙州写经事业的特点及相当明确的概述这点。这就是说,写经的重点似乎仍放在前述两经上,这不仅是为沙州的诸寺而写,也还为其他城市而书写[1],因而向各处催收费用。在向王室进贡的情况下,自然由租赋上安排,因为在与唐王朝无大战争的当时除地方租赋外,也许还有对吐蕃王朝的贡纳。自然,贡品为谷物。

文书第四通记有写经生 80 人,前面所引的《金光明寺写经人》中有 51 人的名字出现于此。这些只是汉文写经生。此外有大约 30 位吐蕃文写经生,正如紧接的后文所见。这样合起来近于 80 人之数。这也许是某种限额吧。又,前已述及《金光明寺写经人》分为两组,后一组大概不属于该寺。按这样解释,则金光明寺为一处写经场,那里有 18 位写经人,此外在某处还有中心写经场等一类机构,那里有 30 余人集结待命。既然把写经作为一项事业来进行,在某处有作为中心的本部当然便有必要。

上文已见写经生得到所付薪俸的情况,他们也还以实物的形式得到部分供给。

资料二十四　S.5824(G.7836)

[1]应经坊合请菜蕃汉判官等

先子年已前,蕃僧五人,长对写经廿五人

──────────

〔1〕本篇"资料二十三"第二通系瓜州所写,而从 P.1003 看为 lyi-cu(伊州)所写。

僧五人，一年合准方印，得菜一十七駄，行人部落供。

写经廿五人，一年准方印得菜八十五駄，丝棉部落供。

［5］昨奉、处分，当头供者具名如后

行人　大卿　小卿　乞结夕　遁论磨　判、罗悉鸡　张
荣奴　张兴子

索广弈　索文奴　阴兴定　宋六六　尹齐兴　蔡殷殷
康进达

冯宰荣　宋再集　安国子　田用用　王专　已上人每日
得卅二束

丝棉　苏南　触腊　翟荣胡　常弁　常闰　杨谦让　赵
什德

［10］王郎子　薛卿子　娑悉力　勃浪君君　王□□　屈罗
悉鸡　陈奴子

摩悉猎　尚勋磨　苏儿　安和子　张再再　已上人每
日得卅三束

右件人准官汤料，合请得菜，请处分。

牒件状如前，谨牒

似乎因僧人和写经生增至38人而采取了这样的措施。一眼看去，写经生（文书中称判官）的列名使人注目的是其中大部分为汉人。类于吐蕃人的名字，不过在"丝棉"下面出现五六人。事实在当时吐蕃文写经的卷末也能够见到这些汉人写经生的署名，而且运笔相当熟练。不仅写经生如此，校勘者中也有汉人名字。如P.63《无量寿经》校勘者署名处出现的Cang-pen，似为上文中的常弁。从吐蕃文写经的实例看来，这里30余人的名字还未发现。但反过来说，在前后数十年时间中，这些人之外以吐蕃文写经为业的汉人是车载斗量，不可胜数。至此，前文关于汉文典籍以吐蕃字音写乃至注音之说当非意想之词，想来是可以理解的了。

"资料二十三"第六通中将废纸的处理作为一个问题。从字面推想，这乃是委托者交付的白纸在完成写经过程中的损耗。前面《付经

151

历》中也涉及废纸的处理,那也应指书写过程中的损耗。实际上,不论斯坦因的收集品还是北京的收集品,由于写坏而致的废纸超过一成。虽然一两个简单的脱字可补入行间,但若像《大般若经》这种不断反复的经文,往往不是写掉一两行就是重复书写,如果被校勘者发现,脱字、脱行就写上"兑",重复则写上"剩",这成为重写的命令。送出前认可也许得不断反复至三校,继续用"兑"、"剩"的字样,有时还出现校勘者的署名。有发现脱误是校勘者的成绩的说法,这反映与唐朝或是日本奈良时代相同的制度。[1] 可设想对成千上万这种废纸的处置。在纸张相当贵重的当时,这自然是十分棘手的问题。也有校后标上"兑"的不合格的抄纸的纸背再被利用的例子。

说到沙州为其他地区写经一事,不得不涉及下面的问题:难道其他地区没有这样的写经生吗?是因没有抄录的原本还是其他原因呢?笔者认为:这仅仅是沙州的佛教文化有着较高水准的缘故,这里可以说是佛教圣地之一。从写经而获得的巨大收入,当然是维持敦煌地区十多座大寺院以及数百座洞窟的有力财源。在笔者《僧尼籍》一文中,曾发出过贫瘠的沙漠绿洲都市如何能养活那数千僧尼的疑问。但无论如何,可以认为在吐蕃时期维持这样的程度是可能的。然而,要是将所有的疑问都这样去处理则失之轻率。进而,在见不到大规模写经事业的归义军时期,这些寺院的维持仍然是不解之谜。

沙州写经生们所从事抄写的当然不会仅限于前述两部经典。本章最后以一览表形式列出在两经以及其他跋文或相关文书中出现的汉文写经生。该表合并了竺沙雅章君所作的在《大般若经》及其有关文书中出现的写经生一览表和大谷大学滋贺高义君所作的与《无量寿经》有关写经生一览表。该表在展示吐蕃时期沙州写经事业的大规模之一端的同时,相信还可以起到解释判断同时代的写经和文书,进而了解吐蕃时期敦煌历史的作用。

---

〔1〕石田茂:《写经所见的奈良朝佛教之研究》(《东洋文库论丛》11,206-207页,1930年)。

表 7 -7　　吐蕃时期汉文写经生一览[1]

写经生	无量寿经	大般若	大般若写经记录 S.4831	金光明寺写经人 S.2711	附笺 S.6028	付经历 S.2712	牌子历 S.2729	备考
翟　任			○	○				
翟文英	4							北.诸星母陀罗尼经
张　真	1							
张谦逸	1							
张重润		20.北						
张涓子	20	233.L						
张小卿	8							
张　献			○	○				
张良友	2							北.宝积经、橘.无量寿经
张略没藏	14							
张　善				○	○			
张寺加	5	452.L	○	○				大正藏本、无量寿经
张翟翟	3	206、232.北 384.L						
张　瀛	14							L.金光明经、观音经

〔1〕说明：1.本表写经者名字依韦德(Thomas Wade,1818—1895,英国外交官,中国学家),所创威妥玛中文罗马字标音法的音顺排列。2.写经生名字有时为略称,表内以括弧表示。3.作为校勘者而出现的名字,其后注明"(勘)"。同一人既作为写经者又作为校勘者出现时,名下标记"＊"号。4.罗马字所示,为汉文写经生的吐蕃年署名。5.《无量寿经》一栏,合并记录于斯坦因、北京两处的各写经生《大乘无量寿经》写本数。这一数字不包含见于其他地点的该经。6.《大般若》一栏,记录见于斯坦因、北京两处的写经者所写的或是校勘的《大般若波罗蜜多心经》的数目。(L)表示斯坦因收集,(北)表示北京收集。这一栏收录的写经生只限于作为《大乘无量寿经》的写手或是能够确认的其他吐蕃时期文书中出现名字的吐蕃时期的写经生。7.第三至六栏,以"○"号表示在各文书中出现名字的写经生。8.《牌子历》一栏,按 S.7729《辰年牌子历》中出现者而录出其所属的寺院名。9."备考"栏,表示出现各写经生名字的经书及文书的种类。

续表 7 – 7

写经生	无量寿经	大般若	大般若写经生记录 S.4831	金光明寺写经人 S.2711	附笺 S.6028	付经历 S.2712 S.476	牌子历 S.2729	备考
张英环	3							龙大、无量寿经
张爱爱	1							
超 岸			○	○	○			
陈璀（勘）			○	○				
振 威		147. 北						
戒 然			○					
智 照		52、72. L4、10、74. 北						
净 真			○	○				
就 通		276. L						L. 般若心经、S.1686
崇 恩			○		○			
法 持			○	○				
法 进						○		大云寺
法璀（勘）		258、280. 北						S.2447
范 椿			○	○	○			
氾 华	7	302. L						
氾子昇	20							S.5813
福智（勘）		206. 北 212. L						
海晏（勘）		123、413. L						S.4914
恒 信		431. L						
Heng. delu	1							
像 照			○			○		乾元寺
像 海					○			金光明寺

写经生	无量寿经	大般若	大般若写经生记录 S.4831	金光明寺写经人 S.2711	附笺 S.6028	付经历 S.2712 S.476	牌子历 S.2729	备考
像 幽			○				乾元寺	
解晟子	9							
贤 贤			○					
行 如						○	开元寺	
弘 恩				○	○	○		
日 进						○	龙兴寺	S.381
荣 照			○	○				
高子丰（高丰）			○	○				
广 真		579.L						
归 真						○	莲台寺	
孔 宣	3							
利 俗			○	○			大云寺	
李 涓			○	○				
李 峨			○	○				
李 颢			○	○				
Li-gi-gi	1							
李弁子	4							
李 曙	3	71.L						
李 义	4	51.北						
离 名				○	○		灵图寺	
令狐晏儿	22							
刘法奇	1							
刘再荣	3							
卢 谈	3	1、5.L						
吕日兴	19							

续表 7-7

写经生	无量寿经	大般若	大般若写经生记录 S.4831	金光明寺写经人 S.2711	附笺 S.6028	付经历 S.2712 S.476	牌子历 S.2729	备考
吕 宝	2							
马 丰	6							橘.无量寿经
马唐一	1							
宝 器			○	○				
裴文达	18	224.L						
辩 空			○				大云寺	
伯 明		203.北						S.2447
菩提本	1							
善 来				○				
索君子	1							
索兴(勘)			○					
索慎言	16							
Sag-Shun	1							
索 滔	2			○	○			
宋良昇（宋昇）	21							
昙 空						○	开元寺	
昙 秀						○	开元寺	
唐再再		201.L						L.诸星母陀罗尼经
唐文英	7							北.观音经 橘.无量寿经
道 岸			○	○				
道 政（道正）				○	○			
道 秀			○	○				唐招提寺藏无量寿经

写经生	无量寿经	大般若	大般若写经生记录 S.4831	金光明寺写经人 S.2711	附笺 S.6028	付经历 S.2712 S.476	牌子历 S.2729	备考
邓 英	8							北.诸星母陀罗尼经
田广谈	27	286.L						橘.无量寿经、北.般若心经
曹兴朝	5							
王进昌（王昌）			○	○	○			
王瀚 *	13	109、331.北						北.佛名经、维摩经、法华经
王文宗（王宗、文宗）	8		○		○			
文 惠			○					灵图寺
Hgo gyu-len（= wu？）	1							
扬 孝		212.L						
姚 良	8	190.北						
义 真			○					
义 泉			○		○			

7.6 结语

以上,对反映吐蕃时期沙州情况的多种文书试作了解释,不用说,这里所讨论的还不是这一时期的全部。本文的方针是尽可能地选择显示吐蕃时期特征的文书,这样,吐蕃时期的敦煌社会与其前后相比,不同之点或许会有更强的体现。在吐蕃时代,构成敦煌历史基础的仍是从过去继承下来的汉人的社会与文化传统,因而,着眼于其相同一面也是不可否认的正确见解。但笔者深信,采用前述方法绝对不错。

因为,敦煌吐蕃时期的历史过去一直被疏忽乃至无视,笔者举出这一点,愿以稍稍展示其不同方面为目标。至于对这些不同点意义的评价是高还是低,由于各自的出发点不同,当然也是各不相同的。

说到对吐蕃时期的大体描述,应当承认,本文与最初的意图相违,在吐蕃时代编年史的考察上还相当不充分。如果说对这一时期的研究还处于未开拓的状态,要一举完成编年史的工作对我而言是过于沉重了。加之,虽然分项考察这一时期对发现沙州作为佛教圣地的重要性是有效的,但对发现它作为吐蕃统治河西的据点的作用并不充分,这对于编年史的写作是较大的缺陷而显得有些不利。为了今后能补上这一不足,现将到此各项引用的以及文中虽未引用却年代明确的吐蕃时期的文书、记录合并为一编年目录,作为本文的结尾,愿将来通过填补本目录的空缺而使它逐渐接近理想的编年史。

表7-8　吐蕃时期汉文写本编年目录[1]

西历	文书番号	日期	标题及拟题	主要登载文献
782	P.4646	戌年正月(序)	顿悟大乘正理诀	拉萨僧净记
783	P.2132	建中四年	金刚般若经宣演	
787	S.2694	丁卯年三月九日	大乘廿二问本	
788	S.2729v	辰年三月　日	僧尼牌子历	僧尼籍六
789	S.3485	大蕃岁次己巳年七月十一日	金刚波若经	BSOS, Ⅸ, p.22
790	辰四六	午年五月八日	四分律随机羯磨	僧尼籍296页
794	S.1864	甲戌九月卅日	维摩诘所说经	
796	S.5568	丙子年四月十日	灌顶经(拔萃)	
796	S.2050v	岁次丙子六月六日	四分律并论要抄	
800	S.2729(3)	大蕃国庚辰年五月廿三日	太史杂占历	BSOS, Ⅸ, p.23

---

〔1〕注:"日期"一栏,"＊"号表示其朔闰与唐历不合者。"主要登载文献"一栏中,有关文献的全称见本文表四。

西历	文书番号	日 期	标题及拟题	主要登载文献
803	S.5820 S.5826	未年闰十月廿五日	卖牛契	BSOS，Ⅸ，P25、Pl. Ⅰ；取引法 649-650 页
804	S.6347	岁次癸未十二月己丑朔九日 *	祭文	
804	S.3613	申年正月 日	令狐子余请地牒	资料十一
806	S.6503	时蕃中岁次己酉冬末月下旬二日	净名经集解关中疏卷一	BSOS，Ⅸ，pp.1023-1024
806	S.6829v(2)	丙戌年正月十一日以后	诸色破用历	资料十七
806	S.2469	丙戌年五月十四日	金光明经卷四	
806	S.542v(3)	戌年六月	诸寺丁仕车牛役簿	
806	S.6829v(1)	戌年八月 日	施入牒	
806	S.545v	戌年九月 日	永安寺僧名籍	僧尼籍八
806	P.3600	戌年十一月 日	[大乘寺] 及普光寺尼名籍	僧尼籍九
807	S.4703	丁亥年六月七日	买菜人名目	
809	S.6515	丑年闰四月五月廿四日 *	妙法莲华经卷七（八卷本）	
809	S.542v.1-5	丑年十二月 日	诸寺算羊数手实	东方学报 31 册，196 页
811	S.6829v	卯年四月一日	永康寺造朳篱契	取引法 749-750
813	S.5676	巳年七月十四日	经录	
815	师二十	大蕃乙未年正月二日	救苦难经·新菩萨经	写经题记汇编
816	S.3920	乙未五月十二日丙午	祭康上座文	东方学报 31 册，191 页
817	S.2691	岁次丁酉十一月丙戌朔六日辛卯	祭亡姊文	
821	咸五十九	辛丑年二月、丑年二月	诸寺寺户便麦牒	杂录 119-124 页、史学杂志 69-8，1022-1024 页
821	P.2912	丑年四月以后	傔家破历	东亚经济论丛 3-2，220-221 页

续表 7－8

西历	文书番号	日 期	标题及拟题	主要登载文献
821	S.1686	大蕃 岁次辛丑五月丙申朔二日丁未	壁画功德记	
822	S.1475v(7)	寅年正月廿日	卖牛契	交易法 692 页
822	S.3966	壬寅 六月、后 八月十六日	大乘经纂要义	资料二十
822	咸五十九	寅年八月七日	造佛堂契	杂录 125
823	S.1475v (17－19)	卯年二月至四月	便谷契文	交易法 710－713 页
823	海五	癸卯年十月十日	大乘稻竿经	写经题记汇编
824	S.796	乙巳年三月廿一日	小抄	
826	冬九十二	丙午年七月五日	戒律名数节抄	写经题记汇编
827	S.2432	丁未年三月	净名经集解关中疏	
827	S.1475v (6)	未年十月三日	卖地契	交易法 680－681 页
828	S.1475v (1－4)	申年五月	社司牒状及转帖	史林 23－3,506－509 页
829	S.1475v (5,7)	酉年三月、十一月	便谷契	交易法 702－704
832	S.2447	壬子年二月二日	经藏交割历	
832	S.3287	子年五月	户口手实	僧尼籍二十
833	S.5812	丑年八月　日	令狐大娘诉状	资料四
833	P.2794	癸丑年八月下旬九日	大乘四法经论广释开诀	
833	P.2404	癸丑年	六门陀罗尼经等	
834	P.2765	甲寅年	历日	
835	S.2064	岁次乙卯四月廿日	八波罗夷	
835	S.4914	卯年	付经历	
836	S.3048	丙辰年	东界羊籍	
836	位七十九	大蕃岁次丙辰后三月庚午朔十六日乙酉＊	郡望表	东洋学报 42－3.4

西历	文书番号	日 期	标题及拟题	主要登载文献
837	S.2041	巳年二月十二日	社司约条	
839		岁次己未四月壬子朔十五日丙寅	阴处士碑	沙州文录
840	S.2595	庚申岁五月二十三日	观心论	
845	S.1144	乙丑年十一月廿五日	四分戒本疏卷二	
846	S.2041	丙寅年三月四日	社司约条追记	
847		岁次丁卯三月丙寅朔廿三日戊子 *	康再荣建宅文	沙州文录补

【原作者附记:关于吐蕃文的读法得益于梶山雄一氏颇多,特此鸣谢。本文系按文部省科学研究费(综合性)规定而产生的研究成果之一部分。】

(译自:《东方学报》第 31 册,1961 年。原载于四川藏学研究所、四川外语学院等编《国外藏学动态》第 3、4、5 期,1988、1990、1991 年内部发行。今按国内学术惯例和资料刊布进展,译者对文中个别表格、资料及其说明文字,以及藏文转写对音等,作了适当的改动)

8 敦煌的历史:吐蕃统治时期

〔日〕山口瑞凤 著

杨铭 译 王丽君 校

8.1 吐蕃统治敦煌的时间

8.1.1 占领敦煌

关于吐蕃何时开始统治敦煌,历来有二说并行。其一是戴密微(Paul Demierille)氏的 787 年陷落说,另一是藤枝晃氏的 781 年说。从吐蕃的历史来看,前一观点有利于解释当时的事,以下试述之。

戴密微氏根据《唐书·吐蕃传》所述:沙州刺史周鼎因尚绮心儿(zhang khri sum rje)来攻,往回鹘请援兵,越年不至,被部下阎朝所杀。阎朝代守沙州 10 年,故从吐蕃进攻之始到敦煌军民投降经历 11 年之久。从 776 年的碑文得知,周鼎当时尚存,又从其遗物在 782 年由吐蕃送回唐朝,故可推测周鼎之死在 777 年,再加 10 年为 787 年,当是沙州陷落之年。[1]

另一方面,藤枝晃氏取《元和郡县图志》所云 781 年(建中二年)沙州陷落之说。此观点虽说也有根据(《吐蕃统治下的敦煌》209 页)[2],但是,这种观点忽略了《唐书·吐蕃传》所云周鼎死后的十年抗战。

776 年,沙州东北的瓜州陷落,此点尚无异论,如果说此后沙州被围达 11 年,那么戴密微之说是有道理的。这一点,还可以从当时吐蕃内部的情况看出来。大约从 770 年开始,佛教在吐蕃正式兴隆起来,代宗时,使者虽然被滞留但还继续派遣,德宗时开始和亲政策,并进一步

---

〔1〕戴密微:《吐蕃僧净记》(Le Concile de chasa),巴黎,1952 年。
〔2〕藤枝晃:《吐蕃统治下的敦煌》,《东方学报》京都,31,1961 年,第 199－292 页。

缔结"建中会盟"。至少从 780 年到 786 年之间其对外用兵有所节制。《资治通鉴》780 年五月条所云"（刘文喜叛），吐蕃方睦于唐，不为发兵"，就是在上述年代间发生的事件。而且，包围敦煌的吐蕃军队所以按兵不动，是因其要援引敦煌的佛教僧人，这两点是不矛盾的。以后将讲到，其目的想来是为达到赤松德赞与敦煌禅师的接触（P.996）。

从《元和郡县图志》所云"建中二年"，及以后《甘肃通志》云"贞元后尽陷吐蕃"的记述来看，"贞元二年"应是一种误传。这里说的 786 年沙州陷落，戴密微氏的计算方法是西欧满年才算的传统算法，所以成了 787 年，应该是前一年。

786 年，吐蕃因"朱泚之乱"给唐朝以援助，因事先所约之酬未得实现而反目，故吐蕃背"建中之盟"而再度进攻，沙州守将阎朝应是在此时投降的。

上述观点，与池田温氏引用"P.3774"中的丙寅年（786 年，《丑年十二月僧龙藏牒》34 页）的材料完全一致[1]，这是一个有力的证据。池田温氏认为"蕃和"之年即 786 年，也是应赞同的。沙州陷落时，阎朝向吐蕃提出谈判条款，故有"蕃和"之说。而考虑"蕃和"的有关情况时，应看到"长庆会盟"对沙州的情况未能引起多大的影响。

8.1.2 退出敦煌

其次，谈谈吐蕃统治敦煌的终了时间。关于此问题，目前尚无异议，即 848 年（大中二年）说。王重民氏所引史料，说在 849 年，但斯坦因文书（S.788、3329）中的记载证明前者不误。

吐蕃退出敦煌时其内部的情况如下：

吐蕃王朝中，最为崇佛者为热巴巾（Ral be can），即藏文典籍中的赤祖德赞（806—841 年）。该王死于 841 年，其生于丑年之弟，即所谓"朗达磨"（Glang dar mar）王即位。此王正式的名称是 khri vuvi dum brtan（P.134、1286），而《唐书·吐蕃传》将其误认为是与达磨不同的另

---

〔1〕池田温：《丑年十二月僧龙藏牒》，《山本博士还历纪念东洋史论丛》，东京，1972 年，第 25－38 页。

外一人,名为"乞离胡"。此王由琳氏(mchims)出身的母妃 Legs mo brtsan 所生,故为其操控。琳氏的权势遭到当时的宰相 dBavs Rgyal to re stag snya 一党所忌,故在 842 年暗中除掉了达磨。其后,内部战争不断,外戚 sNa names 与 Tshe spong 氏相对立,各自立王相争。sNa names 氏与 dBavs 氏联合,拥立出自同族的大妃所生的 Yun brtan 为王,Tshe spong 氏出身的王妃 bTsan mo vphan 所生之子 Vod srung (P. 131,《贤者喜宴》139 页)成为西藏中部卫(dBus)之南部雅隆(Yar Lung)地区的统治者[1],这一支被后世认为属正统王系,因为敦煌文献中有贡献给 Vod srung 王的愿文(P. 131、230、999),而对 Yun brtan 王的则无。

以上情况导致了吐蕃王权政府的分裂,其威令也不能施行。河西地方的南部,最早背离朗氏政权的是韦·恐热农力(力农之误? dBavs kho[ng]bzher legs steng/snang),即论恐热,他与先世为宰相的外戚没庐氏(vBro)对立。引人注目的是,当时在河西南部,代表没庐氏(vBro)势力的尚婢婢即尚·赞心牙(zhang bTsan sum rgyal)登场,与论恐热作战,开始了吐蕃人之间的无休止的残酷战争。这样,西北河州归义军兴起,沙州就自然归其控制了。

后来至 850 年,婢婢败于恐热之手,向甘州方面奔逃,后者乘势追及瓜州附近,又南下掠鄯州、廓州。但是,恐热的残暴行为不得民心,851 年他入唐朝,想借以巩固自己的威信,但未得结果,空手而归。其后,恐热据廓州,势力渐衰,到 866 年,为婢婢先前部下鄯州之拓跋怀光所灭。

另一方面,归义军张议潮占领沙、瓜、伊诸州,到 863 年左右其势力已扩至凉州一带。

8.1.3 进攻敦煌的将领

786 年沙州陷落之际,指挥吐蕃军队的将领据《唐书·吐蕃传》记载,就是后来的宰相尚绮心儿。对这一记载,戴密微氏表示赞同并作了

---

〔1〕《贤者喜宴》,为 Dpav bo gTsug lagv vphreng ba (1504—1566 年)撰写的 *mkhas pa vdgav ston* 的译名,此引为其古代史部分的 Ja 章(1545 年著)。

进一步的考证，而藤枝晃则因其活动时间过长而表示怀疑，后者的意见是合理的。

　　首先，必需对当时藏族人名的有关情况作出解释。P.1240 提供了这方面的材料：一般而言前面都缀有氏族名（rus），如："韦"（dBavs）、"没庐"（vBro）、"琳"（mchims）等。再一方面，他们如与吐蕃王族结成了外戚关系并做了官，就称为"尚"（zhang）；没有这种关系的大官就称作"论"（blon），这方面的例子不少。这种被称为"尚论"（zhang lon）之名的有资格者，有限定的人数。其次是称号（mkhan），如 khri sum rje 或 bTsan to re 等等。不是高官者即使有称号亦不自称。最后的是直呼其名的名字（ming），如：stag snang 或 lha snang 等就是这种例子。下级称呼上面带有称号的人，多不称其实名。因此反映在汉文史料里出现的称号就很多，当时有以"路悉"（Legs zigs）称 rGyal sgra 者，难免引出一些混乱。

　　779 年，桑耶寺的"崇佛誓约"署名者中，zhang khri sum rje stag snang 的前一任宰相就是 vBro 氏，其全名为 vBro zhang khri gzu rams shags。沙州陷蕃后，从 9 世纪初直到 815 年，其间写于 skar cung 寺的"崇佛誓约"署名中，vBro zhang khri gzu rams shags 是以宰相身份出现的，但没有 zhang khri sum rje stag snang 的名字。但是署名的将军之中却有出身于 vBro 氏的 zhang sTag stang，stang 可能即 snang 的误写[1]，也即 sTag snang 之误写。如此，则 khri sum rje 是称号不能自称。其时有自称 khri sum rje 的应是 rLangs 氏。

　　这样一来，786 年指挥进攻沙州，后来又代行守备的将军尚绮心儿，可能是另外一人。大概，《唐书》将负责这一地区统治的大臣、"瓜州将军"（bDe blon）任命的尚绮心儿莽布（zhang khri sum rje mar bu，见于 P.996），与后来的宰相误认为是一人了。在 779 年的"崇佛誓约"署名者中，尚·莽布（zhang mar bu）居将军中第五位，其名字仍不为自称。另在 nang rje po 之中，又见"论·绮心儿"（blon khri sum rje）之名。

---

　　[1] dBavs kho[ng] bzher Legs snang，即韦·恐热力农，snang 在《贤者喜宴》中亦写作 steng。

165

此称"论"不为"尚",因其位于后面属地位较低的官吏故不再论。

戴密微氏没能注意到"论诰都宰相",应写作 blon bkav（la）gtogs（pavi）blon chen po,误将冠以"绮心儿"（khri sum rje）之上的资格修饰语看做固有名词,读作"论结都离"（blon rGyal to re,可能是后世的 dBavs rGyal to re stag snya）,说此二人实名均为"尚绮心儿",这是一种交叉混同,无法分辨,故此说实不敢苟同。[1]

8.2　吐蕃统治敦煌政策的变化

8.2.1　敦煌与吐蕃社会

吐蕃在攻陷包括敦煌在内的河西走廊八州城后,称这些地方为"幸运之国"（bDe gams）,设"德伦会议"（bDe blon vdun tsa）,任命四大臣进行统治,"德伦"就是由此而来的。四大臣中,有一人被称作"悉编"（Spyan）,也即相当于汉文的"都护"。这个会议一般在称作 Zhavi bDe sum tshal[P.1093,托马斯书（1）Ⅱ,第 19,vol.55,f.55]的地方举行,因此会议的名称被称作"tshal 之会议"（P.173、1542）。

有时候,吐蕃王朝的"大尚论"（Zhang blon ched po）也出巡陇州（Long cu?）、廓州（Ga cu?）、凉州（Leng cu）、宗喀（Tsong kha）等地,主持河西地方的全体"大军团会议"（khrom chen gyi vdun tsa）。在这种情况下,"大尚论"往往就在"德伦会议"上发布命令。但有时在"大尚论"会议上通过的决定,是在由仅次于大尚论的诸大臣中的"敕命"递送大臣（vphrin blon）主持的"德伦会议"上,用颁布"下达书"（phrin byang）的形式传达的,使与会者周知赞普的"命令"（ring zugs）。

---

〔1〕宰相"尚绮心儿"之名为 sTag snang,这在 J.巴考和 F.托马斯、G.杜散合著的《敦煌吐蕃历史文书》（巴黎,1946 年）"宰相表"（p.100 - 102）之末有记载。而"尚绮心儿"之名与其地位、业绩,在 M.拉露 *Document tibétain sur l'expansion du Dhyāna chinois*（亚洲学报 1939,pp 505 - 523）一文中有论及。戴密微氏不一定参考了敦煌藏语文献研究的成果与《贤者喜宴》的《崇佛誓约名册》（G.图齐《藏王陵墓》,罗马,1950 年,第 95 - 104 页）,所以没有看出如后文所示汉文史料混同"尚绮心儿"与"尚塔藏"的错误。佐藤长氏对名称问题极为慎重,从同样的史料中,通过比较指出了错误（《古代西藏史研究》,京都,1959 年,第 903 - 904 页）。

"德伦会议"之下,通常设有"军团会议"(khrom gyi vdan tsa),例如"瓜州军团"指挥系统,大约下辖沙州、肃州等,其"军团会议"通常在肃州地方召开(P.1088、1094)。

有关沙州等的行政机构容后段叙述,以上讲的吐蕃行政机构之上层情况,其次涉及位阶与军团及其内在关系,有关审判、税制等也略微提及。

8.2.1.1 位阶

先对位阶作适当说明。7世纪初,吐蕃王朝为区分诸部族等级而设置了一种制度。自此以后,废除了早先与各部族一年或三年一会盟的制度,而形成一种永久性的"会盟制度"。在此制度之下,保证了各部族首领的后继者的最低等级。

这种制度在藏语中称作"文字(位)"(yi ge),也称作"告身"(yig tshang),通常是用宝石和贵金属粉书写告身,然后授予本人。共计分6大段,段中分大、小,共12级。6段的名称如下:

玉石(gyu)

金(gser)

颇罗弥(phra men)

银(dngul)

黄铜(ra gan)

红铜(zangs)

据《通典》介绍,吐蕃官员衣服上膊外着约3寸长的饰章,并称玉石为"瑟瑟",称颇罗弥为"金饰银上",共列举了以上除"黄铜"外的5段"告身"。在敦煌文献中,以瑜石告身表示"黄铜"告身(P.3829)。在后世的藏文文献中也未见"黄铜"一词,而在"红铜"之后加上了"铁"。但是,有用"白铜"(khar ba,《贤者喜宴》)代替"黄铜"的例子。或许最早就没有"黄铜"告身,也未可知。

在敦煌文献中,"白铜"及"铁"都没有,在上述一、二阶下,有称作"勇者章"(gtsang chen)的位阶,并特别提到了有名的"虎皮肩饰"(stag zar)等等(P.1071、1072、1073、1089)。在名字的前面冠一"虎"(sTag),

·欧·亚·历·史·文·化·文·库·

这也许就是受章者的一种表示。

8.2.1.2　中央政府

吐蕃赞普之下有九大臣,称为"宰相"(blon che)的排在首位。《贤者喜宴》、《唐书·吐蕃传》都称其为"尚论掣逋突瞿"(zhang lon ched po dgu)。这九大臣因吐蕃赞普借以资政,故又被称为"论诰都",《唐蕃会盟碑》译为"宰相同平章事"。后世"噶伦"(bkav blon)一词大概由此而来。其中,未赋予具体政事的官员被称作 bkav yo gal vchos pa,其意为"直言者",《唐书·吐蕃传》音译其中的部分音节为"喻寒波"。

九大臣中前三位被授以"玉石"告身,即宰相、副宰相、内大臣 3人。除此之外,当时外戚的代表人物享有很大的权力(zhang drung po chab srid la dbang ba),也同样被授予"玉石"告身,与上述 3 人共居显位,同摄要政,故此 4 人又称"四大尚论"(zhang lon ched po bzhi)。另有"三外戚四大臣"(zhang gsum blon bzhi)之称,是说另有势力的外戚三氏族与"四大臣"并行争雄的情况。

上述"四大尚论"制度,在后世达赖喇嘛政权下以"四大噶伦制"的形式再次表现出来。据《通典》记载,唐代大羊同国也有"四大臣"制度。《通典》所记的大羊同即《释迦方志》中的小羊同,而后者自古以来就与赞普王室有一定关系。所以说,"四大尚论"制度的渊源是很久远的。

外戚的代表人物和"九大尚论"有所区别,但也有常常兼任首相的情况。如《唐蕃会盟碑》所见,钵掣逋不是外戚代表人物,却列在"九大尚论"之上,似乎是在 9 人中插入的。另有"诰都宰相"1 人,在同一碑文里是普通大臣加"迦罗笃波"的音译头衔,以示区别。

负责具体事务的大臣既如上述,其中"外相"被称作"伽罗笃波"的除外,首任"内相"以下据《会盟碑》记载,依次是"侍从"(snam phyi pa)、"财务长官行政府财政责任者"(mngan pon khab sovo cog gi bla)、"敕命递送大臣"(bkavi phrin blon)、"事务总长"(rtsis pa ched po)、"外相"(phyi blon)、"司法吏"(zhal ce pa ched po)。

8.2.1.3　军团组织

"九大尚论"中除钵掣逋外,第一位宰相又称"天下兵马都元帅",

为军队的最高指挥者。这种军队组织,是著名的松赞干布(581—649)死后,从654年起,由当时的宰相薛禄东赞(mGar sTong rtsan yul zung)等建立起来的。

当时,把包含卫藏拉萨在内的地区称为"中翼"(bBuru ru,ru即"区划"),其南及东南地区为"左翼"(gyo ru),其西部地区为"右翼"(gyas ru)。除划定的这三翼外,再其次是西部之西侧有"支部翼"(Ru tag)。吐蕃的正式军队就由这四翼组成。每一翼拥有10个千户部落(stong sde)。在每1翼中,指定1个千户为王的亲卫千户(sku srung stong sde),另外按每1部落设置1个小千户(stong cung)。在这种区划内的民众,被称作"军部落"(户),并有出丁壮的义务。从敦煌文献记载的情况来看,"军部落"(户)多从事农业,并被课以赋税,这是与一般民众的区别。四翼出现以后,又把北方的苏毗编成"支部第三翼",在其中设了11个千户部落。而且,又把西域的象雄(zhang zhung)分为上部和下部,各统5个千户。后世的史料虽未明载,但当时东方"康"(khams)地方的诸侯(dbang po)因自古与吐蕃王族有密切的关系,故其属下的军户可能享受着特殊的待遇(P.16)。此外,较早同吐蕃结盟的孙波的军队、雅摩塘(gYar mo thang)的大军团(khrom chen po)与吐蕃军队享受相同的待遇(P.16、1089)。除此之外,编入吐蕃军队的尚有吐谷浑、通颊的军团等(P.1089)。

8.2.1.4 税制、审判

军户的职能,与包括匠户在内的一般的民户有所区别,民户(gyung sde)担当了生产及其他特殊的劳动。民户比起军户来课税当然要重些,所以绝对禁止民户移籍军户之内,其手段可能是煞费苦心的。收税一事属财务官(mngan pon)管辖的范围,其下收税官(khral pon)具体负责,按农田面积征收突税、突课(dor kha),对家畜征收皮税(thul kha)以代表畜税(dud khral)。至于货币当然没有,每每以金、银代之,这可看出当时的罚课负担是相当沉重的。金、银、谷物的计量单位,与近代相同,都是升、克制。现将当时的容量、重量单位关系列如以下:

1 克(khal) = 20 升(bre),1 升 = 4 合(phul),1 合 = 4 勺(khyor)

1 两（srang）= 10 钱（sho），1 钱 = 10 分（skar ma）

有关刑罚、司法等问题，后世史料所记与当时的实际情况有出入，这从敦煌文献（P.1071、1076）中可以看出这方面的差异来。比如，过失致死罪在当时有视身份高低而定宽严的办法。首先是从一、二阶地位的人讲起，分列九阶中每一阶位的人受害后的偿付方法。然后分为三段或三个等级，对各个段别的犯罪者制定了详细的惩罚条例。总的情况是上宽下严，上级对下级犯过失致死罪，每每罚以金银便以解脱；而下级对上级犯同样的罪行，往往死罪难免。

又如盗窃未遂罪，触犯上级的要罚以酷刑，按盗窃场所的物价判以死罪，一般不能豁免（V.753、P.1074）。[1]

在以上规定中，军户与民户相比，前者享有比后者高一段的待遇。

8.2.2　统治敦煌的政策

8.2.2.1　对汉人社会的评价

在德伦会议的监督之下，对瓜、沙等州的具体统治，由吐蕃方面的节儿（rtse rje），及其以下的行政官吏和上司万户长（khri dpon）等来实现。

占领敦煌后，吐蕃设置了以军事人物为中心的军政官员，并辅以肯出力的汉人豪户以进行统治。随着时间的推移，由于汉人行政官吏的增加，统治机构的民政色彩不断增强。不久，组织起来的汉人编入了吐蕃军队，使后者的成分复杂起来。结果，出现了汉人出身的吐蕃军团指挥官。

汉人行政官的情况，即他们被吐蕃授予的位阶，与于阗、泥婆罗的情况相同。他们虽与吐蕃人有相同的名位，但所受的待遇却远低于后者。这当然是指汉人方面进入吐蕃行政机构的人。但是，军团位阶的情况就与之不同了。军团的位阶，有出身的差别与授予行政官位的情况不同，比如：吐谷浑（vA zha）、通颊（mThong khyab）的待遇，就仅仅比吐蕃人、孙波人低一级。

---

〔1〕V 是《Lours de la Vallée poussin 目录》中的番号。

这样一来,汉人从吐蕃人那里接受的位阶,似乎就有两种系统的区别,区别的条件是上述待遇的差距。而且,与汉人相同职阶的吐蕃人军团中,在吐蕃人之间也还存在不同程度的待遇差别。因而,通过德伦会议向吐蕃王朝申诉,要求明确的告身、职阶与序列的关系的事情常有发生。

结果,瓜州将军(德伦)和都护只是在一段时间里采取了压制汉人地位的措施。他们想利用汉人作为副手的做法,遭到了吐蕃王朝中一部分人的强烈反对。但众所周知,比较泥婆罗、于阗人的地位,一般汉人的地位要高得多,这是当时的形势决定的。

关于汉人中的位阶,行政官吏与军团之间情形是差不多的。汉人的位阶到后来一般都较高,具体情况 P.1089 有详细的记载。根据这份文书,可以了解到敦煌方面吐蕃官职名的排列一览表,它表现出在军政权下汉人社会有逐步吐蕃化的趋势。

8.2.2.2 军政权下的职官与序列

统治沙州的吐蕃人基层组织的情况怎样,尚无其他详尽的材料来说明。但是,通过 P.1089 的记载,可以对占领初期的情况作一定推测。

这份文献是吐蕃占领沙州后行政官吏和军队官员序列的一览表。这个序列是沙州汉人与吐蕃军队编为一体以前的一件呈表,但这仍未涉及汉人地位这个具体问题。这份呈表出自姑臧军团(mkhar tsan khrom),"九大尚论"中的两人论·颊赞(blon rGyal tsan)和论·勒蔡(blon legs sgra)对呈表的将军(dmag dpon)作了回答。有关时间问题容后再述,这里只涉及地方上行政官吏的序列问题,这是一份意在杜绝争夺官位的公文文书:

翼长(*ru dpon*)—乞利本(万户长,khri dpon)—大守备长(*dgra blon chen po*)—节儿黄铜告身者(rtse rje ra gan pa)—大营田官(zhing pon chen po)—大城塞长(mkhar dpon chen po)—上部、下部之牧地(牲畜之栏)管理长(stod smad kyi phyug mavi gzhis pon chen po)—翼都护亲任官者(*ru spyan nang vkhor nas bskos pa*)—中守备长(*dgra blon vbring po*)—副翼长(*ru theb*)—小守备长(*dgra blon chung ngu*)—大收税官

·欧·亚·历·史·文·化·文·库·

（khral pon chen po）—机密大书吏（gsang gi yi ge pa ched po）—大事务官（rtsis pa ched po）—司法吏（zhal ce pa ched po）—吐蕃、孙波系千户长（*Bod sum gyi stong pon*）—通颊、吐谷浑系千户长（*mThong khyab vA zhavi stong pon*）—节儿红铜位者（rtse rje zangs pa）—机密使者（gsang gi pho nya）—机密中书吏（gsang gi yi pa vbring po）—机密小书吏（gsang gi yi ge pa chung ngu）—？（spyi gcod）—吐蕃、孙波系小千户长（*Bod sum gyi stong cung*）—汉语、突厥语通译者（rGya Drug gi lo tsā ba）—小部族国（?）将军（*Lung dor gyi dmag pon*）—红铜告身官吏（Zangs pa sna lagtogs pa）—事务都护（rtsis spyan）—通颊、吐谷浑系小千户长（*mTong khyab vA zha stong cung*）—无官位大虎皮肩饰者（stag gi zar cen pa sna la ma gtogs pa）—机密收集官,同传达官（gsang gi rab ma pa, vgyed ma pa）—牧地管理都护（gzhis pon spyan）—（?）（byung vtsho ched po）—小虎皮肩饰章者（stag gi zar cung pa）—牧地管理次长（gzhis pon vog pon）—机密书吏小吏（gsang gi yi ge pa phra mo）—尼婆罗系小将军（*lHo Bal gyi dmag pon chung ngu*）—（?）（byung vtsho cung ngu）—佛教（法）事务官（chos kyi rtsis pa）等。

后世的史料称翼长为"将军"（dmag dpon）,瓜州的"将军"在 P. 1089 中与"都护"（军都护?）一起,为向吐蕃王朝递送呈书的责任者,他又被称为 bDe blon。此"将军"即为吐蕃的瓜州节度使,其下为"乞利本"。"乞利本"是否亦为德伦会议的成员,不可得知,没有详细的材料加以说明。

上述用斜体表示的是一种与军政有关的职位,明显居于一种较优越的地位。应注意的是,所谓"万户长",并不是"千户长"的顶头上司。从《贤者喜宴》可知,4 个千户长上面设"翼长"1 人。万户长负责的是提供丁壮给 10 个千户长的行政机构,虽然也可以说是 10 个千户部落之首领,但却居于指挥 4 个千户长的翼长之下。

"守备长"又有大、中、小之分,它与正规军队的流动性不同。这一点,从后表所列的汉人官类的职务中可看出来。在大守备长之后有瓜州要地的节儿,其位阶为黄铜告身。以此递降,沙州节儿的位阶就是红铜告身了,其上有通颊、吐谷浑出身的千户长。沙州的汉人千户长置于节儿之下,这与汉人的其他情况迥异,如比较起汉人军队与吐蕃军队的关系来讲,前者的地位就相应低得多。

一般行政上的官吏,土地方面有营田官(zhing pon)、草场方面有牧地官(gzhis dpon),两者之间有管理城塞的大城塞长(mkhar dpon chen po)。在军队的翼长与千户长之间有"翼都护"(ru spyan)及其下的"副翼长"(ru theb),前者相当于"监军",这种官吏多由赞普世系的近亲担任。

"监军"之后有"大收税官"等4种并行的官职,他们是王朝中"九大尚论"之后的处理具体事务的人,与大臣的职掌排列相平行。《唐蕃会盟碑》的大臣职名排列情况,在下面的表中可以看出。其中,应对"敕命递送大臣"与"机密大书吏"予以特别的注意。

《会盟碑》

财务长官行政府财政责任者(mngan pon khab sovo cog gi bla)—敕命递送大臣(bkavi phrin blon)— 事务总长(rtsis pa ched po)— 外相(phyi blon)—司法长官·司法官总监(zhal ce pa chen po zhal cevo chog gi bla)

P. 1089

大收税官(khral pon chen po)—机密大书吏(gsang gi yi ge pa chen po)— 大事务官(rtsis pa ched po)— 司法吏(zhal ce pa ched po)

《会盟碑》中的外相(phyi blon),是中央才有的职官,而地方上无与之对应者。"收税官"即"岸奔",受"财务长官行政府财政责任者"管理,《大事纪年》726年条曰:"授予财务长(mngan)任命行政府财政收税官(khab sovi khral pa)的权力",即言此事。"大事务官",在《大事纪年》中有关于"处理事务"(rtsis bgyis)等用例,应该是所谓做事务记录的官员,与近代的会计长官(rtsis dpon)和历法官吏无关。新旧官吏的"交替"(rtsis sprod)、"引进"(rtsis len)等事务,就是大事务官的职权范围。以上诸官之末尚有"司法吏"一职,此官应与佛界事务有关,zhal ce pa 译为"司法吏"应无问题。

8.2.2.3　行人部落的作用

讨论上述职官序列中,还有一个位于红铜告身"节儿"之上的"机密大书吏"未论及。"节儿"之下的"机密使者"及中、小"机密书吏"等重要官吏,无疑是属敕命递送大臣管辖的。即"给事中"将传达王命的"令书"交由(机密)使者,由"早马使"(bang chen)将其送往目的地,彼等属于"使者部落"(nyan rnavi sde),下辖"行人部落"。《通典》记载的关于以驿递组织来进行联络的史料,就是指的这种情况(托氏书,卷2,pp. 51、56－57、136、137),"急使者"即"至急早马使"。使者将"令书"等交予大、中、小"机密书吏"及"机密收集者"与"传递官"、"机密书吏小官"等。后者就将来自"给事中"的各种情报集中起来,发给有关方面。现在理解的"使者"(nyan rna 、pho nya)等名称也应作"早马使"(bangs chen)解释,即有"探马"之意,与"侦察者"(so pa、rtogs chen)、"间谍"等同义。

P. 2449 卷子称瓜州节度上论悉殉乞塞去啰(zhang lon stag khri sgra)的功绩曰:

> 流沙僧俗,敢荷殊恩。百姓得入行人部落,标其籍信。皆因为申赞普,所以纶旨垂边,合城仰赏其功……

这段文字说明了"行人部落"向论悉殉申报其情,然后通过"机密收集官"、"机密书吏"从吐蕃王廷发出接收申诉的命令,所以才有称德之说。这里只用了 P. 1089 的报告的公式,但此例足以说明此事之经纬。最后,"收集官"亦是管理写经事务之职(托氏书,卷2,p. 81)。

与行人部落一起被提到的有"丝棉部落",而与后者一起出现的还有"擘三部落"。藤枝氏还原前者为 Dar pavi sde,后者为 phyugs mtshams kyi sde。行人、丝棉部落地处沙州之内,已无疑问(S. 1864,托氏书,卷2,p. 71)。然而"擘三部落"之所在,无直接材料说明。但是,从 S. 3287v、S. 2228 及与之相关的文书看,这个部落亦应在沙州。然后,部落之下可能又分为左、右各十将,左即上部落,右即下部落,可能均由吐蕃伍如(dBu ru)的"擘三部落"(phyug mtshams gyi sde)支配,此问题容后面再论。

8.2.3 汉人二军部落的编成

8.2.3.1 汉人职务名簿

吐蕃在沙州汉人中,编了两个千户部落,并任命部落指挥官、属吏等,此事是在"子年"之夏,大尚论至河西主持"陇州"会议时一并实现的。这年季春月四日,从属庐·勒笃(Cog ro legs vdus)送到的敕命递送大臣论·塔热合乾(vphrin blon blon sTag bzher rgod khyung)的联络文书上,就载有任命汉人官职的批件。

首先,列出吐蕃人的任命簿:

职官名	人名	新告身
节儿论(rtse rje blon) 节儿都护(rtse rje spyan) 节儿中官(rtse rje vbring) 节儿小官兼州内守备长(rtse rje chungu dgra blon go cu rub) 小千户长(stong cung) 小千户长(stong cung)	戎波喻贡(Rongs po g·yu gong) 琼波卢玛(khyung po klu rma) 没庐喻贡(vBro g·yu gong) 末塔玛腊(vBal Dra ma legs) 蔡洛帕索(Tshar lo spa sho) 塞塔玛(ser LHa rma)	红铜(大)告身 红铜(大)告身 红铜(大)告身 红铜(大)告身 红铜(大)告身 红铜(小)告身

从汉人方面(推举的)指挥官和属吏见下:

职官名	人名	新告身
汉人都督(vGyavi to dog) 吐蕃节儿辅佐、副都督(Bod kyi rtse rjevi zla, to dog vog pon)	杜大客(Do Stag skyes) 安本义(An Bung yig)	大颇罗弥石告身 大黄铜告身

一(千户)军部落组成人员职务的任命:

职官名	人名	新告身
副千户长(stong zla) 军部落收税官兼节戎(khral pon, gzhi rdzongs) 一般(汉人)大收税官(khral pon chen po) 军部落水官(chu mngan) 一般大营田官(zhing pon chen po) 水官	阎本(yem pheng) 张多子(cang mDo tse) 索播公(Sag pho sngon) 曹昌季(Tshevu cang zhi) 李布华(Li Pu huar) 张大力(chang sTag legs)	大黄铜告身 gtsang chen rkyen gtsang chen rkyen 后来升汉人都护

（其余）一（千户）军部落组成人员的任命：

职官名	人名	新告身
副千户长	康塞堂（khang sevu tom）	大黄铜告身
（军部落？）收税官兼节戎	刘郎（Livu hrang）	
军部落营田官	安兴则（An hing tse）	
一般水官	李平（Li phyin）	精小红铜告身
小千户长	张德多（cang Devuv do）	
财务官（mngan）	氾大喜（Bam Stag zigs）	
	郑达通（Dzen lha rton）	

8.2.3.2　汉人职务的序列

上述职官名称的排列已见，而"戌年"季春三月瓜州将军（德伦）与都护交给沙州节儿的临时的职官序列表如下：

节儿论（rise rje blon）—汉人万户长（rGyavi khri dpon）—（汉人）万户都护（khri spyan）—大都护（to dog ched po）—副节儿（rtse rje vog pon）—小都督（to dog chung ngu）—汉人都护（rGyavi spyan）—吐蕃人千户长（stong pon Bod las bskos pavi rnams）—汉人副千户长（stong pon gyi zla rGya las bskos pavi rnams）—节儿小官（rtse rje chung ngu）与州内财务官（mngan go cu rub）—吐蕃人沙州总守备长（sha cu spyivi dgra blon Bod las bskos pa）—吐蕃任命的汉人小千户长（rGyavi stong cung Bod las bskos pavi rnams）—汉人副小千户长（stong cung gi zla rGya las bskos pavi rnams）—汉人守备长（dgra blon rGya las bskos pa）—汉人大收税官（rgya spyivi khral dpon po）—万户长书吏（khri dpon yi ge pa）。

据此可知10年前"子年"授予汉人职官的情况。但是最初未任命千户长一职，是以后增加的。从接受临时性任命的申请书的说明文中可以看出，10年前任"水官"的张大力后来出任"汉人都护"。"子年"，汉人副千户长为大黄铜告身，而到后来，吐蕃人任命的其上司千户长为小黄铜告身，序列的决定以职务还是以告身为主，还存有疑问。

吐蕃人的节儿有：论、（万户）都护、中（副）小官共4人。汉人大都督位于万户都护以下，中（副）小官以上。"戌年"，经大尚论最终裁定：吐蕃方面任命的千户长的地位，比上文的序列高三段，仅次于大都督，置于副节儿(中官)之上。

大都督是汉人的最高官位,持有大颇罗弥石告身;其次,汉人的职位还有告身是相当低的小黄铜告身,却任千户长的。但是,吐蕃人的沙州节儿论等,最高告身还是红铜告身。可知,虽同是吐蕃人的告身,结果形成了三元制。

沙州节儿之下的万户长,与前示表中位于黄铜告身节儿之上的万户长不是同一回事,前者的职权范围([1as]go)仅限于州(cu)内。万户都护又在其下,也管理州内事务。可是,此三人都是吐蕃人。

其次提及的大都督仅是管理汉人的都督,也兼节儿辅佐。其下,是在最终决议中由吐蕃任命的汉人千户长。在沙州,汉人千户长曾有两人,节儿中官与副节儿使用的情况可能相同。此外,副都督与小都督的职能似乎也相同,前者统辖全体汉人,后者与仅次于自己的汉人都护共同管理汉人。汉人任命的副千户长之下,是最终决议中的吐蕃人任命的汉人小千户长。其后,是地位相同的节儿小官和州内财务官。再次,是吐蕃人任命的沙州一般守备长(go cu rub)。

德伦的提案,曾经指定吐蕃人任命的汉人小千户长的地位,比前表的记载有所提高。守备长之下是汉人任命的副小千户长,其次同样是汉人任命的守备长。这些职官之后,是一般汉人大收税官。此官在"子年"汉人二军部落成立时就已任命,但是其上的军职,当时不过是小千户长与副千户长。都督等的地位虽已知道,但节儿之下营田官、水官地位的相互关系还不清楚,所以,仅能从前述"子年"任命表中,得知其在大收税官之下。

8.2.3.3　曩儿波与节儿

敦煌藏文文书中,出现最为频繁的"曩儿波"(nang rje po)一词,在上述职务序列表中没有见到。此称呼多用于文书的起首。另外,有关沙州节儿(rtse rje)的职衔,在说明文及自称的场合也可以见到(P. 1089、1205),但是没有见到冠以人名、被下层官吏称呼的例子。看来,可推定"曩儿波"是对节儿的称呼或通称(P. 1091)。由于这些文书是在敦煌发现的,认为被冠以此名最多的是沙州节儿,这是值得怀疑的。

而且其中很多例,是冠于节儿的顶头上司德伦的人名的场合(P. 1154、1163、1174、1244、1552、2128 等)。另外,有称 bDe blon blon gYu bzher(P. 1089)为 jo cho 的例子(P. 1172),称吐蕃人都督(占领初期)为 jo bo(P. 2204)。而且,从 nang rje po kva cu pa"瓜州曩儿波"的用法上可看出[1],曩儿波是用于称呼州之长官的。所以,应视敦煌文书中的 nang rje po 一词,是对节儿的尊称。此外,在麻扎塔格文书中有同样的记载,而且,米兰出土的文书中,有节儿冠于人名和 jo cho 冠于人名同例并见的情况。

记有 nang rje po 一词的文书中,每每被称呼的对象之后有一至两个论、尚的名字相连。这两人可能是节儿中官或小官,但从序列来看其为州内万户长与万户都护的可能性更大。因为大都督是汉人担任的,所以应该理解是在其之上的 3 人。如果曩儿波之称是指德伦的话,P. 1089 中 4 人名字联记的形式就是自然的,但由于 3 人以上联记的情况少见,从这点看,最好把 nang rje po 理解为是对节儿的称呼。

从上述序列表可知,尽管吐蕃拥有统治全体沙州吐蕃人和汉人的权力,但其下仍有专门掌管汉人的汉人官吏。这些官吏的权限,在二军部落成立后,有了管理一般汉人(rGya spyi)和汉人军户(rGyavi sde)之分。在军队方面,吐蕃人与汉人之间虽有差别,但仍是作为一个整体组成的。还可清楚地得知,比起相同告身的于阗人来说,汉人军部落有着优越得多的地位。

应充分地看到,汉人军部落的编成与汉人普遍受到的优待措施,在吐蕃统治力量削弱之时,变为一种危险的因素。公元 842 年之际,吐蕃王朝分裂,随后论恐热与没庐·婢婢在河西地方混战,导致了沙州汉人二军部落的崛起,此即可能是所谓的归义军的基础。因此,不能将其看做是单纯的一般汉人起义。

---

〔1〕F. W. 托马斯:《有关西域的藏文文献和文书》(*Tibetan Literary Texts and Documents Concerning Chinese Turkestan*),第 2 卷,伦敦,1951 年,第 56 页。以下简称 *TLTD* Ⅱ。

8.2.4　沙州汉人二军部落成立的日期

8.2.4.1　上部落与下部落

"子年",吐蕃在沙州以汉人为基础编成两个部落,但"子年"为何年,尚不清楚。此年中被任命为都督等官的汉人中,有自报为吐蕃人名字的。假设彼等在 30 岁以上,他们是在吐蕃占领敦煌后出世得名的,则"子年"应当在唐蕃会盟(821 年)之后的时期。此等汉人的部落化,是由于唐蕃会盟而汉人接受了这种组织,他们认为吐蕃的占领是永久性的了,所以当时不得不抱现实的态度。伯希和卷子 113 所见的沙州汉人暴乱的时期,没有这种达观的思想并不奇怪。有一件与上述事件异同不明的事件,即戴密微氏注意到的:8 世纪末,返回沙州的大德摩诃衍负责调查了一起谋叛事件,但紧接之后再无此类事件发生。这就意味着:拉露女士所说死于公元 796 年的尚·牙赞(zhang rGyal tshan lha snang)即伯希和卷子 1089 中的大尚论论·牙赞(blon rGyal btsan),试图如此说明文书的年代是不妥当的。首先,前者为 zhang"尚",后者为 blon"论",两者是不同的。其次,有大尚论资格的通常有 9 人,仅见有 mkhan"称号"的 rGyal btsan 就进行比定,根据是不充分的。

这里,我对汉人部落成立的背景,作一大胆推测。最初,吐蕃中部的中翼伍茹(dBu ru)的擘三(phyug mtshams)千户驻留沙州,汉人的居地被分为左右 2 区,置于其统治之下,所以后者也称作擘三部落,似又被称作上、下 2 部落。池田温氏引用的 P.3774 中,记有公元 790 年分汉人部落的情况,但这不会是"子年"之事,恐怕与三部落中的上、下部落之分有关。另外,在此文书中所见的部落使不是千户长,可能是一个部落中汉人的头面人物。此外,在各部落中,还有称为将头的十"将"统领着各个小地方。

在 S.3287v 中,与擘三部落的户籍一起明确言及的其他部落只有丝棉部落,同一部落的称为"同部落",同一地方的将称为"本将"、"同将"。由于左二将的户籍用"左□将"表示,相应的"右□将"却未见,而且一例示有"下部落"的记载,写有"下部落"的"右□将"文字,可推知"左将"应属于"上部落"的区划。

藤枝晃氏为推断"上部落"、"下部落",给它们取了根本就没有的"茶雪千户军"(Tsha shod kyi sde)之名。相应他还臆造了 Tsha shod 一词,这显然是错误的。shod 缀于地名之后,用以指"下游",是 steng 或 rtse 的对应词,与 stod 不对应。与后者对应的词为 smad。实际上,Tsha shod 是朵甘思(mdo khams)地方的一个地名,不存在与之对应的"上部落"。此外,这个词也不能确认是军部落即千户之名。

8.2.4.2 "三国会盟纪念愿文"成立的日期

虽然可以推测,掣三部落在长庆会盟(821—822 年)以后仍留驻敦煌一带,但此问题容后再论。从 P.1286 赤松德赞的《年代记》中,可知掣三部落与同为中翼的道岱(Dor te)、岱边(sTe rdzom)千户,都是以勇猛著称的部落。

唐蕃会盟之后不知经过了多少时间,但可以推测,在敦煌附近称作岱噶域蔡(De ga gYu tshal)的地方,举行过一次唐、吐蕃及回鹘(Drug)共同参加的"三国会盟"。[1] 这个被称作"会盟原"(mjal dum thang)的地方不仅建碑刻文,而且还建造了纪念寺,以收藏与盟者的愿文。这些盟文在 P.16 及 V.751 中尚有残留。愿文之首是一篇较长的概说性愿文,其后继之以各方的愿文。首先,是孙波族雅莫塘大军团(dByar ma thang khrom chen po)的,其次为朵甘思地方王侯(mdo khams kyis dbang po rnams)的,再次并列德伦(bDe blon)的长愿文,姑臧军团(mkhar tsan khrom)与瓜州大军团的愿文,最后是掣三(phyug tsams)千户长主从的愿文,及另一愿文。

关于孙波族进驻敦煌的情况,在 P.1089 中的位阶序列表中曾提到:孙波族的士兵与吐蕃本土来的士兵受同等待遇,这从吐蕃、孙波系(Bod sum)的表达上可得知。朵甘思王侯军的进驻,除上述外别无其他材料。姑臧、瓜州的场合有军团单位的愿文,但沙州却只有掣三部落的千户长主从的愿文,据此可知,沙州当时未驻其他千户部落。而且可以推测,"岱噶域蔡"之地距离以瓜州为中心的地域不远。

---

[1]琐南则摩(1142—1182 年)的著作《佛教入门》(*Chos la vjug pavi sgo*)(见《萨迦全集》Nga 卷,第 263 – 317 页,1167 年著)第 316 页 a 面第 3 行,提到了 843 年缔结的"三国会盟"。

愿文中提及一个被称作尚绮心儿(zhang khri sum rje)的宰相,而副宰相资格的是被冠以 zhang chen po 或 chen po zhang 的塔赞。或者因为尚绮心儿真正的名字是塔曩(sTag snang),《册府元龟》把后者的称号(mkhan)lHa bzang 写成塔藏,故混淆起来。更有甚者,《新唐书·吐蕃传》把《旧唐书》同传所记的"刘元鼎会尚绮心儿"误改为"会尚塔藏"。此处错误,已为佐藤长氏指出。[1]

尚·塔赞之名为 klu dpal,在敦煌汉文卷子(P.2974、3395)中,称为"尚腊藏虚律钵"。关于此人,西藏后世史料《王统明示镜》、《大臣遗教》、《五世年代记》等,将其混同于参与建中会盟的论·剌没藏。在此点上,戴密微氏未注意到时间的不符,以至沿袭了《册府元龟》、《新唐书》之误。"尚腊藏虚律钵"之名,在噶琼多吉英寺的"崇佛誓约"署名中亦见,但不见于公元 779 年的桑耶寺誓约署名中。

《唐蕃会盟碑》中,尚绮心儿与尚塔赞之间,尚有一个叫论□热的人。从噶琼多吉英寺的"崇佛誓约"署名者中看,可推测此人即韦·绮心热(khri sum bzher),但问题是此名不见于愿文。看来,上述愿文的写成时间是在此人殁后,即由尚塔赞任第二大尚论的公元 823 年之后。据此愿文上所载的名字,可推知当时驻于敦煌的擘三千户,仍管理着左、右 20 将地区的汉人。故二汉人千户部落的编成,可能在其后。

8.2.4.3 "军部落"与"丝棉部落"

藤枝晃氏整理的《僧尼籍》文书中[2],与 Dar pavi sde 一起出现的有 rgod kyi sde,藤枝晃氏分别译作"丝棉部落"、"阿骨萨部落"。但是,后者实为普通名词"军部落"之意,它与"民部落"(gyung gi sde)相对应。因此,将其译成固有名词 rGod sar gyi sde 的汉译音是错误的。在这一文书中,不见有一般应与 rGod sar 一并出现的"悉董萨"(sTong sar)、"悉宁宗"(sNying tsom)部落名,理由亦在此。此普通名词"军部落"与 Dar pai sde 一并提及的例子,见于 P.1166。此外言及"军部落"的有 P.1121,其曰:"送沙州节儿与汉人官吏。军部落康兴达……"在

---

〔1〕《古代西藏史研究》,同朋社昭和五二年(1977)再版,第 202 页注六。

〔2〕*TLTD* Ⅱ,第 71 页。

其他场合,像托马斯《有关西域的藏文文献和文书》第2卷第339页记载的"送沙州节儿与二汉人军部落官吏"的形式,不再见有。详细的记载见下文"沙州汉人 sTong sar,rGod sar 二千户部落"等。

而且,在常见的吐蕃文书中,没有出现过相当于"擘三部落"的 phyug tsam gyi sde 与指"丝棉部落"的 Dar pavi sde 并见的情况。前者仅在"三国会盟"的纪念性愿文中出现,而且是单独出现的。

综合考虑上述情况可认为,从吐蕃本土开来的 phyug tsam gyi sde 统治下的部落,当它在吐蕃文书中与 Dar pavi sde 一起出现时,只称为"军部落"。如此看来藤枝晃氏提及的《僧尼籍》讲的是汉人千户部落成立以前的情况,汉人军部落"阿骨萨"、"悉董萨"的成立在其后。换句话讲,不能将"军部落"看成是后二者的合称。

有关早期文书中出现的上述丝棉部落(Dar pavi sde),藤枝晃氏认为是一个绢布生产者的集团。笔者将其与吐蕃西界象雄(zhang zhung)之地称作达堡的部落(vDar pa zer bavi sde)联系起来考虑。后者是一个与吐蕃王族的祖先有密切关系的族名,但在象雄的上部、下部千户名称中都没有这个名字。因而,这一部落名很有可能是在敦煌重新命名的。如此,我认为藤枝晃氏的看法是可行的。

当然,以后出现的"宁宗部落"与"丝棉部落"毫无关系,或者说其间有什么联系也不清楚。"行人部落"前后时期都理应存在,此外还可以进一步研究,有关此问题有待今后搞清楚。

8.2.4.4　沙州三部落

另外,关于悉董萨、阿骨萨部落,敦煌藏文文书中记有"汉人二(千户)部落"(rGya sde gnyis, P.1083、V.140—53—063,托马斯书,第2卷,P.339)、"汉人军部落"(rGya rgod kyi sde,P.1294,1598)、"沙州汉人悉董萨、阿骨萨千户(军)二部落"(Sha cu rGya/sTong sar stong sde gnyis,托马斯书,第2卷,P.40,Ch.83.vi 5)、"汉人(军)部落中……阿骨萨部落"(rGya sde gyi nang nas……rGod sar gyi sde,P.1007)。此外在"僧尼写经目录"中,这两个部落又以写经人所在地与宁宗部落(sNying tsom gyi sde,P.1000、1001)并见于记载。

有关 sNying tsom gyi sde,后世的史料中在 Dar tse 与 phyugs mt-shams 之间有一名称,为 sDe mthams/sTe vdzoms,此即可能为宁宗部落名称的正确的原形。[1] 此部落是否取代了擘三部落驻守沙州,目前不清楚具体情况。而且它好像与悉董萨、阿骨萨都较接近(P. 1115,S. frag. 82),但它与汉人的关系无从得知。

sNying tsom gyi sde 还与沙州永寿寺(Veng shin si)有关系(P. 1297),关于这个寺院的建成,应考虑到它见于吐蕃占领敦煌的后半期的情况。如果从这一点讲,《阴处士碑》(载有 839 年的日期)上记载的"沙州三部落",很可能就是指上述三部落而言。

8.2.4.5 "子年"

关于"子年"的改革,发出命令者是 phrin blon sTas bzher rgod khyung,此人酷似《唐蕃会盟碑》中头衔为 bkavi phrin blon 的"勃兰伽论悉诺热合乾"。"合乾",以往还原为 hab khen,但应还原为 rgod khyung 的可能性更大。后者即佐藤长氏指出的《新唐书·吐蕃传》中的"给事中论悉答热"。上述最后的一个职官序列表,是在 10 年后的"戌年"写成的,经过稍许更动最终予以公布。可知,当时任 vphrin blon 与 rtsis pa ched po 的两人的名字已与《会盟碑》所载不同。据此,10 年前的"子年",可推定为 820 年或 832 年。但根据"岱噶域蔡"的愿文,可以有把握地讲在 823 年左右,以擘三部落为首的伍茹下户军仍驻留在敦煌。因此,汉人二千户部落的成立,能够说是在公元 832 年。

8.3 敦煌的佛教界

8.3.1 僧侣与译经

在吐蕃占领瓜州的 10 余年之后,敦煌才陷落。在此期间,吐蕃热心于缔结和平的建中会盟,其希望和平的理由之一可能是企图争取沙州的佛教界人士,以控制沙州不被破坏。

---

〔1〕在藏文字形中,sDe、sTe、sNyi 的字形酷似,尤其在敦煌写本中它们更难逐一区别。

·欧·亚·历·史·文·化·文·库·

果然沙州一陷落,就发生了被招到吐蕃本土的摩诃衍与印度佛教徒的诤讼事件,虽无明文说摩诃衍来自沙州,但是在论诤失败后,他曾被派往沙州调查汉人谋叛的事件。如果他不是沙州的僧人,那么沙州未陷之日何不招他前往,这其中自有理由。

攻陷沙州并统治这一地区的没庐·尚绮心儿崇拜 Man 和尚,此和尚滞留河西 30 年,临去汉土之际,举荐其弟子 Nam kha snying po 主其事。据说 Man 和尚是在河州、甘州宏佛的 Bevu shing 和尚的弟子,他曾赴宗喀(Tsong kha)说法(P. 996)。Nam kha snying po 是有名的《lDan dkar ma》目录的编纂者,其与(Ka ba)dpal brtsegs 之名共同见于目录之序文。此目录的成书当在 824 年,如果说 Nam kha snying po 是 779 年以后具足受戒,从吐蕃本土赴青海入 Man 和尚之门的,那么 Man 和尚的活动时期就应在 8 世纪末,想来应无太过。据此,Man 和尚可能是在吐蕃控制沙州之后不久被招至青海的。

上述曾入吐蕃本土的摩诃衍,其所信奉弘扬之教称禅宗。791 年皈依的没庐氏皇后 Byang chub rje 等就是受摩诃衍教化而出家的,次年摩诃衍就开始了与印度系佛教徒的争论。在赤松德赞时,活跃于沙州、出身于建康的僧人昙旷的寄书中,披露了有关这次争论的内容,即《大乘二十二问本》。此事经上山大峻氏研究后,已经明了。但是,上山氏在昙旷殁于沙州这个问题上,依据的是 788 年写成的《辰年牌子历》中沙州汉僧的名字,据此来考定昙旷殁年之下限,这恐怕是欠妥的。

摩诃衍的禅宗被称为异端之后,他于 794 年离开吐蕃本土,戴密微氏认为其再度去了敦煌。如此看来,敦煌佛教界被允许有保存异端的权力。

吐蕃统治敦煌后半期,佛教界显现的著名人物是吴法成,吐蕃人称其为"译经僧"(vGos chos grub)。后世的吐蕃人中有一宰相名 vGos(/mGos)khri bzang yab lhag,以及 11 世纪的 vGos khug Pa lha btsas 等,应与法成为同族。上山大峻氏认为,法成为汉人,自幼习得吐蕃语,这种说法符合诸种事实。上述 Nam kha snying po 从吐蕃本土至青海,师事 Man 和尚,其后回吐蕃本土并十分活跃;而法成习佛是在沙州、瓜州等地,故在吐蕃本土不大知名,这与他出身非名望之族有关。另外,吐蕃统治后期,汉人已经很少使用吐蕃名字了。

法成在吐蕃统治后期的 9 世纪 40 年代,于甘州的"修多寺"译吐蕃佛经为汉文佛经。上山氏称,其后从归义军节度使时期开始,到 859 年左右,法成在沙州开元寺讲过《瑜伽论》,但对其先从 833 年到 838 年在沙州永康寺翻译、注释佛经的行动,却没有提及。

或许是从 830 年或更早,法成就受吐蕃赞普之命,开始着手将佛典从汉文译为藏文。在吐蕃最早的译经目录《lDan dkar ma》中,那些可能是法成所译的经典仅仅记录了几条。比法成早一些的,从 810 年以后就有活动的 rNam par mi rtog pa 译出的汉译系佛典,《lDan dkar ma》目录中也都未予注录。再结合其他情况,认为此目录是在 824 年这个辰年之后才成书是有疑问的。据此,必须考虑法成开始译经,最迟不过 9 世纪 20 年代初。其在沙州永康寺居住始于何时尚不明了,或许是在沙州着手将佛典从汉文译成藏文之时开始的。

至于从吐蕃本土是否也邀请其他僧人来从事汉文佛典的藏译工作尚不可知,至少说其中无著名者。

上文说敦煌佛教界有一定的自治倾向,这与吐蕃本土由印度佛教徒垄断是不同的,因而前者就没有什么限制。此后,9 世纪以来,吐蕃本土与汉地的往来又活跃起来,新的佛典被带到吐蕃,这与藏译经典的活动是相符的。但新经典并没有传到吐蕃本土,因为吐蕃本土还少有公开传讲与禅宗有关的佛经,比如《楞伽师资记》、《顿悟真宗要诀》、《诸经要抄》等就属此例。从后世的藏传佛教流派看,其"大究竟"的教义,就含有南宗系的禅籍及天台、华严的教义。这些多是不著名的译者从地方上译出的。与其他常见的译本相同,其书写形式是吐蕃本土才有的。例如,藏文《大藏经》收录的伪经《法王经》,就与敦煌写本(V. 222、264)不能相比,前者漏字、错简都有,看来这都是一些未经正式渠道传入吐蕃本土的经文。

未曾参与译经但曾宣讲佛典、统领僧徒的,尚有著名的吴洪辩等。吐蕃文书中也常见其名,入归义军时代后,其曾任都僧统。

·欧·亚·历·史·文·化·文·库·

8.3.2 寺院与写经事业

据藤枝晃氏研究,吐蕃最初统治沙州时,其地有寺院 13 座(其中尼寺 4 座),僧尼共 310 人;到其统治瓦解至归义军初期,寺院有 16 座,僧尼 1000 人,比初期增加很多。这是吐蕃统治时期对佛教界采取优遇政策的结果。

但是,把 S.545v 所载的寺院与僧尼数,说成是 806 年的记载,恐怕失之过早。就是前面提到的 S.5677v,其年代也不早于 814 年。此文书所记的 15 个寺院中,圣光寺的施主是宰相尚绮心儿,其前任者即 Zhang Khri gzu rams shags,814 年仍在位,此点是根据敕撰《二卷本译语释》的序文得知的。而且,在 S.542v 所记的 14 个寺院中,并无"圣光寺"之名,因而可以确认这是安国寺建立时的文书,因而它应是前述 S.5677v 之前的文书。再次,在 S.545v 号文书中,僧尼数有很大的增长,因而此文书应是 S.5677 以后的,其上限不早于 818 年。其中有见于《辰年牌子历》的一部分僧尼名字,因而要具体说在其后多少年是有困难的。

根据以上论述,可知从赤祖德赞开始,沙州的寺院和僧尼数都有迅速的发展。关于这方面,不说寺院的佛事、讲经等情况如何,只举当时有组织的写经事业就够了。但涉及写经的寺院,是仅指包含金光明寺等特定寺院的情况,还是其他一般寺院的情况,却不是很清楚。写经人中除少数吐蕃人外,大多是汉人。而且据藤枝晃氏研究,其中还多掺杂有俗人。在 S.5824 中,注明写经生是属于"行人"、"丝棉"部落的。古藏文文献 P.1000、1001 的写经记录中,称写经生出自 STong sar、rGod sar、sNying tsom 三部落,写经生全为僧尼,其所写经卷大都供献给 gyar thon,另一部分保存于新建的 4 个寺院中。这方面的材料中,到 831 年后才见有汉人军部落的名称,藤枝晃氏提及的《金光明寺写经人名薄》(S.2711)中,也有在《辰年牌子历》中所见的名字,因而可以说前者的时间是在 831 年之前。

在吐蕃统治沙州的前期,吐蕃文写经也不得不动员汉人中的俗人。但不管是汉文还是藏文的写经,都是用于赞普和王族频繁的祈愿,而写经的任务被加在了沙州汉人的身上(P.999,托氏书,卷2,pp.80-81等)。用于此项的费用,一部分由吐蕃政府支出,另一小部分得有助于俗人施主。另一方面,写经生无报酬服役的情况是相当惊人的(P.999,托氏书,卷2,pp.73-75)。同时对损失纸张的情况,也进行了严酷的惩罚(托氏书,卷2,pp.80-81),这也说明当时俗人写经的积极性是与日俱减的。

8.3.3 敦煌历

敦煌汉人的日常生活在吐蕃人的统治之下,不难想象发生了一些"吐蕃化"的倾向。度量衡、税制的单位不说,仅举有关历书的问题。藤枝晃氏虽提到过这方面的材料,但他没有指出在古藏文文书中所记的闰月,这是不对的。斯坦因文书(托氏书,卷2,p.141)中,就有关午年闰仲秋之月(ston zla shol bor bavi ston zlav bring po)的明确记载。

后来藏族人一直沿用的历书,是以1027为纪元元年的"时轮历",很明显唐代吐蕃用的与之不同。而且,《唐蕃会盟碑》上所记的也是借用的汉历,所以说当时藏历并不流行,根据当时唐历流行的情况,我们推测吐蕃统治下的敦煌也是用汉历,这并不奇怪。

估计当时敦煌地方的日历,不会是"粟特"系的。后代藏族通行的时轮历,据藏族史家讲起源于"布哈拉"。这个事实只能解释为:时轮历是祆教徒从印度学来的。这种说法是否可靠,姑且不论,这种历法按32个月与33个月之间置闰月,这种闰月法与唐历是大相径庭的。更重要的是,它的定朔法也与汉土历法大不相同。这种历法,以拂晓月亮的圆缺来定日子。这样,在既有重日、又有缺日的情况,月之大小就依这两种情况的多寡而定。而朔日与唐历相同,最多有一天前后之差[1]。

"敦煌历"不能说完全与藏历相同,但其中多数内容相同,这是可以理解的。而且在名称上,吐蕃之季冬月为唐之一月,吐蕃古历称季春为年之首,也可以说明上述情况。

---

〔1〕有关时轮历的基本情况,见山口瑞凤《西藏的历学》(铃木学术财团)《研究年报》。

　　（译自：山口瑞凤主编《讲座敦煌 2·敦煌の历史》，大东出版社 1980 年。其中部分译文，曾以《沙州汉人二军事部落的成立》为名，刊载于四川外语学院、四川省民族研究所等编：《国外藏学动态》第二期，1987 年内部发行）

9 松域(Sum-yul)地理位置考

[日]山口瑞凤 著

董越 杨铭 译

9.1

1921年伯希和在《通报》上发表了一篇题为《关于吐谷浑与苏毗的称号》的文章,文中指出据《新唐书·西域传》记载,苏毗在被吐蕃征服后便更名为"孙波"(Sun-po)。进而他得出结论"孙波"是由 Sum-pa "松巴"音译而来的,它指的是松巴部落。

在本文所讨论的所有观点中,我们只会毫无保留地接受一种观点,其他的则需进一步考证。根据伯希和的解释,"苏毗"是属于羌语的一个词,而 Sun-po 则为吐蕃语,两者表示同一个意思。然而,据《新唐书》记载:"为吐蕃所并,号孙波。"[1]此记载亦可理解为苏毗从此称为孙波。自从吐蕃将苏毗更名后,孙波就一直是该地的行政区划称谓,或相当于行政区域的名称,而非后来才更名为孙波的。关于这一点似乎与弥药的情况不尽相同,对于后者来说,弥药(Mi-nyag)对应的就是党项,或像难磨(Nam-pa)对应多弥一样。[2]

以上论述试图证明松巴可能具有两层含义,一为"松域之人",其次是"松茹(Sum-ru)"或"松巴[之茹]",两者均为 Yan-lag gsum-pavi ru

---

〔1〕伯希和在 *FNM*(详见本篇后缩略语对照,下同——译者)中,作了正确的翻译,此文于1959 年发表于巴黎,其译文见原文 671 - 725 页(704 - 712 页)。

〔2〕见《旧唐书》卷 198《西域传·党项》,《新唐书》卷 221《西域传·党项》、《西域传·多弥》。此种勘同不只是在汉文献中能见到。然而,应注意到在《于阗国授记》中,"苏毗"也不是译为 Sum-pa 的(北京版《丹珠尔》,No.5699,f.420b,行 6)。

·欧·亚·历·史·文·化·文·库·

即"第三侧翼"——一个军事行政区的缩约式。[1] 但有两个理由可解释为什么不应将孙波视为松域之人。首先松巴在其臣服于吐蕃之前就已被称为"mDzo sum-pa",敦煌文书中《大事纪年》的记载可以证实这一点。[2] 其次,松巴部落居住在朵思麻,其东侧毗邻今四川省西北部,这一点后文将有论述;而苏毗却位于多弥之西,即青海省西部的犁牛河(vBri-chu)西岸[3],因此苏毗与松域的地域不可能相同。

相反,如果假设孙波就是"第三侧翼"里"gSum-pa"的发音,那么它指的应是从松赞干布王之后直到赤都松王晚年这一段时期所建立

---

〔1〕关于 Sum-ru,乌瑞(G. Uray)博士认为"ru"是用来称呼居住在 mDo-smad 的 Sum-pa 部落的茹的(FHT,该文发表于 1966 年,见 31 – 57 页;49 – 51 页)。但这并不正确,因为他没有对《大事纪年》中有关记载进行完整的比较和考察。首先在《大事纪年》702 年和 759 年的文字中肯定在连接词"ste"之后提到了"Sum-ru",随后记载了 hdum-ma"会盟",即"朵思麻(mDo-smad)之会盟"。但是,"ste"只是一个连接词,其意为"承前所述"。因此,只要在"ste"前或后记述的事件是按时间顺序发生的,就可能使用到它。乌瑞博士仅指出,在朵思麻(mDo-smad)会盟后,他们迁到另一个地方,进行 Sum-ru 的事项。如果他们行动的地点未改变,可能就要用"mas"一词。例如,在《大事纪年》中关于 715 年有如下文字记载:

"朵思麻冬季会盟在 rGyod 举行,并在朵思麻内部产生强烈影响。"

如果他们也在朵思麻一个相同的地方举行了"大料集",那么,以上记载就是可靠的。假设 Sum-ru 确实在朵思麻境内,那就证明它与 Sun-po 毫无联系,因为 Sun-po 的名称是由 Su-pi 演变而来的。这个观点可参阅伯希和的论述,从而得到核实。"Ru"不是指 Sum-pa 部落,因为他们被称为"Sum-pa khri sde bshi","Khri-sde"表示"万户"。(参见本篇第三节,并见以下注释)。

〔2〕DTH,111 页行 2。

〔3〕《新唐书》卷 221《西域传·苏毗传》;《西域传·多弥传》;FNM,704 – 705 页。

的军事行政区划"松茹"[1]，正如我在近期的一篇文章中阐述的一样，其东部边疆是后来住有"阿拉尼克隆布族"的尼域包木那（gNye-yul bum-nag），此地靠近犁牛河岸，即敦煌文书中提到的 rNegs 之 glin 地区[2]，这与中文文献中断言苏毗位于犁牛河以西的观点是一致的。松茹的南部疆界应划在位于几曲发源地的纳木措南岸的黑河麦地卡（Smrti chu-nag）。[3] 因此，很明显松茹的地理位置与松域是截然不同的。

分析当时藏学研究情况，可以认为伯希和并不知道"松茹"这个地方，因此他将松域看做是孙波（同上引 *FNM*，381 页）。然而，他深知自己的论断缺少说服力，由此在确定了苏毗的地理位置后，他不得不承认位于青海东南部的松巴另有一个地域。这时，他被迫放弃了以下设想：苏毗在古代可能曾是一个大国，它环绕青海南部，其西北疆界毗邻于阗，但据《新唐书》记载，其范围被吐蕃大大地削减了。[4]

伯希和认为，苏毗即是《隋书》中记载的女国。佐藤长早就驳斥了将女国与苏毗等同的观点，不用再作解释。[5] 但有必要补充一点，如

---

〔1〕由于在《大事纪年》中 702 年条中发现了 Sum-ru 这一名称，因此，不能断定在此之前Sum-ru 已在赤都松年统治后期建立。"Ru"（意为"角"或"翼"）由 dbu"中"、gyes"右"和 gyo"左"三部分构成一个完整的组合，称为 ru gsum"三茹"，即"之翼"。"Ru lag"意为"附加翼"，也具有第二个的意思，以与"第一个"区分。从"第二"中分离出来的称为"yan-lag"即"第三"，如"gsum-pa"。由此可知，当"Sum-ru"建立时，"ru lag"就已确实实地存在了。所以，认为"ru-lag"即"附加翼"是因为 709 年才第一次出现在《大事纪年》中，就认为它以前并不存在的观点是错误的。此外，乌瑞博士将"lag"解释为某种东西的独立的一小部分（参见 *FHT*，43－44 页），但这种解释并不正确；他的错误在于出自于该字的引申意义，"lag"本不含"独"之意，这一点恰与"yan-lag"的情况一样。比如，lag-pa 意为"身体（外部）的一部分"（参见 Ch. Dic，791 页 a）。根据这一概念，身体与手之间就不可能含有"独立"这层意思。"lag"应该被认为与"lhag"即"超越"一词有关，正如 lag 或 lhad 表示"精疲力竭"；lod 或 lhod 表示"松弛"；lon pa 表示"接受"和"lhon po"表示"偿还"的情况一样。"lag pa"指的是手——"身体延伸出来的一部分"。当然，它也可表示"某种独立的东西"，如"dgon-lag"即"一个单独的分寺庙"，正如"ma-dgon"即"主寺"一样。在这种情况下，"dgon-lon"变成了"gnyis-pa""第二"的意思，正如 "dgon-pa"为"母亲"一样。"yan"意为"进一步"和"向上"，正如"man"表示"向下"一样，为词的本义，见 SS，97－98 页注释 1，在此"ru-lag"被解释为与"gyas-ru"有联系。但似乎这里使用了与 ru-gsum"三翼"有关的"lhag"。

〔2〕*SS*，110－115 页；127 页。

〔3〕*SS*，99 页，注释 12。

〔4〕*FNM*，717 页。

〔5〕*KCK*，141－143 页。

果将这两个地方合二为一,就会引导人们接受这样一个观点,即鹘莽硖或者位于苏毗西部边疆的鹘莽硖,就会位于拉达克域内,这与《新唐书》卷40《地理志》关于鄯城[1]的记载发生矛盾。

至今还没有人对伯希和的解释提出异议,但由其观点得出的结论却导致了一个又一个的误解。

例如图齐教授1956年在《尼泊尔的两次科学考察记略》(以下简称 PRN)一文中提出的"新象雄(Shang-shung)说"。他试图将"第三侧翼"最东端的地理位置放在嘉绒(rByal-rong)境内(PRN,79页),将其南端黑河麦地卡置于安多境内的东南部(PRN,78页)。这就造成了有两个松巴地名的混淆,一个是"第三侧翼"的简约式,另一个则为松域。并且这个论点是建立在松茹疆界不确定的基础上,这似乎与常识相悖。比如,他声称在安多之东南为黑河麦地卡,它与 gYas ru"叶茹"北疆毗邻,而叶茹的中心是"雄巴园"(Zhong-pa tshal),位于后藏(gtsang)的香地(shangs)。他忽视了其观点与事实的矛盾所在:叶茹位于伍茹(dBu-ru)的西部,伍茹之最东端为倭卡(Vol kha)。因此,毫无疑问巴卧·祖拉陈瓦提到的古格(Gug-ge)应为 Gu-ge 之讹,它是一个包括琼垅(Khyung-lung)和托定(mTho-Lding)[2]在内的地区。

---

[1]这里似乎有理由认为古老的苏毗疆界位于其他地方,但这也不恰当,因为伯希和(FNM,706–707页)声称拉达克可能位于"东女国"的西部边界;在《大唐西域记》卷4关于"婆罗吸摩补罗国"的文字记载中提到过"东女国"。

[2]图齐教授没有分清 Sum-ru 与 Sum-yul 的 Sum-pa 之间的关系(PRN,87页)。正因为如此,他不得不认为实际位于吐蕃与 Sum-ru 之间的下象雄,即位于朵思麻境内的吐蕃和 Sum-pa 部落之间的某处(PRN,83,84,91页)。但是 Gug-ge(古格)即是 Gu-ge 的变化形式,而 lcog-la 指 Gu-ge 对面,位于 Sutlej 河岸的一片地域,在现代地图上卓科山口境内可查到 Gu-ge 一地。关于 ci-di,可能是指今天的切贴山东部地区。在藏语中当一个双音节的单词的前面一个音素以元音结尾,其后面的音素开始的辅音字母便连接到前面的音素上去,重复其发音,例如,gsho-nu/gshon-nu,phru-gu /phrug-gu,sku-mkhar/ skun-mkhar(俚语)。以上例子说明了 Gu-ge /Gug-ge 的情况。关于 sPyi-gtsang 与 Yar-gTsang,参见 SS,98–99页。伯希和将 Sum-pa 从朵思麻扩展到拉达克;图齐教授则把它压缩到 rGyal-mo-rong"嘉莫绒"境内,并将下象雄的东部边界归纳入 Niachu(PRN,91页),这是一个令人吃惊的武断的结论。伯希和声称"炉霍"(Nü-kuo)即 Sum-pa(见 FNM,717页),而图齐教授则认为应该是象雄(PRN,92页)。但后者的结论与前者的断言毫不相干。

要指出图齐教授"新象雄说"[1]中的缺陷并不难,但限于篇幅不一一举出,只想说明象雄与松巴相去甚远就足够了。引用以下文字来说明这一点最为适当,因为在苯教的资料中常提到下列段落:"在西部,位于乌仗那与吐蕃交界之处有象雄的琼垅;东部,位于汉地与吐蕃交界处的有松巴朗(Sum-pa glang)境内的金雪(Gyim-shod)。"由此可见,象雄位于吐蕃的西部,松巴位于吐蕃的东部,这两个地区的中心分别为琼垅与金雪。[2]

此外,松茹和松巴之间的区别可用以下几句话概括:松域为松巴的四万户的辖地(*KGG*, f. 123b, 行4),而松茹有十一千户(*KGG*, f. 20,行3)。两者不仅所辖户数不同,且前者并不构成一个"翼"的编制[3],而"翼"为吐蕃军队的一个编制。

9.2

鉴于我在以前的文章中已详细讨论过松茹,下文我将就居住在松域的松巴部落的地理位置进行描述。

松巴在藏文中意思为"Sum 人",欲寻找称为 Sum 的地方,可在敦煌文书中查到(*DTH*, 80页,行24),其中一张包括有13个"小王"的表,他们属于吐蕃的势力范围之内:

> 松域之雅松之地,以末计芒茹帝(vBal lje mang ru ti)为王,其家臣为"朗"(rLang)与"康"(Kam)二氏。

在某些情况下,此文献中的"家臣"最好解释为一个有势力的家族,该家族受"小王"的控制,而非为国王尽职的大臣。

根据这段文字记载,可以设想小王末氏(vBal)以及其他两个家臣

---

〔1〕L. 伯戴克《敦煌纪年考释》,*RSO* XLⅡ,249 – 250、252 – 253页;张琨:《关于象雄之研究》,台北,1960年,153页;A. 麦克唐纳:《关于伯希和第1286、1287、1038、1047及1290号藏汉卷子的考释》,发表于巴黎,1971年,第253页。

〔2〕*LRD*, f. 77a,琼垅是位于下象雄境内古格的中心区域。(*KGG*, f. 20a, 行2,3;*DTH*,116页,行8、11 – 12)

〔3〕在这个问题上,象雄的情况是一样的,它没有"翼"这个名称。

均居住在松域的某个地方,因此,有理由将这 3 个家族称为松巴。尽管无论是末氏或康氏与松巴一名没有直接渊源关系,但在有关苯教史料中朗氏却被称为 Sum-pa glang gyi Gyim-shod"松巴朗氏之金雪"。后文将解释金雪是朗氏的一部分重要居民。显而易见,对译为"朗"的 gLang 与 rLang 是同义异体字。[1]

在敦煌文书的《大臣年表》和《大事纪年》中,有关于松巴的如下记载:赤伦赞死后松巴便反叛,因此大臣娘·尚囊说服松巴臣服于吐蕃,这是在松赞干布新继位初,不动一兵一卒而实现的。[2]

公元 746 年末,赤德祖赞王在位时,在《大事纪年》中提到了松巴的两个家族的名称,即末氏和朗氏,其曰:

> 大论穷桑,末·东则布和朗·迈色,此三人……

这说明这两个家族处在权力机构的最高层。《大臣年表》(DTH,102页,行 12)中记载道:"继没庐·穷桑俄儿玛之后,末·杰桑则布任大论。"由于在《大事纪年》中缺少 748—754 年间的记载,因此他的任命年代不详,但可以断定他就是在这段时间内出任大论的。该史料对公元 755 年,即赤德祖赞王死后一年作了如下记载(DTH,65 页,行7 – 8):

> 末氏、朗氏家族的人被放逐

下文为:

> 末氏、朗氏被处死,并没收其财产。

这段文字清楚地表明这两个家族在赤德祖赞死后走向没落,其过程记载在多迥的一个名为《达扎路恭记功碑》上。[3] 然而,这种衰退未使其完全脱离吐蕃的权力中心,此后的数年内,他们又东山再起。

据史料记载,朗氏家族[4]的两个人与一个来自末氏家族的人按照佛教信仰共同签订了一个书面誓约,同时在唐、蕃共同建立的《唐蕃会盟碑》上的吐蕃代表中也可见到末氏的名字。[5]

---

〔1〕参见 KGG,f.123b,行 3 – 4。

〔2〕DTH,101 页,行 7 – 12;111 页,行 6 – 10。

〔3〕AHE,16 – 17 页。

〔4〕KGG,f.130a,行 3、5、7。

〔5〕KCK,902 页;AHE,74 页,行 160。

关于这些家族的系统资料甚为稀少,况且关于末氏和康氏的记载几乎等于零。朗氏家族是一个例外,从《大事纪年》的大多数材料中了解到末氏当时比朗氏更有影响。此外,在该文献 653 年的文字记载里(DTH,13 页,行 20 – 21)发现对康氏仅有的描述:

于朵思麻,康·赤桑介达被通弥(Thong-myi)复仇而杀。

松巴人居住在整个朵思麻[1]地区,后面的文字将对此进行讨论。并且,正如汉文献所提到的一样,他们与"多弥"毗邻。[2] 由此可以认为上面引文中的通弥即指多弥,康·赤桑介达即为松巴康氏。

《朗氏谱系》记载了大量关于朗氏先辈的事迹,其他一些有影响的部落如多额(Ldong)和色伍(Sevu)也被提到,他们从属于朗氏家族,并受其操纵。此外,其文曰"在康巴(Khams-pa)的 3 个支翼中,朗的势力最强"(LPS,49 页 a,行 9)。此处康巴(Khams-pa)的含义与今天的用法一样,为"康区的人"。其后整个康地区分为 3 个支翼。[3] 反过来,我们可以设想,正如朗·康巴贝若咱那(rLang Khams-pa go-cha/rLangs Khams-pa Bai-ro-tsa-na)[4]记载的那样,康巴是指一个隶属于康氏家族的人,因为康氏是吐蕃时代的人。

如果这一点成立,那么康氏在很久以前就臣服于朗氏家族了。第二,人们已经认识到敦煌文书中通弥一词中的 Thong 被拼写成 sTong[5],此处的悉董(sTong)在汉文献里也能找到,它表示一个分布在四川泸沽湖及周围地区的一个王族。[6] 今天的"同德"的发音与

---

〔1〕在文献 LLS,va.f.4b 中记载到朵思麻即为安多。根据文献 PSJ,f.217a 和 LLS,va.f.5a 朵思麻被称为 gyer(gyar)-mo-thang,而宗喀都被称为 Gyi-thang。因此,当朵思麻被误解为安多时,并不包含宗喀地区。

〔2〕见 SS,121 页,注 100;98 页,注 1;117 页,注 93。

〔3〕据 PSJ,f.217a 叙述,康区由位于下康区的 Gung-ru、位于 Knams-rked 的 gya-ru 以及位于下康区的 gyon-ru 所组成。根据 LPS,18a 的记载,它与绛求渐桂(Byang-chub hdre-bkol)迁到上康区(LPS,54 页 a)没有关系,因此,这里可能指居住在朵思麻的甘氏。

〔4〕他们是吐蕃时代的人。在 KGG,f.123b,行 4 的记载中,这两个人之后又提到了 dPal-gyi seng-ge(LPS,19 页 a),其人的活动时代为赤德松赞时期(795—815 年)。

〔5〕见 SS,121 页,注 100;98 页,注 1;117 页,注 93。

〔6〕它被写为"董"或"悉董"。《旧唐书》卷 197《东女国传》;《新唐书》卷 221《西域传·东女》。

sTong-sde 相同,后者是 sTong-pavi sde 的缩写式。该地区的周边与末氏和朗氏两个家族的辖区紧密相连,这一点将在后文讨论。

那些与末氏家族有关的地名分布在上文提到的同德附近,据《安多政教史》记载(*DTG*,Ⅰ,f. 296a):

> 此地以 rTse- vbal 为中心;在 Wang 疆界以东的地区一直延伸并超过 Lug-mgo 关;Chu-gor-gor 属于 mDzod-dge nyi-ma 地区,位于南方,rDo-la Lha-chen(关)于西部,北为 gNyan-ri rdza-dmar 山……

Wang 指一个寺庙,名为 Wang-gi U -rge grva -tshang,并且以上引文仅提及寺庙的方位。[1] rTse-vbal"色末"指 rTse-chu 盆地,当时那里居住着末氏家族;近年此地居住着 A -rig 人。[2] 换句话说,此地即是西倾山北端的草原,西倾山是洮河的发源地。藏文献记载的地理特征如下[3]:(*DTG*,Ⅰ,f. 273a)

> 河水由(黄河之源)流向南方,从 gNyan-po gyu rtse 的左边流过,逐渐转向北方,于 dKar-dbu 与 rKa-chu 汇合;流到 Tsha-gang pe -shin 后与 dMe-chu 合流,随后转弯向西径直流去,到达 gShi -chu 河和 rTse-chu 河,但流经 vBal-mdo 时便又形成一个弯,并此向东流。

以上资料提供了这些支流的名称及流入黄河的地点。上文中"左边"指作者面朝南方时左手方向;然而提"前方"时,作者面朝西方。rka-chu 与从南方流来的噶溪河[4]类似,而 dMe-chu 可勘同于东方流来的墨溪河[5],下文将对此进行讨论。gShi -chu 来自西方流入黄河,rTse-chu[6] 从东流入黄河。在 vBal-mdo,黄河与来自东面的马河[7]相

---

〔1〕参见 *DTG*,Ⅰ,f. 292b,行 1,*AMR*,52 – 103、107 – 119、129 – 135 页。

〔2〕参见 *SS*,117 页,注 92;*DTG*,Ⅰ,f. 29b,行 4。

〔3〕参见 *AMR*,52 – 103、107 – 119、129 – 135 页。

〔4〕"葛"是 rke 的音译,"溪"是由 chu 翻译过来的,该河就是指"白河"(*AMR*,134 页);德得坤都仑河(参见 *AMR*,引自 109 页);据罗克(Rock)的拼法为 dGav-chu(*AMR*,引文 134 页)。这条河流经唐哥(Thang ko)东侧汇入黄河。

〔5〕"墨"是 dMe 的音译,即墨河(*AMR*,134 页);多尔大度坤都仑河(多母大度土昆多仑),参见 *AMR*,109 页。

〔6〕即 *AMR* 记载的 cha-shin-chu,58 页。巴河可能流经并环绕 dpal-shul 部落居住的地方。

〔7〕见 *AMR*,58、82 页,与 Ba-chu 相同。

汇合,在黄河东岸 vBal - chu 和 rTse -chu 相连地带坐落有拉加[1],或同德。

据记载 rDo-la lha-chen[2] 位于色末以西,因此,此山关俯瞰西部黄河与色末之间的地区,该地区有时被简称为"vBal-gshung",即"末氏之中心",它包括 Gad-dmar 和 Sha-bo[3] 等地区。rTse-chu 和 vBal-chu 两河的源头非常接近。在 vBal-chu 河畔靠近 lHa-bkra(Lhab-ja)之地坐落着 vBal gyi khe-reb。[4]

《玉树调查记》("考证",43 页)对阿里克(A-rig)作了如下叙述:

> 他们曾居住在可可乌苏,并控制着黄河岸白佛的察汉诺门罕渡口;但以后几年内,他们迁移到大通河以北。

上文提到的"白佛"显然是指 vBal-pa"末之族人","白佛"后来可能被并入了察汉诺门罕旗,但他们却不是出于同源。据《中华民国地图集》(第 3 卷,D36)所示,察汉诺门汗旗显示的地理位置较为靠近 lHa-bkra,而察汉津或称 Tsha-gang pe-shin[5] 比较偏向南方。

该图显示,作尔革尼玛(mDzod-dge nyi -ma)坐落在色末村(rTse-vbal gshung)之南。看来这个地方如果不是与所谓的作尔革宁(mDzod-dge gling)毗连,便是与之重叠。在《安多政教史》的正文(DTG,Ⅰ,f.289b,行 3 - 5)里有如下记载:

> 当土默特火落赤[6]在黄河以南征讨作尔革宁时,有一人名为"达赫吉"的伴他出征……设宴款待……并说(对火落赤)他既无

---

[1]Ra-rgya bkra-shis vbyung-gnas(DTG,Ⅰ,f.29b;行 4;f.301a,行 3 - 4)。

[2]Lha-chen,见 AMR 的附表第 4。

[3]关于 vBal-gshung,见 DTG,I,f.294a,行 5。在 296a,行 1 中,名称 rTse-vBal gyi gshung 被解释为一个圣地,正如在 bkav-gdams glegs-bam 中指出的一样。Gad-dmar,见后文,f.294a,行 5;Gan-dmar 见 AMR,59 页;Sha-ba,DTG,f.294b,行 3 - 4,f.95b,行 6。

[4]见 DTG,Ⅰ,f.293b,行 1 - 2。根据罗克(Rock;AMR,90 页)lHab-bya 即指 lHa-bkra,而对于 mkhas-rabs nang 中的 mkhas-rab 来说,mkhas-rab nge-ra(见后文,引文 93 - 95 页)指 Khe-reb。

[5]根据 AMR 上的附表 4,应是 Tsha-ha we-shing gom-pa。在 DTG,Ⅰ,f.285a,行 3 中,即为 Tsha-sgang pe-shin dGav-ldan rab-rgyas-gling。

[6]smad-kyi Ho-Lo-che(PSJ,f.194b,行 1)。dpon-po vkho-lo-che ching-pā-thur(《达赖三世传》,东北目录 NO.5590,f.99a,行 6;DTG,Ⅰ,f.35b,行 6),在《松潘县志》卷 3"边防"嘉靖二十九年(1550 年)的文字中有记载。

良邑又无军队……于是,(火落赤)便占领了色末之领地(并赐予他)。

文献接着记载了作尔革王的婚姻,以及与 3 个王妃所生之子所组成的 3 个家族的繁衍情况。文献里出现了"vBal-za"即"末氏"一词。在记述了国王驾崩于末地后,接着有以下文字(DTG,-Ⅰ,f. 282a - 282b):

> 末氏之后代中,有三人分别名曰:本·洛卓桑、本波·宁巴、本波·措格阿,他们也就是本·洛卓桑、本波·宁巴拉贡和俄祖的先辈,俄祖为拉贡之子,拥有黄河与墨曲河汇合处附近的区域。

此处的"宁巴"指作尔革宁人,它似乎在提醒人们该地区位于墨曲、黄河和几曲 3 条河流之间的 mDzod-dge byams-me[1] 之北部。关于 mDzod-dge byams-me 的地理位置,清代的汉文文献作"不作尔革",但却不能肯定与前面提到的下作尔革(mDzod-dge smad)是否相同。

关于末氏家族的资料仅限于前面引用的,但可以推断他们居住在朗氏家族的北面,且共同拥有一处疆界,这将通过对朗氏家族居住地进一步考证来加以证实。

9.3

在《朗氏谱系》里,对于朗氏作为帕摩竹巴(Phag mo gru pa)创始人的问题进行了大量记述。我想通过以下史料来确定他们的地理位置:(LPS,53 页 a,行 7 - 9)

> 金雪仁雪(Gyim-shod rim-shod)周围为朗之疆土,如措(Ru-mtsho)住有朗氏的父方家族,他们为六个富豪,分别居住在朵思麻帕尔古(vBri klu mdo smad)和包括墨域(rMe-yul)在内的塞钦松(gSer-vdzin gsum)地方。

---

[1]"mDzod-dge 境内 ska-chu 河与 rMe-chu 河的汇合处附近有一名为 sog-tsha rgyud-stod grva-tshang 的寺院;并有一 Byams-me 的名为 vBras-spungs 的小庙坐落在寺院的附近。"(DTG,Ⅰ,f. 29b,行 3)。gLing-pa 可能与 gLing Ke-sar 有联系(DTG,Ⅰ,f. 273b,行 5 - 6;274a,行 4)。

以上段落表明朗氏家族的领地由 3 个地域组成,即"金雪仁雪"、"朵思麻帕尔古"和包括墨域在内的"塞钦松"地区。

首先,关于金雪仁雪,在有关苯教史料中它常被称为苯教最东端的据点,本文前面部分已提及此事。在该史料中一般都使用"松巴朗之金雪"的说法。而在《拉达克王流记》(*LDG*,21 页,行 20)中称为"金雪霍尔"(Gyim-shong Hor),此处的 Gyim-shon 即指 Gyim-shod。还可以找到其他的松巴后加上"霍尔"的例子,在朗先辈的名字中也可见到 Hor 一词。[1]

茹本(Ru dpon)家族作为朗氏家族的一个分支,曾在朵思麻雅莫塘(gYar-mo-tang)地区盛极一时,其管辖的范围在《谱系》中有如下记载:

> ru dpon gyis sum cu pa rlangs yul gyis shod brag shele rgya gar gi shol rta shod Lung dmar bzung(*LPS*,15b,行 16)

在这段文字中有几处笔误需要纠正,如"Sum cu pa rLangs yul gyis shod"应改为"Sum-pa rLang-yul Gyim-shod","brag shele"可能是以下一系列变体中最末一个:brag shel gyi / brag shel * jyi(42)/ brag * shel yi,/brag shel * e / brag shele。[2]

以下我欲通过对比《谱系》中其他段落来获得对上引段落的正确解释。

在叙述朗氏家族的苏噶答哥恰(Su gat a go cha)[3]被当地的神引导到达雪隆玛(rTa sgod lung dmar)的同时(*LPS*,f.48a,行 10 – 11),文中还写道:

> (他)被引到朗域(rLang-yul)的金雪扎雪、喜嘎季雪(rGya-gar gyi shol)、达雪隆玛……

---

〔1〕Sum-pavi khos-dpon Hor Byo-sha ring-po(*KGG*,f.18b,行 7)。A-bovi Hor(*LPS*,4 页 a – b)。据五世达赖喇嘛的书信记载,居住在安多和朵思麻的本地人为"霍尔巴"(Hor-pa)而不是"索巴"(Sog-po)蒙古人。

〔2〕在伯希和的藏文收集品 P.T.1047 条中,可找到 lgyog-ryags 中的 ryags 被写成 rgyags 的例证(行 62)。同样,"brag shel yi"被写为"brag shele"也是可以理解的。

〔3〕*KGG*,f.123b,行 4。

此外,还记载到:(*LPS*,f.16a,行6)

茹本拥有扎雪喜嘎(brag shele rgya gar)之神基。

后一句与前一句表示相同的意思。正如前面的例子证实的一样[1],位于金雪的朗域之达雪隆玛的别称为"扎雪喜嘎之(神)"。在其他地方,词汇"喜嘎之神"被取代了,如下列几句:

(1)rTa shod shel le phu gsum gyi lha khang(*LPS*,23 页 b,行11)

(2)rTa shod phu gsum gyi lha khang(*LPS*,28 页 b,行7)

(3)rTa shod lha khang(*LPS*,46 页 a,行9)

以上列出的第一句不仅证实了 rTa-shod 和 shel-le(shele)之间的关系,还表明佛寺位于 rTa-shod"达雪"的扎雪喜嘎之区域内某地。此外,由于据说有一个苦行僧住在"普吉"(phug gcig),此地为"三普"(phu gsum)之一,这里"phu"应理解为"phug",即"一个洞穴"。在名称"达雪喜央扎普"(rTa shod rGyang gi brag - phug)中又出现了一次"phug",但它又被"rGga-gar rdo-rje gdan shol"[2]所代替。同样我们亦可找到一些 rTa-shod rGgang 被写成 rTa-rGgang 的例证,如下文所示:

rTa rkyang la kha vi(/lha khang gi) brag (*LPS*,46 页 b,行7)

rTa rgyang ral(/rag/brag)gsum(*LPS*,46 页 a,行14)

另外,以上 3 个地方引用的"gtsug-lag khang"同样被称为"rim-shod vby-tan vyung-gnas"即"仁雪教义诞生之地"(*LPS*,46 页 b,行2)。如果此说法成立,则可以认为仁雪与达雪表示的完全是同一地方。综上所述,可得出以下结论:

(1)在达雪或达雪央,即达央,有 3 个水晶石"穴"(它们被苦行僧奉为圣地)。

(2)每个洞穴都有一个寺院,并被称为"达雪(央)扎雪之三洞佛殿",这在当时被认为可以与释迦牟尼在印度得到启示成道的圣地"印

---

〔1〕他们可能到这两个不同的地方。

〔2〕*LPS*,29 页 b,行 13、16,它们均被"rnal-vbysr gnas"更改为"反省之地"。gSer-pa Dar-ma bzang-po 与 rLangs kha-che dge-vdun bzang-po 可能代表相同的意思。

度的金刚座"相提并论。此处的另一称谓是"金雪扎雪之印度佛（殿）"。

（3）达雪隆玛、达雪央或仁雪的基本词义，皆可称为"扎雪佛殿"或"金刚座"。

因此，前引《谱系》的文字可解释为："茹本在松巴朗的金雪之地，于印度（神，比如佛）庙基下守护着水晶石制成的金刚座。"

与前面提到的圣地相吻合，《金川琐记》里含有以下段落：

> 章谷之墨尔多山，高插霄汉，相传释迦佛成道处。

下文为：

> 章谷屯多云母山，日色照耀遍地，作金银光彩，石如水晶。

这段文字与前一部分描述的景象一致，也与《章谷屯志略》中所述山河川流的文字相符：

> 惟境东北三十里墨尔多山……有巨池。池东约十里许为山之巅，平地数十弓，夷人叠石为浮屠高数丈，瞻渴者咸掷金银珊瑚珰珥于内，围绕作礼而去。由东百余步有巨石矗立如笋，相传为释迦成道处。

以上描述没有提到云母岩山。但是，的确说到其岩上布满水珠，其岩石"宛如玉笋，凌空而立"。

此处的章谷不是指甘孜西部炉霍[1]境内的章谷，根据《金川琐记》记载：

> 小金川原名赞拉，美诺为其巢穴……折赞拉为懋功、抚边、章谷三屯。

此地原名 bTsan-la[2]，后来在清朝又改为"小金川"，在此之前小

---

[1]北纬 31°25′，东经 100°40′。

[2]据 DzG，f.77a 记载，它排在 dGe-shi-rtsa 的 18 个小王国之中，但其地理位置不详。在 DTG，Ⅲ，f.265b 中包括下列段落："在促侵（或绥靖）之东有一些王国，如 bsTan-pa，Rab-brtan 和 bTsan-lha。"在同一文献资料中的 f.266b 中列有"Byes-smad，bSod-nams-yag，Seng-ge rdzong（僧克宗）Ha-ngon"。作为 bTsan-lha 的 4 个地区，与北方三屯抚边、懋功和章谷不一样，它们地处何处不得而知。然而，在《四川通志》卷6《舆地沿革》"懋功厅"中论述到，"懋功屯即小金川美诺地"，这就得出懋功是 bTsan-lha 的中心地带的概念。

金川和大金川统称金川。如果达雪央或达雪隆玛指包括章谷在内的地域，那么，金雪[1]就应指金川。[2] 章谷处在从打箭炉（Dar-rtse-mdo）到金川之间的一条线路上，紧跟章谷之后，沿着同一条线路依次有巴旺（Ba-bam）、巴底（Bra-sti，又名巴拉克底）和马尔邦，以及绥靖和崇化等，这些地方均分布在大金川河沿岸。大金川河与小金川河汇合于章谷。[3]

bTsan 被认为曾是俊磨（So-mang）女王的先辈在嘉绒的居住地，而此地原为东女国拥有。据说王后的先祖曾与吐蕃皇族有血缘关系，因此，他们自称"尚波"（Shang-po，皇亲国戚）。[4] 他们统治的国家盛行苯教，这证明了苯教与松巴朗之金雪[5]的联系的来源。

关于朗氏的三个故乡中的第二个故乡朵思麻帕尔古，可以找到以下记载：

（1）在朵思麻的帕尔古珀曲囊（vBri klung Bel-chu-nang），居住着许多朗氏家族的后裔。（LPS，52 页 a，行 3）

（2）到绛求浙桂（Byang-chub vdre-bkol）时期，朗氏家族的后裔居住在朵思麻的帕尔古。（LPS，54 页 a，行 11－12）

（3）朵思麻帕尔古位于西藏东部地区。（LPS，53 页 b，行 13）

---

〔1〕Gyim 对应汉字的"金"（GSR，652a）。Shod 本意为"较低的一端"，与 rtse"顶"相对应，有时有"副"、"辅"之意，与"正"相反，或当一个下属在"王"前称自己时也用此字。但用在地理位置上都未见过如此的用法。

〔2〕据《圣武记》卷 7《乾隆初定金川土司记》记载："金川即为小金沙江之上游……一为促侵水，另一为赞纳水，分别号大小金川，于下游汇合。"据《隋书》卷 29《地理志》中在有关汉郡的记条中提到通化有如下记载："隋开皇六年……于金川镇置金川县，十八年改为通州县，皇朝因之。"甚至在此之前，它就被称为金川镇了（《元和郡县图志》卷 32《剑南道》："茂州管县通化县"）。以上资料证明该地是根据这条河的名称而更名的。在《拉达克王统记》（LDG，21 页，行 20）中，Gyim-shong 的拼写很可能就是金川之转译。（GSR，652a，462a）

〔3〕在《四川通志》卷 21《舆地山川》的"懋功直隶厅"中有关"绥靖"段落中有如下记载："金川大河……过绥靖屯而西至崇化屯……历马尔邦、巴底、巴旺，西南流至章谷，会小金川。"据《蜀徼纪闻》记载这些地方均分布在通向刮耳厓的线路上。在 dGe-shi-rtsa 的 18 个王国中（DzG, f. 77a）包括了 Ba-bam 和 Bra-sti，并在清代的记载中也常出现。

〔4〕参见山口瑞凤《东女国与白兰——rLangs 和 sBrang 家族》，《东洋学报》54－3，1971 年，1－56 页。

〔5〕DTG，Ⅲ，f. 265b，行 4；f. 268a，行 2、3。这些资料显示位于 Rab brtan、bTsan-lha 和 Seng-ge-rdzong 的苯教寺庙均改为格鲁派寺庙。Rab-brtan 位于丹巴（bsTan-pa）之北部。

几乎不能从这些文字记录中找到帕尔古(vBri klu 或 vBri klung)的地理位置。被人们称为帕摩竹巴·止贡仁波切诞生地的帕尔古列雪(vBri-lung rne-shod),可能与上康区境内的恰拉帕巴(lCags-ra dPal-vbar)邻近。[1] 但这与前面提到的地方如帕尔古(隆)有所不同,因为我们讨论的帕尔古(隆)位于朵思麻境内,即雅莫塘[2],它应与上康区分开,因为后者指昌都以东地区。以下的叙述可明确地澄清这一点。[3]

> 居住在朵思麻日隆的居民为朗氏的后代,直到绛求浙桂时期;绛求浙桂到达朵思兑纳祖(mDo-stod gnas-drug),在此神祇(lHa-gzigs)的三个家族的后裔,即上部的朗氏开始繁衍。

此外,据《谱系》记载,绛求浙桂居住(新迁入)的那雪(Nags-shod)和索雪(Sog-shod),这两个地方位于上康区境内[4],即是说一些朗氏族的人从朵思麻迁到朵思兑即上康区,他们也称它为兑朗(sTod-rlangs)。因此,上康区境内的地名日隆不可能与朵思麻境内的帕尔古(隆)有直接的关系,我们只能暂且假设帕尔古的地理位置在朵思麻境内,但还需证实。

第三,有必要提到"包括墨域在内的塞钦松"。首先是墨域的地理位置在《谱系》中没有提到,但在《安多政教史》第三章中却谈到靠近毛儿盖(dMu-dge)的墨地(rMevi sa),记载中将其排在俄兑(rNya-stod)[5]之后,称为俄宁墨地(rNya-nying rMe vi sa),因此应该考虑它与前面提到的作尔革尼玛有联系。从书中叙述的顺序判断,墨地可能比毛儿盖

---

〔1〕参见 DTN,Nya,f.66b;LLS,Za,f.28b,行6;LPS,53页b,行6-7。关于 LCags-ra 和 dpal-vbar,参见 SS,108页,行55。

〔2〕参见 LLS,va,f.4b、5a;PSJ,f,217a。

〔3〕LPS,55页a,行11-13。

〔4〕LPS,22页b,行8;f.29a,行1。应用法如"stod""上游地区","smad""下游地区","phu"指"以内地区","dmah""洼地"和"mdo""介于两者之间的""各地"。与此相反,"shod",与"rong"和"lung"一要,都配搭了一个地名,而这些地方处在一条河的流域内。特别是在 Khams-stod 地区,"shod"作为一个地名的例子随处可见(PSJ,行5至f.219a,行1)。参见 FHY,32页,第4行。

〔5〕DTG,Ⅲ,f.237b,行6至f.240b,行5;f.245b,行5。

·欧·亚·历·史·文·化·文·库·

更靠西边,而比暗匡(An-vkhyam)更偏东北,由此看来墨地的位置理应在墨曲河盆地,在这个区域可以找到许多含有 rMe/dMe 的地名,比如麦桑、墨仓、墨洼(麦杂)和墨尔玛。

在记载作尔革王(DTG,Ⅰ,f. 280b,行 6 至 f. 281a,行 4)的 3 个继承人的《安多政教史》一书的正文里,可以找到有关墨曲的叙述,其文如下:

第一个王后拉扎(Reb-bzab)的儿子已执政于墨兑(rMe-stod);其后代(的住地)今天称为作尔革兑玛(Stod-ma)。

第二个王后达仁札(sTag-rin-bzab)的儿子统领玛(rMa)、墨(rMe)和喀(rKa)三条河流周围地区,其后代(的住地)为不作尔革。

作尔革兑玛家族的得名似乎由其所居之地而起。其地理位置可在今天地图上一个名为"独妈"的地方找到,位于上面提到的麦桑和墨洼之东北。根据清代地图显示该地等同于"上作格"或"上作尔革"。不作尔革与作尔革兑玛的西北部毗邻。[1]

由作尔革兑玛家族管辖的墨兑地区应指墨曲的上游地带。墨曲的得名可能是因为这条河流位于墨域。因此,可以很有把握地认为墨域地区除了由不作尔革和兑玛盆地组成之外,还应包括墨仓和麦杂在内。[2]

此外,塞钦可以解释为"统领塞巴地方的人",同样可以把玉巴(g-Yu-pa)、茹本和塞巴(gSer-pa)理解为各自统治朵思麻雅莫塘[3]地区的

---

〔1〕见 DTG,Ⅰ,f. 29b,行 3;f. 237b,5-6 行;274a,行 4,关于 mDzo-dge stod-ma 的记载与 DzG,f. 78a(GT,190 页,注 695)中的记载并无不同之处。但是,mDzod-dge smad-ma(DzG,f. 78b)位于 bSang-khog 的南部,而不在下作尔革(GT,191 页,注 710)。在《松潘县志》之地图上,下作尔革位于 rMe-ch 河的一条支流的西岸。Byams-me 的 vBras-spungs-dgon 毗邻 Sog-tshang rgyud-stod grva-tshang,后者即索革荐。(AMR,72 页;DTG,Ⅰ,f. 29b,行 3)由此可设想 mDzod-dge byams-me 和下作尔革不是毗邻,就是指同一地方。

〔2〕DTG,Ⅰ,283b,行 1-2。

〔3〕可以断定他们在约 8 世纪中叶分化为 3 个世系(LPS,12 页 a,行 2-11)。因为据 KGG(f. 123b,行 3-4)记述,《谱系》中提到的 3 个人,Sugata go-cha、dPal-gyi seng-ge 和 Ārya rak-sa dhe-ba 直到赤松德赞统治结束,才开始改信佛教。

朗氏先辈的 3 个家族。这里有疑问的名称一定是指的第三个家族,塞钦应与塞巴几乎义同,意为"拥有 Ser -(po)的人。"在"塞钦松"中的 gSum 不是一个数字,而是松域中 Sum 字之变体[1]。

塞巴为居住在靠近铁布[2]的人的称谓,同时,正如汉文献所记载也为该地区名;无论是雪儿卜、杀鹿或色都是由 gSer 演变来的。

它还被转化为"黄胜"[3],因为 gSer 指的是"金",在《天下郡国利病书》(卷 67《四川》三)中可查到关于黄胜的如下记载:"黄胜于漳腊东南面十里。"这里以漳腊作为基点进行考查,可找到下列证据:据《四川通志》(卷 30《舆地关隘》"松潘厅")记载:"漳腊堡明初置于下潘州,后徙而南;嘉靖二十年(1541)于此筑一城堡……更名为漳腊营。"此外,《天下郡国利病书》对下潘州作了以下论述(卷 67《四川》三):

> 潘州故城在卫北七百五十里……宋时分上中下之潘州。今阿失寨即上潘州,斑斑簇即下潘州,介二州间则中潘州也。其地愈北愈平,旧漳腊之设在下潘州。

---

[1]根据下列例证可以确认,"gSum"即指"gSum-yul":

rNya-pa khag-gSum (*DTG*,Ⅲ,f. 240b,行 5);

Tsh-ba khag sSum(*DTG*,Ⅲ,f. 258b,行 5);

vGag dog-mo gSum(*DTG*,Ⅲ,f. 259a,行 3);

rGyal-rong vgag-dog gSum(*DTG*,Ⅲ,f. 259a,行 3);

rgyal-sa gSum (*DTG*,Ⅲ,f. 259a,行 5)。

此外,"Khag"与"rgyal-khab"意义相同,正如在"rGyal-rong rgyal-khag thams-cad"中所表示一个王国一样(*DTG*,Ⅲ,f. 258,行 6)。"vgag"与"khag"同义,当"dog mo"意义为"地球"时,"vgag-dog/dog-mo"相结合,仅用来表示一个"王国"。假设 gSum 来源于"第三",那么这个"第三"所表示的意义也是不明确的,但有一点很清楚,即它本身就是一个名称。

[2]据 *GT*,191 页,行 715 的记载,存在着 3 个铁布。据《四川通志》卷 30《舆地关隘》有关松潘直隶厅的记载,铁布坐落在通向两个州的洮河沿岸。又据 *DTG*,Ⅲ,f. 215b,行 4 的文字记载,mDzod-dge 与 The-po rong 毗连。

[3]尽管我并没有发现有黄胜代表 gser"黄金"的例证,但"黄"的确指黄金。由于"胜"可能指"优越的、杰出的"意思,因此,黄胜可以理解为一个盛产黄金的地方。

·欧·亚·历·史·文·化·文·库·

以上引文中的阿失即阿细(A-shi)[1],而斑斑簇应为 vphan-po mt-sho[2]之异读。因为在藏文文献里,松潘被译为 Zung-phan[3],可能就是根据"潘波(vphan-po)之地"的意思,将其定名为潘州。关于潘州营,《四川通志》(卷 30《舆地关隘》"松潘厅")中的记载如下:

距黄胜关一百二十里为潘州,黄胜适中地,设官兵戍守。

此处地名黄胜指的区域较广,它环绕比其更狭小的潘州,两者之间的距离已在上文中作了具体说明,并且与《四川通志》记载的由斑佑到黄胜关之间的距离相一致[4],很有可能这就是指前面引文中提到的中潘州,旧潘州城就位于此地。自然,斑佑应该是 vPhan-yul"潘域"的异读。

根据第一条引文得知黄胜位于距漳腊约十里的某地,即东南方向之下潘州。如果上面引文无误,可以说明黄胜同样也是一较狭小地域的名称,但具体内容待考证。

在《天下郡国利病书》里可查到名称"杀鹿塘",以及位于黄胜的牧场。同是这个名称,但在《安多政教史》(Ⅲ,f.22b,行 4)里却写成 gSer-thang dgon。此书对岷江主干作了描述,它是发源于 gSer-thang 或 gSer-gyi-thang"色既塘"的色塘曲(gSer-thang gi chu)。然而此文字中塞曲(gSer-chu)[5]令人费解,其文曰:

塞曲发源于 gSer-po gshong,出 Has-shi-span 流经一日,与 vBru-

----

[1]《四川通志》卷 96《土司》;《松潘县志》卷 4"土司"。可能它即指 En-vdzi khog(DTG,Ⅲ,f.221b,行 1)或为 rNya shi。

[2]斑斑簇大概指下列两地某些部分:pha spun rLangs kyi ru mtsho(LPS,23 页 a,行 15;32 页 b,行 3)或 rLangs pha spun tshogs pavi ru mtsho(LPS,53 页 a,行 8)。在藏文史料中未发现 vphan-po-mtsho 的形式,此处我将该词的意思定为"一群潘州人"。尽管"pha-spun(gyi ru)""父系部落中一群人"可能是一个正规名词,但考虑到斑佑即 vphan-yul 的因素,还是暂且考虑选定 vphan-po mtsho 与之勘同。

[3]DzG,f.78a,"松潘隶属四川";DTG,Ⅰ,f.32.行 1-2:"松潘县位于松州境内";DTG,Ⅲ,f.263a,行 5:"松潘大臣"。

[4]《四川通志》卷 96《武备》"土司松潘厅"漳腊营,记载了斑佑寨土千户的地理位置,其文曰:"其地东至一百二十里交黄胜关。"

[5]DTG,Ⅰ,f.273b,行 3 文中记载到:"经西固城与阶州城。"但文中作者错误地将 gSer-thang-gi chu 视为 gSer-chu。

chu 汇合,然后经 Ke-ju-mkhar 向南而去。

上文说明由上包座流来的祥芝河,与布曲河(vBru-chu)汇合,并形成白水江。[1] 由名称塞曲和 gSer-po gshong 中可以推断 gSer-po 的地理位置。

无论如何也不能将"黄胜"和"塞曲"看成两个不同的地方。另外,人们已确信区域较大的黄胜之中心就是区域较小的潘州,即下潘州。由此得出这样的结论:塞钦的松巴就是曾拥有潘域或潘巴的朗氏家族。

据《朗氏谱系》记载,在朵思麻雅莫塘、宗喀德钦和朵甘思的朗氏家族都有共同的祖先,即 vPhan-po-chu rLangs,意为 vPhan-po-rje"潘波王"。由于他们是朗氏家族的核心人物,他们在其他地方也有据点,如帕尔古(隆),被称为" vPhan-gtogs rLangs",意为"属于朗氏的潘州"。进一步的例子是" vPhan-gog-gtogs, rLangs",意为"属于朗氏的潘地"。[2]

毫无疑问,此处的潘域与达隆的潘域和康区的纳波(Nya-po 即 Zal-mo-sgang)[3] 表示的意思是截然不同的。

关于这一地区,《明史》卷 311《松潘衞》有以下记载:

宋时,吐蕃将领潘罗支领之,名潘州。

潘罗支的发音可拟定为 phwan-la-tsie[4],它很可能是 vPhan-la-tshe (vPhan-bla-rje)[5]之异读,意为"潘州王",也许是由于他拥有潘州或由于他在潘州的势力,所以他自谥了一个潘州王的称号,这与明史中的描述有出入。因为"潘波"一名在他之前很早就已存在了。据《宋史》卷 489《外国传五》记载,在宗喀地区,潘罗支占有重要地位。因此,可

---

〔1〕Ser-chu 即白水或白龙江,vBru-chu 为岷江。在《松潘县志》卷 1"山川"中,记载到白龙江即指流进嘉陵江那条江。

〔2〕vphan-gtogs rLangs-brgyud(*LPS*,52 页 a,行 3)、vPhan-gtogs A-dar(*LPS*,53 页 a,行 5)和 vphan-gog-gtogs rLangs-rigs(*LPS*,53 页 b,行 14),这些名称都能证明他们每个都隶属 vphan 或 vphan-gog(Khog)。第二个例子应特别注意,其意为:"众多部落隶属 vphan。"

〔3〕参见 *SS*,118 – 119 页,注 96。

〔4〕参见 *GSR*,159 – n,6 – a,864 – a。

〔5〕参见 *SS*,105 页,注 42。

·欧·亚·历·史·文·化·文·库·

以设想潘罗支要么属于宗喀德央[1]的朗氏家族,要么就是朗氏族人通过他扩大了在宗喀地区的影响。

如前所述,潘域即潘州是朗氏家族的中心地带。黄胜或 gSer-po 代表同一地区。因此,"gSer-vdzin"指潘州的统治者,即"朗氏家族的核心领导人。"这就说明了为什么要加上 gSum 一字构成"gSer-vdzin gSum (Sum)"的原因。

尽管《朗氏谱系》几乎没有提到居住在杂巴绒的朗氏,但在《安多政教史》(Ⅲ)提到杂谷,并指出其属于松巴的疆域。杂谷也是该地地名,但其原意指一个居住在杂巴绒地区的 Kho 部落。在汉文史料中,Kho 与猓夷或獝猓夷等同,它们均属于潘波,同时被称为 Kho-vphan(是既属于 Kho 亦属于潘波的人)。他们自称"Lang tsi"可能指"朗氏家族"。清代史科中将他们称为朗氏家族。在其母族一方,有 sBrang 家族,称为"索朗",此称呼可能来自索字朗。索朗氏家族属于嘉绒王后的血统,同时也自称为"Lang"。据说他们曾居住在金川境内,分布于围绕金曲(Rab-rtan,bTsan-la)一带,并与吐蕃联姻。正如前述[2],杂谷也同样属于朗氏家族,为松域的一部分。

关于松域,黄河南岸的色末地区由末氏家族控制;潘州地区包括不作尔革西部由朗氏族人首领的家族统辖;金川、金雪地区由茹本家族统治;杂谷地区和地理位置待考的帕尔古(隆)地区分别属朗氏家族管辖。

因此,综上所述,我们得出这样的结论:通过对所见的文献考察发现,曾由末氏和朗氏家族统治的松域就是指从黄河南岸的色末并一直延伸到小金川一带的地区。

缩略语对照

AHE　　　黎吉生:《拉萨现存西藏历史文诰》,伦敦,1951 年。

---

[1]*LPS*,14 页,行 15。

[2]山口瑞凤:《东女国与白兰——rLangs 和 sBrang 家族》,《东洋学报》54-3,1971 年,1-56 页。

AMR	洛克:《大积石山及其毗连地区》,罗马东方丛书,罗马,1956年。
Ch. Dic.	*Dge bShes Chos kyi grags pa*:*brDa dag ming tshig gsal ba*,北京,1957年。
DzG	*sMin sgrol no mon ban（sprul sku）:vDzam glin chen povi rgyas bshad snod bcud kun gsal me long*（《〈世界广说〉——西藏地理文献》,威利译,参见 *GT*）。
DTG	Ⅰ.dKon mchog bston pavi rab rgyas: *Yul mDo smad kyi ljons su thub bstan rin po che ji ltar dar bavi tshul gsal bar brjed pa deb ther rgya mtsho*,412 fol.,bKra shis dkyil,1833年,修订于1849年和1969年。
DTG	Ⅲ,丹巴若杰:《安多政教史》,272叶,年代同上。
DTN	管·译师黄奴贝:《青史》,罗列赫译,加尔各答,1949—1953年,2卷。
DTH	巴考、托马斯、杜散:《敦煌本吐蕃历史文书》,巴黎,1940年;包括《大事记年》、《王臣史》。
FHT	乌瑞:《藏文〈王统记年〉中卫藏地区的四角》,《匈牙利东方学报》卷10,1960年,31-57页。
FNM	伯希和:《马可·波罗游记中的妇女》,1959年,巴黎。
GSR	B. Karlgren:Grammata Serica Recensa, Stockholm,1957.
GT	《〈世界广说〉译注》,罗马东方丛书,罗马,1962年。
KCK	佐藤长:《古代西藏史研究》,东京,卷1,1958年;卷2,1959年。
KGG	巴卧·祖拉陈瓦:《贤者喜宴》,*ja*函,155叶,1545-1564年。
LDG	《拉达克王统记》,弗兰克:《印度与西藏古物》,加尔各答,1926年,17-59页。
LLS	*Klong rdol bla ma Nag dban blo bzang：bstan vdzin gyi skyes bu rGya Bod du byon pavi ming gi grangs, kLong*

rdol bla ma Nag dbang blo bzang gi gsung hvum, chap. Za, 33 fol. Kun bde gling, 1777.

LPS   卓巴坚赞帕桑布:《朗氏家族谱系》,噶丹萨巴收集本, 61 叶

LRD   卡梅尔:《嘉言库:西藏苯教史》,伦敦,1972。

PRN   图齐:《尼泊尔两次科学考察报告》,罗马东方丛书, 1956 年。

PSJ   松巴堪布盖希帕洛:《如意宝树》,317 叶,1748 年。

SS   山口瑞凤:《苏毗与孙波》,《亚洲学报》卷 19,1970 年, 97 – 133 页。

（译自：Yamaguchi Zuihō,"The Geographical Location of Sum-yul", *Acta Asitica*, No. 29,1975,原载重庆中国三峡博物馆编:《长江文明》第四辑,河南人民出版社 2010 年版）

10 吐蕃史研究略史

[日]山口瑞凤　著

邱峰　杨铭　译

最初被介绍给欧洲学术界的关于古代藏族史的藏文史料,大概是埃米尔·修拉格因维特的《拉达克王统史》译本(*Die könige von Tibet, von der Entstehung königlicher Macht in Yarlung bis zum Erlöschen in ladakh*, Abhandlgn. d. k. bayer. Ak. d. Wiss, Bb. X, Abh. Ⅲ, München, 1866.)。最初的原文抄本是由赫尔曼·修拉格因维特带来的,他于1856 年拜访过拉达克的列城,也有人说比这还要早,在 1822 年到 1824 年的西藏西部的章加尔,乔玛·德·克诺斯虽然知道列城有这个抄本,但却没有机会把它弄到手。

众所周知,乔玛是藏学的创始人,他翻译了著名的历史书《白琉璃璎珞》中相当于一章的佛教史年表[1],并在 1834 年发行的《藏语语法》(*A grammar of the Tibetan language in English*, Calcutta)的附录上作为"年表"登载出来(pp.181 - 198)。因为这个年表所表示的换算为西历的算法有两年的误差,这在后来成了一个棘手的问题。[2] 尽管如此,人们认为它仍具有历史性价值的功绩。

两年后的 1836 年,这个年表又被作为普林舍普编辑的 *JASB* 的附录,再次被收入《西藏佛教年谱》("Buddhist chronology of Tibet", pp. 129 - 131)中。另外,还加进了乔玛以《青史》为基础编著的《10 世纪

---

〔1〕bstan rtsis 意即《佛教史年表》,是西藏历学书必须包含的一个内容。每年发行的历书(levu tho)中均包含《佛教史年表》的内容。摄政罗桑坚赞(1904—1909 年在位)曾于 1909 年发行新版的《白琉璃璎珞》,其中《年表》刊于 18 页的 a 面到 22 页的 b 面。

〔2〕伯希和曾指出这一西历换算的误差,参见 Laufer:"The application of the Tibetan sexagenary cycle", *TP*, 1913, pp.569 - 596, 该文分析了引起这一误差的原因。

国家分裂时期的西藏王臣表》(*Table* Ⅳ, "King of Tibet, to the subdivision of the country in the tenth century", pp. 131 – 132.)。

又过了两年,乔玛发表了《西藏所见历史和语法著作详目》("Enumeration of historical and grammatical works to be met with in Tibet", *JASB*, VOL, Ⅶ, pp. 147 – 152.)。其中主要的西藏文献在刚才所提到的《藏语语法》中,是以《诸王统史明示镜》为基础编写的。这些在瓦斯托利科夫的名著《西藏历史文献》(*Tibetan Historical Literature*, pp. 11 – 12, n. 19)中被指出过。

1829 年,修米特在发表《蒙古源流》译文(*Geschichte der Ost—Mongolien und ihres Fürstenhauses*, St. Petersburg)时,在其注释中加入了称为《诸王统史明示镜》(Bodhimor)的译文[1],以后有名的《诸王统史明示镜》(亦称《王统明示镜》或《明示镜》)便被广泛应用。关于修米特的注释与《王统明示镜》有几处相对应,瓦斯托利科夫在其著作中作了详尽的考证(*THL*, pp. 70 – 71, n. 206)。我们还知道在那以后,修拉格因维持、科彭、柔克义、劳费尔、弗兰克等都使用过这些注释(同上, p. 27, n. 208 – 212)。

1881 年,达斯发表了《关于西藏宗教和历史之三:西藏古代史》("Contributions on the religion and history of Tibet, part Ⅲ, A., The early history of Tibet", *JASB*. VOL. L, pp. 187 – 251.),此文使用了《青史》和《布顿佛教史》的资料。

后来,达斯把《如意宝树史》的"年表"作为《西藏年表》("The Tibetan chronological table", *JASB*, 1889, VOL. LVⅢ, pt. Ⅰ, pp. 37 – 84.)发表,把这本书的正文作为《如意宝树史,之一:印度佛教兴起、发展、衰亡的历史,之二:松巴堪布·益西班觉笔下的上古至 1745 年的西藏历史》(*Pag Sam Jan Sang*, *History of the rise, progress and downfall of Buddhism in lndia*, pt. Ⅰ; *History of Tibet from early times to* 1745 *A. D. by*

---

〔1〕所谓 Bodhimor 的称呼,就是《诸王统史明示镜》(Byang chub lam rim)的蒙古译语,是元以来宗喀巴·罗桑札巴(1357—1419)的著名的佛教著作。有关此内容参见拉露的研究(*THL*, pp. 71 – 72, n. 207)。

Sum Pa khan-po Yeshe Pal Jor, pt. Ⅱ, Calcutta, 1908.），并附上了内容提要，然后公开发行（参照略语表 *PSJ*）。

达斯制作的年表也效仿了乔玛的"年表"，因此这个表在换算为西历的计算上也有大致一年的误差。[1]《如意宝树史》的原文也存在着校正不充分的缺陷，但它与"年表"一起给当时的学术界带来很大的期望。

在此之前，布夏尔的《汉文献所载的西藏古代史》（"The early history of Tibet from Chinese sources", *JRAS*, 1880, pp. 435 – 541），发表了《旧唐书·吐蕃传》的译文，并且将《新唐书·吐蕃传》的主要内容增入前者。这对欧美学者来说，可以据此进行有关古代西藏史的汉文史料和藏文史料的比较研究。

这种研究是由缪勒尔进行的，即他所著的：*Tibet in seiner geschichtlichen Entwicklung*, *zeitschrift für vergleichende Rechtswissenschaft*, Bd. ⅩⅩ, pp. 279 – 344。

也是在这一年，即 1907 年，柔克义发表了：《佛陀生平及其教团的早期历史》（*The life of the Buddha and the early history of his order*, London）。在此书的第七章，他有如下论述：《蕃域（西藏）古代史》（The early history of Bod-Yul［Tibet］, pp. 203 – 229）。但在柔克义的文章中几乎没有什么新增加的内容，不过是在将以前已知事件综合起来的基础上，总结出自己的见解。在他所用的材料中，有刚才提到的修米特译的《明示镜》和布夏尔翻译的《吐蕃传》，为了把这些材料衔接起来，弥补其中的空缺，还使用了希夫腊和达斯的著述，以及修拉格因维特翻译的《拉达克王统史》。以我们现在的观点来看，虽然柔克义的书中也有不能为我们接受的论述，但它作为初次论述古代西藏史的著作，应该说是有一定意义的。

在那一时期常见的不是关于古代西藏史的研究，而是对藏传佛教

---

〔1〕参见 R. A. Stein："Chronique bibliographique", *JA*, 1952, pp. 91 – 92；*THL*, p. 64, n. 185；达斯重犯的误差见于 *An intrudication to the grammar of the Tibetan language*, 1915, pp. ⅩⅤ – ⅩⅥ。

或者是对达赖喇嘛的研究。最初,从修拉格因维特到柔克义、瓦德尔、舒尔曼等人都相继出版过这方面的论著。其中柔克义的论文很为出色,它研究了清朝与达赖喇嘛政权之间的关系[1],并且还发表了作为其基本研究之一的《卫藏图识》的译注,《来自汉文资料的西藏地理、民族和历史概略》("Tibet, a Geographical, Ethnographical and Historical Sketch, Derived from Chinese Sources", *JRAS*, 1891)。在原文中有关于大昭寺的说明,并提及了唐蕃会盟碑,但由于当时人们错误地认为它是德宗时的条约碑,因此译者也承袭了这一错误。

进入 20 世纪,人们开始研究唐蕃会盟碑等史料,几乎在同时,瓦德尔和弗兰克都发表了他们的论文。在《拉萨的古代历史文告》("Ancient historical edicts at Lhasa", *JRAS*, 1909—1911)中,瓦德尔按柔克义的观点认为夏鲁的石柱碑和唐蕃会盟碑上的碑文都是德宗时代的。[2] 而弗兰克经过对唐蕃会盟碑的认真研究,明确了会盟的年代,这在他的论文题目中可以清楚地看出:《公元 822 年拉萨大昭寺前石碑所载的藏文铭文》("Tibetan inscription on the stone monument in front of the Ta-Chao-Ssu temple in Lhasa, 822 A. D.", *Epigraphia Indica*, Vol. X, 1909/1910, pt. IV, pp. 89 – 93)。可以看出,这是一个巨大的进步。接着,弗兰克又发表了一篇短文:《公元 822 年拉萨大昭寺前西藏碑铭所载大臣名称一览表》("List of minister's names found in the Tibetan inscription in front of the Ta-Chao-Ssu temple in Lhasa, 822 A. D.", Epigraphia Indica, Vol. XI, 1912. pt. VI)。

但是弗兰克的研究方向是西藏西部地区,因此在他发表上述文章的同一年,即 1910 年,他所著的《西藏首王聂赤赞普之国》("The Kingdom of gNya Khri Btsan po, the first king of Tibet", *JASB*, Vol. VI)中,对现在已确信不疑的西藏中央地区、雅隆地方的钦瓦达孜等的所在进行了探讨,并将这些地区都比定为拉达克地区。后来,弗兰克出版了有校

---

〔1〕W. W. Rockhill: "The Dalai lamas of Lhasa and their relation with the Manchu Emperors of China, 1644—1908", *TP*, 1910, pp. 1 – 104.

〔2〕有关此问题参考佐藤长:《古代チベット史研究》,876 – 881 页。

订本和译注的《拉达克王统史》(*Antiguities of Indian Tibet*, *part* Ⅱ, *The chronicles of Ladakh and minor chornicles*, Calcutta, 1926)。即使在这本书中,弗兰克也反复说明了他的主张,并把钦瓦达孜写为 Phyi dbang stag 的形式,到拉达克地方的列城附近去寻找,毫不退让。

在这期间,伯希和与劳费尔针对乔玛的西藏纪年换算错误,进行了批评并加以论述。[1]

此后,劳费尔发表了他的长篇论文:《西藏的鸟卜》("Bird divination among the Tibetans", *TP*, 1914, pp. 1 - 110),文中收集了许多有关古代西藏史的记述。后来,在他与伯希和的不断争论中[2],开始提出一个个古代西藏史的具体问题。

关于在中亚、敦煌出土的藏语文献,这一时期被首次进行了报道,这就是弗兰克的《关于斯坦因从中国新疆搜集的藏文文书的研究》("Notes on Sir Aurel Stein's collection of Tibetan documents from Chinese Turkestan", *JRAS*, 1914, pp. 37 - 59)。这篇论文的著述过程和意义在《塞林堤亚》(*Serindia*, pp. 467 - 471)中有相关的论述。过后不久,托马斯发表了《有关印度事务部图书馆藏文收集品的研究》("Note on the Tibetan collections of the India office Library", *JASB*, new series, VOL. Ⅷ, 1922[cf. *THL*, p. 249]),但却找不到与之相符的原文。

先是弗兰克,接着是托马斯开始了对这些藏语文献的研究。前者在 *Sitzungsberichte der Preussischen Akademie der Wissenschaften*, Philos - hist. K1. 上发表的文章,就分别以:《吐鲁番出土的藏文写卷》("Tibetische Handschriftenkunde aus Turfan", 1924, Ⅲ, pp. 5 - 20; "Weitere Tibetische Handschriftenkunde von Turfan", 1924, ⅩⅦ, pp. 110 - 118; "Ein-Dokument aus Turfan in Tibetischer Schrift, aber unbekannter Sprache",

---

〔1〕参见前注 Laufer 1913 年文章。酒井紫朗:《西藏历考》[《密教研究》65,昭和十三年(1938),60-70 页]指出:1027 应是"火兔年"(me yos),考察达斯的四例换算,其误差出于第三例,比较《历史年表》,前者提前了一年。

〔2〕P. Pelliot:"Quelques transcriptions chinoises de nomes tibetains"(QTC),对劳费尔把藏文名称与汉字对音勘同的方法加以批评;而劳费尔写了:"Chinese transcriptions of Tibetan names"(CTT),试怀着敬意地反驳伯希和的观点。

1927，Ⅻ，pp. 124 – 130；Drei weitere Blätter des tibetischen Losbuches von Turfan，1928，Ⅷ，pp. 110 – 118）、《于阗出土藏文文书中的官吏名"阿摩支"》（"Königsnamen von khotan'A·ma·ca'auf Tibetischen document-en"，1928，XXXI，pp. 3 – 8）为题，撰写了有关吐鲁番文献研究的文章。对此，托马斯在 JRAS（1927—1934）上连载了下面这篇文章:《有关西域的藏文文书》（"Tibetan Documents concerning Chinese Turkestan"），另外他又撰写了一部论著:《有关西域的藏文文献和文书》（*Tibetan literary texts and documents concerning Chinese Turkstan*，London，1935）。这部论著作为第一卷，然后总结前者作为第二卷，并且还发表了《中国甘肃有关盗窃的法律:出自敦煌的 9—10 世纪的残卷》（"Law of theft in Chinese Kan -su : a Ⅸ th – Ⅹ th century fragment from Tun -Huang"，*zeitschrift für ver gleichende Rechtswissenschaft*，Bd. L，1936）。

在这一时期，查尔斯·贝尔于 1931 年在伦敦发行了《西藏的宗教》（*The Religion of Tibet*）一书。当时虽然已有许多其他的著作，但因其使用了《青史》的译文，所以引起了人们的关注。

1939 年，伯戴克发表了他撰写的真正研究古代西藏史的著作，即《拉达克王统记研究》（*A Study on the Chronicles of Ladakh*，Calcutta，first part，pp. 1 – 95）。其论点后来经由作者重新加以修改，其中含有至今也有参考价值的内容，可以说这是关于古代西藏史的划时代性研究。书中使用了弗兰克的《拉达克王统史》的内容，另外还用了《布顿佛教史》、《王统明示镜》、《青史》、《达赖喇嘛五世年代记》等资料，经过对这些材料的比较和分析，写成该书。关于这本书的内容，我将在后面的章节里提到。

同年，拉露女士出版了伯希和搜集的敦煌藏文文献说明的第一册《巴黎国家图书馆所藏敦煌藏文写本目录》（*Inventaire des Manuscrits tibétains de Touen-houang conservés á la Bibliothèque Nationale*，Founds Pelliot tibétan，Ⅰ. No. 1 – 849，1939）。这与巴考、托马斯、杜散等 3 人第二年合著的论文一起，开始了新的古代西藏史研究，这本论著是《敦煌吐蕃历史文书》（*Documents de Touen-Houang relatifs à l'histoire du Tibet*，

Paris, 1946）。伯戴克以前发表的研究论文虽很出色，但由于没有应用新的文献资料，而被归于旧式的研究。

伯希和文献目录的第二、三卷分别于 1950 年（Nos. 850 – 1282）、1961 年（Nos. 1283 – 2216）出版。

斯坦因搜集的敦煌藏文文献目录，虽得到瓦累·普散的帮助，但在其生前却未能付梓，到了战后，在汤普森女士的努力下才得以出版。并在其中附上了榎一雄所编著的汉语文献的目录。这本书就是《印度事务部图书馆藏敦煌藏文手写本目录》（*Catalogue of the Tibetan manuscripts from Tun-Huang in the India Office Library*, with an appendix on the *Chinese manuscripts*, Oxford, 1962）。

但是，除了印度事务部图书馆收藏的资料以外，斯坦因在第二次探险（1906—1908 年）中再没有得到其他什么了。并且，编入《有关西域的藏文文书》中的托马斯的文章也未被收进上述目录。有关其他两次探险所得的藏文文书，除以前刊登的弗兰克的报告或《塞林堤亚》（*Serindia*, pp. 1475 – 1502）、《亚洲腹地》（*Innermost Asia*, pp. 1091 – 1117）以外，再没有其他可利用的资料，因此这很让人感到惋惜。

20 世纪 40 年代前期，因爆发第二次世界大战，有关的研究被中断了。与此相比，从 1932 年，以研究西藏西部为主、并著有《印度—西藏》（*Indo-Tibetica*）Ⅰ – Ⅲ 的图齐，在 1941 年出版了《印度—西藏》Ⅳ。战后的 1949 年，图齐率先在古代西藏史的领域里登场，并写了《西藏历史传说的真实性》（"The validity of Tibetan historical tradition", *India Antiqua*, in honour J. Ph. Vogel, Leiden, pp. 309 – 322 [*Opera Minora*, pp. 453 – 466]）。这篇论文介绍了《萨迦全集》中由扎巴坚赞（1147—1216年）和八思巴·洛追坚赞（1235—1280 年）写的两部《王统记》的内容。同年，L. 伯戴克发表了 "Alcuni nomi geografici nel: La dvags rgyal rabs", *RSO*, XⅫ, 1947, pp. 82 – 91。

图齐在 1949 年出版了名著《西藏画卷》（*Tibetan painted scrolls*, 3voll. Roma.）。但书中有关古代史的论述仅占很少一部分。第二年，在《藏王陵墓》（*The Tombs of the Tibetan kings*, Roma, 1950）中，总结并

记叙了这方面的观点。

图齐在上述著作中,使用了竹庆寺朗琼·多杰,即局迷林巴所编著的《教言集》(*CTCT*,no. 19 – 566),并研究了在雅隆琼结的历代吐蕃王墓所在地和关于诸王的年代论。作为史料,他率先使用了巴卧·祖拉陈瓦(1501—1566 年)所著《贤者喜宴》中的 Ja 章。关于其他资料,还使用了《王统明示镜》和《达赖喇嘛五世年代记》。但是,图齐在把《王统明示镜》作为萨迦派布顿喇嘛的《佛教史》的同时,又把它刊登于《西藏画卷》(p. 141)上,作为 1508 年的论述。这一错误需要特别加以详细说明。[1] 在那本书的卷末,有 5 件碑文和从《贤者喜宴》Ja 章中引用的 3 条敕文,这点作为史料也是很重要的,因为它将涉及古代西藏史的诸多重要问题,所以我还会多次论及。

有关碑文的研究,佐藤长发表了其论述《唐蕃会盟碑的研究》,《东洋史研究》10 – 4,1949 年。以后,这篇文章又再次被收进《古代西藏史研究》(874 – 935 页)中。在后者中,作者阐明了有关唐蕃会盟碑的研究史,特别是日本和中国在这方面的研究成果。此前,在昭和十七年(1942 年)佐藤氏就已发表了《女国与苏毗》,《东洋史研究》6 – 6,1942年。[2]

1949 年,黎吉生写出了一系列有关碑文研究的论文的第一部,与以后所著文章一起列出如下:

(1)《西藏的三件古代碑铭》("Three ancient inscrptions from Tibet",*JASB*,1949,pp. 54 – 64);

(2)《拉萨古代历史王诰》(*Ancient historical edicts at Lhasa and the Mu tsung/Khri gtsug Lde brtsan treaty of A. D.* 821—822 *from the inscription at Lhasa*,London,1952);

(3)《谐拉康的藏文碑铭》("Tibetan inscriptions of Shvahi Lva-khang",pt. Ⅰ. *JRAS*,1952,pp. 133 – 154;pt. Ⅱ,*JRAS*,1953,pp. 1 – 12);

---

〔1〕《东洋学报》卷 60、61、62,1 – 18 页。

〔2〕有关的考订内容见《古代チベット史研究》各论Ⅰ、Ⅱ中的相关章节。

(4)《工布地方发现的 9 世纪碑铭》("A ninth century inscription from Rkong-po", *JRAS*,1954,pp. 157 – 173)。

近几年中,黎吉生仍坚持不懈地对碑文进行研究[1],有如下著述:

(5)《新发现的赤松德赞碑铭》("A new inscription of Khri srong lde brtsan", *JRAS*,1964,pp. 1 – 13);

(6)《赤德松赞陵墓碑铭考》("The inscription at the tomb of Khri lde srong brtsan", *JRAS*,1969,pp. 29 – 38);

(7)《工布碑铭研究》("The rkons -po inscription", *JRAS*,1972,pp. 30 – 39);

(8)《噶迥碑铭研究》("The sKar cung inscription", *JRAS*,1973,pp. 12 – 20);

(9)《唐蕃会盟碑研究》("The Sino Tibetan treaty inscription of A. D. 821/823 at Lhasa", *JRAS*,1978,pp. 137 – 162)。

在这些文章中,第 2 篇特别重要。[2] 其后半部是有关唐蕃会盟碑的研究,第 9 篇对它进行了再度论述。从这点上看,还有一篇很重要的文章,李方桂《821—822 年的唐蕃会盟碑研究》("The inscription of Sino-Tibetan treaty of 821 – 822", *TP*,1956,pp. 1 – 99)。在李方桂的其他论文中,与古代西藏史相关联并应予以重视的还有《有关藏文的 Sog》("Notes on Tibetan Sog", *CAJ*,1957,Vol. 3,pp. 139 – 142);《藏文的 glo ba vdring》("Tibetan glo ba vdring", *Studia Serica Karlgren dictata*,Copenhagen,1959,pp. 55 – 59)。

1950 年,罗烈赫的《青史》全译本(*The Blue Annals*,2 Vol,Calcutta,1949,1953)公开发行。书中有经、论、人名的梵文索引,藏文书名、人名索引,因此它对学术界的贡献是不可估量的。而书中所缺少的地名索引由威利写成并公开发表,即《罗烈赫所译〈青史〉地名索引》(*Place*

---

〔1〕直接与本书有关的是:"A Tibetan inscriptions from rGyal lha khang and a note on Tibetan chronology from A. D. 841 to A. D. 1042", *JRAS*,1957,pp. 57 – 58.

〔2〕《拉萨古代历史文诰》的前半部分是关于《达札路恭盟誓之诏书》。此碑文是目前已知的最早的古藏文碑刻,其中的理由可用藏文的正字法的规定来给予解释。由于碑文中提到了吐蕃对唐朝都城长安的进攻,所以能说明其中提到的一部分事件。

name index to George N. Roerich's translation of the Blue Annals, Roma, 1957）。早于《青史》的翻译,在战前,欧贝尔米勒就已把《布顿佛教史》分为两部分刊载出来,题为《佛教史之二:印度和西藏的佛教史》（*History of Buddhism*, *pt*. Ⅱ, *The history of Buddhism in India and Tibet*, Heidelberg, 1932）。

到了 60 年代以后,有关古代西藏史的重要抄本仍在复制、出版发行。首先是出版了蔡巴·贡嘎多吉的《红史》（*Deb ther dmar po*, *The Red Annals*, pt. Ⅰ. Gangtok, 1961）。并且,库兹勒佐夫也出版了有关《王统明示镜》的研究论文和部分译文（*Tibetskaya Letopis*: *Svetloe zertsaloe tsaskikh rodoslovnykh*, Leningrad, 1961）。随后出版了以拉萨版为底本的《王统明示镜》校订本和研究序文（Ed. B. L. Kuznetsov, Leiden, 1966）。在此之前,石泰安撰写了附有《拔协》的解题及内容概要的校订注释本（*Une Chronique ancienne de bSam-yas*: *sBa bzhed*, Paris, 1961）,接着又出版了全照片复制本的巴卧·祖拉陈瓦的《贤者喜宴》Ja 章和古代部分的 Šatapitaka 的系列。

这样,进行古代西藏史研究所需的资料便基本齐备了。

我们再回到 20 世纪 50 年代,当时戴密微引用了大量有关古代藏族史的汉文资料著述:《拉萨僧诤记》（*Le concile de Lhasa*, Ⅰ, Paris, 1952）,图齐著的《小乘佛学文献》（*Minor Buddhist texts*, Ⅱ, Roma, 1958）与前述《拔协》一起,把赤松德赞（742—797 年）时代吐蕃史的内幕完全揭开了。图齐在这篇古代史论文之前,还著有《古代吐蕃王的神秘性》（"The secret character of the kings of ancient Tibet", *East and West*, Ⅵ, pp. 197 – 205）、《在尼泊尔两次科学考察的初步报告》（*Preliminary report on two scientific expeditions in Nepal*, Roma, 1956, pp. 70 – 109）,并于 1962 年发表了《松赞干布的妃子》（"The wives of Srong btsan sgam po", *Oriens Extremus*, Ⅸ. pp. 121 – 126）。[1] 这些都将在本书中加以研究。

---

〔1〕诸短篇章后来又收入 *Opera minora* 第二部分之中,罗马,1971 年。

1959 年,石泰安写了《格萨尔王传研究》(*Recherches sur l'epopée et le bardeau Tibet*,Paris,1959),这虽不是直接研究古代西藏史的著作,但它却广泛应用了以前藏学研究的成果。同时,他公开出版了《汉藏走廊的古部族》(*Les tribus anciennse des marches Sino - Tibétaines, Légendes, classifications et histoire*,Paris,1961),首次对构成后世藏族的各部族加以综合性的研究,是这方面研究考证所必不可少的论著。

佐藤长也发表了其大作《古代西藏史研究》上、下两卷,京都,1958年,1959 年。书中运用了从吐蕃祖先到朗达玛这一时期的汉文史料、藏文史料、敦煌史料和碑文,对古代藏族史进行了广泛研究,是以两唐书《吐蕃传》记述中涉及时代为对象的划时代巨著。其方法、依据是较多地使用了汉文史料,这也成了此书的特点。

在此以前,对敦煌文献的研究很热门,有如下论文:

(1)罗纳·塔斯:《藏文敦煌纪年封赐名单中的几条社会术语》("Social Terms in the list of grants of the Tibetan Tun-huang Chronicle", *AOH*,1955,pp. 291 – 294);

(2)伯戴克:"Nugae tibeticae",*RSO*,31,1956,pp. 291 – 294;

(3)拉露:《公元 8 世纪大蕃官吏呈请状》("Revendications des Fonctionnaires du Grend Tibet au Ⅷe Siècle", *JA*, CCXLⅢ, 1955, 1 – 4〔2〕,pp. 171 – 212);

(4)拉露;《封地、毒物和医巫》("Fiefs,poisons et guérisseurs", *JA*, 1958,pp. 157 – 201);

(5)托马斯:《东北藏古代民间文学》(*Ancient folk-literature from north – eastern Tibet*,Berlin,1957)。

此外,虽不是专门研究古代西藏史,但有许多相关论述的著作还有,石泰安:《近期藏学论著》("Récentes études tibétaines", *JA*,1952,pp. 79—106);费拉丽:《《卫藏道场圣迹志》笺注》(*Mkhyen brtse's guide to the holy places of central Tibet*,Roma,1958),此系原作者去世后,由伯

戴克在黎吉生的帮助下,补入了注释的著述[1],它与威利的《〈瞻部洲志〉所见的西藏地理》(*The Geography of Tibet according to the VDZAM GLING RGYAS BSHAD*,Roma,1962)同是考证西藏地名所不可缺少的资料。[2] 还有 50 年代出版的(王忠:《新唐书吐蕃传笺证》,北京,1958年),也是极有用的论著。王忠围绕《新唐书·吐蕃传》,引用了相应的汉文史料,虽然也参考了敦煌文献,但主要的作用还是同时引出了汉文史料。

1961 年,伯希和的关于两唐书吐蕃传的遗稿出版了,即《西藏古史》(*Historre ancienne du Tibet*,Paris)。翌年,巴考写了《西藏历史导言》(*Introductiona à L'histerre du Tibet*,Paris,1962),可以看出,他根据敦煌文献试着阐述了古代史。

在《匈牙利东方学报》(*Acta Orientalia Hung*)上,有关古代西藏史的研究虽于 60 年代出现了引人注目的成果,但在 50 年代,除罗纳·塔斯的论文外,还有他所著的书评也引起人们的注意,即《匈牙利东方学报》第 7 卷,1957 年,pp. 320 – 325;同刊第 8 卷,1958 年,pp. 321 – 327。前者是关于托马斯《东北藏古代民间文学》的评论,后者是对舒尔曼《历代达赖喇嘛传》(*Geschichte der Dalai-lamas*,leipzig,1958[修订本])的书评。他使用了所有的敦煌文献,展开了自己的意见。

20 世纪 60 年代,活跃于《匈牙利东方学报》上的是乌瑞。他在 50 年代写的论文、书评均仅限于藏语言学的研究,进入 60 年代以后,他开始发表有关古代西藏史的研究论文:

(1)《〈王统纪年〉所见之吐蕃四茹》("The four horns of Tibet according to *the royal annals*",*AOH*,X,1960,pp. 31 – 57);

(2)《古藏文 dra-ma drangs》("Old Tibetan dra-ma drangs",*AOH*,

---

[1]西藏文的原标题可参照"略语表"的 *UNT*,可翻译为《卫藏大部圣地寺院名称实录》。著者为 vjam dbyangs mkhyen rtsevi dbang po Kun dgav bstan pavi rgyal mtshan dpal bzang po(1808—1892),但著作年代不详。

[2]原标题可参见"略语表"*DGS*,可直译为:《大瞻部洲广说》,著者为 Hor smin grol gling chos kyi rgyal po Ngag dbang vphrin las lhun grub(1622—1699),其后第四代是活佛 vjam dpal chos kyi bstan vdzin vphrin las(1789—1838)。

XIV,1962,pp. 219 – 230）；

（3）《公元 8 世纪早期乌思藏的领土划分和"大岸"以及"准巴"官》（"The offices of the brung pas and great mngans and the territorial division of central Tibet in the early 8th century",*AOH*,XV,1962,pp. 353 – 360）；

（4）《公元 7—9 世纪吐蕃帝国分封诸侯研究》（"Die lehnfürstentümer des tibettischen Reiehes in VII – IX. Jahrhundert",*Trudy Dvadcatj pjatogo Meždunarodnogo kongressa vostokovedov V*,Moscow,1963,pp. 205 – 210）；

（5）《古藏文动词 Bon》（"The old Tibetan verb bon",*AOH*,XVII,1964,pp. 323 – 334）；

（6）《vGreng,在古藏文中一个所谓古"羌"的对应词》（"vGreng, the alleged old Tibetan equivalent of the ethnic name Ch'iang",*AOH*,XIX,1966,pp. 245 – 256）；

（7）《古藏文编年史中纪年问题考释》（"Notes on the chronological problem the Old Tibetan Chronicle",*AOH*,XIX,1968,pp. 289 – 299）。

进入 70 年代,乌瑞又发表了：

（8）《古代吐蕃编年史中的"萨玛卡"王后歌》（"Queen Sad-mar-kar's Songs in Old Tibetan Chronicle",*AOH*,XXV,1972,pp. 5 – 38）；

（9）《〈贤者喜宴〉中有关法规和组织的叙述:松赞干布作为吐蕃的第一个立法者和组织者的史料根据》（"The narrative of legislationnd organisation of the *Mkhas-pavi dgav-ston*:The origins of the traditions concerning Sron-brcan-sgam-po as first legislator and organizer of tibet",*AOH*,XXVI,1972,pp. 11 – 68）。

虽然以上所有文章都是以可靠的方法加以论述的,但其对于历史性事件的考证,有许多观点与笔者的相对立,其中有不少成为本书评论的对象。

在《早期尼泊尔碑刻年表》（"The chronlogy of the early inscriptions of Nepal",*East and West*,1961,pp. 227 – 232）中,伯戴克论述了古代西

223

·欧·亚·历·史·文·化·文·库·

藏史。之后,他还发表了《敦煌编年史考释》("Glosse agli Annali di Tun-huang",RSO,XLⅡ,1967,pp. 241－279),解说了敦煌《年代记》所涉及的所有地名、人名和术语。他还以《伯希和藏文卷子 1287 号的结构》("La struturra del Ms. Tib. Pelliot 1287",RSO,XLⅢ,pp. 253－256)这篇论文,说明了《年代记》的结构。石泰安《关于西藏古代史的两个注释》("Deux notules d'histoires ancienne du Tibet",JA,1963,pp. 327－335),是关于吐蕃国家制度中桂、庸(rgod,gyuns)的说明,以及对于氏族名称"薛禄"(mGar)所作的考证。对敦煌文献所记载的吐蕃王国成立之前各小邦所发生事件加以整理、著述的文章有,拉露:《古代西藏小邦王臣一览表》("Cataloque des principautés du Tibet ancien",JA,1965,pp. 190—215),这篇论文有较高的学术价值。

有关碑文研究的论文已列举了黎吉生的几篇,另外他涉及敦煌文献解释的论文和关于古代史《年代记》的论文也有很多,本书中也将提及,它们是:

(1)《西藏早期葬地和 8—9 世纪的西藏装饰艺术》("Early burial grounds in Tibet and Tibetan decorative art of the Ⅷth and Ⅸth centuries",CAI,8,1963,pp. 73－92);

(2)《松赞干布卒年考》("How old was Song grtsan sgam po",Bulletin of Tibetology,Ⅱ－1,1965,pp. 15－18);

(3)《敦煌残卷研究》("A fragment from Tun Huang",Bulletin of Tibetology,Ⅱ－3,1965,pp. 33－38);

(4)《古藏文史料中的名称和称号》("Names and titles in early Tibetan records",Bulletin of Tibetology,Ⅳ－1,1967,pp. 5－20);

(5)《敦煌残卷再研究》("Further fragments from Tun Huang",Bulletin of Tibetology,Ⅳ－1,1969,pp. 5－13);

(6)《藏文古词 Chis 和 tshis》("Tibetan chis and tshis",Asia Major,ⅩⅤ－2,1969,pp. 254－256)。

这些文章虽然都是短篇,但下面提到的哈尔(Erik Haarh)的著述却是论述吐蕃王族和雅隆时代的长篇大作。它整理并探讨了敦煌《年代记》、苯教史料和后世的传说,其名称为:《雅隆王朝》(*The Yar-Lung dynasty*,Kopenhagen,1969)。有关此书的几个问题,将在本书第二章中加以详细研讨。

威利《鹘提悉补野与西藏苯教引论》("Vo-lde-spu-rgyal and the introduction of Bon to Tibet",*CAJ*,8,1963,pp. 93 – 103),也是以相同主题撰写的一篇短论文。麦克唐纳夫人编辑了一部有关藏学的论文集:《拉露藏学纪念论文集》(*Études tibétains dédiées à la Mémoire de Marcelle Lalou*,Paris,1971)[1],其中收录了4篇有关古代西藏史的文章,即:

(1)麦克唐纳夫人:《关于 P. T. 1286,1287,1038,1047 和 1290 号藏文卷子的考释》("Une lecture des Pelliot Tibetan 1286,1287, 1038, 1047,et 1290", pp. 190 – 391);

(2)黎吉生:《云登其人考》("Who was Yum Brtan", pp. 433 – 439);

(3)图齐:《喜马拉雅的中国》("Himalayan China", pp. 548 – 552);

(4)乌瑞:《关于藏文"桂、庸"》("A propos du tibétain rgod-gyung", pp. 553 – 556)。

上述文章中与本书论述有关的是(1)和(4),另外,对麦克唐纳夫人的其他论文,在本书中也将多次提及。她为了撰述一个"经典"(gtsug las)的解释,而详细引用、注解了《年代纪》等有关的敦煌文献,所以在其文章副标题上也表明了这一点,这是很有意义的。而且,关于敦煌文献的研究方法一般是正确的,但也常常有些过于穿凿。在今后的古代西藏史研究中,还会触及如何使用这些记述的问题。这一点,在以上提及的伯戴克的论文和乌瑞的一系列论文中同样存在,应被摆到重要的地位引起注意。

本书作者的研究,当然是在批判和利用以上 3 人研究成果的基础上进行的。并且,也对图齐、黎吉生、佐藤长等人的研究进行鉴别、

---

[1]苯教的史料至今存疑点甚多,直接使用的可靠程度不高。所以不能用以考证一些论题,这个问题迄今未能得到解决。

利用。

本书作者的研究是在 1966 年以后发表的,主要观点在本书各章中将简略说明和反复提及,有关论文名称将列于略语表中。

名著《西藏史文献》的英译本(*Tibetan Historical Literature*,Calcutta,1970)已经出版了,原书是在瓦斯托利科夫去世 25 年之后,即 1962 年在莫斯科出版的,书名为:*Tibet-skaya istoritcheskaya literatura*。后来,此书被广泛使用。在这本书中,瓦斯托利科夫提出不少关于具体问题的事实。

以上简要介绍了同本书主题有关的古代藏族史的著作和论文。

缩略语对照

AOH	Acta Orient,Hung.
CAJ	Central Asiatic Journal.
CTT	B Laufer,Chinese transcriptions of Tibetan names,T'oung Pao,1915.
JA	Journal asiatique.
JASB	Journal of the Asiatic Society of Bengal.
JRAS	Journal of Royal Asiatic Society.
QTC	Paul Pelliot,Quelques transcriptions chinoises de noms tibétains. T'oung Pao,1915.
RSO	Rivista degli Studi Orientali
THL	A. l. Vostrikov,Tibetan Historical Literature,GoptaHarish Chandra(trans.),Calcutta,1970.
TP	T'oung Pao.

(译自:《吐蕃王国成立史研究》第一章,岩波书店 1982 年。原载于四川藏学研究所、四川外语学院等编:《国外藏学动态》七,1993 年内部发行)

11 《英国图书馆藏斯坦因收集品中的新疆出土古藏文写本》导言

〔日〕武内绍人 著

杨铭 杨壮立 译

与巴黎的伯希和（Pelliot）收集品比起来，由斯坦因（Stein）先生从亚洲腹地带回来，藏于英国图书馆的斯坦因藏文收集品可谓是全球最大的藏文收集品之一。伯希和收集品主要收录了敦煌石窟的写卷以及雕版印刷品，而斯坦因收集品不仅包含敦煌石窟的文物，还包含了从丝绸之路的遗址中挖掘出来的写卷、简牍、图章以及其他文物。

而且，出自中国新疆的写卷与简牍的数量，尤其是和田及罗布泊地区的，无疑是当今最多的。虽然它们有一部分已被托马斯（Thomas）结集出版，但大部分还是因为种种原因而没有问世，未受到关注。本书的写卷编目和即将面世的简牍目录介绍且刊行了斯坦因收集品里的相关文献。

因为斯坦因收集品中古藏文的文献保存在不同的地方，而且很多文献仍没有刊布，所以必须对这个收集品进行一次全面的考察。为了这些收集品的出版，我进行了目录的编纂工作，在此过程中，我对这些收集品有了更好的全面的了解。接下来我将首先对斯坦因收集品中的 3 部分古藏文写卷进行系统介绍；然后在余下的部分，对本书编目的文献，包括它们的计数系统、现存地址以及来源进行更详细的研究。

11.1 斯坦因收集品里的古藏文文献

由斯坦因亚洲腹地考察队获得的藏文文献，根据出土地和质地，大致分为了以下 4 类：

A. 出自敦煌的写卷和雕版文献[1]

---

[1] 除了两件：Ch. 73. Ⅲ（卷 50，叶 20）有棕榈片，VP652（卷 12，叶 1：地址不明）是桦木皮，所有均为写卷。而普散认为前者是桦木皮（普散：XV）。

B. 出自新疆的写卷和雕版文献

C. 出自新疆的简牍文字

D. 出自黑水城(Khara khoto)和额济纳河(Etsin gol)的写卷和雕版文献

A 类(敦煌文献)用《普散(Pousin)目录》进行编排,其中文献被分类并配上了 765 个 VP 号。东洋文库(Toyo bunko)试着将余下未编目的文献进行修订并扩充《普散目录》,它将 VP 号增加到了 1518 个,但最终的完整版还没有出版发行。[1] 还有一大批《大乘无量寿宗要经》未编撰目录[2],同时在"东方(Oriental)收藏品"的 Or. 8210 和 Or. 8212 下面还有 30 多篇敦煌藏文文献,我们将在下面 11.3.2 中逐一介绍。

B 类是本书编写的内容,我们将在 11.3 至 11.7 中讨论。

C 类包括大约 2200 枚简牍。现已有 2214 枚已被查明,但我们发现其中还有少量于阗文的简牍,因此最终的数目还有待查清。托马斯已发布了其中的 389 枚并为它们编写了目录,但却没能及时完成全部简牍的出版。在 1997 至 1999 年中,随着乌尔里克·佩吉尔(Ulrich Pagel)编制的临时电子目录,这些简牍被封装起来。简牍的数字化项目在萨姆·范·沙克(Sam Van Schaik)的管理下进行。我在该数据库里同范·沙克等一起制作一个完整的目录,这个数据库将在 2003 年通过 IDP 交互式网数据库(http: ∥ idp. bl. uk)启动生效。

D 类,有 1041 篇文献,是藏文中很重要的一部分,但至今都没被重视。它们主要是佛教文献,但内容相当多元化,其写成的时间从 11 世纪后期至 17 世纪。其中有些是用古藏文形式书写,有些以传统藏文形式书写,有些包含了蒙古书法(藏语—蒙古语双语文献),还有一些是印刷品。[3] 它们的形式也很多样,包括梵箧、卷轴、不规则形以及手抄本等。在圣彼得堡的科兹洛夫(Kozlov)收集品中,有 81 篇内容与形式

---

〔1〕使用东洋文库时要注意了。首先,它并不是原始文献的目录,只是它们的缩微版;其次,原始文献近来被重新修复和保存,新分配的索引号"IOL Tib J 号码"与东洋文库的"VP 续编号"并不一致。参照以下 11.3.1 中(1)。

〔2〕参照 11.3.1 中(1)和《西域考古图记》,816 页。

〔3〕350 件印刷品及 691 件写卷。有关它们目前的保存地参照 11.3.1 中(4)。

都与之相近的文献。总之,它们会使我们了解吐蕃文化,尤其是西夏王国时期的佛教;我们也会了解到藏文书法在那 700 年中演变的不同阶段。[1]

11.2 数次考察所发现的藏文文献

斯坦因率领的头 3 次考察带回来的藏文文献没有完整的目录,而只有选中的文献才发表在了《古代和阗考》、《西域考古图记》以及《亚洲腹地考古记》上。[2] 不过,从这些报告里的描述来看,以下几组文献应该是各次考察所得[3]:

Ⅰ　第一次考察(1900—1901)

a. 出自安得悦(Endere)的写卷[4]

b. 安得悦墙上题记的照片[5]

c. 出自和田的钟形图章[6]

Ⅱ　第二次考察(1906—1908)[7]

---

〔1〕参照武内绍人《吐蕃统治结束后至西夏时期(9—12 世纪)吐蕃社会语言在新疆的运用》,于 1998 年刊登在国际藏学会第八期研讨会刊上,即将刊行。

〔2〕参照《西域考古图记》:467–468 页,《亚洲腹地考古记》:92 页,注释 7。

〔3〕斯坦因于 1930—1931 年期间进行了第四次中亚考古,并在和田及卡克里克(Charkhlik)一带获取了大约 80 件文献和简牍(Walker,1995:263–287 页;王冀青,1998)。它们的简要清单(斯坦因编制)上,除了佉卢文、婆罗谜文及汉语文献外,包括一件印度文手写残片和藏文写卷。因为第四次斯坦因考古所获的文物留在中国而且丢失了,仅有大英图书馆保存的照片可查阅。近来这些照片首次对外出版发行(王冀青 1998),但其中没有藏文文献,因此,第四次考古可能没发现藏文文献。

〔4〕参照《古代和阗考》:425–427 页,附录 B 第 1–3 部,图 CXⅦ,CXⅧ. 它们被收录于本编目中(文献第 680–702 号)。

〔5〕参照《古代和阗考》:429–432 页,附录 B 第四部,图 XI,XII. 主要是佛教或寺庙的信徒,祈求平安归来。末端还有一行题字,读作 rkyag pa la zo。

〔6〕参照《古代和阗考》:209 页,图 L. 它是用骨头或者象牙做成的,上面仿佛刻了一个叫"rgya khril bzang"的吐蕃人名。由于它是从一个叫 Badr ud Dīn Hān 的和田商人手中购得(遗址号 B. D. 001. b. ,取自他的名字),因此其真正的出土地不得而知。

〔7〕参照《西域考古图记》,总索引:1570–1571 页。

·欧·亚·历·史·文·化·文·库·

a. 出自敦煌的写卷、雕版印刷品以及题刻[1]

b. 出自麻扎塔格(M. Tagh)、卡达里克(Khad)及米兰(M. I)的写卷[2]

c. 出自麻扎塔格、卡达里克及米兰的简牍[3]

d. 出自吐鲁番(Kichik hassar)的雕版印刷品[4]

e. 出自米兰的三个角形图章[5]

f. 出自米兰的有题记的陶瓷碎片[6]

g. 出自焉耆(Kara shahr)有题记的陶瓷碎片[7]

h. 出自卡达里克的黏土制舍利塔模型,有题记痕迹[8]

Ⅲ　第三次考察(1913—1915)[9]

a. 出自麻扎塔格、山普拉(Sampula)、达马沟(Dom)、卡达里克、牙通(Ile dong)、巴拉瓦斯特(Balawaste)以及克里雅(Keriya)的写卷[10]

b. 出自麻扎塔格、达马沟、卡达里克以及米兰(ⅩⅣ)的简牍[11]

---

〔1〕写卷原件和雕版印刷品,见《西域考古图记》:810 - 816 页,828 页,919 - 920 页,附录Ⅰ(1470 - 1471 页)。墙上的题记(五彩拉毛粉饰),见《西域考古图记》1111 - 1112 页;佛画题记,见《西域考古图记》:附录 K(1472 - 1474 页)。

〔2〕参照《西域考古图记》:164、346、460 - 463、467 - 471、1286 - 1290、1445 - 1447 页,附录 G(1460 - 1466 页)。

〔3〕参照《西域考古图记》:162、348、460 - 463、467 - 471、1286 - 1290,附录 G(1460 - 1466 页)。

〔4〕本编目中的文献 672 号和 673 号。参照《西域考古图记》:1166、1174 页。

〔5〕M. I. vii. 003, M. I. vii. 1. 004, M. I. vii. 31,参照《西域考古图记》:465、480 页,图 L I;《中亚出土的古藏文契约》:108 - 109 页,注释 9。

〔6〕M. I. 0063。参照《西域考古图记》:477 页, 图 87。

〔7〕M. I. xxiii. 0026。它从硕尔楚克(Shorchuk)北部的明屋(Ming oi)出土。参照《西域考古图记》:1190、1222 页,图Ⅳ。藏文题记 khong brstan 很可能是个人名。这是在硕尔楚克北部一带发现的极少的古藏文文献之一。

〔8〕Kha. ii. C. 008。参照《西域考古图记》:158、188 页。

〔9〕第三次考察是否发现了敦煌的藏文文献还不确定。Or. 8212 类中几件藏文写卷,例如Or. 8212/194a,b,c 可能是第三次考察所得。不过根据斯坦因的描述(《亚洲腹地考古记》:357 - 360 页),第三次考察很可能并未从敦煌石窟里找到藏文文献。

〔10〕参照《亚洲腹地考古记》:92,96,1019,1021 页,附录 R(1087 - 1088 页),图Ⅶ,CXXXI。

〔11〕参照《亚洲腹地考古记》:92,134,173,1026(Dom. 0168.),1055,附录 R(1084 - 1087 页),图 CXXX。斯坦因还提到一块有藏文书写的木圓(见《亚洲腹地考古记》:101 页的样本05),但在照片上无法确认它是否为藏文(《亚洲腹地考古记》:图 XI)。

c. 出自吐鲁番的写卷和雕版印刷品[1]

d. 出自黑水城和额济纳河的写卷和雕版印刷品[2]

e. 达尔科特(Darkot)山口附近的摩崖题记照片[3]

正如上面列表所示,几次考察都带回了不同类型的文献资料。不过就数量上而言,第二次考察的所得是迄今最多的。

由于每次考察所得的文献资料都没有一个明确的列表,因此要把某篇文献归于哪次考察就相当有难度,尤其是像麻扎塔格的文献,其中有很多是第二次和第三次考察时都有发现。将文献的遗址编号与名称列在《西域考古图记》及《亚洲腹地考古记》中的非藏文资料的编号作了比较[4],并考虑到它们的引用编号[5],我把本书编目里的所有文献分类为以下几组:

表 11 - 1　本书编目中所有文献的分组

考察及类别	文献数量	文献编号
Ⅰ.a.	23	680 – 702
Ⅱ.b.	501	其余的编号[6]
D	2	672,673
Ⅲ.A	153	1 – 96,99 – 114,322 – 349,352 – 357,359,360,675 – 679
C	21	651 – 671
D	1	674[7]

〔1〕参照《亚洲腹地考古记》:615 页。

〔2〕参照《亚洲腹地考古记》:447 – 449,461 页,附录 R(1087 – 1090 页),图 CXXXI – CXXXIV。

〔3〕参照《亚洲腹地考古记》:45 – 46 页,附录 L(1050 – 1051 页),图 XLVI。参照武内绍人《Alchi 附近的古藏文岩刻》,H. Uebach 与 J. Panglung 编:《拉达克的藏文题记》,《藏学研究》三(munich,印刷中)。

〔4〕例如,第二次考古期间在麻扎塔格发现的文献,都用"M. Tagh"加上序号如 a. Ⅰ.和 b. Ⅱ.等进行说明(如 M.Tagh.a.Ⅰ.08);另外,第三次考察所得文献是从当地居民手中购得,因此缺乏此类详细的标注(如 M.Tagh.0430)。

〔5〕Or.15000 以下的文献,除了与和田文献共同放置的以外,均为第二次考察所获。后者来自第三次考察。Or.8212 以下的文献除了首次考察中在安得悦所发现的以外,均为第三次考察所得。

〔6〕第 358 号文献没有收录,因为它属于 Hoernle 的收集品。

〔7〕第 674 号文献是特殊收录,它本应同黑水城和额济纳河的文献一同编录,然而由于它被单独放在 Or.8212 里,与其他黑水城和额济纳河的文献分开了,所以如果不列于此处它就销声匿迹了。

藏文文献资料的主要部分在 Ⅱ.b.

11.3 文献入藏地和索引编号

在 1973 年到 1990 年,斯坦因考察所得收藏在以下 4 处:

A.印度事务部图书馆(简称 IOL:伦敦)

B.大英图书馆东方品收藏部(简称 OC:伦敦)

C.大英博物馆(简称 BM:伦敦)

D.新德里国家博物馆(简称 ND)

大英博物馆和新德里国家博物馆主要陈列非文献的文物,比如说立体文物、壁画、雕刻,不过有些文物也包含了藏文铭文,例如大英博物馆收藏的图章(11.2 中提到的第二次考古项目)和佛像画[1],新德里国家博物馆里的佛像画与一些简牍[2]。新德里国家博物馆里可能还找得到本书目录所收的第 96 号文献。

藏文文献主要收藏在印度事务部图书馆,但还有一大批在大英图书馆东方品收藏部。这两批收藏品在 1991 年合并成为"东方与印度事务图书馆收藏品"(OIOC)。因此,现在大部分的斯坦因所获藏文文献都保存在圣潘克拉的新大英图书馆的东方与印度事务图书馆内。

要从东方与印度事务图书馆内看到一件藏文文献,读者就需要它的索引号,这主要是根据先前印度事务部图书馆及大英图书馆东方品收藏部的编号系统而决定的。

不过,在 20 世纪 90 年代,因为要搬至新的大英图书馆建筑,印度事务部图书馆里的大部分斯坦因藏文藏品经过了保养和修复,有一些被编上了新的索引号。因为这些改变没有被大家所了解,习惯于原来系统的读者就很难找到并使用它们。所以,接下来我就将介绍在 90 年代以前,印度事务部图书馆与大英图书馆东方品收藏部内的编号系统与斯坦因藏文藏品状况,还有它们现在的状况和使用编号。

---

[1]参照《西域考古图记》,附录 K(1472 – 1474)。

[2]如 Har.048(《亚洲腹地考古记》:1052、1055 页)。ND 里的藏文文献仍需要详细的调查。

11.3.1　印度事务部图书馆(IOL)

印度事务部图书馆里的藏文文献被分成了 29 个部分：A – Z 和 AA – CC。[1] 每部分文献都有个前缀名"IOL Tib"。

A – H：《奈瑭甘珠尔》(沃德尔收集品)

I：拉萨(Lhasa)收藏品的一部分(由沃德尔带回)

J：敦煌藏语文献(斯坦因第二次考察)

K：斯坦因第二次考察；简牍

L：斯坦因第二次考察；写卷

M：斯坦因第二次考察；写卷

N：斯坦因第二次考察；简牍

O – V：《奈瑭甘珠尔》(霍奇森收集品)

W – Y：《奈瑭甘珠尔》(霍奇森收集品)

Z：圣彼得堡学院捐赠(c 1846)，包括 14 卷"北京红"《甘珠儿》(因其红色印刷本而得名)的 Ser 部分

AA：达斯收集品

BB：丹尼森·罗斯(Denison Ross)所购物

CC：各类写卷及雕版印刷品

斯坦因藏文藏品在 J – N 部分。在这之中"IOL Tib J"与"IOL Tib M"的标签被继续使用，以查阅各组文献。以下 5 组文献曾被保存在印度事务部图书馆里：

(1) 敦煌吐蕃藏品里大部分带有 Ch(千佛洞)编号的文物，装订成 72 卷(编号是卷 1 – 73，但没有卷 41)，藏/汉双语文献和几个长卷被分别封装，另外还有几包捆扎卷。[2] 自 1996 年开始，所有装订成卷的写卷被拆开、分离，然后与书卷及盒装的文献一起保存起来。它们被放进了新盒子里，标签从"IOL Tib J vol 1"到"IOL Tib J vol 122"，其中头 73 个盒子与先前的卷号一致。普散分配了 765 个 VP 号，没有 VP 号的分

---

〔1〕出自一本未发行的小册子，名为《藏文收藏指南：印度事务部图书馆》。

〔2〕主要是《Aparimitayurnama 箴言集》。

配新的使用号,从 766 到 1335。这样,它们就有 1335 个 VP 号。[1]

(2)482 件写卷被装订在标有"米兰文献"的两本书卷里,它们被拆散并分离。另外,还有 45 个长写卷及其大页上粘贴的几组小碎片,是在另一个地方发现的。而我自己发现在一个标签为"和田新碎片"的盒子里,有 57 件藏文文献错误地与和田文文献放在一起。所有这些资料已根据本书编目分类,并被置入聚酯薄膜夹中,我们已在 Or. 15000 下分配了新的使用号,它们成了本书编目的主体部分。

(3)2209 枚简牍被放在一批盒子里,它们的编号从 1 排至 57(57 号盒子遗失了)。51 – 56 号盒子标有"斯坦因第三次考察"的字样。我们还在印度事务部图书馆找到了另外几枚简牍。如第一节所讲,这些简牍已被封装进盒,它们的目录编排也在进行中。以前它们的使用号为"IOL Tib K"(第二次考察)和"IOL Tib N"(第三次考察),但现在它们合并在了一起,编号为"IOL Tib N 1 – 2214"。

(4)出自黑水城和额济纳河的藏文资料,包括两篇西夏文文献,被装订成了 7 卷,而且,还有一大批文献被放在一个标签为"斯坦因第三次考察"的盒子里。另外,我们在印度事务部图书馆的储藏室里还发现了一些文献资料,它们都被存放在新盒子里,并且沿用了旧编号"IOL Tib M"(参见 11.1 中 D 段的描述)。

(5)和田文写卷被夹放在玻璃板之间,上面印有"和田图版"字样和索引号;其中我们也发现了 10 件藏文资料,它们被收进了本书编目中(如文献第 55 号)。

11.3.2　东方收藏品部(OC)

东方收藏品部创立于 1753 年,是由大英博物馆文物收藏部中的东方语言写卷及书籍构成的。根据它们进馆的顺序,每组文献资料都被

---

〔1〕主要由藏文部的前负责人 Ulrich Pagel 完成,数量仍在增加,并且由 Burkhard Quessel 进行修订。东洋文库也分配了从 1000 到 1518 的新 VP 号,它们对东洋文库的微缩胶卷有效,然而它们不同于大英博物馆里的"IOL Tib J 号码"。至于原始文献,读者应该使用"IOL Tib J 号码",这样 IDP 互联网数据库上的计算机才能识别(http://idp.bl.uk)。

分配了一个 Or. number（东方编号），此编号跟文物内容无关。[1] 至今已分配有大约 12000 个 Or 号。其中，斯坦因文献分属 Or. 8210，Or. 8211 和 Or. 8212。

当斯坦因收集品被分开时，藏文文献主要保存在 IOL 中，因此几乎没人注意到 OC 中的藏文藏品。不过，在如今的编目工程中，我已了解到 OC 中有一大批藏文藏品。

11.3.2.1 Or. 8210

它主要有斯坦因第二次考察时从敦煌获得的汉语文献，还包括第三次考察时的许多收获。为了更详细地说明，这一组里的写卷编上了"S. number"（S:斯坦因），印刷本则编上"P. number"（P:印刷）。[2] 翟理斯（Giles）目录收录了 Or. 8210/S. 1－6980 与 Or. 8210/P. 1－19。刘明书（Liu Mingshu）也为 S. 1－6980 编排了目录。[3] 最近，荣新江为汉文非佛教文献进行了目录编排，从 S. 6981 至 13624。[4] 方广锠正在筹编汉文佛教文献目录。在近日的保存工作中，写卷的编号已经增至 S. 13989。[5]

在荣教授等的帮助下，我已在这组找到了 33 件藏文藏品：S. 1000v，2228，2736v，5212v，7133v，8550v，9223v，9286v，9323. B.，10643，10646v，10647－10649，10746，10828. A.，10828. B.，11288，11315. A.，11315. B.，11335，11401－11407，11409，11718，12243，12321，以及

---

〔1〕名为"东方写卷清单"的手写目录上简要描述了它们，这份目录是在东方与印度事务图书馆的参考书屋内的书架上发现的。

〔2〕注意："S. xx"不是像伯希和的收集品编号"P（P＝伯希和）. xx"那样，会代表所有斯坦因的收藏物，它只是 Or. 8210 以下写卷的编号，"P. xx"也不要同"P（P＝伯希和）. xx"混淆了。

〔3〕王重民附录，《敦煌遗书总目索引》（北京：商务 1962）:1－44 页。

〔4〕荣新江《英国图书馆藏敦煌汉文非佛教文献残卷目录（S. 6981－13624）》，香港敦煌吐鲁番研究丛刊Ⅳ（台北：新文丰 1994 年印）。

〔5〕荣新江《英国图书馆敦煌汉文文献残卷的历史重要性》，英国图书馆杂志 24 期，no. 1（1998）:78－89 页。

12818。它们中大多都没出版[1]，也没引起注意。因为这些敦煌文献没包含在本书编目中，我打算对它们另做描述。

11.3.2.2　Or.8211

主要由第一次和第二次的考察所得的汉语文献组成。Or.8211/1-991由沙宛（Chavanes）发布。其中有第二次考察所得的4件藏文文献（956-961），它们都被收录在本书里。各种文献，包括汉文和佉卢文木牍，都在992-3326里，它们还没有编目。[2]　在这之中我没发现藏语文献。

11.3.2.3　Or.8212

据说它有斯坦因第三次考察时所获得的文献资料，但事实上它包括前两次考察所得的很多发现。在Or.8212/1-195编号中，有梵文、汉文、回鹘文、粟特文、和田文及藏文的写卷等，它们都被收录在巴尼特（Barnett）未发表的目录里。[3]　其中168-173号是出自安得悦的藏文文献，是斯坦因第一次考古时发现的，它们已被收录进本编目中（本书编号680-702）。编号188收录了藏文写卷里一个据说是象雄语的文献。[4]　编号194.a和b是藏文契约[5]，194.c（两张）是藏传佛教文献，它们都出自敦煌。

---

〔1〕S.1000v与S.2736v发布在F.W.Thomas和L.Giles的《藏—汉单词与短语对照表》中，BSOAS 12，PTS.3 &4（1948）：753-769页。S.2228v与S.7133V刊布在《中亚出土的古藏文契约》一书中。荣教授认为Hoernle藏品中的S.223是藏汉双语文献（见荣氏目录第29页）。但S.9223是一件斯坦因文献，其正面为佛教汉语文献，反面为佛教藏语文献，并附有地址编号Ch.73.Ⅷ.5 。对于这个地址编号我将另行讨论。

〔2〕打印的"Or.8211补充书架清单"收录在未出版的书卷《临时残卷清单——马佩罗未编残件目录》中，此书置于东方与印度事务图书馆的参考书屋内的书架上。除了记录地址编号外，此清单收录了Or.8211的大致分类。Or.8211/1-991号是汉语简牍和文献残卷；992-1351号主要是空白的、破损的或者几乎看不清的简牍，部分还有些汉语字迹；1352-1648号为非汉语简牍，包括很多线装和印章的"封套"；1682号是一枚佉卢文简牍；1683-3326号包括汉语、非汉语及空白的简牍。

〔3〕巴尼特（L.D.Barnett）《斯坦因爵士收集品中亚及梵文写卷的初步清单》。

〔4〕两件不同的文献都分配了编号188，象雄写卷出版在F.W.Thomas（ed. by A.F.Thompson）的《象雄语言学》，《亚洲大陆》13（1967）：211-217页+图Ⅰ-Ⅳ.关于象雄写卷的语言分析，由武内绍人、Y.Nagano及S.Ueda撰写的《论古象雄语》一文，将刊于《苯教研究3：民族学报告丛刊16》中（大阪：国家民族学博物馆，印刷中）。

〔5〕《中亚出土的古藏文契约》：文献40与47。

第 196 – 199 号还未被使用,200 – 855 号是斯坦因第三次考古所发现的汉文木牍和写卷,它们已经由马佩罗(Maspero)发表。[1] 在图书参考室里有一本机打的小册子,标题为《马佩罗未编残件目录》(Provisional list of fragments—Maspero Uncatalogued),由此我判定 856 – 1360 号是未编目录的汉文文献。

1361 – 1927 号是不同文字的零散资料的合集,包括汉文、梵文、藏文、和田文、回鹘文及粟特文。它们的出土地包括达马沟、麻扎塔格、库车、吐峪沟、牙通及黑水城等(但非敦煌)。大约有 2 到 20 个零散片段被一起放在塑料袋里,碎片上很多都是它们的地址编号,但它们的入库编号(在 Or.8212 以内)只附在了这些塑料袋上,因此很难说明每个碎片的提用号。幸运的是,未发表的《马佩罗未编残件目录》包含了 2 个版本的编号:原版与修订版,虽然后者依然有空白缺陷,但已是唯一可靠的资源,因此在与中国部的负责人商量后,我们给全部的藏文文献分配了 Or.8212 内的编号。[2] 在这些碎片中,我们发现了 105 个藏文写卷和 1 件雕版印刷品,它们已被收录在本编目里。

11.3.2.4　Or.9615

除了上述 3 大类,还有几类 Or 编号不同的小规模斯坦因收集品,Or.9615 就是其中之一。它有 1 件藏文写卷,与 11 件和田文写卷放在一起,封在一个玻璃夹板中,其标题为《阿拉坦·坎(Althan Khan)在克里雅的卡达里克附近发现的文物》(14/4/24.)。这件藏文写卷明显出自第三次考古,已收录于本编目中(文献 35)。

11.4　本编目中的文献与目录编排进程

如上所述,收录在本编目中的文献包括了 OIOC 里的几类文物,它

---

〔1〕Henri Maspero, *les documents chinois de la troisieme expedition de Sir Aurel Stein en Asie centrale* (London: The Tiustees of the British Museum,1953)。

〔2〕因为 Or.8212 包括了不同语言的文献,所以处理各种语系文献的专家们必须遵从同一个体系,以避免混淆和重叠。针对 Or.8212 中未编目录的汉语文献,郭锋近日出版了一本编目,但他没有参考"临时清单",而是随意地在其中分配 Or.8212 的编号。如此编号导致了混淆,并且不为大家所接受(郭锋《斯坦因第三次中亚探险所获甘肃新疆出土汉文文书》,兰州:甘肃人民出版社,1993 年)。

们可简化如下：

表 11 - 2　本编目中文献包括的文物

编号类别	原入藏地	使用号	总量	第（次）考古
1	IOL（2 卷）	Or. 15000	482	2
2	IOL（其他大页）	Or. 15000	45	2
3	IOL（和田新盒子）	Or. 15000	64	2、3
4	IOL（《古代和阗考》图版）	《古代和阗考》图版	10	2、3
5	OC	Or. 8211	4	2
6	OC	Or. 8212	112	1、3
7	OC	Or. 9615	1	3
8	ND？	未知	1	3

　　在我们的编目工作开始时，第 1 类是唯一的目标，那时我知道多数出自新疆的藏文文献在 IOL 里，尤其是和田部分。因此我进行了广泛的调查，并发现了第 2 - 4 类。当 OC 并入 IOL 后，我阅读了 OC 里的斯坦因收集品并发现了第 5 - 7 类。虽然可能还有一些藏文文献没发现，但我认为大英图书馆里几乎所有相关的古藏文文献都被找到了。我也看了所有的斯坦因出版物，并发现另一类相关文献（第 8 类）的图片，它不在大英图书馆内，但无疑也属于斯坦因收集品。就这样 719 件文献被收集到一起，其中还加入了一些碎片，另一些不相干的碎片则被分离出去。最后，这个编目列出总共 702 件文献。

　　弗兰克为第 1 类和第 2 类编写的目录还未出版，存放于印度事务部图书馆。[1] 据斯坦因称，在第二次考古从米兰和麻扎塔格带回的藏文文献，其编目是交由弗兰克进行的。弗兰克编制了若干条文以便形成一个完整的目录，它被收录于《西域考古图记》的附录 G 中。然而，由于没有附上文献的实际保存情况，这份目录没有准备出版，而是被存放在 IOL 中供人们参考和进一步的研究（《西域考古图记》：第 47 页

―――――――――

〔1〕它们在一本绿皮书卷里，没有名称也没有索取编号。读者若想阅读就必须和东方与印度事务图书馆藏语部的负责人联系。

注释 1)。

在进行本编目时,我参考了弗兰克的有关描述,并从中受益。在现有的编目里,弗兰克的描述内容专门用来补充说明那些已丢失的写卷,因此没有更多的涉及。

托马斯曾出版了一本文集(*TLTD* 2),选材出自第 1 类到第 3 类的82 件文献。将他的著作与原文献相比较,我们发现由他读过的几部分现在已不再容易读懂。收录在《古代和阗考》、《亚洲腹地考古记》及《有关西域的藏文文献和文书》第 3 卷中的图版显示,当时的写卷所处环境更好,更清晰易读;拍照之后,它们就开始腐烂,或发黑,纸张损坏,主要是因为 1960 年以前采用的老式保存法,那时人们用衬里、硬浆黏性物及凝胶来保存文物。[1] 现在东方部保存室的工作人员再一次保存了这些文件,并将它们置身于一个更好的环境中,如本书图版卷中所显示的那样,否则有些部分永远都无法恢复了。

当时这些照片的质量显然是好于现存的文献的,因此我在翻译过程中参考了它们(对照本书编号第 656 号图版与《西域考古图记》图版CLXX)。当托马斯的释读无法被照片和原件证实时,我在那些部分标注了"无法辨认"。

11.5　遗址编号与由来

遗址编号由斯坦因分配,斯坦因大都将它们写在写卷上,甚至是小碎片上。这些遗址编号相当有规则,而且细致,甚至指明了写卷被发掘的具体地点。以下的例子描述了不同的编号版式(请注意数字与字母间的空间及其间隔)。[2]

---

〔1〕参照 Mark Barnard,《大英图书馆斯坦因收集品:它的保存史与未来的存放》,收录于 S. Whitfield 及 F. Wood 编《敦煌与吐鲁番:中亚古文献的内容与保护》,"大英图书馆科学研究与保护"1(伦敦:大英图书馆,1996 年):16 – 19 页。

〔2〕然而在 IDP 互联数据库中,这些空间因为数据处理上的技术原因而被全部清空了。

藏文文献的地址编号

M. I. ii. 20. a.　　　M. = 米兰

　　　　　　　　　　I.（罗马字母大写）= 遗址编号 1

　　　　　　　　　　ii.（罗马字母小写）= 遗址 1 中的房屋遗址 2

　　　　　　　　　　20. a. = 遗址 1 中的房屋遗址 2 出土的文献编

　　　　　　　　　　号[1]

M. Tagh. a. Ⅵ 0025.　M. Tagh（不空格）= 麻扎塔格

　　　　　　　　　　a. = 不详地点 a

　　　　　　　　　　Ⅵ.（罗马字母大写）= 第六部分[2]

M. Tagh i. 0024.　　i.（罗马字母小写）= 房屋遗址编号 1

Bal. 0 166.　　　　Bal. = 巴拉瓦斯特

Dom. 0128.　　　　Dom. = 达马沟

E. i 19.　　　　　　E = 安得悦

H. B. iii 2.　　　　H. B.（带空格）= 吐鲁番"小城"；或 Hassar

　　　　　　　　　　B 与 Hassar A 或 Chong-hassar，"大城"

Ile dong. 024.　　　Ile dong. = 牙通

Kao　　　　　　　　Kao. = 哈拉和卓

Keriya　　　　　　　克里雅

Kha. ⅵ. 14. a.　　　Kha. = Khad. = 卡达里克

Khad. 052.　　　　Khad. = 卡达里克

K. K. Ⅱ. 0279.　　　KK = 黑水城

Samp. 040　　　　　Samp. = 山普拉

Toy. I. ii. 09.　　　Toy. = 吐峪沟

　　尽管非常细致，斯坦因的地址编号还是很复杂，以至于它们经常被误解和错用。比如，"M. I."中的"I"代表 miran 的"地址 I"[3]，但它

---

〔1〕参照《西域考古图记》：图版 30。

〔2〕参照《西域考古图记》：图版 59。

〔3〕参照《西域考古图记》：图版 29。米兰有 16 处遗址。藏文文书在 1 号和 14 号遗址出土。简牍文书出自 M. ⅩⅣ，见《亚洲腹地考古记》：1084 页。

常被认作是 miran 中的字母 i,于是"M. I."常被写成"Mi"(*TLDT* 3)。这种缩写导致与斯坦因的"Mi"(ming oi"明屋")发生混淆[1] Mazar tagh 或 M. tagh 常被藏学家、汉学家以及和田文学者错误缩写为"M. T."或"MT"[2],这导致与斯坦因的"M. T."(Mazar toghrak)发生混淆。[3] Khad 与 khak 都被斯坦因用作卡达里克(Khadalik)的缩写。

因此,维系斯坦因的原来的遗址编号就非常重要。同时,由于这些遗址编号容易产生混淆,我决定根据其出土遗址,为所有文献分配新的连续的目录号。

11.6 文献的目录号及由来

藏文文献的出土地可能被分为 4 类,它们的编排如下,在地理上按由西向东、由北向南的顺序进行。目录号根据这一顺序分配,只有 A. 9(出自安得悦的文献)是被放在末端的。[4] 每一组里,文献根据它们的原有遗址进行编号。

	（文献数量）
A. 和田地区的遗址	383
(1)麻扎塔格(M. tagh):位于和田北部	321
(2)山普拉(samp):位于和田东部	2
(3)达马沟(dom):位于山普拉东部	24
(4)卡达里克(kha,khad):位于达马沟以及巴拉瓦斯特的北部	4

〔1〕实际上有好几处名为"明屋"(Ming oi)的遗址。在藏文文献中,一块有藏文题记的陶瓷碎片就是在哈喇沙尔(Karashahr)的"明屋"遗址出土的。

〔2〕这个对藏文文献的混淆是非常严重的,很多 Mazar toghrak 出土的文献被误认为是麻扎塔格(Mazar tagh)出土的。参照熊本裕《和田地区的和阗文献》,《东洋文库研究所报告第 54 号》(1996 年):27~64 页。

〔3〕在某些情况下斯坦因自己将麻扎塔格(Mazar Tagh)简写为"M. T."(如文献第 124 号),但在多数时候他都仔细将"M. T."和"M. Tagh."作了区分。

〔4〕在 Or. 8212 中,来自安得悦的文献是在我已给其他文献分配了目录号之后才被发现的,因此想分给它们更适当的目录时已经太晚。

（5）牙通（Ile dong）：位于达马沟附近，坐落于
达马沟东北处遭毁坏的遗址附近　　　　　2

（6）巴拉瓦斯特（Bal）：位于达马沟北部　　1

（7）克里雅：位于达马沟东部　　　　　　　1

（8）斯文赫定（Har）：人名而非地名，他曾获得
一些藏文文献，它们在和田地区的某处被发现　2

（9）安得悦（E）：位于尼雅（niya）的东部　　23

（10）未编号　　　　　　　　　　　　　　　3

B.米兰遗址　　　　　　　　　　　　　　　304

（1）米兰遗址1（ = M. I. ）　　　　　　　304

C.吐鲁番废址[1]　　　　　　　　　　　　　9

（1）哈拉和卓（kao）　　　　　　　　　　　1

（2）吐峪沟（Toy）　　　　　　　　　　　　6

（3）"小城堡"（H. B. 或 Kichik hassar）：吐鲁番
废址东北角神殿遗址　　　　　　　　　　　2

D.其他　　　　　　　　　　　　　　　　　6

（1）黑水城（K. K. ）　　　　　　　　　　　1

（2）未确定　　　　　　　　　　　　　　　5

11.7　藏文文献分类

　　文献大致被分为文书（或法律文献）、宗教文献及其他类，如下所示。对于具体的文献列表，请看"文献分类"表（本书 pp. 261 – 264）。

分类	文献数量
文书	647
契约	93
法律文献	10

---

〔1〕参照《西域考古图记》：图版 no.59。

与佛教文献占多数的敦煌文献相比较,本书的文献主要是文书,以契约和信件为主。契约又按契约分类法分成了买卖契约、借贷契约及雇佣契约。由于契约以特殊的方式书写,包括标准的语句和各式图章(如私印、手印以及签名印)[1],因此它们的内容,甚至是微小部分都能让我们识别。

而信件数量最多,根据我在《中亚出土的古藏文契约文书》中提出

---

〔1〕参照《中亚出土的古藏文契约》,107－115 页。

·欧·亚·历·史·文·化·文·库·

的标准,它们被分为3类:官方急件、非官方急件及个人信件。它们以固定的格式书写,由特定的收发格式和问候语组成,这令我们能识别许多的残片。[1]

当一件写卷的两面都有书写时,书写的第一页就被认作首页。不过在我所接触的残片中,首页/次页无法由这一标准来明确划分。所以,在本编目中首页和次页的指定不一定就能反映出当时的书写顺序,除非文献的内容有所反映。同样,在一面是藏文而另一面是汉文或和田文的双语写卷中,藏文是被指定为首页的。

缩略语对照

Ancienl Khotan	斯坦因《古代和阗考》,2卷,牛津,1907。再版印刷1卷,纽约,1975年。再版印刷3卷,新德里,1981。
AOH	《匈牙利东方学报》,布达佩斯。
BL	大英图书馆。
BM	大英博物馆。
BSOAS	《东方与非洲研究学院公报》,伦敦大学。
BTT	Manfred taube. *die tibetica der Berliner turfansammlung*. Berlin:Akademie – Verlag,1980.
Chavannes	edouard chavannes , *les documents chinois decouverts par aurel stein dans les sables du turkestan oriental* , Oxford : The University Press,1913.
Contracts	武内绍人《中亚出土的古藏文契约》。
Das	达斯《藏—英词典》(附梵文同义词),加尔各答,1902。京都再版,1977年。

---

[1]信件用语,详见武内绍人"信件"。

Derge, no.	《德格版西藏教规:乌塔罗(H. Uietal)编——西藏佛教教规目录大全》,仙台,1934。
foll	对开卷的复数形式。
Francke	A. H. 弗兰克未出版的目录(参照11.4)。
Giles Catalogue	翟理斯(Giles),《大英博物馆敦煌汉语写卷目录》,伦敦:大英博物馆管理部,1957年。
Har.	斯文赫定。
Hoernle	亨宁《写卷文物》收录的文献。
Hoernle, *MS Remains*	亨宁《西域出土的佛教文书遗物》,卷1,牛津,1916。翻印,1970。
IA	斯坦因《亚洲腹地考古记》,牛津,1928。翻印,新德里,1981年。
KT 1－5	贝利《和田文文献》,1－5卷,剑桥,1945—1963年。
Lhasa ed.	《拉萨版西藏教规》,J. Takasaki 编,东京大学,1965年。
lit.	字面翻译即 literally。
ND	新德里国家博物馆。
P	伯希和(藏文/汉文)。
Peking, no.	《北京版西藏教规》,龙谷大学图书馆编及 *Bunkyo Sakurabe, comp*。康熙朝北京编,现存于京都龙谷大学图书馆的《甘珠尔分部比较分析目录》,京都:龙谷大学,1930—1932年。
Plates	本编目的卷1(图片卷)。
Poussin	普散《印度事务部图书馆敦煌藏文写卷目录》,牛津,1962年。

SD 3	贝利《塞种（Saka）文献 Ⅲ》，卷 5，伦敦，1964 年。
SDTV 1	贝利《塞种（Saka）文献：文书卷》，伦敦，1968 年。
Serindia	斯坦因《西域考古图记》，5 卷，牛津，1921 年。翻印，德里，1980—1983 年。
Taisho，no	Taisho Shinshu Daizokyo（Taisho tripitaka） J. Takakusu and K. Watanahe. rey. , collated，added, rearranged and ed. *The tripitaka in Chuiese*. 85 vols. Tokyo：The Taisho lssai‐kyo Kanko Kai. 1924—1932.
Takeuchi，"letter"	武内绍人《一组归义军时期的古藏文书信：古藏文书信类型初探》，《匈牙利东方学报》卷 44，1/2：1990 年：175‐190 页。又收入山口瑞凤编《关于敦煌和新疆出土的古藏文信件的初步研究》，《西藏佛教与社会》，563‐602 页。东京，1986 年。
Takeuchi "Otani"	武内绍人《大谷收集品中的藏文文献》，收入 A. Haneda, ed. , *Documents et archives provenant de l' Asie centrale*, pp. 203‐214. Kyoto：Association franco‐japonaise des études orientales，1990；distributed by Dōhōsha.
Takeuchi 1994	武内绍人《将：吐蕃王朝千户部落的下属行政单位》，克瓦尔编：《第六届国际藏学研讨会论文集》，国际藏学会第 6 期研讨会，1992 年，卷 2：848‐862 页。奥斯陆：人类文化相对论研究机构。
TLTD 2	托马斯《有关西域的藏文文献与文书》，卷

	2,伦敦:皇家亚洲学会,1951。
TLTD 3	托马斯《有关西域的藏文文献与文书》,卷 3,伦敦:皇家亚洲学会,1955 年。
TLTD 4	托马斯《有关西域的藏文文献与文书》,卷 4,伦敦:皇家亚洲学会,1955 年。
Toyo Bunko	山口瑞凤等编《斯坦因藏文写卷收集品目录》,12 卷,东京:东洋文库,1977—1988 年。
Uray 1961	乌瑞《敦煌吐蕃军事文献考》,《匈牙利东方学报》卷 12,第 1 - 3 号:223 - 230 页。
VP	普散的文献编号。
Walker 1995	沃克《斯坦因:丝绸之路的先锋》,伦敦:约翰·默里(John Murray)。
Wang 1998	王冀青《大英图书馆斯坦因第四次亚洲腹地考古所得文献及写卷照片》,《大英图书馆杂志》卷 24,第一期:23 - 74 页。

(译自:*Old Tibetan Manuscripts from East Turkestan in The Stein Collection of the British Library*,The Centre for East Asian Cultural Studies for Unesco,The Toyo Bunko - The British Library,1997—1998。原载《西域研究》2009 年第 1 期)

12 《敦煌、新疆出土古藏文契约文书》导言

〔日〕武内绍人 著

杨铭 杨壮立 译

12.1 古藏文文献研究之现状

自从 20 世纪初,人们在中国境内的丝绸之路上,发现沿途的敦煌洞窟及其他遗址中有古藏文文献后[1],它们就成为研究吐蕃甚至整个中亚的语言、历史及文化的无价之宝。古藏文文献的研究工作在 20 世纪 20 年代早期,由弗兰克(A. H. Francke)、托马斯(F. W. Thomas)、巴考(L. Bacoty)以及拉露(M. Lalou)等著名学者发起,接着又有几代学者前仆后继,其中包括石泰安(R. A. Stein)、伯戴克(L. Petech)、萨特(H. Sato)、乌瑞(G. Uray)、麦克唐纳 – 斯巴宁(A. Macdonald – Spanien)、山口瑞凤(Z. Yamaguchi) 、白桂思(C. Beckwith)等人。通过他们的努力,让我们对吐蕃历史、语言及文化的认识有了颠覆性的转变。

先驱学者们的贡献可以归纳如下:a)分类并且公布了每一件收藏品里的文献;b)为藏学研究找出了重要的资料,并从中整理发掘出了重大信息。[2] 然而,要在不同收藏品里找到所有现存的有价值的文献,对于研究者来说并非易事,所以有时在讨论一个未知单词或短语的意义时,只有在与之相关的文献已经出版或被提及后,才能以它们作为参考进行研究。这样就常常造成对这种未知问题的"特别解释"。当时,想对古藏文文献进行全面的了解,比如,其间有什么,其间没有什么,以及要在大量的写本中找到每一篇文献,比如,它是一篇独立的文

---

[1]这里的"document"指非宗教文献,但包含非教义文献,如占卜、医药及占星术之类。
[2]有些学者称此方法为"寻宝"。

献吗,还有没有其他同类的文献,也是很难的。

我认为,在 20 世纪末期,我们的研究进入了一个新阶段,或者说是第三阶段。由于主要收藏品的写本照片及其微型胶卷的发布,还有每个收藏品的分类目录的刊布[1],这使我们能够在短时间内,在不同收藏品中查阅并比较许多写本。我们现在要做的一项工作,也许应该是把不同收藏品里所有的写本,按照目录内容、规格、日期等不同的标准进行梳理归类,然后创建一个详尽的数据库。做完这些以后,我们期望能看到一幅更加完整的古藏文文献图。比如说,哪些写本是原创的,它们出自怎样的社会文化和社会语言背景,如此便可一目了然。

如果把古藏文文献当做历史资料或者语言学资料,那么对社会文化和社会语言的内容的查阅就特别重要。因为除了铭文之外,并非所有的古藏文文献全是在吐蕃本土发现的,有的文献是在新疆与河西走

---

〔1〕实际上,很多文献没有编目录,拉露目录包含伯希和收集品里的大部分文献,总计 2216卷之多。其余的,如 P2217 - P2224,以及 P3500 - P4450,主要是《无量寿宗要经》(西冈祖秀:《ペリオ鬼集チベット文〈无量寿宗要经〉的写经生·校勘者一览》,《インド学、仏教学研究》33.1,东京,1984,314 - 320)的抄本,它们没有编入目录,而是存于微型胶卷中。斯坦因收集品中的敦煌文献最初收编在普散目录中,此目录正在修订中,并以东洋文库目录作补充。虽然还有几本敦煌文献没有收编(如 Or8210/S8550v、9223v、9286v、9323B、10646v、10647、10649v、10828A、B、11335、11401 - 11409、11718、12321、12818;其中还包括汉文文献,均交由荣新江教授编目)。斯坦因收集品也包含写本及木牍,它们来自丝绸之路南边的遗址(如米兰、麻扎塔格、卡达里克、达马沟、牙通以及巴拉瓦斯特),还有吐鲁番盆地(如小城堡及吐峪沟),托马斯(*Tibetan Literary Texts and Documents concerning Chinese Turkestan*,London, 1951)刊布的仅是这个收集品的一小部分(大约 1/4)。我已发现 600 多件写本和碎片,目前正在为它们做详细的目录。另外还有大约2000 多枚木牍没有编目。马洛夫收集品中的木牍,由沃罗比耶夫 - 捷夏托夫斯基("тибетских документов на дереве нз района озера ЛОб - нор Ⅰ",*ЕпиграФика Бостока*7:70 - 76 + 1pl,1953;"тибетских документов на дереве нз района озера ЛОб - нор Ⅱ",*ЕпиграФика Бостока*8:77 - 85 + 1pl, 1953;"тибетских документов на дереве нз района озера ЛОб - нор Ⅲ",*ЕпиграФика Бостока*10:68 - 72 + 1pl,1955)出版。奥登堡和科兹洛夫等收集品中的古藏文文献没有出版相关的目录,只有萨维茨基("Описание тибетских свитков из документов на дереве нз Дуньхуана б собрании Институая востоковедения ан СССР",Moscow:Hayka,1991)近日出版的一组《无量寿宗要经》的写本。而斯文赫定收集品中的古藏文文献,其最新的信息已经由我("Three Old Tibetan Contracts in the Sven Hedin Collection",*Bulletin of the School of Oriental and African Studies* 57.3 [London, 1994]576 - 587)发布。German 收集品里的文献由 Taube(*Manfred taube,die tibetica der Berliner turfansammlung*,Berlin:Akademie -Verlag,1980)出版。大谷收集品里的文献已经由我("On the Tibetan Texts in the Otani Collection",In A. Haneda [ed.]*Documents et Archives provenant de L' Asie centrale*,Kyoto:Doho-sha, 1990, 205 - 216)刊布。

·欧·亚·历·史·文·化·文·库·

廊发现出土的,很多写本明显是在这些地区写作的。这些地区以前居住的并非是吐蕃人,但曾在 7 世纪到 9 世纪处于吐蕃的统治之下。另外,就是一些来自吐蕃中心地区的写本,包括《赞普纪年》、《大事纪年》、信件及官方急件、佛教文献等等[1],它们很多即使是藏文的,但也不是吐蕃当地居民所写,而是由汉人和于阗人所著,因此它们大都反映了当地社会的情况,而非吐蕃的社会情况。这些内容我们将在第 5 章里介绍。我们要认真分析古藏文文献的社会背景及社会语言背景,以便准确地重现吐蕃统治其他地区时的真实历史。将它们用作语言学资料研究时,由于它们很多都不是吐蕃本地人所写,所以可以设想其与吐蕃本土的语言不同。[2]

考察文献的社会语言也揭开了古藏文文献的另一篇章。乌瑞的《吐蕃统治结束后甘州和于阗官府中使用藏语的情况》是一篇突破性的研究成果[3],让我们看到在河西走廊及新疆等吐蕃曾经统治的区域里,其他民族运用藏文的情况,因此古藏文写本的年代可能要追溯到 11 世纪初。有了这个突破口,我们可以借此寻找出其他文献,以便把它们恰当地编入新目录中(对照:乌瑞的《敦煌出土吐蕃文献新探》[4];武内绍人的《一组归义军时期的古藏文书信:古藏文书信类型初探》[5])。

---

〔1〕敦煌出土的《赞普纪年》及《大事纪年》可能是在敦煌抄写的,但它们的原稿一定来自吐蕃中部。

〔2〕常常很难从方言变化中区分它们,沃罗比耶夫 - 捷夏托夫斯基(1953)首次指出了米兰木牍中的方言类型。

〔3〕"L' Emploi du tibétain Dans les Chancelleries des états du Kan – sou et Khotan Posté – rieurs à la Domination tibétaine", *Journal Asiatique*, Tome 269, 1981, pp. 81 – 90.

〔4〕"New Contributions to Tibetan Documents from the post-Tibetan Tun-huang. ", *Tibetan Studies*: *Proceedings of the 4th Seminar of the International Association for Tibetan Studies Schloss Hohenkammer*, Munich,1985. Eds. Helga Uebach and Jampa L. Panglung. (Studia Tibetica: Quellen und Studien zur tibetische Lexicographie 2). Munich: Kommission für Zentralasiatische Studien Bayerische Akademie der Wissenschaften,1988,514 – 528.

〔5〕"A Group of Old Tibetan Letters Written Under Kuei – i – chün: a Preliminary Study for the Classification of Old Tibetan Letters", *Acta Orientalia Hungarica* vol. 44,Budpest,1990.

12.2　研究古藏文信件、契约及占卜文献的方法

要给古藏文文献分类,就得尽可能彻底地从各种收藏品里收集到相关的写本。在我初步的调查与尝试中,我渐渐发现它们可分为信件、契约及占卜文献 3 大类。信件是最多的,而契约与占卜文献也不少,几乎所有收藏品里都是这 3 大类。我也发现这 3 类文献可作为最有价值的语言学资料,因为它们既不像佛教文献那样是语言的翻译,也不是带有文学色彩的编年体文献(如《大事纪年》)。[1] 它们提供了很多相同的句子,而同一个环境中会出现不同的单词,反之亦然。这些资料帮助我们得以了解那些未知词汇的意义。它们也包含了很多古老的语句,这些是研究习惯用语的重要资料。

另外,这 3 大类最重要的一个共性是:这些文献都是根据某一类惯用的语句来编写的,也就是说,有古藏文信件常用语、古藏文契约常用语以及古藏文占卜常用语。在信件中,地址格式、问候用语及封印等都有明确的格式。在我以前发表的文章(如:《敦煌・トルキスタン出土チベット语手纸文书の研究序说》[2]、《一组归义军时期的古藏文书信:古藏文书信类型初探》)中,[3] 我曾努力以 3 种基本类型来划分信件常用语。至于占卜文献,至少有 5 种常用语,不过对此我还未能完成更深入的研究。

常用语在契约里扮演着最重要的角色,因为那时整个文献必须用常用语来书写[4],所以各种契约包括了古老且独特的语句。它们并非

---

〔1〕《大事纪年》中的文学创作部分见武内绍人:"A Passage from the Shih – chi in the Old Tibetan Chronicle", In B. Aziz and M. Kapstein (eds.) Soundings in Tibetan Civilization, New Delhi: Manohar, 1985, 135 – 146.

〔2〕山口瑞凤监修:《チベットの仏教と社会》,东京:春秋社,1986,563 – 602。

〔3〕此类案例以及习语形成过程,见 "A Group of Old Tibetan Letters Written Under Kuei – i – chün: a Preliminary Study for the Classification of Old Tibetan Letters", Acta Orientalia Hungarica vol. 44, Budpest, 1990, 175, fn. 1, 2。

〔4〕就汉文契约而言,比如展示基本用语的《书仪》等出自敦煌的文献,如 S. 6537v,参照池田温《中国古代契约文书的整理》,载《中国朝鲜文书史料研究》,东京 1 – 31。

都遵从语法规则,因此要与基本的常用语相联系才能理解。[1] 在这种情况下,我们要阐述每部文献的内容就得先弄清这些习惯用语。了解这些习惯用语以及典型用语,也能使我们找到零散的文献,并重现它们遗失的部分。[2] 所以,在研究那些信件、契约及占卜文献时,我一再强调运用惯用语的重要性。

惯用语的另一个特点是它们全部或者一部分,可能是通过文化交流而引进的外来语。例如"看来这是比邻(或)遥远的地区"的句型,就出现在了于阗、粟特以及回鹘文的信件中。[3] 此外,吐蕃、于阗、吐火罗、西夏、韩国及日本等邻近地区,对中国式"画押"或者"手印"的运用,也是文化借用的一个例子。古藏文占卜文献运用骰子的做法,与回鹘《占卜文》(irk bitig)有着惊人的相似。所以,把古藏文文献的惯用语与其他语言相比较,就会揭示藏文惯用语的形成过程,并帮助我们了解在不同语言和民族间有哪些文化交流。

以上述方法为基准,我以古藏文契约为重点研究,讨论它们的特点以及产生它们的社会及社会语言背景。

12.3　古藏文契约研究的目的及进程

在敦煌石窟和新疆的其他区域,如米兰(miran)、麻扎塔格(m. tagh)、老达马沟(old domoko)、卡达里克(khadalik)以及吐鲁番盆地,出土了一批数量庞大的古藏文契约文书。托马斯(F. W. Thomas)教授开创性地为人们提供了各种契约的翻译文本,尽管他没能辨别出哪些是

〔1〕比如,短语"mchid-kyis vtshal-ba"频繁出现在契约中,通过语法分析很难理解这种表达,但它总是出现在同样的文章里,也就是保证人的赔偿陈述中。从其文献内容以及汉文契约中相关陈述的对比来看,这种语句的意思是"负(全)责"。

〔2〕此类案例,见"A Group of Old Tibetan Letters Written Under Kuei－i－chün: a Preliminary Study for the Classification of Old Tibetan Letters", *Acta Orientalia Hungarica* vol. 44, Budapest, 1990, 176, fn. 5, 以及文献42至57章的考释。

〔3〕于阗文信件方面, 见 Emmerick, "A Khotanese Fragment: P. 5536 bis", Monumentum H. S. Nyberg Ⅰ, *Acta Iranica* 4, 1975, pp. 225－226; 回鹘文见 Tezcan 及 Zieme, "Uigurische Brieffragmentge", in Ligeti(ed.) *Studia Turcica*, Budapest, 1971, pp. 455－457。粟特信件中的信息由吉田丰教授发现。

契约,哪些不是。自那以后,除了对个别文献的翻译外,没有人对这些契约文书进行过系统的研究。[1] 由于上述翻译没有与其他契约相比较,也没有使用那些惯用语作为诠释工具,所以整个古藏文契约文献的全貌,比如有多少契约,有哪些种类,至今不得而知。因此,我研究的初步目的就是尽可能广泛并且彻底地查阅古藏文契约。我的工作进程如下:

(1)尽可能详尽地收集并调查这些古藏文契约文献;

(2)根据它们所使用的惯用语,将它们分为3种类型;

(3)为每一种类型设定契约的惯用语。

为了核实其特点,如纸张尺寸及质量,阅读模糊的字母及封印,测量手印,避免照片带来错误信息等等[2],我们有必要查阅原始写本,而我也有幸查看到了原始写本。[3] 结果,我发现了一大批之前无人问津或没出版的文献资料。也许还有一些契约文献仍未披露,但我想大多数已被发现并有所描述。

12.4　本书的章节结构

本书的章节被分成两部分,第一部分包括了1至5章,内容展示了古藏文契约文献的全貌。也就是说,有哪些种类,有哪些文学风格和形式,是在哪种社会及社会语言背景下写出的。

---

〔1〕比如,王尧、陈践(《敦煌吐蕃文献选》,四川民族出版社,1983)对 P. t. 1115、1118、1297 的翻译,以及山口瑞凤(《讲座敦煌6·敦煌胡语文献》,东京,大东出版社,1985:506－507)对 P. t. 1095 的注解。我自己发表了一些有关契约的文章:《中央アジア出土古チベット语家畜売买文书》,《内陆アジア言语の研究 V》,神户,1990,33－67;"On the Old Tibetan Sale Contracts",In S. Ihara and Z. Yamaguchi (eds.) Tibetan Studies,Narita 1989 (1992),773－792;"Three Old Tibetan Contracts in the Sven Hedin Collection",Bulletin of the School of Oriental and African Studies 57.3,London,1994,576－587。这些文章中的观点已引入本书中并做了更新。

〔2〕有关这种混淆的例子,见文献 14 对汉字"千里"的讨论讲解。

〔3〕我参阅了以下收藏部分:巴黎的伯希和收集品,伦敦的斯坦因收集品,斯德哥尔摩的斯文赫定收集品,圣彼得堡的科兹洛夫收集品、奥登堡收集品以及马洛夫收集品,还有京都的大谷收集品。虽然我没有参阅柏林的 German 收集品,但可以通过 Taube 出版的照片来研究这些写本。还有一批写本存在中国其他一些地方,不过有没有契约文书我们还无从得知。

第 1 章是我目前为止已经鉴定出来的契约的分类表,还有它们现在的收藏地址、出处及日期。这些契约分成 3 个基本类型:买卖契约、借贷契约以及雇佣契约。各类契约及其行业背景在接下来的 3 个章节(2－4 章)里有详细说明。各章节都有基本的契约惯用语。

以上工作完成后,接下来会在第 5 章讨论与契约特点及社会背景相关的问题:

(1)这些契约的惯用语是何时产生的? 如何创造的? 有没有受汉、回鹘、于阗、粟特、吐火罗、佉卢－(尼雅)雅利安(kharosthi－[niya] prakit)、阿拉伯及西夏等语言的影响?[1]

(2)比起其他语言的契约,古藏文契约有哪些特点?

(3)谁使用过这些契约,他们是吐蕃人还是其他民族的人? 这些契约只在吐蕃统治下的新疆与河西走廊地区使用吗? 是否也会用在吐蕃本土呢?

第二部分(文献部分)收录了所有藏文契约的转写本以及注解,以及第 2－4 章没有讨论的问题。[2] 两卷汉文契约的写本以及翻译也收

〔1〕有关其他文字契约的信息已由以下出版处获得:汉文方面,仁井田陞:"A study of simpli-fied Seal－Marks and Finger－Seals in Chinese－Documengts",*MTB*11:79－131, 池田温:《中国古代契约文书の整理》,*TTD*3。回鹘文献方面,有护雅夫的《ウイグル文壳买文书に于る壳买担保文言》,《东洋学报》44.2:1－23,1961;《ウイグル文消费贷借文书》,《西域文化研究》4:221－254,东京,1961;《ふたたびウイグル文消费贷借文书について》,《前近代アジアの法と社会》,235－266,东京,1967。《大谷文书》方面,山田信夫的《ウイグル文奴婢及び养子文书》,《大阪大学文学部纪要》16:161－267＋12pls,1972;"An Uighur Document for the Emancipation of a Slave,Re-vised",*JA* 269:373－383,1981;《ウイグル文契约文书集成》,3 卷,大阪大学出版会,1993。Larry V. Clark,*Introduction to the Uyghhur Civil Documents of East Turkestan 13th－14thcc*,Unpublished Ph. D. dissertation Indiana University,1975;森安孝夫:《ウイグル文书剳记(その一)》,*SIAL* 4:51－76. 1989。图木舒克语(Tumshuqese)方面,D. A. Hitch,"Penalt Clauses in Tumshuqese,khotanese and Shanshan Prakrit",*Studia Iranica* 17.2:147－152,1988。粟特文献方面,吉田丰与森安孝夫:《魏氏高昌时代のソゲド文女奴隶壳买文书》,SIAL 4:1－50.1989。阿拉伯文献方面,M. Groncke,"The Arabic Yarkand documents",*BSOAS*49.3:454－507＋8pls.,1986。西夏文献方面:E. I. Kychanov, "A Tangut Documengt of 1224 from Khara－khoto",*AOH*24:189－201,1971(1975);以及野春博:《西夏文·土地壳买文书の书式(1)、(2)》,《东洋史苑》14:25－50;15:37－54.1979。

〔2〕第 1 节至 41 节的注解在第一部分(2－4 章)及第二部(文献部分)里。然而,同一种解释的两次出现是有不同格式和风格的。第一部是根据契约常用语来编写的,外加一些修饰语来让注解更通俗易懂;文献部分的注解则更忠实于吐蕃文献,这样读者就能很快将藏文原文与注解进行对比。

录此中,以备查验。关键标识(signes critiques)与缩写词,列在了所编
文本部分的开头。文本部分后面的文献目录中,列有所有藏文写本的
音节索引表,部分藏文单词及短语的索引表,以及附在卷尾的引文索
引、藏文契约及两卷汉文契约的一览表。

(译自:*Old Tibetan contracts from Central Asia*,Daizo Shuppan,Tokyo,1995)

13 吐蕃万户(Khri-sde)制度研究[1]

〔日〕岩尾一史 著

杨铭   武丹   译

大多数学者对古代吐蕃王朝军事、行政制度的某些问题已经达成共识,例如,建立于吐蕃腹地的茹(ru)制度,边疆区域的军团(khrom)制度,中央与边疆均有的千户(stong-sde)制度。然而值得注意的是,根据中亚地区发现的手稿,仍有许多制度迄今尚未被研究,万户(khri-sde)制度就是其中之一。

本文写作的目的,在于探讨吐蕃万户(khri-sde)制度本身和它在古代吐蕃王朝统治沿革中的地位,以及与游牧地区军政制度中以一万户为部落组织的相似制度之间的关系。

13.1 研究现状

图齐(Giuseppe Tucci)在《西藏画卷》(Tibetan Paited Scrolls)中阐述了茹(ru)的制度,且简单论证了吐蕃王朝的"军队划分同突厥和蒙古国一样,依次以十、百、千、万为标准"。[2] 实际上,游牧国家譬如蒙古王朝的军事制度,与吐蕃十千户为一茹(ru)的制度在形式上有相同之处。尽管图齐没有详尽地阐述,但他推测茹(ru)与万户(khri-sde)(有一万户居民的部落)是相同的。

另一方面,佐藤长先生在关于吐蕃军事制度的文章中提到图齐的

---

〔1〕本文由笔者2004年发表文章基础上修改、扩充而成,作于日本。我要感谢 Micheal Jamentz 所提出的中肯评价及建议。此研究项目由京都大学人文学院和格兰特援助日本学术振兴会文教部"全球一体化时代杰出中心的人类学研究"联合资助。

〔2〕图齐:《西藏画卷》,罗马,1949年,738页。

观点,并指出"除'千户'以外,在古藏文文卷中均没有发现'万户'、
'百户'、'十户'的记载"[1] 1959 年佐藤长著作出版后,我们所接触
到的藏文文献与日俱增,这得益于 1959 年以后移民从西藏带出了部分
古藏文写本,而且这些写本于 20 世纪 80 年代在中国陆续出版。事实
上,在这些资料中我们没有发现任何有关吐蕃王朝"百户"、"千户"的
记载,仅在经典藏文文献中发现一处涉及万户(khri-sde)制。

中亚出土的史料和敦煌藏经洞所藏的文献中,我们发现许多文献
都提及万户(khri-sde)一词。托马斯(Frederick W. Thomas)花了数年
时间研究奥里尔·斯坦因(Sir Aurel Stein)从中亚和敦煌带出来的木
牍和纸质文稿,指出确有万户(khri-sde)一词,意为"一万户的辖
区"。[2]

在托马斯研究基础之上,藤枝晃认为敦煌汉文文献 S. 6101 中记载
汉文术语"乞利本"和吐蕃制度中的 khri-dpon 是同一职位。他还推测
在沙州没有设立过 khri-dpon,吐蕃文献出现的 khri-dpon 应该是敦煌文
献中记载的同时期的节度使。[3] 然而,在藏文文本 1089 卷(以下简称
为 P. t. 1089)中,记载沙州史上确有万户(khri-sde)部落存在。

1981 年,山口瑞凤发表了敦煌 P. t. 1089 古藏文文本的译文。这是
一件德伦(Bde-blon)使者送到沙州的官吏任命文书,德伦是吐蕃法令
规定的河西走廊地区最高级别的官吏,其意在解决沙州官吏之间关于
官阶的争端。[4] 对于吐蕃在沙州的管辖而言,这则任命之所以重要,
是因为它涉及各方权利的细则,其无论在吐蕃王朝还是任何其他时代

〔1〕佐藤长:《古代チベット史研究》2 卷,同朋舍,1977 年,756 页。值得注意的是佐藤长不
赞同图齐的观点。在随后的注释中,佐藤长写道:"图齐所假设的军事制度在吐蕃王朝中极有可
能存在,但暂无佐证。"

〔2〕托马斯:《有关西域的藏文文献与文书》,第 2 卷,伦敦,1951 年,30 页;第 3 卷,伦敦,1955
年,118 页。

〔3〕藤枝晃指出瓜州节度使或瓜州军事长是存在的,当时瓜州由瓜州节度使管辖,藤枝晃:
《吐蕃支配期の敦煌》,《东方学报》31,京都,1961 年,199 - 292 页。详见戴密微:《吐蕃僧诤记》,
1952,260 - 264、276 - 278 页;M. 拉露(1995 年著作,199 页)及乌瑞:《KHROM:公元 8 至 9 世纪吐
蕃帝国的行政单位》,1980 年,312 页。

〔4〕山口瑞凤:《沙州汉人による吐蕃二军团の成立とmkhar tsan 军团の位置》,《东京大学文
学部文化交流施设研究纪要》4,1981 年,23 页。

都是一座里程碑式的文献。在 1955 年，M. 拉露（Marcelle Lalou）就曾研究过此文献，但可惜无论是从日本还是从中国学术界来看，似乎都没有充分意识到拉露著作的重要性。山口瑞凤在众多研究成果基础上，对此文本提出新的理解，并形成自己独特的观点。在拉露的基础上，山口瑞凤的研究在各方面都有新的突破。要感谢他的研究，使这篇古藏文文本被中国和日本学术界广泛认识。

在 P. t. 1089 中 khri-sde 和 khri-dpon 都有记载。山口瑞凤比较研究了其他含有 khri-sde 的古藏文文献，认为 khri-sde 不是指 10 个千户（stong-sde），而是由 3 到 5 个军事区划和 1 个民政区划组成。[1] 他还认为 khri-dpon 是民政官职。多亏了山口瑞凤的研究，让我们对 khri-sde 有了更加具体的认识。然而，依我拙见，他的结论尚有待商榷。此外，正如图齐和佐藤长之前指出的，我们需要进一步考订这种与蒙古游牧制度类似的 khri-sde 制在吐蕃军事制度中的地位。

13.2 有关茹（ru）和军团（khrom）的研究

吐蕃王朝在本土建立的五茹（ru），分别为中茹（dbu-ru）、右茹（yas-ru）、左茹（yon-ru）、茹拉（ru-lag）和孙波茹（sum-pavi-ru）。在《贤者喜宴》和《弟吴宗教源流》（A）的描述中，一个典型的茹（ru）[2] 包含 8 个军事千户（stong-sde）、1 个小千户（stong-bu-chung）和 1 个禁卫千户（sku-srung stong-sde）[3]。茹（ru）又分为上茹（stod）和下茹（smad），每部分均包含 4 个千户（stong-sde），由茹长（ru-dpon）管理各个区域。实

---

〔1〕山口瑞凤：《汉人及び通颊人による沙州吐蕃军团编成の时间》，《东京大学文学部文化交流施设研究纪要》5，1982 年，6 页。

〔2〕详文参见《贤者喜宴》（187－188 页）和《弟吴宗教源流》（A）（258－261 页）。仅在《五部遗教》（民族出版社，1986，437－440 页）中描述为四茹，分别为中茹（dbu-ru）、右茹（yas-ru）、左茹（yong ru）、茹拉（ru-lag）。

〔3〕根据《弟吴宗教源流》（A）和《贤者喜宴》，孙波茹由 10 个千户和 1 个小千户组成，见《弟吴宗教源流》（A），258－259 页；《贤者喜宴》，188 页。而 Nel-pa 认为孙波茹由 8 个千户和 1 个小千户组成（Nel-pa，52－53 页）。象雄（Zhang-zhung）也有 10 个千户，由各包含 5 个千户的大象雄和小象雄共同组成。后文将讨论此问题。

际上,其他资料暗示这种制度并不稳定持久,茹(ru)还有不同数目的千户(stong-sde)形式存在。[1] 茹(ru)的居民大致分为两类,即军户(rgod)和民户(yung)。所有的军户(rgod)归属千户(stong-sde)统领,而民户作为对军户的支撑被有效地组织起来。[2]

在边疆地区,吐蕃的统治分为间接管理和直接统治两种。[3] 乌瑞(Géza Uray)认为,吐蕃在直属区建立了军团(khrom),每个军团辖有若干个城镇。例如,瓜州军团(Kva-cu khrom)就包括瓜州(Kva-cu)、沙州(Sha-cu)和肃州(Sug-cu)。每个军团都由一位茹长(ru-dpon)即茹的首领,或将军(dmag-dpon)(汉文文献所称的节度使)来掌管。[4]同时,军团下属的每个城镇都由一名节儿(rtse-rje)负责。节儿是城镇的长官,为吐蕃常设的官职。另外,军团又从属于由若干官员共同掌管的朵甘思(khams)。以瓜州军团为例,其隶属于德甘思(Bde-khams),掌管的官员称为德伦(Bde-Blon)。同样也把人口大致分为军户和民户两类。[5]

万户(khri-sde)在军政制度中的地位仍没有准确的界定。为了回答这个问题,我将依次解释万户(khri-sde)在吐蕃本土及边疆地区军政制度中的地位。

〔1〕H. 于巴赫:《奈巴班智达编年史:花蔓》(慕尼黑,1987)和《弟吴宗教源流》(B)描写了茹的各种形式。详文参见《奈巴班智达编年史:花蔓》(21 – 22 页),H. 于巴赫:《吐蕃时期苯教37圣地考》,1999,267 页注27;岩尾一史:《吐蕃のルと千户》,《东洋史研究》,第 59 卷第 3 号(2000年 12 月),6 – 12 页。

〔2〕有关民户的基层建设问题,详文参见山口瑞凤:《吐蕃王国成立史研究》,岩波书店,1983年,876 – 879 页。熊文彬推测《弟吴宗教源流》(A)提到的 16 个 yul-gru 和 yul-sde 可能属于民户,熊文彬:《吐蕃本部地方行政机构和职官考》,《中国藏学》1994 年 2 期,51 – 58 页。但是, H. 于巴赫认为它们是千户的附属机构,见 H. 于巴赫:《7—9 世纪吐蕃王朝的基层组织》,《第七届国际藏学研讨会论文集》,vol. 2,维也纳,1997,997 – 1003 页。关于民户生活在接壤地区的研究,参见岩尾一史:《吐蕃支配下敦煌的唐人部落—行人部落を中心に一》,《史林》,第 86 卷第 4 号(2003年 7 月),23 – 25 页。

〔3〕例如,吐蕃对于阗(Khotan)就施行间接管理。详文参见林冠群:《唐代吐蕃的 rgyal ph-ran》,蒙藏研究丛书,台北,2001 年,1 – 49 页。此书也概述了吐蕃王朝的整个结构。

〔4〕详文参见乌瑞:《KHROM:公元 8 至 9 世纪吐蕃帝国的行政单位》,312 页;马德:《Khrom词义考》,《中国藏学》1992 年 2 期,98 – 101 页。

〔5〕例如,沙州确实存在三个军事千户和一个民户区。详文见岩尾一史:《吐蕃支配下敦煌の唐人部落—行人部落を中心に一》,《史林》,86 卷第 4 号(2003 年 7 月),9 – 23 页。

13.3　万户(khri-sde)

13.3.1　吐蕃本土的万户(khri-sde)

关于吐蕃本土的万户(khri-sde)的记载,我们仅找到"象雄地区十千户"(zhang zhung khri sde)这一句。

bod dang gru guvi so mtshams na zhang zhung stod kyi stong sde lnga yod de/vo co bag dang gcig mang ma bag dang gnyis/snye ma bag dang gsum/rtsa mo bag dang bzhi/bag a stong bu chung dang lngavo/

bod dang sum pavi so mtshams na/zhang zhung smad kyi stong sde lnga yod de/gug ge gu cog gnyis/spyir rtsang yar rtsang gnyis/spyi ti stong bu chung dang lngavo/

zhang zhung khri sde stod smad kyi stong sde bcuvo/

吐蕃与突厥(dru gu)边界处,有上象雄五千户,即窝角(vo co bag)第一,芒玛(mang ma bag)第二,聂玛(snye ma bag)第三,杂摩(rtsa mo bag)第四,一个小千户巴噶(ba ga)第五;吐蕃与苏毗边界处有下象雄五千户,即古格(gug ge)、古觉(gu cog)两部,吉藏(spyir rsang)、雅藏(yar rsang)两部,和一个小千户刺迪(spyi ti)。以上为上下象雄万户(khri sde)所属的十千户。吐蕃四茹同上下象雄的一万户(khri sde)和孙波茹,共称吐蕃六十千户。[1]

象雄十千户曾被认为是与茹(ru)相似的军政制度,因为它们的数量之和恰好也是万户。[2] 此前的研究没有指出象雄存在万户(khri-sde),仅在 1987 年首次发行的《弟吴宗教源流》(A) 中发现这一记载。从 1962 年开始,大批的学者开始研究《贤者喜宴》,它也涉及《弟吴宗教源流》(A) 的内容,但没有提到象雄有万户(khri-sde)。问题的关键

---

〔1〕《弟吴宗教源流》(A),259 页,第 3 – 8、15 – 16 行。

〔2〕有学者根据千户数量就错误地认为在象雄有茹,详见岩尾一史:《吐蕃のルと千户》,《东洋史研究》,第 59 卷第 3 号(2000 年 12 月),2 页,但应注意在《弟吴宗教源流》(A)中没有提到象雄有茹存在。

在于,我们是否能相信《弟吴宗教源流》(A)中关于象雄万户的记载。

如果《弟吴宗教源流》(A)中关于象雄万户(khri-sde)的记载属实,我们就可以照字面上的意思推断出,万户(khri-sde)与茹(ru)管辖范围内的千户数目相同,都是 10 个。然而,这就与前面提到的山口瑞凤的结论相违背。我们还要注意到,对象雄地区万户的描述与中亚地区所述的不同,容后文详述。

13.3.2　中亚地区的万户(khri-sde)

在中亚发现的藏文史料中,我们发现这些地区有许多关于万户(khri-sde)的记载。例如,近世在米兰发现的木简 M. I. i. 3 中,发现在萨毗军团(Tshal-byi khrom)的且末(Car-chen)曾建立过一个名为 gsar btsugs 的万户(khri-sde)。[1]

此外,P. t. 1089 中的记载如下:

> slad chad lho bal gyi nans nas bskos pav/khri dpon la stsogs pa/
> gyu pa gser pavi/gong du dmag pon chungu mchis par/zhang btsan
> bzang dang/zhang khri brtsan dang zhang rgyal tsan dang/zhang khri
> dogs rjes mchid kyis bcade/khri sde re re/phyag rgya re re stsal ces
> gsol//

> "……从此以后,小将校的位阶在从南山部族人中任命的颇罗弥告身及金告身的万户长等人之上。吾特此诏书(mchid kyis bcad)任命尚·赞桑(zhang btsan bzang)、尚·弃桑(zhang khri brtsan)、尚·结赞(zhang rgyal tsan)、尚·弃都杰(zhang khri dog rje)议定之后,为通告各个万户,奏请赐予各自御印文书。"副官申

---

[1]见托马斯:《有关西域的藏文文献与文书》第 2 卷,121 页。"通颊"在藏文木简中出现过,但是无法确定这个万户就属于通颊。

请如此。[1]

副官申请中强烈要求他们的官职级别在万户长之上。khri-sde re-re"每个万户"一词,意为各个万户之首。

除上面提及的两个例子外,在吐蕃史料中还发现万户(khri-sde)能分为3种。

13.3.2.1 通颊万户(khri-sde for the Mthong-khyab)

《大事纪年》(P. t. 1287 + Ch. xvii. 2)记载,赤松德赞(756—797)在位期间,吐蕃共建有5个万户(khri-sde)。

chab srid che ste long shan la rgyud yan chad/pyag du bzhes nas/ mthong khyab khri sde lnga btsugs/bde blon khams ched po gchig gsar du bskyed do//

领土范围广阔直至陇山(Long shan)地区,设五个通颊(Mthong-khyab)万户区。伟大的德伦(bde-blon)制开始建立。[2]

关于 Mthong-khyab 的界定,山口瑞凤认同与汉文文献所指"通颊"是相同的群体[3] 吐蕃的5个万户区一定设立在河西走廊之内,但确切地点我们仍无从考证。

13.3.2.2 吐谷浑万户(khri-sde for the Va zha)

汉文史料中记载,从公元4世纪 va zha 或称吐谷浑开始统治青海地区,到公元663年被吐蕃代替。[4] 在 P. t. 1222 中,一份手稿的片段

---

〔1〕P. t. 1089,第 71–73 行。P. t. 1089 译注见拉露:《公元8世纪大蕃官吏呈请状》,(《亚洲学报》卷243,1955年,第171–212页);山口瑞凤:《讲座敦煌2敦煌の历史》(大东出版社,1980,第195–232页);汪江:《吐蕃官制考——敦煌藏文卷子P. T. 1089号研究》(《西藏研究》1987年3期,第40–48页);王尧和陈践:《吐蕃职官考信录》(《中国藏学》1989年1期),杨铭:《吐蕃统治敦煌研究》(台北,新文丰出版公司,1997年,117–126页)。也可见今枝由郎、武内绍人等合编:《敦煌吐蕃文书》,东京,2007年,133–137页。

〔2〕P. t. 1287,第383–386行。参照 J. 巴考、Ch. 杜散、F. W. 托马斯:《敦煌吐蕃历史文书》,巴黎,1940—1946,第115、154;王尧、陈践译注:《敦煌本吐蕃历史文书》,民族出版社,1992年(修订本),56、130和167页;以及黄布凡、马德:《敦煌藏文吐蕃史文献译注》,甘肃教育出版社,2000年,292、294页;今枝由郎、武内绍人合编:《法国巴黎国立图书馆藏敦煌古藏文手卷》,Tome Ⅲ,巴黎,1990;今枝由郎、武内绍人等合编:《敦煌吐蕃文书》,东京,2007年,200–229页。

〔3〕关于 Mthong-khyab(通颊),也请见荣新江:《通颊考》,《文史》33,中华书局,1990年。

〔4〕关于吐谷浑历史概况见 G. 慕勒:《北魏至五代时期的吐谷浑》,罗马,1970年,12–31页;周伟洲:《吐谷浑史》,宁夏人民出版社,1985年。

（截取自书信草稿）内容如下。[1]

va zha khri sde gsar gyi khrid pon khri spyan dang/khri dpon gyi yi ge pa a spring ngo/

此报告向 va zha（吐谷浑）新万户（khri‐sde gsar）长官、万户都护以及万户长的书吏官送达。

在米兰发现的木简中，有关于吐谷浑万户制记载：

va zha khri sde stod pa rkya la gtogs pa…

吐谷浑的上万户（khri‐sde）属 rkya[2]……

"吐谷浑新万户（new khri‐sde for the va zha）"暗示曾有"旧吐谷浑万户"存在；"上万户"也暗示有"下万户"的存在。因此，我们也能进一步推测在吐谷浑地区不止一个万户。

13.3.2.3　唐人万户（khri‐sde for Chinese）

我发现无论是古藏文写本还是汉文史料都记载中原地区曾有 3 个万户（khri‐sde），即沙州、凉州（藏文 Mkhar‐tsan[3]，姑藏）和 Drug‐chung（后文详述）。

根据前面提到的例子判断，至少在吐蕃本土，万户是常规的军政集团。而根据前引 P. t. 1083 中的记载，万户还被官方指定作为处理那些在沙州被吐蕃官吏买卖的中原妇女、儿童的管理机构，这一有趣的描述，说明万户地区的婚恋关系只能在本部落内发生。

Mthong khyab gyi bu sring lta bu/gzhan du gnyen vtshal du myi gnang

---

〔1〕吐蕃管制的沙州区域，吐蕃建立了佛经抄写机构，也有大量的经文被中原抄写者抄写。为了抄写佛经，给每个抄写者都提供一定数量的大开纸，以便他可以按需索取。这种纸称为glegs‐tshas。译文参见武内绍人：《中亚的古藏文契约文书》，东京，1995 年，53 – 55 页。

〔2〕M. I. xxviii. 1，见 F. W. 托马斯：《有关西域的藏文文献和文书》，Ⅱ，伦敦，1951 年，30 页。托马斯原文写为 rgya（唐），本人根据托马斯《有关西域的藏文文献和文书》，Ⅲ，伦敦，1955. plate x Ⅲ，a，改为 rkya。关于改为 rkya，原因见岩尾一史：《キャ制（rkya）の研究序说―古代チベット帝国の社会制度―》，《东方学》第 113 辑（2007 年 1 月），103 – 118 页。

〔3〕在 P. t. 1089，36 – 43 行中记载了 Mthong‐khyab khrom（通颊军团）的官职表，他们其中有万户长（khri‐dpon），证明了凉州（Mkhar‐tsan）也是一个万户（khri‐sde）。论证 Mkhar‐tsan 与凉州一致的分析，见荣新江：《通颊考》，《文史》33，中华书局，1990 年，125 – 126 页；《通颊：7—10 世纪汉藏边界的部族》，《华裔学志》，vol. 39，1990—1991 年，261 – 262 页；G. 乌瑞：《古藏文史料中姑藏和凉州的位置》，塞格德，1991 年，195 – 227 页。

ba dang sbyar zhing//khri sdevi nang du dgav gnyen vtshal bar/gthad du ci gnang zhes gsol lo//

　　有如通颊的妇女、儿童,不允许与其他部落的人嫁娶,只能在(沙州)万户部落(khri-sde)的范围内进行。[1]

　　另一方面,实际上像沙州、凉州(Mkhar-tsan)这类的绿洲镇与一个独立的万户相似。这就说明在河西走廊中,像沙漠绿洲这样人口稠密之地的城镇,可以被当做一个万户。换言之,将那些吐蕃占领成为统治者之前就存在的族群或地区,翻译为万户(khri-sde)似乎顺理成章。如果这个假设正确,那么考虑到各个族群和地区的差异性[2],万户的范围大小界定必须修改。这个问题将在下一章讨论。

13.4　万户的规模

　　托马斯把 khri-sde 译为"包含一万户居民"。[3]因为千户(stong-sde)字面就是包含一千户居民,由此来看这种译法似乎合情合理。在敦煌发现的《藏汉词名》(S. 2736)的藏文记载中,吐蕃体制中的万户(khri-sde)与汉文文献界定的相同,藏文拼作 vi man zhindz yang。托马斯和翟理斯(Giles)把它译为"一万人将",即一万人的首领。[4]然而,考虑到上面提到的实际情况,万户(khri-sde)不一定绝对是"万户",S. 2736 中提到的例子应当被理解为对一个专有词汇的解释,而不是对真

〔1〕复本参见 Chois(pl. 571),完整译文有山口瑞凤:《汉人及び通颊人による沙州吐蕃军团编成の时间》,《东京大学文学部文化交流施设研究纪要》5,1982 年,12、15 页;山口瑞凤主编:《讲座敦煌 6 敦煌胡语文献》,大东出版社,1985 年,494 - 495 页。王尧、陈践:《敦煌吐蕃文献选》,四川民族出版社,1983 年,51、52 页;《敦煌吐蕃文书论文集》,四川民族出版社,1988 年,44 - 45 页。荣新江:《通颊考》,《文史》33,中华书局,1990 年,139 页;《通颊:7—10 世纪汉藏边界的部族》,《华裔学志》, vol. 39,1990—1991 年,261 - 262 页。G. 乌瑞:《古藏文史料中姑臧和凉州的位置》,1991 年,296 页。也可参见今枝由郎、武内绍人等合编:《敦煌吐蕃文书》,东京,133 - 137 页。

〔2〕《通典》卷 174 提供了公元 755 年(天宝十四载)人口普查的结果。其记载,沙州地区有6395 户共 32234 人,凉州地区有 25693 户共 128192 人。

〔3〕托马斯:《有关西域的藏文文献和文书》,Ⅲ,伦敦, 1955 年,118 页。

〔4〕F. W. 托马斯、L. 翟理斯:《蕃汉对译语汇》,载《东方与非洲研究学院公报》. 12 - 3/4,2pls. 1948 年,756 页注 40。

实情况的反映。由此来看,山口瑞凤认为"万户不是包含十个千户的军政集团"这个观点是正确的。[1]

1982 年山口瑞凤出版的书中,第 6 页还指出"万户长掌管三或五个千户的民户部落(例如 yung-gi-sde),并且其权利范围覆盖军户的民政事务"。把 khri-sde 解释为包括军户和民户是正确的,因为沙州万户(khri-sde)就是这样一个范围。然而,在一个万户中,千户的数量是否被限制在 3 个到 5 个之间仍然是个问题。

山口瑞凤没有在他的文章中详细解释万户掌管的千户是 5 个的原因。但是,他推断的依据可能是文献 P. t. 1089 中的官员等级表。P. t. 1089 第 36 - 37 行中引用凉州军团的官职表如下:

ru dpon-khri-dpon-dgra-blon-chen-po-rtse-rje ra-gan-pa

茹长—万户长—大守备长—黄铜告身节儿

足见,万户长的地位在作为凉州首领茹长之下。在吐蕃本土,一个茹长掌管着 4 个千户。因此,地位在茹长之下的万户长最大管辖权不得超过 4 个千户。另一方面,山口瑞凤观点中提到的 3 个千户均来自沙州地区。沙州确实建立过 3 个唐人军事千户,分别是悉董萨(Stong-sar)、阿骨萨(Rgod-sar)和悉宁宗(snying-tshoms)。但是要注意,在一段时间里吐蕃只有悉董萨、阿骨萨两个千户,悉宁宗是后来才建立的。[2] 那就是说,一个万户不一定要包括 3 个千户。实际上,P. t. 1083 中的例子就可以证明,在一段时间里仅有两个千户的沙州,也被认为是一个万户。我还在 2003 年的著作中提到,吐蕃统治占领之初,在沙州生活的唐人全部被登记为民户户籍,后来其中大部分人又当选为军户。如果这一假设是正确的,那也就可以说,起初沙州万户之下是没有设千户的,并且万户的规模也不受千户的数量限制。P. t. 1120 第 7 - 8 行中,就有很好的证据来证明这个假设。

〔1〕山口瑞凤:《汉人及び通颊人による沙州吐蕃军团编成の时间》,《东京大学文学部文化交流施设研究纪要》5,1982 年,6 页。

〔2〕见岩尾一史:《吐蕃支配下敦煌の唐人部落—行人部落を中心に—》,《史林》,第 86 卷第 4 号(2003 年 7 月),10 - 15 页。

dpyav vbul ba//rkya nyis brgyav mchis pa las/slad kyis drug
chung kyi zhing dmag ni rgya khri sde spyi bskor te zur las bchas
nas//dpyav bde gams（8）su vbul bar chad pa dang/mnabs tog gi s-
hing ravi spyan zigs kyi lhag nas su bsgyur ba las rink ha bstan te//

贡赋如此征收：小突厥（drug chung）的 200 甲（rkya），此后由
一个在小突厥由屯田兵（zhing dmag）建立起来唐人万户（rgya khri
sde）承担，并与沙州分摊，分别上交给德卡姆（bde gams）的贡赋，
以及 mnabs tog 提供的附加物均换算成大麦计算。[1]

米兰和敦煌出土的吐蕃文献中都提到有一个地方叫做小突厥
（drug-chung），但不知道它的具体位置。[2] 从上述因素判断，小突厥
（drug-chung）有 200 个甲（rkya），并且新建了一个唐人的万户（khri-
sde）。rkya 有时被看做是 rgya 的异写，意指唐人，但当代学者指出 rkya
与被丈量的土地有关，是一种征收赋税的单位。[3] 例如，沙州有 3 个
千户，其中悉董萨千户就有 232 又半个甲（rkya）。[4] 沙州共 684 个甲
（rkya）[5]，这就意味着平均每个千户约有 230 甲（rkya）。

要注意到万户中包含的甲（rkya）的数目，230 甲（rkya）组建成一

---

〔1〕完整的转写见《敦煌吐蕃文书》，东京，第 143 – 144 页。

〔2〕参见托马斯：《有关西域的藏文文献与文书》，Ⅱ，伦敦，1951 年，30、40、274 页，托马斯将
这种制度解释为"一种人"，即理解为小突厥（little Dru-guv），见托马斯：《有关西域的藏文文献与
文书》，Ⅳ，伦敦，1963 年，57 页。而上述引用明确暗示它是一个地名。

〔3〕详文参见岩尾一史：《吐蕃支配下敦煌的唐人部落—行人部落を中心に—》，《史林》，第
86 卷第 4 号（2003 年 7 月）。

〔4〕P. t. 1120，第 8 – 9 行：rgya stong sar stong sde gcig la //rkya nyis brgya vsum cu rtsa phyed
dang gsum chis pa la phab pa. "向唐人悉董萨万户（Stong-sar khri-sde）征收 232.5 克（rkya）的税。"
详见岩尾一史：《吐蕃支配下敦煌的唐人部落—行人部落を中心に—》，《史林》，第 86 卷第 4 号
（2003 年 7 月），113 – 112 页。也可参见今枝由郎、武内绍人等合编：《敦煌吐蕃文书》，东京，
2007 年，143 – 144 页。

〔5〕P. t. 1111，第 13 行：rgya sha cu pa stong sde gsum la rkya drug brgvad cu rtsa bzhi mchis pat.
"在沙州唐人三部落（Stong-sde），共有 684 克（rkya）。"详见岩尾一史：《吐蕃支配下敦煌的唐人部
落—行人部落を中心に—》，《史林》，第 86 卷第 4 号（2003 年 7 月），113 页，人口问题研究参见
Spanien，A. 斯巴宁、今枝由郎合编：《法国巴黎国立图书馆藏敦煌古藏文手卷》，Tome Ⅱ，巴黎，
1979 年，p. 448. 全文译文见王尧、陈践：《敦煌吐蕃文书论文集》，四川民族出版社，1988 年，19 –
22、44 – 48 页；岩尾一史即将出版的"La gestion des greniers de Dunhuang a l'epoque tibetaine. Le
cas de Ptib 1111"，*Journal Asiatique*。

个千户,由此推断,只有 200 个甲(rkya)的小突厥(drug-chung)不足以建立一个千户,而且小突厥(drug-chung)万户也仅以屯田兵组建,不存在军户。这就是说,在管理等级制度中,万户比千户高一个等级,但不必非得由千户组成。

研究边疆地区万户组建的特点,就会注意到其与本土象雄的万户完全不同。一种推测是象雄万户包含 10 个千户,其反映了万户最初的形式但非固定模式。现在对于吐蕃本土的万户与茹之间的区别和联系还不明了。又因为边疆地区万户的范围应与一个军团(khrom)相当,远小于茹。所以一些学者认为象雄不是规范的万户,而是与茹相类似的组织。

综上所述,仅《弟吴宗教源流》(A)描述了象雄万户的情况。虽然《贤者喜宴》也谈到在象雄有 10 个千户,但在这部分除了引用了《弟吴宗教源流》(A)的资料以外,没有提到万户制度。为什么把它作为一个例子? 因为它可以简单计算得出 10 个千户与一个万户相当。所以,依我拙见,《弟吴宗教源流》(A)描述的万户是一个孤证,与历史上的万户没什么关系。现在研究巴卧·祖拉陈瓦为什么没有引用象雄万户的材料是困难的。不管是巴卧看没看到《弟吴宗教源流》(A)中提到的新材料,还是他省略了有关的制度分析。无论如何,巴卧为我们提供的描述是合理的。

13.5 由万户实例分析吐蕃王朝 与游牧地区的关系

这里提出个问题:为什么政权更替、管辖范围改变之后,吐蕃还要沿用万户制度呢? 虽然 khri 在汉藏对译中代表的是一个具体的数字,而 khri-pon 即"万人将",但是如前文所述,"万户"其实是个概数。因此,我们可以把 khri 理解为与"一万"一样,意为"很多"。万户这种形式的管理制度与确指"一千"的千户制截然不同。在吐蕃统治下的敦煌地区,吐蕃将唐人编为 3 个千户,每个千户各辖 20 个将(tshan),每

欧·亚·历·史·文·化·文·库·

个将包含 50 户左右[1]，所以千户的规模及所属关系是稳定的。据上所述，结论就是：每个千户有大约 230 甲(rkya)，吐蕃王朝的军民合一组织是千户而不是茹。[2] 就是说，概数的万户级别在确数的千户之上。实际上，这是游牧地区军政制度的特点之一。

最早关于"万户"的描述是在匈奴军政制度中。[3]

> [匈奴]置左右贤王，左右谷蠡，左右大将，左右大都尉，左右大当户，左右骨都侯。匈奴谓贤曰"屠耆"，故常以太子为左屠耆王。自左右贤王以下至当户，大者万余骑，小者数千，凡二十四长，立号曰"万骑"。[4]

由此可以看出，"万骑"人数从几千到万人不等。匈奴之后，几多游牧民族的政权建立又消亡了。[5] 除柔然以外，汉文文献中反映出他们也有类似的军政组织存在。[6] 众所周知，古代蒙古的军政制度以十进制为基础，由小到大依次为：十户(harban)、百户(javun)、千户(mingyan)、万户(tūmen)。有趣的是，蒙古的作战部队不是以万户，而是以千户为单位的。[7] 蒙古万户制度来源于突厥"土门"(tūmen)制。

---

〔1〕武内绍人：《将：吐蕃王朝千户部落的下属行政单位》，克瓦尔编：《第六届国际藏学研讨会论文集》，奥斯陆，1994 年，848－862 页。

〔2〕岩尾一史：《吐蕃のルと千戸》，《东洋史研究》，第 59 卷第 3 号(2000 年 12 月)，21－25 页。

〔3〕杉山正明指出历史上，冒顿王子逃离月氏之前曾是他父亲头曼组织的万骑首领。这说明早在匈奴统一游牧地区之前就有万户的存在，杉山正明：《游牧民から见た历史》，东京，日本经济新闻社，1997 年，131 页。

〔4〕《史记·匈奴列传》(9－2890)，关于"二十四长"的分析，详文参见 Omeljan pritsak "Die-24 Ta-ch'ên"，*Oriens Extremus*，Vol. 2，1954，pp. 178－202。

〔5〕然而，因为证据不足，所以没有人可以断言没有类似的组织存在。吐蕃王朝记载过，而中文史料中从未出现 ru、khri-sde 或是 stong-sde 字样，这就是一个很好的例子。

〔6〕"北徙弱洛水，始立军法，千人为军，军置将一人，百人为幢，幢置帅一人。"《魏书》103 卷《蠕蠕列传》，6 册第 2290 页。内田吟风：《北アジア史研究·鲜卑柔然突厥篇》，京都，同朋舍，1975 年，284 页。

〔7〕关于古蒙古王朝千户制，详文参见本田实信：《モンゴル时代史研究》，东京大学出版会，1991 年，尤其是第一章第二小节的内容。

土门制在古突厥文碑铭中既有"一万"的含义,也可以表示"很多"。[1] 蒙古王朝覆灭后,土门制仍在游牧国家引用,但其规模大小不确定。另外川本正知氏的研究,详尽地说明了土门制在中亚地区被用于政治管理的情形。[2]

由此得出结论,吐蕃王朝的军政制度,起源于北方游牧地区原有的制度。[3] 以上有关吐蕃万户的讨论实证了此观点。

13.6 结语

如上所述,吐蕃万户(khri-sde)是建立在人口稠密的绿洲城镇的一种行政建制。但其管辖的范围有所差别,例如:拥有 200 甲(rkya)农田赋税即可组建一个万户,而不足此数的则组成一个千户。在敦煌汉藏词汇中,汉文将"khri-dpon"译作"万人将",反映出当时唐人确知 khri 意为"万",但事实上 khri-sde 中的 khri,不仅代表字面含义"万",还代表"许多"。从这个角度讲,万户这种行政建制与千户的本质区别,就是字面含义与实际的数量不一致。在吐蕃王朝和内陆游牧地区,都发现了 khri 不是指确数而是泛指很多的例子。并且,这些有可能成为证明吐蕃军政制度来源于内陆游牧地区的证据。

尚未解决的疑问甚多,吐蕃本土万户制的情况就是其中之一。考虑到吐蕃边疆地区万户的情况,在吐蕃本土人口稀少的地区建立万户也是可能的,可惜现在还没有资料能够证明。

此外,万户内部组织的构成也值得深入研究。吐蕃所设立的万户,长官叫做万户长,但掌管沙州万户的官吏被称为节儿(rtse-rje)。山口

---

〔1〕对于 Tumen 的意义有很多观点,G. Clauson 对这种制度进行概述:《13 世纪前突厥语语源字典》,1972 年,507 – 808 页,Clauson 引用 Edwin Gpulleybiank 的观点,tumen 是由文言文的 tmen 一词发展而来。值得注意是:中文中的"万"也有"十个一千"和"许多"两种含义。

〔2〕川本正知:《中央アジアのテュメンなる地域区分について》,西南アジア研究会(53),2000 年,24 – 60 页。

〔3〕参见 G. 图齐:《西藏画卷》,3vol,罗马,1949 年,737 – 738 页;佐藤长《古代チベット史研究》2 卷,同朋舍,1977 年,760 – 763 页。

瑞凤认为万户长与节儿的区别在于：万户管理民户，而节儿管理军户。[1] 我们需要进一步研究，例如这两个官职的实质区别和设立两者的背景，等等。这些问题与吐蕃军政制度密不可分，但在此无法更深入地讨论，我希望日后能有机会对此作更细致、全面的研究。

（译自：Kazushi Iwao，"On the Old Tibetan khri-sde"，沈卫荣主编：《西域历史语言研究集刊》第 1 辑，科学出版社 2007 年）

---

[1]山口瑞凤《汉人及び通颊人による沙州吐蕃军团编成の时间》，《东京大学文学部文化交流施设研究纪要》5，1982 年，6 页。

14 关于羌族的几个问题

〔日〕藤堂明保　著

杨铭　译　董志勇　校

14.1 羊的功用

像羊、牛、马、豕这样一些汉字,被人称作象形文字。汉语用这类字表示这些动物。这些字抓住了每一种动物的最突出的特征,它说明,古代人类的观察力是相当敏锐的。

根据传说,殷先祖王亥,就曾驯养过马和牛。

> 王亥托于有易、河伯仆牛。有易杀王亥,取仆牛。(《山海经·大荒东经》)

> 殷人之王,立帛牢,服牛马以为民利,而天下化之。(《管子·轻重戊篇》)

上文"服牛马"中的"服"字,意思是"(使)服从"或"(使)服役",即"驯养"之意。上述故事发生在殷代前期,距今 3500 年左右。

那时羊是比牛、马更为重要的牲畜。即使在今天,也还有许多游牧人在中亚和东亚之间的高地上放牧羊群。这些牧民非常喜欢食用羊肉。因为羊肉味道鲜美,所以汉字中的"善"、"膳"等字中都含有"羊"字。其次,羊还是祭祀仪式中最常用的祭品,所以有些汉字,如:与"宜"字同源的"羲"字、"祥"字等等,也都含有"羊"字。

特别应当指出的是,上文中的"祥"字,是一个形声文字,即合成象形文字。它由表意的"示"(祭坛)与表音的羊字合成。所以,估计羊和祥可能是同源字。到后来,"羊"字的读音有了变化,即从上古音 *giang 演变为中古音 jiang;而"祥"字的读音则进一步从 jiang 演变为 ziang。j 与 z 这两个音素的读音极为相近,如"邪"字的古音,就有 jia 和

·欧·亚·历·史·文·化·文·库·

zia 两种读法,从"予"(jio)字和"序"(zio)字(古代的读音同"予")一例中,也可以看出,j 和 z 的读音是十分相近的。

14.2　东方与西方的羌族

在中国古代,在今山西省境内活动着一个民族,被称作"羌"。汉字中的"羌"(中古音 k'iang)字,是由表意的"人"和表示发音的"羊"(羊,上古音 ＊giang)构成的,"周"人的先祖世代都与"姜"(中古音 kiang)姓的女子结婚,而"姜"字是由表意的"女"字与表示发音的"羊"字构成的。难怪"羌"和"姜"读作 chiang 和 ch'iang,原来他们皆含有"羊"字的古音 ＊giang。"羌"与"姜"为同源字,他们都是与羊有密切关系的名称,其区别仅在于一个意指男子,用来表示族类,而另一个则意指女子,用来表示姓氏。《说文》释羌字说:"羌,西方牧羊人也。"

1)周的一位先祖古公亶父,曾娶一羌族女子"太姜"为妻。下面这首诗可以证明此事:

古公亶父,来朝走马。率西水浒,至于岐下。爰及姜女,聿来胥宇。(《诗经·大雅·绵》)

2)周先王后稷之母,亦是羌族女子,其名为"姜嫄",亦有诗为证:

厥初生民,时维姜嫄。生民如何? 克禋克祀,以弗无子。履帝武敏歆,攸介攸止。载震载夙,载生载育,时维后稷。诞弥厥月。先生如达。不坼不副,无菑无害。以赫厥灵。(《诗经·大雅·生民》)

根据这些记载,我们可以肯定,从先周时代起,周人就与羌人有了婚姻关系。周文王有个妃子也叫"太姜",周武王的妃子叫"成姜"。事实上,自称为"姬"姓的周人,通过与羌人互相婚配,从很早的时候起,就与羌人保持着友好的关系。

甚至在周人统治中原各地以后,其王室仍按过去的惯例娶羌族女子为后妃。不过,活动于中国西北地区的先周居民娶的是居住在同一地区的羌族女子,而当周的势力向东发展以后,他们就多娶居住在齐国（今山东一带）的羌族女子为妻室了。齐人是羌族的一支,他们很早以前就东迁到位于黄河以北三角洲地带的齐国了。在吸取了东方文化以后,他们开始过起富裕的生活。这样一来,尽管同样是羌人,但是,齐国的女子比起那些仍僻居西北的羌族姑娘来,就显得文雅多了。因此,到了西周后期,西部羌人与周王室的关系越来越疏远,而周与齐（东部羌人）的关系则日益密切。这意味着当时尚未开化的西北羌人已经失去了与周朝平等往来的资格,其原因是后者逐渐吸取了中原文化而远远高出于前者了。

因为鲁是周朝封给王室成员伯禽的藩国,所以周人和鲁人都姓姬。而当时的纪和齐则均为东羌国,即姜姓国。根据《春秋》的记载,在当时政治联姻十分流行的情况下,周、鲁（姬姓）与齐、纪（姜姓）之间的联姻仍是十分频繁的。兹引如下：

（1）九年,春,纪季姜归于京师。（桓公九年）

（2）夏,公如齐逆女。

　　　秋,公至自齐。

　　　八月,丁丑,夫人姜氏入。（庄公二十四年）

（3）夏,逆妇姜于齐。（文公四年）

（4）夫人姜氏至自齐。（桓公三年）

（5）秋,九月,齐高固来逆子叔姬。（宣公五年）

（6）冬,召桓公逆王后于齐。（宣公六年,《左传》）

（7）祭公来,遂逆王后于纪。（桓公八年）

（8）冬,王姬归于齐。（庄公十一年）

这样,"王姬"（周人女子）和"齐姜"（齐人女子）等称呼成为当时婷婷美女的代名词,也就不是什么不可理解的事情了。《诗经》中,一个被誉为"孟姜"的女子,也是一位姜姓国的女子。

那么,居住在中国西北和东部地区的羌（或姜）人的分布情况以及他们的特点是怎么样的呢？

14.3　羊和羌族

羌（或姜）族是一个把羊作为图腾的民族。我们从甲骨文中得知,古时有好几个以动物名称为号的部落,如马方、犬方、虎侯等等,曾在今中国山西省境内活动过。这些部落很可能就是以这些动物作为其图腾的。而羌人则是一个与羊密切联系在一起的游牧民族。羌人以羊为图腾的原因很明显,这不但由于他们的饮食、衣着依赖于羊;而且,在祭祀神灵时,他们还把羊牲供在祭坛上,以图得到羊神灵的保佑。羌人的这种习俗与日本阿依努人的做法很相似,后者在祭祀时杀鹿,试图使自己能获得鹿所具有的神力。因此,尽管很多人在看到以羊为图腾的民族在祭祀时用他们所敬重的羊作为祭品这一现象时,往往感到十分奇怪,但实际上,这种现象确实并不与他们的信仰相矛盾。阿依努人的风俗可以帮助我们理解这一点。汉语中"祥"字的最初含意,就是通过杀羊祭祀而得到好运气。

羊和养。

羊是羌族人食品的主要来源。汉语的"养"字,由表意的"食"(吃,食物)和表示发音的"羊"字构成。其最初的含意,就是"一顿美餐"。所以,"养"和"羊"也是同源字。"善"(美味的,食物)字来源于"膳"(一盘佳肴)字,其含义也源自"羊"。

居住在中国西部的羌族有很长一段时间是与殷王对立的,并和与其为邻的周结成了联盟,共同反殷。

我们从一片武丁时代的甲骨上得知,殷王武丁曾发兵 13000 去征服羌人,并"用三百羌于丁",这意味着殷王在祭祀其先祖"祖丁"时,曾杀害了 300 个羌族俘虏或早已成为奴隶的羌人。从这件事中,我们看到了古代史上残酷的一幕。

甲骨文专家陈梦家认为,今陕西省大荔县的姜白镇(姜白亦同"姜伯"),当是一个古代的羌人的活动地点(见其《殷墟卜辞综述》,1956年,北京)。实际上,羌人是今天藏族人的先祖。在汉代,他们远远地向西迁移,迁到今天陕西和甘肃交界的黄河上游地区。在这里,他们过着游牧生活,被人们称作"西羌",即西方的羌族。人们认为,他们在汉人统治了山西和陕西地区以后,便失去了他们原有的牧地并被赶向了西边。

500 年以后，一支羌人进入陕西，攻占了前秦的都城长安，建立了后秦政权，这个政权从公元 384 年延续到 417 年。又过了许多年，另一支被称作"唐古特"的羌人，在李元昊的领导下，占据了中国的西北地区，建立了西夏，其首领李元昊于公元 1039 年称王。公元 1227 年，西夏为蒙古人所灭。

黄河在其中游地区，有一段是顺着陕西和山西的交界处向南直流的。这一段的东岸地区，是古代羌人的原始居住地。这里的土地十分贫瘠，不利于农耕，但却是一块适宜放牧的高原地区。此外，这一带的有利地形，便于羌族人在收获季节，越过太行山脉，抢夺殷人的粮食和其他用品。在这里，他们同其宿敌殷人一直处于对立状态，而与周人保持着婚姻关系。后来，周武王率领西方各族盟军向东进发，大举伐纣时，羌人作为周的同盟之一，心甘情愿地充当了伐纣的前驱。

《尚书·牧誓》，记载了周武王在与殷纣王进行决战之前，对参战的各盟军发布誓言的情景，其曰：

> 王左杖黄钺，右秉白旄以麾。曰："逖矣，西土之人！"王曰："嗟！我友邦冢君，御事、司徒、司马、司空、亚旅、师氏、千夫长、百夫长，及庸、蜀、羌、髳、微、卢、彭、濮人。称尔戈，比尔干，立尔矛，予其誓。"

意在鼓舞全军士气的宣誓，就是以这种方式开始的。在这些被称为"西土之人"的西方各族联军中，"羌"的地位是十分明显的。但后来的情况表明，尽管羌人在摧毁其宿敌——殷的战争中，曾起过一定作用，但他们要想跻身于已经开化的民族之列，却是十分困难的事情，哪怕后者以前同样也是强悍的游牧民族。我在前面曾指出，在周王室迁都洛邑并成为中原文化的代表者以后，羌族逐渐地与中原的汉人疏远了。不过在春秋时期，当晋国在今山西省一带崛起并组织其军队的时候，一个被称为"陆浑之戎"的羌族分支，曾被大批纳入晋国军队。"陆浑之戎"还曾倾族而出攻打东周的都城——洛邑，重演他们从前伺机抢劫殷人的行动。它是东亚的游牧民族与开化的农业民族之间所进行的持续了 2000 多年的残酷战争的肇始。为此，羌人与周之间以往的

友好关系开始破裂,最后羌人终于在历史上变成了周的敌人:

> 周宣王三十九年:"战于千亩,王师败绩于姜氏之戎。"(《国语·周语》)

这里所举,仅为周朝与羌人敌对之一例。"千亩"在今山西省介休附近,在洛阳以北约 100 公里处。

以上引文中的"戎"字,是一个复合表意文字,亦被称为"会意文字"。"戎"字是由"戈"与"甲"组合而成的,通常被用来称呼士兵剽悍的北方民族。《后汉书·西羌传》曰:"(羌人)以战死为吉利,病终为不祥",由此可知羌人在平原作战中,是以勇敢、强悍著称的。周人变得文雅而开化,而羌人则逐渐地与中原文化发达的居民疏远,并开始起来与他们从前的盟友作对,最后终于变成经常侵袭周人旧都的周的敌人。从此以后,在中国历史上,这种事情就无情地反复出现。最后,周人在陕西的发祥地变成了一块处在羌人威胁之下的地方。《后汉书·西羌传》说,在泾水之阳有义渠之戎,洛川流域有大荔之戎,渭水南面有骊戎等等。这是周朝末期的情况。

14.4　藏族的起源

今天的藏族人,就是羌(或姜)族人的后裔。在这里,我仅简叙这些羌人是如何离开他们在山西和陕西原有的居地,而不断向西迁徙的。

羌和氐。

在西戎诸部中,最强大的两部是羌和氐,这两个名称经常同时出现。"羌"字是由表意的"人"字和表示发音的"羊"字合成的,意思是牧羊的民族。"氐"字则可能是一个表意文字,它是由表示土堆的"自"字下加一短横构成的,意思是土堆的底部。氐、低和底,不用说,当然为同源字。"氐"(*tier→tier→ti)字最早的含意大概是指像蒙古人、突厥人那样矮于汉人的牧民。最早的"夷"(*dier→yiei→yi)字也是一个站在高个子下面的矮人。因此,"夷"(*dier)、"氐"(*tier)也许是同源字,它们都表示身材矮小而且还未开化的人。

公元前 771 年,周幽王被西戎和犬戎联合攻杀,周平王在秦襄公护卫下还东都。秦人在陕西过着农耕与畜牧并行的生活,他们正经历着周人在此以前已经经历过的发展过程。在周王室离开他们在陕西的旧有居地东迁洛阳后,对抗西戎、统治中国西北这块土地的就是秦人了。

西周时,秦庄公曾奉宣王之命,讨伐过西戎。在东周周平王在位的公元前 753 年,秦文公在岐山又一次击败西戎。从此以后,秦国实际上控制了陕西全境,置"陇西"、"北地"、"上郡"三郡,成为中国西北的霸主。特别是在秦厉公、秦献公统治时期,秦人用强力驱赶羌族,使其被迫进一步向西迁徙,进入河西地区。

秦厉公时,一个叫做"无弋爰剑"("无弋"羌语,意为"奴隶")的羌人,逃到黄河上游的河湟地区。在这里,无弋爰剑逃脱了秦人的追捕,与"劓女遇于野,遂成夫妇"[1]。其后,他们的子孙逐渐繁衍发展。羌族的妇女模仿先祖,形成了"被发覆面"的习惯。秦献公时,无弋爰剑的曾孙忍,在秦国势力的追逐下,便率其部再次西徙,与留居在黄河上游地区的羌人"不复交通",断绝了往来。(见《后汉书·西羌传》)

汉代,又有几支羌人迁移到今川、陕、滇数省交界处的山区。后来,他们又分离成为许多小部落,散居在远离汉人影响的上述几省交界处的高山地带。这些羌人是:

牦牛种,在汉越西郡,今云南边境地区。

白马种,在汉广汉郡,今四川(西)北部边境地区。

参狼种,在汉武都郡,今陕西南部边境地区。

研种,留居黄河上游的河湟地区。

在汉武帝沿丝绸之路向中亚扩地时,西羌常常与匈奴联合,在河西四郡地方与汉朝对抗。但是到最后,就连留在河湟地区的那一支羌人也被迫更远地西迁至盐池(今罗布泊)和西海(今青海)等处。后汉时,尽管羌人曾一度攻入金城郡及凉州等地,但后来他们还是被马援

---

〔1〕见《后汉书·西羌传》。——译者注

的军队击败。不过,在这些战争中,汉人也受到了沉重的打击。据说在冰凉的月光下,躺在荒漠中的白骨,真是数不胜数。

　　在六朝时期建立后秦政权的,唐代建立吐蕃(Tibet)政权的,以及今天的藏族人,都是这些曾被赶到中亚地区的羌人的后裔。所以说,藏族人的先祖曾与周人有过密切的关系。而从那时开始,汉族人就与羌人有了极为密切的血缘关系,在汉族人的血液中,有许多羌族的成分,也就是说,汉族人在很大程度上有着羌人血统。今天,由于汉语和藏语都是由单音节字构成的语言,所以,这两种语言都被归于同一语系——"汉藏语系"。然而,从历史上来看,这两种语系之间的联系不仅仅是同为单音节字了,而是有着更为深刻的内容。

14.5　四川的羌族

　　东汉建武年间(公元37年),有5000户羌人在广汉郡重新归附汉朝,和帝永元年间(公元94年),又有10000居住在四川边缘地区的羌人归附于汉。现在,在四川北部边缘地区,设有一个羌族自治州[1],生活在这里的羌族人约有80000,他们中既有农民,也有牧民。今天的羌语,是保留着许多古老特征的藏语的一个分支。藏语主要有3种方言,即:(A)西藏或卫藏方言(以拉萨为中心);(B)中部或康方言(以昌都为中心);(C)分布在今四川、青海的安多方言。其中,卫藏方言的发音系统已相当简化,安多方言的发音系统以及词形的语法变化仍十分复杂,而康方言则正处于由(C)向(A)简化的过程之中。所谓的四川羌语,属于藏语安多方言,即(C)。但是,根据孙宏开先生的调查(见《中国语文》,1962年12期),羌语又可分为两种,即:北部方言与南部方言,其中,北部方言还保留着相当复杂的音节差异,但已无声调系统。这种在四川北部交通不便的山区使用的北部方言,已经引起了一些学者的注意。

---

　　〔1〕今名阿坝藏族羌族自治州。——译者注

我们眼下还没有足够的材料,来对上述方言进行对比研究。不过,从这些方言的前后辅音的简表中,我们仍可看出,在这些方言中,北部羌语的发音系统保留的音素是最多的。

羌族自治州有两个中心,即松潘县和汶川县。实际上,早在公元6世纪的北魏时期,就已在松潘设郡负责管理这里的羌人。[1] 在大批羌人西迁时,有几个强大的部落没有随之西迁。这里的羌人就是那些留下来的羌人部落的后裔。另外,在今四川省南部的岷江流域,还分布着彝(它代替了含有贬义的"夷"字)族人,他们现在是以农耕为生。彝族人也有他们的自治州,人口约有70万。他们使用的语言,也是一种已经有了很大变异的藏语;不过,他们深受汉族的影响,已无一丝放牧民族的风俗了。

(译自:Tōdō Akiyasu,"Some notes on Ch'iang tribes 羌族",*TCTA ASIATICA*,No. 16,1969。原载四川藏学研究所等编:《国外藏学动态》四,1990 年内部发行)

---

〔1〕北周曾在今松潘县置扶州及龙涸郡(《中国古今地名大辞典》)。——译者注

15　有关敦煌的藏文文书

〔英〕托马斯　编著

刘忠　杨铭　译　　董越　校

　　本章汇集了一定数量的文书,均与上列题目有关,至少与沙州(Sha cu)地区有某些特别关系。本书第一章中包含的多数内容,可以认为在这里仍是适用的。读者比较此两章,可以发现除了前一章我们紧密结合吐谷浑(Va zha)人以外,总的说来两章在内容上有很大的不同之处。我们将这些文书汇集于上述4个题目之下,是为了表示文书的某种系统(自然不是严格的分类),以表示这些精选文书的主要内容。

　　文书的翻译像前面一样力求准确。但是在这些写本中,区别 tu 和 du 总是困难的,或者说是不可能的。同时我们也没有尽力找出反写的元音符号的区别,那是一个带有随意性的异体符号,没有特别的意义。译文仍是暂定的[1],注释保持在最少的限度内。

15.1　地方

　　1.千佛洞,83,vi, 5(卷70,叶32：27×7 厘米,3 行,字迹清楚,相当细小的楷体字)。

　　……沙州汉人(Rgya)悉董萨(Stong sar)和阿骨萨(Rgod

---

[1]译文为暂定的理由,分别是：(1)文书的破损情况；(2)藏文字实为单音节者居多,开头和结尾(中间也有)是不太规范的；(3)大量的词汇和含意无法从字典中得以了解；(4)缺乏专有名词或术语以表达其意；(5)语言的语法关系模糊不清,它的翻译(像在英语中一样),主要靠对语言的通晓能力。在这些条件的限制下,除了承认在细节中尚存疑问外,翻译准确可信程度,是由经验所决定的。因此,语言的通达程度还值得研究。

sar)千户部落(Stong sde)已受令：牛年和虎年，在瓜州(Kva cu)庄园上领取了论·玉热的谷物，经小突厥(Drug chun)的磨坊加工后，负责运回瓜州，由沙州五十岗(Lnga bcu rkang)[1]孔宣子之将(Tshan)[2]，给王本忠青稞一驮(Khal)，给姜……

2.千佛洞,80,v,1(734,卷53,叶39,写卷;28.5×22厘米,9行普通书信,楷书体,末1行倒书,完整。第8行结尾和第9行开头之间,有5处印迹,模糊难辨)。

阿骨萨部落张嘉佐将(Tshan)之姜昆孜——上年粮官吉赞的代表，已计算出征去年的小麦数为一驮(Khal)半另四升(Bre)[3]，根据节儿(Rtse rje)的命令在猪年秋交付。后账单上有一变化，猪年仲春之月来了一封信，称一些粮食已由将军(Dmag dpon)授给了堪布(Mkhan po)土丹。[4]但彼处的主管(Gnyer pa)达野玛、蔡尼来及其他人等,仍去办理了纳粮事务,小麦一驮半另四升已交付上年粮官吉赞处，时在本年仲春月之十一日。有吉赞的收讫印章盖在汜达来、蔡国珍、姜路来等的收据上为证(若干印章，字迹难辨)。

（倒文签署）：配额现已完成，数量已打上印记。

3.千佛洞,77,xv,10(733,卷70,叶27;26.5×11厘米;顶端左边破损;7行普通书信,正楷字体,有2行倒文,1行在反面。4处或更多的红色印记,字迹难辨)。

在上年粮官吉赞的处置下，最后将账目作了变动，将军已口头批准将粮食送给土丹……至于孔满子的小麦一驮半，本年仲春月初一日已经交给今年仍为粮官的吉赞。收据盖了蔡尼来、汜罗

---

〔1〕rkang,此字在藏文古文书中多次出现,意译为"捆"或"束"。此字实际沿用至西藏土改前,是一定量的土地、牲畜或户丁编成一个单位的称谓,依此摊派差役赋税。——译者注

〔2〕tshan,托马斯译为"账目"或"部队"。之后,匈牙利藏学家G.乌瑞将其译作"小队(长)"。杨铭《吐蕃时期敦煌部落设置考》一文,把tshan比定为敦煌汉文文书中的"将",详见《西北史地》1987年第2期。——译者注

〔3〕khal,既可译为驮,也可译为克。托马斯译为load,仅含"驮"之意,而无"克"(蕃斗)之意。凡khal后连bre(蕃升)时,可译为"克";此从敦煌汉文文书,仍译"驮"。——译者注

〔4〕藏文mkhan po,即寺庙住持。——译者注

罗和姜再兴及其他见证人的印章。追加的六升小麦已送到，盖了印信。

（签署：）配额完成；数量，核后签名，盖以印记。

配额完成，数字打上印记。

（背面：）孔满子的收据。

4. 千佛洞,79,xvi,7（732，卷54，叶42；27.5×13.5 厘米；写卷，完整。7 行书信手稿，字迹潦草。末一行倒文；盖有一枚红色印章）。

在基措（Spyi tshogs）之上年粮官吉赞的批准下，小麦一驮半另四升由李刚孜于猪年仲春月之第十三日借取。彼时，借贷人允诺将粮食送给僧人土丹，但却交给了吉赞。收据有证人蔡尼来、琼波达来及其他人在上面盖印。其后，一份清单已经送来，随后封了印记。

吉赞的印鉴和签字。

（签署：）配额完毕，数字打上记号。

5. 千佛洞,86,ii 文书的背面（卷53，叶50；27.5×18.5 厘米。一般书信12 行，楷体字，大部模糊不清）。

鸡年春，军士（Rgod）[1]令狐林六之妻宋三娘，在受雇于白乌香时，向令狐什德之女佣借得四只杯子、三枚记账牌和半甲马（Rkya ma）棉织品，这些什物皆属什德所有，故定于狗年季春月之初五日，在令狐什德门前归还。如届时不还，偿还将加倍。无论大麦、铜炊具或杯子等，凡属她所有者，悉数取走，不得抗言。再者，三斤半棉花、四升汉麦及门锁的钥匙，原定于狗年仲春月之初十日偿还。如届时不还，门栓上的铁件也要取走。证人姜姑姑、拉列路、开吾桑孔均盖章作证。……此外，妇人之夫（令狐）林六签字画押，并附宋三娘指印。

（印鉴：）丈夫令狐林六签押，开吾桑孔画押。宋三娘的

---

[1]藏文 Rgod,有武士之意。所谓"阿骨萨"，即藏文 Rgod sar 之音译,意为"新军士（部落）"。——译者注

指印。

6. Fr180（730，卷73，叶37；15.5×16厘米。右边残缺。11行，清晰正规的小楷字体）。

温江岛官（Pho brang Von cang do）用印颁发之告牒：诸座听悉：[赞]普取得沙州城池、百姓和财物……[汉人]不满王政，杀死吐蕃上等臣民……任命……巴为都督节儿（To dog rtse rje）。七年时，亦被沙州……杀死。之后，节度使（Khrom）[1]致力恢复[秩序]……以我办事能力，命我作节儿。至十年……已无内患与不和发生。上司[粮]……未断。向上亦交殊物。[2]我……心未认。对此恳求颁布一批复告牒……颁布告牒者：噶论赞热（Bkav blon Btshan bzher）与论[宁]……盖印发出。

7. 千佛洞,73, iv, 14（125，卷68，号29，写卷；25×85厘米；现编入写经文献内，但与之无联系。5行常见的楷书体）。

马年仲夏月之……日，从凉州（Leng cu）仆射（Bog yas）[3]大节度衙盟会（Khrom ched povi vdun tsa）发出的告牒，盖以……的印章，送至沙州和瓜州的刺史（Tshi shi）。巴达来……禀报，去年节度衙官兵攻克大斗军（Dang to kun）后，班师途中一个称作"贝"（Pevu）的编队遭到黠戛斯（Gir kis）人的袭击。在吉巴（Sgye pas）之地，男女多人遭杀害。其中要追捕一个逃犯叫做格丹，为诺刹（Gnyo za）部落的人，他正在逃往肃州（Sug cur）。

8. 千佛洞,残卷, 61（747，卷54，叶17，写卷；26.5×17.5厘米）。12行，相当独特的粗黑楷体字，有短行，与音节符号点难以区别）。

在大斗军（Dang to kun），赤札、穷空和桑空三人已经分到了奴

---

〔1〕藏文 khrom,托马斯原译"城镇"、"市"；匈牙利藏学家 G. 乌端译为"军镇"。国内学者倾向于译 khrom 为"节度衙/节度使"，详见杨铭《一件有关敦煌陷蕃时间的藏文文书》,《敦煌研究》1994年3月期,第85页。——译者注

〔2〕《藏汉大辞典》注 sman yon 为"有效药物"，或补药。在 S. 1438 号文书内,有"药物之间,在意收留"。——译者注

〔3〕译 Bog yas 为"仆射"及下文的 Dang to kun 为"大斗军",系从山口瑞凤的观点。见《讲座敦煌·敦煌胡语文献》,大东出版社,1985年,第511页。——译者注

·欧·亚·历·史·文·化·文·库·

隶（Brang）。并为由他们领取的奴隶及其家庭，登记了各自的名字，以及如何纳税（或受惩罚，或强制服役），均写于一份共同的契约中……

9. M. I. xxxviii, 0036（号 75；写本，25×8 厘米，左面顶端盖一枚手印，8 行，清晰规范的正楷字）。

由论·措热和论·塔热在季冬月之……日盖印发出。信使戎录、力夫董真和突古，护卫……必须紧随一组流放犯，即上卓部落（tsog stod gyi sed）的穆杰波和南纳部落（nyan ranvi sde）的彭拉古，除了萨毗之小罗布（tshal byivi nob chungu）以外，此二人可以到任何一地，远至瓜州（kva cu）、姑臧（khar tsan）等地。[1] 在上部地方，他们的食物……保持适当的配给。他们如因事被派到牧区（vbrog slungs），按命令允许增加面粉数合（khor 或 khyor）……按规定供给的面粉在四合之上。这组人受命负责运送八百两重的物品。与其他信使协力……但不准与流放者为友，假如流放犯逃走，并且当他们处于追捕之中时，笼官（slungs）及士兵未到，驿站……可问其他地方的士兵，发出信号，为这支上路的队伍补充……

10. 千佛洞，xvii，2（716，卷 70，叶 15，有一小裂缝；26×7.5 厘米，上端 6 行，背面 6 行，常见楷书字体，较小）。

在那以后，当赞普赤松赞（Btsan po khri srong rtsan）在世时，琼保（Khyung po）家族被消灭了，仅有苏孜一人当时被允许留下（逃脱？）。后来，苏孜禀告赞普说：“当年陛下令尊囊日（Gnam ri）在世时，他确实把我当做臣下看待。我从未被先王轻视，甚至也从未被踩在他的足下。当其子为赞普时，我却被监视并被绳之以法。我请求：有幸邀请您的老亲属们光临赤邦（Khri boms），畅饮，宴乐。”赞普赤松赞应允了苏孜的请求，接着就下令给噶尔（Mgar）辖区的玛赤瓦（Ma vdri ba）官。于是噶尔来到苏孜在赤

---

〔1〕译 khar tsan 为“姑臧”的理由，详见杨铭《吐蕃时期河陇军政机构设置考》，《中亚学刊》第 4 辑，北京大学出版社 1995 年版。——译者注

邦的城堡……见到了苏孜。苏孜受到宠信并被任命为噶尔帐下的幕僚。此后，赞普赤松赞在世之时，一个聪明的男子娘·尚囊，被苏孜以诡计胜之，当松赞对苏孜言听计从时，苏孜杀了尚囊，自己仍受宠如初。[1] 都约查地方(To yo shas la) 的首领博云孜叛乱时，苏孜使都约查和象雄(Zhang zhung) 北部的其他各地，均归于赤松赞的管辖之中，故而继续受重用。在赞普的大论之中，没有一人曾经像邦色·苏孜那样受到宠信。据说苏孜是一个聪明绝顶的人，他机灵而又老练，有英雄气概，深谋远虑，见识广阔。如有哪一位能人可同时具有那么多的优点，苏孜就是这样的人。[2]

11. (卷55，叶20;31×10 厘米，12 行，常见但粗劣的楷书体，字密，褪色，水渍，难以辨读)。

赤勒致内务官(Nang rje) 论·玉热：得知您的近况，我十分高兴，神灵保佑，您的旧疾没有重犯。在这件慰问书之前，我曾数次送信与您，却无回音，作为吐谷浑(Va zha) 下人，我仍旧送来许多贡品。按照瓜州(Kva cha) 索荣家的惯例，内务官在黑马蹄(Hi ma te) 的贵府上，召开了一次会议，军队也……五……很远的距离……您的手下人心中不快。即使在您的驻地，也有良好的条件办理事务。信使送公函和命令来德卡姆(Bde gams)[3]，我趁便向上司呈献了贡品和报告。在接到口头命令："信使已送公函至你处，请执行函中的命令(或惩治)……"后，我送去了有关的人口和财产的统计数字。根据律令，决定惩治……一年……请求不要减少。后来，事情有了起色。

依据命令，奴才我在盟会上提出，应按议程办事。作为头人的十弟兄(?)……判处……热，事情毫无进展，会上一事无成，只

---

〔1〕此句或可译为："娘·尚囊遭到苏孜诬为不忠的控告，赞普听信后，尚囊就被杀了。"
〔2〕有关邦色·苏孜的事迹，详见王尧、陈践译注《敦煌本吐蕃历史文书》，民族出版社 1980 年版，第 126-127、132、140-141 页。——译者注
〔3〕Bde gams，意为"幸运之国"。是吐蕃占领河西地区后对该地的称呼。见山口瑞风《吐蕃支配时代》，载《讲座敦煌·敦煌の历史》，大东出版社 1980 年，第 203 页。——译者注

是命令奴才要不断写信问候您的健康。据说,"从朵甘思(Mdo gams)〔1〕送来的货物,质量低劣,成天……东西很差"。听到"在一个弟兄的门前通常……"后,我等送来了一件盖印文书,问候您的健康。假如您回函,请交信使带来。

此文书翻译有困难,译文以后或许会有改进。

11.A.千佛洞,残卷82号背面(写卷,卷55,叶27;28×19厘米,12行,清晰、常见的草写楷书体)。

鼠年孟夏月初:蔡托(Tshas stobs)部落,鼠年孟夏月初:悉宁宗(Snying tsoms)部落。阿骨萨(Rgod sar)〔2〕部落的索德利向拉杰借得小麦和青稞约三驮(Khal)。关于归还的时间,定在当年仲秋之月。至死(或一直)有效:已同意以半蕃升(Bre)为息,这半蕃升决不拖延,将如期于门前一次还清。如未按时送还,或图谋欺骗,将加倍偿还。其房内的财物及其增值,房外的耕牛及什物,工具,衣服,无论置于何处,皆可据成规占有,不得有半句申辩。另外,若德利不在家,或管事的上司(Rje blas)商议后,另作批示,那么契约的见证人和本息的担保人(以其住宅)将根据所订契约的要求,代纳上述应交之物。证明印章、签字及其他附件。

15.2　氏族和名称

11.B.千佛洞(写卷,卷57,叶220;7行,优美的草写楷书体,完整,与其他借据一起,写于手抄佛经的结尾叶上)。

沙珍兴贷出:汉麻一束、短纸十通,借予李六通,归还时间定在龙年冬腊月二十日之前。届时如未归还,纸张和汉麻将翻倍。不需三个保人负责,根据旧有规矩,由最后一位保人承担。届时

---

〔1〕mdo gams,唐时指今青海、甘肃和四川西北藏区,见沈卫荣《浅释"吐蕃三路"》,载《甘肃民族研究》1985年3—4期。——译者注

〔2〕Rgod sar,除了可对译"阿骨萨"外,又可译作:曷骨萨、纥骨萨,见S.1475V16、P.3422V、P.3730V4、P.2686等汉文书。Snying tsoms,则暂未见汉文文书中有对译的名称。——译者注

六通的(由最后一个保人薛金的财产担保)财产,无论置于何处,
一任掣夺,不得申辩。保人索大力、殷伯力、康曼子、宋力六六等
在契约上盖了印,六通摁手印。[倒书]六通未签名,摁了指印。

12.千佛洞,73,xv,10(残卷12,卷69,叶62-63,原件单独一
卷;76×15厘米;首残;正面53行,常见楷书体;背面2行,另笔)。

普光寺(Pho kvang si)寺户,吉四郎,射手(Vphongs);阿骨
萨(Rgod sar)部落,宋新,护持(Dgon)。[1]普光寺寺户,杨贵子,
射手。阿骨萨部落,氾昆子,护持,与左中翼(Ru)孙补勒支的旗
将(Dar tshan)安则亨相衔接。阿骨萨部落中翼孙补勒支主从四
十人,一曹(Tshar)[2]之本籍表:

阿骨萨部落安则亨,护持;与右小翼张卡佐之旗将氾昆子相
衔接。

阿骨萨部落,僧(Ban de)董侗侗,护持;阿骨萨部落张华华,
射手。

阿骨萨部落,僧钟忱忱,护持;阿骨萨部落张琨哲,射手。

阿骨萨部落张淑淑,护持;阿骨萨部落张白娣,射手。

阿骨萨部落段客四,护持;阿骨萨部落韦空空,射手。

阿骨萨部落,僧董卜蛮,护持;阿骨萨部落金礼客,射手。

阿骨萨部落,僧张禄勤,护持;阿骨萨部落金琨英,射手。

阿骨萨部落,僧张皮皮,护持;普光寺寺户曹泽泽,射手。

阿骨萨部落段亨谷,护持;阿骨萨部落辛节节,射手。

阿骨萨部落薛空,护持;阿骨萨部落薛琨琨,射手,持手。

阿骨萨部落折逋勒,护持;阿骨萨部落张忱忱,射手,烘员。

阿骨萨部落王可勒,护持;阿骨萨部落张相泽,射手。

阿骨萨部落,僧张拉启,护持;阿骨萨部落张相泽,射手。

---

〔1〕托马斯并没有译出 dgon、vphongs 两词分别的含义,而只是在注释中将后者释为"弓箭
手",前者似为弓箭手的随从,故我们将两词分别译为"射手"、"护持"。——译者注
〔2〕有关 Tshar 对应汉文的"曹",参见杨铭、何宁生《曹(Tshar)——吐蕃统治敦煌西域的一
级基层兵制》,《西域研究》1995 年第 4 期,第 49-54 页。——译者注

阿骨萨部落,僧曹逨逨,护持;阿骨萨部落张娣成,射手。

普光寺寺户郝朝春,护持;阿骨萨部落王忱新,射手;灵图寺(Leng ho si)寺户王琨泽,射手。

阿骨萨部落王勤新,护持;阿骨萨部落董旺多,射手。

阿骨萨部落,僧李金昂,护持;阿骨萨部落薛忱因,射手。

阿骨萨部落张泽泽,护持;阿骨萨部落张更子,射手。

阿骨萨部落,僧空泽,护持;阿骨萨部落钟子成,射手。

阿骨萨部落钟子新,护持,与左中翼之中翼塔勒的旗将曹什德相衔接。

(背面另笔)此呈,卑侄宝仲书。

13. 千佛洞,75,iii(卷56,叶39;25×52厘米,35行,优美的楷书字体,为精心书写的文书之一部)。

无需完整录出此长篇文书,它所包含的完整的句型如下:

沙州(Sha cu)阿骨萨部落:梁氏素素,比丘尼德坚。

沙州阿骨萨部落:滕氏本恩;比丘尼菩藏;沙州比丘尼瓜氏吉玲之女佣,瓜氏丹丹,比丘尼通泽。

在这些记录中,提到的有一部分部落(Sde),不是 Rgod 而是 Dar pa(丝棉)。在多数记录中,一个女仆或女佣(Bran mo)的女主人,不只是写成比丘尼,而是被写作"沙州的比丘尼,或某沙州男人的比丘尼"(Sha cu pha dge slong ma)。两名妇女被称作"沙州郡主的属民"(Sha cu pha Btsan movi vbangs);5 个人是某比丘的奴仆,大约有 14 人没有标明是比丘的奴仆,但她们或许是俗人的奴婢;毕竟多数人不是奴仆,其中一位还是某比丘的外甥女(Tsha mo)。

那么比丘尼与俗人的关系是怎样的呢,大概她通常是位妇女,她的名字放在比丘尼之前。这显然表明,这里有某种监护关系。其功能被认为或者是精神上的劝诫者,或者是教友,在于阗王族成员的情况中充分地证明了这一关系。

无论如何,我们见到了相当多的妇女名字,在语言方面可以有所启示。从显著的实例看,如 Hva sim"花芯", Meng tig"门提", Tig nem

"得能"，Hva vgem"花坚"，Bode Sim"菩提坚"，我们断定其中多数可与汉字勘同。这些比丘尼的名字，大部分都缺少其所出氏族的前缀。

见于此处的部分妇女的名字，也见于其他文书。有大约20个例子中，第二音节是nyang"娘"，例如：Shib nyang"十娘"，Shib lug nyang"十六娘"，Shib si nyang"十四娘"，Shim si nyang"辛四娘"，所用的开头我们能证明是汉文的10、16和14，这就意味着nyang不可能是其他字，而只能是汉字的"娘"或"女孩"，这种称谓可能被用于大家庭中，他们的女童出生后并无各自的名字。

氏族前缀的一个特点，是加上了一个音节Za。这种附加方式尚未见于别处。如在此文书中，我们没有见到Cang和Sag，却读到了Cang Za和Sag Za"张氏与索氏"。这种现象已在前面见到过：通常在吐蕃妇女的姓氏中，实际上仅有与Bzar（妇女或妻子）相结合的这种形式。全部名字在总名单中都可以找到。

15.3　纸张和写本

14.（卷56，叶73-74；前叶26×37厘米，后叶26×33厘米，叶73多处撕裂，存26行，叶74存21行，常见且清晰的楷体字；破损，褪色，污渍）。

论·嘉吉与论·东赞以瓜州节度使（Kva cuvi khrom）的名义，派人到僧人白吉桑波处，索要一部手抄佛经和完整的用具（装套）[1]。但现在仍未收到节度使签收的字据，而抄写费用已收到，关于支付抄写的材料和佣金，官府是否征税？我们请求颁发一纸有关（一部分）材料损耗的令文。如不能颁发，恳请颁文立即将手抄佛经及附属物品退回。

从前不久的消息得知，马年某时做了一次福会，拟将抄写藏文《大般若经》（Shes rab vbum pa）八部和有六百品的汉文《大般

---

[1]显然，像这种封皮、标签、木板，通常是用来保存藏文手写卷的。——译者注

若经》三部。按照先前命令，计算了抄写汉文经一部和藏文经两部所需的费用，并完成了抄写。依据沙州(Sha cu)经坊的抄写人员数，我们请求签发一件确认所计经费的告牒。抄写汉文《大般若经》三部，藏文《大般若经》六部。所需口粮(Tshal ma)数是四百七十驮。作福田的为六十驮粮食。至于所用墨水和纸张，亦未预付，答应一旦抄写佛经就会送至。鉴于供给困难，如这些写经人没有得到他们的口粮，此处亦无布施者，因而应立即颁发一件支付费用的文告给我们。对此若无异议，我们恳请收到一份签署同意支付全部费用的印文。

在那以后，沙州长吏口传命令，抄写藏文经八部的口粮配额，减少一半；汉文佛经的抄写人八十名和校对人二十名的配额已经发出，长吏们来信告之，拖欠部分属抄写汉文经的口粮……送出。之后，论·孔热等执掌权力，我等再次恳请颁发印信，以获得……抄写藏文佛经的人员的(口粮)。

……抄写汉文《无量寿宗要经》(Tshe dpag tu mam chis pa)一部……已遵令抄写完毕，一品……批准此经费。

……到十，当完成时连同附加用具，数量已达十三。节度使拥有的佛经，线绳[1]足有一大哹。[2] 十余年之后，重量以秤称之，这捆绳现在仅有二两另七钱(损耗未计)。关于损耗的统计，没有衡量制度(或“没法进行估量”)，我们乞请上报损耗(或“上级应扣除的无法估算或无法减少的损耗”)。首先是当地虫子为害造成的损耗；在过秤衡量时，手指掌握不稳定(或“依据手指衡量”)，扣除一钱是确定的；因当地潮湿而腐烂，应扣除一钱。经历当地三十年的腐烂，凭有经验的眼力看，统计已逝去的时间，需扣掉半钱。假如在一个确定的时间内，每间隔十五天，腐烂程度加剧，应扣除损耗两钱。

〔1〕glegs thags，为装订写经的线绳，与之有关的如 glegs bu，为经书的夹板。——译者注
〔2〕vtshang ba gcig，一堆；英译“一哹”，一哹不足两米长。——译者注

统计(注意"实有数或损耗数")上述经绳时,因为运输中的碰撞、踏踩和剪截,其损耗比大手指的一满拃还要多(注明"一钱被确认或扣除"),故每卷应有六钱作为损耗而销账。总的说来,作为地方上的首领(Gnas brtan)、寺庙主持(Mkhan po)伦珠和节儿(Rtse rje)等[1],恳请恩准:按规定的时间计算损耗,据实报销。我等黔民奴婢之人已接到命令,严格限制我等只能派出一个私人代表(Sgo yus),以履行我等的职责。你们能否以善心,不发出使本地官府的通知失效的命令?

马年抄毕的两部佛经,已交给沙州汉人守使(Sha cuvi pho nya Rgya)薛成成,但未收到签章的收据。之后,听说写经的费用已付过了,但布施人未曾收到过,哪怕是收到一纸私人收据。四年之后,写经完毕于德卡姆(Bde gams)之域,因僧人坚尚为其他事务到彼,故未能确保得到盖印的收据。如果对这两部佛经(此两部的费用已统计出)的费用已批准,恳请你们结算全部的支出,按实际数字发给佣资,并注上薛成成的名字。如果费用没有被认可,薛成成应退还佛经……

15. 千佛洞,73,xv,5(558,卷69,叶53-56:叶53,25×34厘米,匀称,常见的楷书体17行;叶54,25×37厘米;叶55,25×39厘米;叶56,25×37厘米,纸质如叶53,但字体较潦草,有段落标点,某些段落用红笔划去。在叶54左下端有一枚红色印文,字迹难辨,叶55亦如此)。

马年和羊年,在抄写《大般若经》的写经生中分配纸张。布施人为太子(Lha sras)。[2]

当着信使[3]达桑·泽当和玉热·丹空的面,统计之后,集中

---

〔1〕rtse rje"节儿"一词,可意译为"总管"或"长官",具体级别需视其辖境的大小而定,沙州节儿为本州最高军政长官。详见王尧《敦煌吐蕃官员"节儿"考》,《民族语文》1989年4期。——译者注

〔2〕此"太子"(lha sras),似指吐蕃赞普热巴巾(公元803—838年在位)。——译者注

〔3〕"信使",藏文为 ring lugs。此词另可指地方官吏、尊者或寺庙堪布等。译文取前意。——译者注

了纸张的领条，并分发了著名的佛经，清理了损耗的残存物和写卷碎片。有一份报告禀呈论·杰孜和都督论（To dog blon）赞热，内有详细说明，附有在写经生中分配纸张的名单。

为了落实责任，将这些纸张分配给各五十岗（Lnga bchu rkang）及耆老（Vog sna），他们分属于若干部落（Sde）与将（Tshan）。委任的第一位茹玛巴为吉·丹孔。他已发出命令，将于猴年孟秋三日完成全部抄写事务。役工记录已编成一件名册（或译：写于役工登记表内）。

关于管理方面，将禁止抗拒：若所发纸张可以使用，他应立即妥善保存。若所发纸张使用不当，或有人漫天要价，则将逮捕其亲属中的一员，老少不论，送进监狱，其本人将被关押在布施者的庄园上。一旦接到分派给他们的纸张，写经生必须完成份额：其两倍于所分纸张价值的牲畜、财物等，将作为抵押存放于茹玛巴处，直到圆满完成役职方才发还。如耆老等对写经生不公平，或未收回所分配的纸张，里正（Li ceng）[1]将按每卷（Yug）纸张鞭笞十下来惩处他。而任里正者应每天每时探询布施人的确切住处，应多少具备转运纸张的能力。悉董萨部落（Stong sar gyi sde），令狐东孜将（Tshan）之华大力：马年，分纸张五卷；羊年，分纸张三十六卷。姜黑孜：马年，分纸张十卷……

此文书的其余部分，从 B 第 1 行至 D 第 29 行，记有每一"将"（无疑为管事人）的姓名，亦包括那些领到纸张的人的名字，还有领取墨汁的情况，每两年（马年和羊年）分配或供给一次。这些名字将包括到后面的人名汇编中去。有一至两次（如 B4 行，C14 行）标明写经已被认可，或某一数字被修改（如 C14 行，D6 行），或总数已确定（D19 行）。从 B1 行起属于悉董萨部落，到 C1 行起为阿骨萨部落（Rgod sar gyi sde），接着从 D1 行始为悉宁宗（Snying tsoms gyi sde），此部落见于米兰，vii，32 号文书："悉宁宗之属民"（Snying tsoms kyi vbangs），见第

---

〔1〕Li ceng"里正"属音译。可见汉、藏称谓在吐蕃统治时期是混杂使用的。——译者注

60、64 页。

16.（编号 735，木简，16.5×2 厘米，正面 3 行，背面 2 行，常见
楷书体，清晰完好）。

在达·苏当和兰吉的写经坊中作了统计，此捆内的品数为：
含三卷的七十九品；含四卷的十三品；含四卷半的一品；含三卷半
的七品。合计三百一十八卷，一百品。

15.4 寺庙和史迹

在以下一件重要文书中的第 2 行"佛教高僧"（Bo de sva dva），是
指菩提萨埵（Bodisattva），实为寂护（Sāntivaksita）的别名。他在 8 世纪
下半叶曾游历拉萨，并建议藏王邀请莲花生大师（Padmasambhava）入
藏。其他僧人有：耶喜旺波（Ye shes dbang po），赛囊·白央（Gsal snang
Dpal dbyangs），吉曲央·贝吉僧格（Rgyal mchog dbyang pak gyi seng
ge），他们在布顿（Bu ston）大师的《佛教史大宝藏论》[1]中均被述及，
此见奥贝尔米勒的译本，第 187－191 页。

17. 千佛洞，0021（670，卷 31，叶 116b；在叶 2 楷书体文献背面；
行书体 8 行，清晰）。

善友（Kalyāna mitras）[2]之弟子出现于吐蕃的记载。

（1）印度佛教高僧寂护堪布的门徒：

大德（Btsun ba）韦·耶喜旺波；韦·白央；恩兰·吉曲央；
贡邦·多杰吉波；金·赛热仁波切；娘·曲热匈努；娘·协米果
恰；列吾·雪努林波；拉垅·贝吉多杰；措若·贝吉僧格；措
若·强巴僧格；属庐·曲吉协年。上述人等是［国家］乃至桑耶寺
（Bsam yas）和珠囊寺（Vphrul snang）的善友。

（2）朵甘思（Mdo gams）经院的大师门：

―――――――――――

〔1〕参见郭和卿译《佛教史大宝藏论》，民族出版社 1986 年版，第 172 页。——译者注
〔2〕藏文为 dge bavi bshes nyan，善知识，汉文音译简称"格西"，指引人往善的教师。——译
者注

旺·喜饶拉瓦；丹玛·贡伽贝；南·伽丹江曲。上述人等是朵甘思的传承者。

（3）甘州（Kam bcu）经院的大师们：

韦·姜曲仁钦；安格朗；朗若·当措；瑜伽·白希乃友；乔·珠玛类。上述人等是北方地区的传承者。

（4）河州（Go cu）

娘·仁钦姜曲；夏阿·姜贝林波；贡邦·沙孟札；琛若·格罗卓；彭·格杰。上述人等是贡布寺（Shi gong bu）的传承者。录毕。

18. 千佛洞, 73, viii, 5（705；卷64，叶45－46；卷53，叶11；30×25＋30×53＋30×25 厘米；褪色且残破；25 行＋31 行＋15 行，精美的楷书体；段落以竖线加红色的符号分开）。

文书由一系列这样形式的段落组成：

范大什的牌子历（Khram tshan）[1]：噶丹穷乃寺（Dgar ldan vbyung gnas gyi gtsug lagkhang）的布施人范大的粮食；噶丹乃协耶寺（Dgar ldan gnas gyi gzhal yas pavi gtsug lagkhang）的布施人令狐十郎的粮食。

因而可看出，此文书也是一份简要但全面管理寺庙收入的账册，其所列为接受某些农户的粮食；农田所有者或租种者的姓名，这些人被称作 Yon bdag（梵文 dāno pati："捐献人"或"布施人"）。尽管这仅是一残件，所能确定的数额只占原件的很少一部分，但它足以提醒我们认识这一事实，即沙州（Sha cu）是"千佛"之乡。也许此布施制度仅限于寺庙所有的庄园，而非一般私有土地，但它与西藏佛教寺院拥有土地和向宗教捐献财物极为相似，而且也与欧洲中世纪的情景相类似。

19. 千佛洞, 9, I, 37（722，卷32，叶88－96；42.5×7.5 厘米；叶9，编号35－41；紧接编号74，为别种文献；每叶4行，常见楷书体，精美；段落名称以红笔书写）。

---

〔1〕Khram tshan，用红笔书写，有木牌所记账目之义，故译言取汉文"牌子历"。——译者注

在扎西雅莫塘(Bkra shis dhyar mo thang)业已建起的寺庙中,朵甘思(Mdo gams)地区的头领们,祈求通过对业绩和贡献的赞美,向三宝献礼致敬,对赞普陛下的所有过失,连同论相大臣及其随从的全部过失,一齐涤净;祈使他们功德圆满,智慧无比,社稷建于和祥气氛之中;从神圣赞普到黎民百姓幸福长寿,实现最高权力的永固和教化的完美。[1]

在德嘎(De ga)寺的奠基典礼上,德伦(Bde blon)敬奉的祈愿文:向无处不在,无边无际,三代轮回的佛陀;向完全解脱,无拘无束,具有无生无灭之躯的佛祖,虔诚地叩拜欢呼,祈求庇护!向冥冥中和超脱冥冥,具有无所不知的智慧的神灵及栖身其国度的诸神,表示赞颂敬仰。向法(Dharma)、佛(Buddha)、僧伽(Sam gha)致以虔诚的叩拜欢呼,祈求庇护!

当鹘提悉补野(Vo lde spu rgyal)从上天诸神中来到人间之时,即作为人的君主,并永远以各种神圣的化身,带来贤明的统治,完善的宗教和伟大的数术,一个自从这个王国的土地诞生以来就从未中断的王系;具有以仁爱之心支配的权力,牢不可破地建立于四面八方,其包括八个地区;对我们羌(Vgreng)人[2],不分内外,平等相待;借助他们的影响和措施,征服了高尚和自豪的民族,使之归于正义的统治下;现在和将来,都以喜悦和赞美鼓励卑贱者与苦行者;布满于我们羌族人中的,是几与天齐的永恒的仁慈;吐蕃赞普陛下,上天之子。

进而在他统治的地方,在巨大的河流之上和巍峨的雪山足下,建立起纯正而高尚的王国。神圣赞普陛下在他的世系子孙中,以诸神的同样的形式,明显地比其他国王更伟大和源远流长。

在与诸神齐名的先祖中,权力巨大,坚如甲胄。赞普赤祖德

〔1〕此处译文段落依英译文标准,仅删除英译文所标叶、行数。——译者注
〔2〕vgreng,托马斯认为系吐蕃东北部的一种民族,可能属于羌之一种;vgreng ro,即羌国。——译者注

赞（Btsan po khri Gtsug lde brtsan），贵体健壮结实，才智出自天授，由于所有寺庙的建立，带给人民以喜悦。由伟人们率领他们的牧民，以至上天的诸神和地上的神灵（Nāgas）。

彼时，当其威力无比的政权对外扩张并节节胜利之时，他以类似上天的尊严态度，给我们羌族人以无边的怜悯，保护我们的自尊。一些显贵的国之大臣，如大论·尚绮心儿和大尚·塔藏到此执掌权力。根据他们严厉的命令，施以强权和威信，征服了各地的国王，包括唐朝（Rgya）、回鹘（Drug）、南诏（Vjang）等国家。[1] 并排除艰难，竭力加强统治，最终使诸国的希望破灭。经过很长的一段时期以后，人们对正义和仁慈的前景增强了信心。恰如天意人愿，圆满实现，边地诸国皆敬畏听命于吐蕃赞普及其大臣。实现了各国间的极大和睦。此非昙花一现的幸福，而是关系到眼前和未来。在朋友与敌人之间有同样深刻的理由，赞扬和歌颂国家的统治。即使历经千秋万代，其恩泽和荣耀也不会衰减。祝愿这一由官方订立的伟大盟约，由尊敬的三宝、天上诸座神龙目睹作证，将永世长存，坚固不渝。因大和盟约的签订，各国百姓得以将战争期间遭受的种种痛苦，置之脑后，在幸福安宁的环境中相处如一。祝愿创建伟大功德的神圣赞普赤祖德赞陛下，祝愿在正义事业中有卓越功勋的诸大论——尚·绮心儿和尚·塔藏等，与其僚属们，还有其他一切众生，皆能赎免罪孽，清除极度黑暗，实现他们蕴藏的智慧和福德，最后在极为完美的教化中得到佛陀时代的圆觉。

奉敕建立寺庙的地址，选定于德嘎玉园的盟约坝上。彼处在两年内成为三大国会谈和盟誓的大贵之地。此为三个大国两年一度的会盟处。此地点曾经过年高德劭的僧侣多方祈求神力加持。祝愿通过这一伟大建筑（寺庙）使已实现的美好功业，显现

---

〔1〕译 vjang 为"南昭"，这是我们根据其他研究成果而采用的译义，托马斯原无此译名。——译者注

出更加宏伟和兴盛。鉴于宏伟庄严的功业，此寺庙将会永存，犹如太阳与月亮一样。祝愿赞普赤祖德赞陛下，万寿无疆，社稷永固，一切按赞普陛下的意愿实现！前事为鉴，当唐朝、回鹘和南诏不愿与吐蕃和睦相处时，无坚不摧的王子和足智多谋而又英勇的大臣们，以他们高超的军事谋略，打败了敌人，以强大的武力，攻下了敌人的许多城池，赢得了胜利，在征服这些地方的过程中，杀死了许多敌人等等。祈愿以大福泽之法力与光辉掩蔽以上诸"不施自取"之罪孽，以呈现贡物、忏悔罪孽等福泽回向三宝，并发露忏悔。同时也祈求神灵理解、宽容和对所忏悔的孽障加以饶恕，谨致以同样虔诚的奉献。

在德嘎玉园建寺时姑臧大节度使（Mkhar tsan khrom chen po）[1]敬奉的祈愿文：

吐蕃君臣（Rje blon）坚不可摧，足智多谋[2]，彼时唐朝、回鹘和南诏三大王统，于战争之中争夺统治权。坚不可摧的赞普陛下发布诏令，要求其高贵大臣建立盖世武功，迫使敌人向他的统治就范。在会盟处建一座寺庙是为了庆祝，要求子孙后代把传统延续下去。其意图是使其永远自愿接受统治，并发出仁慈的正义召唤，使之受到庇护。祝愿将要建立的至高无上的王权——王子赤祖德赞脑海中的目标业已实现。祝愿大论尚·绮心儿和尚·塔藏，以沉重打击顽抗的唐人和回鹘人的方式，或其他或大或小的方式，使敌人受到重创或伤亡。姑臧节度使的部分兵吏曾参加到英勇顽强的吐蕃军队一边，仅一年时间内赢得两次重大胜利，成为冲锋陷阵的英雄。为实现吐蕃君主的统治而甘冒风险时，吐蕃有人试图去伤害有活力的生灵，需要使之献身。祝愿那些受伤者被同样地治愈，连一个伤疤都不留下！此祈愿文由姑臧大节度使敬献！

---

〔1〕托马斯原译：Mkhar tsan 大城，译"姑臧"理由见前注。——译者注

〔2〕此句托马斯原译："吐蕃高贵大臣、坚不可摧的康吉（sgam dkyel）大人"云云，已误。——译者注

在德嘎玉园建寺时瓜州大节度使（Kva cu khrom chen po）[1]敬奉的祈愿文：

（此段祈愿文简单重复上文"吐蕃君臣坚不可摧"，直至"为实现吐蕃君主的统治而甘冒风险时，吐蕃"。然后写道）：决心以武力重创敌人。祝愿伤者痊愈，无一人需医治！此祈愿文由瓜州大节度使敬献。

由擘三（Phyug tsams）部落千户长本人及下属敬献的祈愿文：

向三宝致敬！向佛陀致敬——天神！向达玛（Dharma）致敬——至高无上的法！向僧伽（Sam gha）致敬——永不灭寂的菩萨（Bodhisattras）！为了使我们自身和其他人的努力获得圆满成功，我们皈依和忠于三宝，三宝已赦免我们所有的罪过，并赞许所建的业绩。由于君臣坚不可摧，足智多谋[2]，制定令人鼓舞的计划，并依靠彼时的一般命令，唐人、回鹘人、南诏人和其他人等，均平等地与我族人安居乐业，庆幸找寻到既坚固又伟大的庇护所。会盟条约业经制定并镌刻在石柱上，在此座寺庙落成后，边境城镇安宁，在这些伟大的国家内，出现繁荣兴旺的景象。鉴于没有比这里更仁慈的地方，出于虔诚和善意，特向三宝作虔诚的贡奉：鉴于上述功业，吐蕃君主和他的大臣、侍从们，享有长寿，拥有四面八方和吐蕃王国的权力，而外患不足挂齿，常年收入，依法保障；祈愿凡世和上天的快乐与幸福。

由弥不弄羌（Vbrom khong）敬奉的祈愿文：

君主为高居天上的神；国家大臣们感悟良深；上天断裂，经过神的启示的大臣用神术给以织补；大地开裂，由有权有势的大臣加以拼合，乐园便得以实现。依靠会盟条约牢牢控制对方，前线不再有敌对的危险；而境内的牦牛不再受鞭挞（？）——仅此不够，仅仅吐蕃人民享受欢乐和幸福也不够，要使不管多么弱小的

---

〔1〕kva cu khrom chen po，托氏原译："伟大的城市瓜州"。——译者注
〔2〕此句托氏原译："无坚不摧的高级大臣图康"，系误译。——译者注

君主，在统一的阳光下，尽管他们内心不安，担心亡国，使他们不是处于受压迫的状态，而是在快乐地生活。如此伟大的仁慈，已由君主和大臣施予，受到神圣的启示的布施者们，一个吐蕃人共享欢乐的时代已来临，犹如太阳升起，这个国家像草原处于幸运的夏季时光，到处盛开着鲜花。在德嘎玉园，一座寺庙已经由大论·尚绮心儿和大尚·塔藏及侍从们，共同建造起来，以四海之内皆兄弟的方式提供奉献。祝愿王子赤祖德赞陛下万寿无疆[1]，坚不可摧；祝愿大论尚·绮心儿和大尚·塔藏，心想事成，事事如意；祝愿吐蕃君臣的寺庙犹如太阳一样，永存不毁，寺庙建筑坚固不破。祝愿我们自己和其他所有人等，涤除世代邪恶，让人们生活于诸神中最高之神——佛陀的庭院中。

从此份值得重视的记录看，虽然过分追求文采，尽力表达其感情，但却表示了对宗教的崇敬。我们从中可以得到大致的概念，即在他们繁盛的时代，吐蕃人可能是什么样的，他们的语言如何。当印度的严密才智作为背景时，一个声音在提醒我们，这一教理体系在用于培植有生气的民族时，就有能力再次开出某种灿烂之花。然而在那么多的赞美词之中，吸引我们注意的仍是伟大的宗教和历史的事件，应该不仅由王子和大臣的"祝词"，而且应由节度使和地方机构，用以表示"祝贺"的形式反映出来。这引起我们对8、9世纪吐蕃东北部与唐朝西域地方居民的生活，作出重新认识。

这个事件不是著名的会盟，尽管吐蕃和唐朝企图借此结束由公元783年至822年长达半个世纪的纷争。从汉文史料中得知的有关会盟的事件，已由布歇尔在 JRAS，1880年第487页及下文中给以论述。与此有关的拉萨碑文，也由汪德尔（Col. Waddell）以翻译加考释的方式予以发表。汉、藏双方条约文字是否相同，吐蕃方面朝廷官吏的名单是否尚存疑义，此处均不作讨论。对我们来说，重要的是要说明文书中的赞

---

〔1〕以"王子"称呼赤祖德赞，是一种习惯；文书对吐蕃的另一位赞普赤德祖赞，也有类似的称法。因此，这里的"王子"应与"神之子"同义。——译者注

普 khri Gtsug lde brtsan,与金城公主的夫君 khri Gtsug lde btsdn Mes Vag tshoms 是否确为一人? 后者在位的时间是公元 705—755 年,正是他在世时唐蕃之间签订了盟约。因为他确实是当时的吐蕃国王(Btsan po),曾两次(92. A2 行,94. B2 行)用于称呼他的名称 Lha sras,其含义可确定与梵文 devaputra"天之子"相当。关于两位在文书中被称作 Khri sum rje 和 Lha bzang 的大臣,前者肯定能与在《大事纪年》中(第 147 - 185 行, 44—54 年即公元 715—725 年)被频繁提到的 Khri sum rje Rtsang bzher 勘同。他在公元 715 年任"论"(Blon),721 年任"大论"(Blon chen po), 723 年任财政大臣,725 年卒。[1]

上文提到的另一人,曾经发动了一场针对唐朝的战争活动,其名字可确定的"大 skam skyel(或 dkyel)",又拼作 Thugs skam。[2] 在拉萨碑文(1909 年, 44 行; 1910 年,B42 行)中,他的身份是赞普 Khri lde Gtsug btsan 的顾问,因而没有引起人们的注意。

从有关联的两人在世时间看,显然讨论中的会盟条约实际上缔结于公元 730 年(见 Bushell 书等 466 页),为此事件所建立的界盟碑,无疑已将 93. B3 行(第 97 页)提到的石碑(Rdo rings)包括在内。

建立在会盟条约协商地点的寺庙,地处青海湖(Koko nor)地区,即名为"赤岭"的地方。此地距西宁府约 60 英里(320 里),在石堡城之西 430 里(见 Bushell 书 530 - 531 页)。石堡城在藏文书(《大事纪年》B. M. M. S 第 32、47 行)记作 Skyi bu,我们能够确定这个地方正是"玉园"(Gyu tshal)之所在,它位于"幸福的夏日草原"(Bkra shis dbyar mo thang)、"攀三千户部落"和"Vbrom khong 辖区"的交汇之处,这些地方均属朵甘思辖境之一部分。Dyar mo thang 又见于拉萨会盟碑(*JRAS*, 1910,第 1255 - 1267B 文献第 33 行),以及《世界广说》(Geografic Tibeta p. 55):或者拼为 Yar(Gyar、Gyer) mo thong,S. C 达斯字典标明此地

---

〔1〕托马斯此说有误,他这里提到的"绮心儿赞热"为论(blon);而 19 号文件提到的为 Zhang khri sum rje。且后者在公元 822 年所立的拉萨会盟碑中,尚作为吐蕃的"宰相、天下兵马大元帅"出现。——译者注

〔2〕托氏译 skam skyel 为人名误。其义应为"深谋远虑"、"足智多谋"等,故我们在有关译文中没有采用托马斯的译文。——译者注

在 Khams 境内,并与《世界广说》(第 41)中的 Gyar mo sgang 有关联。在碑文中被提到与 Dbyar mo thang 相邻的"宗喀"(Tsogn ka),颇似宗喀巴的诞生地,其地靠近昆本(Kum bum)寺。另外,在《大事纪年》中也提到一个地名叫 Tsomg ka(第 74 行)。实际上,从瓜州和姑臧节度使之处收到"祈愿文"这一事实,就表明了这种很自然的联系。这种联系在青海湖地区和西域东部也同样存在(第 72、78、82 页)。寺庙的名称没有言明,但它无疑就是《甘珠尔》(Beckh 目录,第 74 页)和《丹珠尔》(Cordier,卷 1,第 96 页)所载的 Phyug mtshams。Vbrom khong 之地尚不知,但可参见 Vbrom stong(M. I., xiv, 96)。

  会盟的参与国,唐朝、回鹘、南诏和吐蕃,无疑就是会盟碑中的所谓的"四方国王"(Mtho bzhi rgyal po, JRAS. 1910, p. 951,拓本第 47 行),唐朝和吐蕃的要求未及论述,关于回鹘的某些事件曾被提到(第 18、30、36 页),就是建议其以后归附他们(第 267 页及后文)。至于南诏,其名字除了在 Dpag bsam ljon bzang(S. C. 达斯编)中见到,并作为词条 Vjang sa 在达斯字典中释为"藏西北(应为东北)一地名"外,至今未见于其他任何出版物。但我们从《西藏王统记》(印度事务部图书馆木刻版,叶 31a)中得知,"赤德祖赞王的儿子"名叫 Vjang tsha lha dbang(参看达斯字典),其名字的含义即"Vjang 之外孙",因其母亲 Khri btsum 皇后是一个南诏女子(Vjang mo)。就从这一历史中,我们还可以了解到关于此族的更多的情况。[1] 因为他们的边境可能与会盟地点毗邻,我们曾试图认为它就是党项(Tang hsiang)王国,按照布歇尔的观点(JRAS, 1880,第 450、528 页注 12),该国位于青海湖地区之南和吐蕃的东部。我们知道,该国在公元 678 年为吐蕃所征服(Bushell, p. 450),因与公元 730 年的盟约有关而被提到(Bushell, p. 464)。南诏(Vjang)之版图究竟可以标注到哪里,仅仅作一推测是极不成熟的;但是 M. 巴考在《摩梭人》(第 13 页)一书中提到:"摩梭又名 Vjang,曾在格萨尔王史诗中被提到,这是指一个介于岭国与汉地之间的地区。"由此看来,

---

[1]有关南诏国(Vjang yul),又见于《大事纪年》(92 行)。

摩梭人可能还在其南面,是移民将 Vjang 一名带到了那里。[1]

此文书的分量也许不像其所述的事件那么重要,这首先是相对保存有正反两面书写的第 35 号文书而言的。但是我们很自然地倾向于对朵甘思(88.1 - 2 行)和德甘思(Bde gams,88.3 行及后文)的"祈愿文"深信不疑,至少以吐蕃赞普本人或其他人开头的那件(见下文第 21 号文书)至为重要。关于第一个"祈愿文",由于仅有结尾部分,其由何方所敬奉尚不清楚。

文书的语言,按照其文字的特点,堪称是规范的和有文采的,完全不同于我们译述过的大部分残卷和事务性的记载。它提供的许多文字与拉萨碑文有相似之处。其中若干段落有助于对碑文的理解,可对拉萨碑文加以订正和完善。《拉萨碑文》1909 年第 948 - 952 页第 5 - 16 行的拓本中,对于传说似的鹘提悉补野王的评介,几乎是对我们讨论的文书的摘要,当然也像在别处一样,文书在这里作了进一步的展开并详加阐述。

15.5　补译

20. 千佛洞,x ii, 5(卷 53,叶 20;31.5×17 厘米;正面 6 行,反面 11 行加倒文 1 行,常见楷书体)。

牛年仲春月初四日,王子(Lha sras)作为令人赞颂的高贵的布施者,向沙州(Sha cu)寺庙供奉灯油。普光寺(Pho kvang sir)初四日夜,寺户(Lha vbangs)阴丹顿多布施酥油(Yu mar)五普尔(Phul)[2],作为一百盏灯的灯油。初五日夜,阴丹顿多布施酥油五普尔,作为一百盏灯的灯油(同样,他又在初六日和初十日夜,分别布施酥油九普尔和四普尔,各计点灯数为一百八十盏和

---

〔1〕藏文 gsung vbum 之 vjang sa tham(达斯字典释为"kham 之北部一地名"),或许即摩梭之 sa dam(见《摩梭人》,第 3、118、164 页)。

〔2〕yu mar,yu 可能是汉语"油"的译音,mar 藏文意为酥油,故译为"酥油",phul 为容量单位,即藏合,六 phul 为一藏 bre"升"。——译者注

九十盏）。

　　……作为六十盏灯的灯油。李金刚布施酥油七普尔，作为一百四十盏灯的灯油。二十八日夜，论·祖热布施酥油七普尔另一掬半[1]，作为一百四十七盏灯的灯油。暮冬月之初五日夜，王健健布施酥油七普尔，作为一百四十盏灯的灯油。十四日夜，安辛子代论·洛桑布施酥油十普尔另两掬，作为二百二十盏灯的灯油。十五日夜，寺户赫客希布施酥油七普尔，作为一百四十盏灯的灯油。二十日夜，姜光东布施酥油十普尔，作为二百盏灯的灯油；二十二日夜，姜光东布施酥油十普尔，作为二百盏灯的灯油；二十三日夜，姜（光）东布施酥油十普尔，作为二百盏灯的灯油；二十四日夜，姜光东布施酥油十普尔，作为点二百盏灯的灯油。

　　［倒写 1 行］……客梁康佐……[2]

　21. 卷 53（叶 1；28×26 厘米，15 行，楷书字体，秀丽而略草；甚残）。

　　这段文书显然系前示 19 号文书的另一抄件或节本，虽然文书大部分破损严重，以致无法给予连贯的翻译，但总的意思是清楚的。它祈求借助王子(Lha sras)赤祖德赞的善行，男女僧伽(Sam ghas)和万物都享受快乐，并长生不老；祝愿王子本人安然无恙，在实行统治中受到赞颂，战胜一切对手等等；祝愿他在现世中获得佛法，他统治下的所有臣民均可长寿，免除疾病，以及"享有无量寿的众生遍布吐蕃王国，在完善的幸福和欢乐中，避免人畜瘟疫，年年丰收，永远昌盛"。

　　（译自：F. W. Thomas, *Tibetan Literary texts and documents concerning Chinese Turkestan*, Ⅱ, 2. The Sha cu Region, London, 1951。译者对原文内容有所删节、修订，除保留了托马斯若干原注外，还根据近年来的研究成果作了若干新的注释，并标明"——译者注"，以示区别。原载《敦煌研究》1997 年第 3 期）

──────────────

　　〔1〕khyor,音译焦,俗称掬,指一掌略屈所得容量,从文书数字折算,四掬为一普尔。——译者注
　　〔2〕此段译文自"十四日夜,安辛子……"至此,托马斯原无译文,我们根据原藏文译出。

16 古藏文 Sog 考释

〔美〕李方桂　著

董越　杨铭　译

在斯坦因于敦煌发现的藏文《大事纪年》中,694 年记载了以下文字：mgar sta gu sog dagis bzung,其意为"噶尔·达古(Mgar Sta gu)被 Sog 所俘"。巴考等人将 Sog 翻译成"Mongol",即蒙古人,并加脚注解释到："在这个年代出现蒙古人这个词似乎为时尚早。但是此处古藏文的 sog 所指示的,只可能是后来成为了蒙古种族一员的某个部落。"[1]

这条文字意义不凡,它似乎记载了一桩罕见的事情——吐蕃人和伊朗人的一次接触。和今天一样,Sog 不可能指蒙古人。早在 1912 年,伯希和在他的《吐谷浑的藏文名称》("Les noms tibetains des T'ou-yu-houen")一文中,出版了他收藏的敦煌写卷之一的各民族名称的藏汉文对照表。[2] 我们发现在这些名称中,古藏文 Sog po 所对应的汉语为"胡",伯希和在他的解释中指出："Sog po 今天的意思是指蒙古人,但是这个词曾经实际的作用可能更类似于汉语里的'胡', qui a désigné les iraniens d'Asie centrale 这种表达,即指中亚的伊朗人,当然偶尔也可能用来称谓突厥人,而不可能是指印度人。"

的确汉字"胡"在文学体裁中通常泛指各类西域人群,但正如伯希和所注意到的,经常指的是伊朗人,特别是指 6 世纪突厥统治粟特时为

---

〔1〕巴考、托马斯和杜散著《敦煌吐蕃历史文书》(*Documents de Touen-houang relatifs à l'histoire du Tibet*),巴黎,1940—1946。该段落原文转写见第 17 页,译文见第 38 页。

〔2〕*Journal asiatique*, XX, ii (1912), pp. 520–523,伯希和写卷 2762 号在拉露女士的《敦煌藏文写本目录》1263 号中也含有。在此我向巴黎国家图书馆致谢,他们在 1955 年为我提供了由 T. Wylie 编辑的写本微缩照片。

数众多的粟特人。[1] 在汉文记载中,"胡"和"突厥"二词的意义明显不同,也许反映当时的口语用法,同样似乎也有关于胡人和突厥人各自的生理特征不同的具体记载,有一例证可以阐明这一点。

《旧唐书·突厥传》记载到,一个名为"思摩"的突厥首领,由于其长相特征像胡人,而不像突厥人,因此未被唐朝授予军权,他被怀疑不是突厥的后代。[2]

另外,可汗将其政务,大概是非军事的,交给一些既贪婪又缺德的胡人管理,他们生性不稳定,却疏远自己所属的突厥人,这导致了突厥人的怨恨。[3]

在哥舒瀚和安禄山的一次和谈中,在后者发难之前,安称其父为"胡人"母为"突厥人",而哥父为"突厥人"母为"胡人"。[4]

以上"胡"和"突厥"在用法上有一种当时的口语意味,但它有别于正式的书面用法,但它们一定是指两种不同的民族,这种区别在伯希和的藏汉人名对照表中也能见到,其中藏文 Dru gu 的汉语对应词为"回鹘"[5];藏文 Sog po 对等的词为汉语"胡"。

蒲立本在他最近的一篇文章中指出,"胡"通常是指那些称为九姓胡的粟特人[6],很有可能古藏文 Sog 只是 Soghd 的另一种发音,在当时较小的范围内与汉语"胡"的用途相对应,但不能在广义的字面上等同于汉语的"胡"。当蒙古人到来时,Sog 一词是如何改变其意义的是另一回事,不在此讨论。

记载于 694 年的事件同样有其特殊的历史背景。大约在 670 年,吐蕃人夺取了西域的安西四镇,同时一个粟特首领在罗布泊(Lob nor)

---

〔1〕参照伯希和,"La theorie des quatre fils du ciel",《通报》,1923,p.109,n.2。

〔2〕《旧唐书》卷194。

〔3〕《旧唐书》卷194。

〔4〕《资治通鉴》卷261。

〔5〕藏文 Dru gu 在另一件敦煌写卷中的对应词为"突厥",参见巴考等前引书,p.137,n.12。

〔6〕参见蒲立本(E. G. Pulleyblank)《内蒙古的粟特聚落》("A Sogdian Colony in Inner Mongolia"),《通报》,41(1952),pp.317-356。

·欧·亚·历·史·文·化·文·库·

以南的区域内,从吐蕃到安西四镇的线路上,这里有 4 个城镇[1],不知道这些粟特人是否向唐人或向吐蕃人称臣,他们可能已经由于吐蕃人或唐人在军事上的胜利向他们称臣。

长寿元年(公元 692),王孝杰率唐军从吐蕃人手中复取安西四镇。[2]延载元年(公元 694 年)王孝杰再破吐蕃和突厥联军,其吐蕃将领名为勃论赞聂(Blon Brtsan nyen)。[3] 可以设想粟特人正是在这场战役中站在唐军一边捉获了噶尔·达古。

有趣的是噶尔·达古和勃论赞聂(Blon Brtsan nyen)可能都是松赞干布(Srong brtsan sgam po)的大臣禄东赞的儿子,汉文史料记载他有 5 个儿子[4],其中 4 个人的名字在藏文《大事纪年》中可以得到确认。[5]

(1)赞悉若,即 Btsan snya ldom bu,在其父死后当了宰相,死于公元 685 年,《旧唐书》记载他死得很早,但《新唐书》省略了他的名字。[6]

(2)钦陵即 Khri vbring btsan brod,他因与唐的战争而知名,于 698 年被吐蕃王所杀。

(3)赞婆,大概指的是 Btsan(/Brtsan) ba,他在文献中没有找到,其兄于 698 年自杀,他本人于 699 年投奔唐朝,在藏文《大事纪年》中可能用的其他名字,可能是 Pa tshab rgyal。[7]

(4)悉多于,对应的藏文名字为 Sta gu ri zung。此人即"噶尔·达古",于 694 年为粟特人所擒。《旧唐书》的名字是悉多于,很显然应该

〔1〕参见伯希和《沙州都督府图经及蒲昌海之康居聚落》("Le 'Cha Techeou Tou fou T'ou king'et la colonie sogdienne de la regiond u Lob nor"),《亚洲学报》(Journal asiatique),1916,p. 122; L. Giles, Journal of Royal Asiatic Society,1914,pp. 730 - 726; 1915,pp. 41 - 47.

〔2〕《旧唐书》卷 196。

〔3〕我认同《资治通鉴》卷 205 中对此的记载,在《新唐书》卷 216 中,吐蕃将领的名字为勃论赞,缺少了最后一个音节,《旧唐书》则完全没有记载这件事。

〔4〕《旧唐书》卷 196。

〔5〕参见巴考等前引书,pp. 33 - 38。要查找这 5 个儿子的另一个名册,并进行考证,见伯戴克(L. Petech):《拉达克王统记研究》(A Study of the Chronicles of Ladakh),加尔各答,1939,pp. 56 - 57。

〔6〕《旧唐书》卷 196。

〔7〕参见巴考等前引书,pp. 122、170, n.7。

是悉多于。[1]

（5）勃论，其中的藏文 blon 并不是一个名字，而当时唐人知道叫勃论的将军只有勃论赞聂，他也可能就是 Blon Btsan nyen gung rton，他由于被王孝杰打败而在吐蕃王前失宠，最终于 695 年被处死。

以上的名字在藏文《大事纪年》中，都没有被明确提及他们是知名的禄东赞的儿子，但他们随其家族姓"噶尔"，他们在公元 698 年的前一二十年，即噶尔家族被吐蕃王清洗之前，都很活跃。698 年之后，"噶尔"家族再也没有出现在《大事纪年》中了。

（译自：Li Fang-Kuei，"Notes on the Tibetan Sog"，*Central Asiatic Journal*，Ⅲ，Wiesbaden/The Hague，Ⅲ，1957）

---

[1]参见《新唐书》卷 216、《资治通鉴》卷 201。

17 Bal-po 与 Lho-bal 考释

〔美〕黎吉生 著

杨铭 译

在现代藏文中,尼泊尔(唐代称泥婆罗——译者)写作 Bal-Po, Bal-po vi yul 或 bal-yul。其中,Bal-yul 一词见于较早的敦煌文书:在《国立图书馆所藏藏文献选》一书中,伯希和收集品藏文写卷(P. T.)第 44 号,提到莲花生在 Bal-yul,这个 Bal-yul 有理由被看做是泥婆罗。此外,Bal-yul 又见于 P. T. 1040 号和 1285 号,但在这里它明显是以一个神秘的地点出现的。Bal-yul 指泥婆罗始见于《吐蕃大事纪年》,见巴考、托马斯和杜散合著的《敦煌吐蕃历史文书》(*DTH*)第 13 页第 2 行和第 19 页第 23 行中,后者至少是我个人认为的。但是在另外的场合,从公元 600 年至 723 年间有 14 条同样的记载,而图齐教授认为两者不能堪同,因为吐蕃人习惯于高寒地带度过夏日的狩猎阶段,而不大可能选择泥婆罗度过一年中的这段时间(《小乘佛教文献》,第 2 卷,第 34、35 页)。以前的观点确信 Bal-Po 就是指加德满都河谷,但公元 630 年左右西行求法的玄奘,把一大片地区——周 4000 余里——都说成是泥婆罗;而且在《吐蕃大事纪年》的 699 年和 725 年中,Bal-Po 地方被冠以另一个地名"布塘"(vBri-vu-tang),而这一地区被普遍认为是象雄的一部分,位于今西藏西部的环玛旁雍措湖(Manasarowar)一带。看来,我们对于说所有记载中的 Bal-pa 都是泥婆罗这一可能性,不能不另作考虑。

上面提到的《吐蕃大事纪年》第 19 页第 23 行的记载,并没有得到充分的阐释。提到 Bal-Po 这个词的事件大致如下:在 703 年,吐蕃赞普都松(vDus-srong)征服了羌域(vJang),后者即稍后发展成南诏国的六诏诸侯国之一。它的疆域是在长江上游的金沙江(Li-kiang)一带。在次年冬,赞普继续南征,以便统治蛮(Mywa),但却病亡或被杀于此。在《吐蕃大事纪年》(DTH 第 113 页)中,蛮被说是"羌域"的一部分,或者说是其中的"白蛮",因为蛮又被分为黑、白两大部分。"蛮"这个名称类似苗(Miao),因而 8 世纪的"蛮"有可能是当代地位低微的苗族的祖先,后者分布于四川西部和云南境内。但是,关于蛮的起源,早期的迁移,甚至这个部族组织的准确名称,我们都知之甚少,因为他们分布在长江、湄公河、萨尔温江上游的峡谷和山区中,被称作怒族(Lutzu)、黑、白栗粟(Lissu)、摩梭(Moso)或纳西(Nakhi)、僰(Boa)、黑、白倮倮(Lo-Lo)等。"蛮"可能不是一个纯粹的部族名称,而只是对一类附属民的称呼。当然,在此讨论这个题目是不合适的。

唐代汉文史书在叙述 704 年所发生的事件时说:吐蕃南方的附属国泥婆罗、婆罗门等造反,吐蕃赞普前往弹压却死于军中。蛮就是赞普的死地,很清楚它与泥婆罗无关,但如果它们能与婆罗门(P'olomen)堪同,那又出现了新问题。有资料表明有两个婆罗门地区:大秦婆罗门被伯希和与 A. 克里斯蒂(Christie)分别定于曼尼普尔(Manipur)和康鲁普(Kamrup),小婆罗门在 W. 斯托特(Stott)一篇文章的草图中被定于金沙江的西北(《通报》1953 年卷),大概就是今天的缅甸的北端边境地区,以及印度阿萨姆的东界和西藏南部边界附近直至云南最北端的一点。

但是无论蛮与婆罗门是否有关,都松在 704 年死于长江、萨尔温江、湄公河的上游地区。次年即 705 年,《吐蕃大事纪年》记载:岱仁巴农囊扎(Ldeg-ren-pav Mnon-snangs-grags)、开桂多囊(khe-rgad Mdo-snang)和其他叛乱者被处死,因而按我的理解,在苯莫邦拉让(Bon-mo pong-lag-rang),赞普之兄被废除了泥婆罗的王位(Pong-lag-rang-du bt-san-po-gcen lha-bal-pho rgyal-sa has-phab)。在此阶段中,泥婆罗君王的名字是以音节 Deva(Lha)结尾的,而且,根据 D. R. 李格密(Regmi)在《中世纪泥婆罗史》(卷1)中提到的,当时统一王权现象确实存在。有时可以想象 704 年的暴乱结束了吐蕃对泥婆罗的统治,但是这一记载看来更像是吐蕃在 705 年恢复了对这一地区的统治。也许这一事件发生在 Va-santadeva 统治之后的 Bhotaraja 时期（李格密，第 67－68 页；L. 伯戴克：《泥婆罗中世纪史》，罗马东方丛书，1958 年，第 29 页）；当然这种观点需要作进一步的讨论。

其次讨论 Lho-bal，它见于公元 821—823 年，建于拉萨的唐蕃会盟碑东面第 19 行，以及一些出自敦煌的早期文书。在最初的研究中，Lho-bal 看来是指泥婆罗（Nepal），我与其他学者也认为如此。但是 R. A. 石泰安教授在其重要文章《神圣与神奇》（"Saint et divin"，《亚洲杂志》，1981）的注释（51）中，引用汉文文献说，Lho-bal 一词相当于前者中的"戎夷"，即蛮族。在《于阗国阿罗汉授记》（Livi-Yul-lung-bstan-po）的汉译文中，"戎夷"用于称呼那些游方比丘，而在同一文献的藏文中则被称作 Lho-bal。F. W. 托马斯在《有关西域的藏文文献与文书》第 1 卷的 76－87 页翻译了这篇授记，并在第 83 页的注释中指明汉文译 Lho-bal 为"波迸戎夷"。敦煌卷子 P. T. 986，是一件汉文典籍的藏文译本，被称作《尚书译文》（Zhang-shu bam-po drug-po），叙述公元前 12 世纪初的周王朝的建立。根据莱吉（Legge）在其译著的《中国古典作品》第 3 卷第 2 章 313 页的翻译，藏文 Lho-bal，即为汉文的"南蛮北狄"。

石泰安亦指出，在敦煌的汉文碑刻中，吐蕃赞普被称作"蛮王"（参见戴密微《拉萨僧净记》第 235－236 页）。如此，就像石泰安观察到的，在拉萨会盟碑中，吐蕃人被汉人赋予了这个杜撰的称号。

lho-bal 与"蛮邦"（或许可称作广义上的异邦）的勘同，这就可以解释从敦煌发现的其他卷子中的这个词。P. T. 1085 是一件沙州（敦煌）百姓上吐蕃官吏的诉状，而这些百姓在其中自称为 bdag-cag-lho-bal，即"我等蛮邦（lho-bal）之人"。此种用法亦见于 P. T. 1077，第 134 行。另在 P. T. 1089 中，有好几处文字都提到了 lho-bal，而这件文书的内容与吐蕃东北边境地区的行政任免事项有关，无论如何这是与泥婆罗毫不相关的地区，而且它明显属于有着突厥称号"都督"的 lho-bal 官吏管辖。因而，lho-bal 在这里最好是被看做边鄙之民，即非汉人，两者的区别在于一个被拼作 lho-bal，而另一个被称作"汉沙州百姓"（Rgya sha-cu-pa）；而在 P. T. 1085 诉请状中，沙州汉人只是用 lho-bal 来形容自己卑贱的地位。在 P. T. 1071 和 1072 中，对于杀人和伤人者惩罚条例是根据受害者的等级和地位来分别制定的，lho-bal 和 lho-bal 囚犯（lho-bal-gyi-btson）排在最后，与被称作"庸"（gyung）的最低等的人同属一类，而后者实际上是被排斥于吐蕃社会之外的。另一件有关的文书，是载于巴卧·祖拉陈瓦《贤者喜宴》ja 函第 110 页的赤松德赞第二诏书，它被普遍认为是一件可靠的早期原始文件的附本。其中记载了反佛教大臣们曾反对 Lho bal 之神与佛法，或曰"异国之神与教法"。

在后来的史书中，Lho-bal 很少见载。在某些场合中，编者倾向于将其等同于泥婆罗，如《巴协》（4 页）和《新红史》（Rgyal-rabs-gsal-bavi-me-long, f. 33b）。但是在另外一些地方，很明显 Lho-bal 与泥婆罗又有不同的含义，譬如在《巴协》16 页中，记叙到类似赤松德赞诏书中的内容时说，反佛教的大臣们攻击 Lho-bal 之人的巫术行为。另外在《汉藏史集》（Rgya-bod-yig-tshang）中，有两处更具典型的例子。其中，第 10 页 a 面中的 Bal-povi yul 和 Lho-bal 被分别说成是与西藏为邻的两个国家，同时在第 58 页中，在公元 739 年被逐出吐蕃的比丘被称为"蛮邦比丘"（Lho-bal-gyi-dge-vdun）。但是，就在同一对开本中清楚地记载了这些比丘来自李域（Li-yul，即于阗）。这一点，在写于 9 世纪的《于阗教法史》（Li-yul-chos-kyi-Lo-rgyus）第 58–60 页中，也记载得十分清楚。也许类似这种 Li-Yul 与 Lho-bal 的混淆，部分原因在于某些吐蕃编纂者误将 Li 的名称植于了泥婆罗。

石泰安已经指明，汉文献有时称吐蕃为"南蛮"，也许吐蕃人由此知道了，用 Lho-pa 来称呼自己南部边境的部族人有异曲同工之妙！

（H. Richardson, "Notes and Communications Bal-po and Lho-bal", *Bulletin of the School of Oriental and African Studies*, Vol. XXXXVI, part I, 1983。原载《甘肃民族研究》1998 年第 2 期）

18　关于9世纪前半叶
吐蕃王朝的千户部落

〔匈〕乌瑞　著

杨铭　译

（1）古代吐蕃王朝的底层组织是千户部落。千户之中,有按地域组成的"桂"（rgod）部落,rgod 原意为:武士,即应服兵役的属民。一些行政、军事及经济文书提到的男女百姓,姓名前面通常署有其所属千户的名称。由此,可以清楚地认识千户的重要作用。

至今,人们对吐蕃千户的作用、组织和地位了解甚少。比如,stong-sde（千户）一词,是指户的数量,还是指所征武士的数量,都不清楚。因此,我借接触敦煌文书的机会,探讨吐蕃千户的职官及属下等问题,或许能提供一些参考。

（2）最近影印刊出的伯希和藏文1087号残卷中[1],有两个称号的含义仍不清楚。我以前亦未作过探讨。此残卷是一件文书的结尾,残存的文字涉及一件违约事件的处理,还有保人的印章,当事人——尼降萨仙仙（cang-za shan-shan）的手印。

有关段落如后:

〔　〕〔∕ma〕n-chad stong-pon stong-chung dang brgyevu-rje lnga-rkang-la〔　〕"……〔　〕送千（户）长（及）小千（户长）,及格儿（brgyevu-rje）（与）勒堪（lnga-rkang）。"（第2行）

gnyav-bo-rnams kyis shan-shan khrid-de∕sdevi dpon-sna∕stong-pons tong-chung-dang drgyevu-rje lnga-rkang〔La〕-gi sug-par vbul-zhing"仙仙将由（其）保人,带至部落官员处,（即）千（户）长（与）小千（户长）及格儿（brgyevu-rje）（与）勒堪（lnga-rkang）处。"（第

---

〔1〕A.麦克唐纳夫人、今枝由郎编《敦煌古藏文手卷选集》第2卷,巴黎,1979年,434页。

通过这些记叙可确认,以前不清楚的格儿(brgyevu -rje) 与勒堪(ln-ga -rkang） 是千户属官,我们已经知道:stong -pon 即"千(户)长",stong -chung 即"小千(户长)"。

brgyevu -rie 这个词,在伯希和藏文 1077 号卷子中亦提到过 3 次。[1] 这些场合,清楚地表明它负有行政管理的责任:khri -bu rgyavi brgyavu -rie vchul -bavi steng -du "此外,乞里布要求汉人格儿(brgyavu -rje ）……"(第 60 行）;rgod -gyi brgyevu -rje dang/khab -sovi mngan -chung dang/shib -shes gyi yi -ge -pa dang/stong -pon gyi dphang -rgyas ma thebs -na /……"如果,桂(rgod ）之格儿,王室(khab -so ）小膳食官[2],习吉的书记官,及千(户)长等,未签署证明……"(第 122 － 123 行）;rgod -gyi brgyevu -rje dang/khab -sovi sgyevu -ka "桂之格儿与王室膳食官之格卡"[3](第 125 － 126 行）。

（3）上述格儿(brgyevu -rje/brgyavu -rje ）这个称号,还不难解读,因为我们还知道另一个称 stong -bu -rje "小千(户)主"。"小千户主"受 stong -bu -chung "小千(户)长"支配,而两个小千户组成一个行政单位——千户。[4] 作过这些对照之后,我们便可以译 brgyevu - rje/brgyavu -rje 为"小百夫主",其为底层组织头领的称号,它通常领有 50 户人家或 50 个武士。

同样,我们也可以对敦煌文书中常见的称号 lnga -rkang,即 lnga -bcu -rkang,作一番比较研究。lnga -bcu -rkang,托马斯译作:"五十束"、

---

〔1〕A.麦克唐纳夫人、今枝由郎编《敦煌古藏文手卷选集》第 2 卷,巴黎,1979 年,434 页。

〔2〕藏文 khob -so/khab so -pa,译作"王家卫队"、"王宫官员"等,但在非特指场合,具体职责仍不清楚,然而这里明确说其职责之一为征税。参见 V. A. 鲍戈斯罗弗斯基《吐蕃历史概要》,莫斯科,1962 年,162 － 165 页;H. E. 黎吉生《唐蕃会盟碑研究》,亚洲学报 1978 年,158 页,注释 8。总之,khob -so/khab so -pa 并无 so(-pa)"卫兵"、"战士"之意,而是意同词根 so"喂养"、"养育"(对照 gso 及 bsos,意同前,vcho 及 bsos,意同前),指为王室征税的民政官。

〔3〕据"米兰.ii40"和"米兰.x16b"文书,可确知 sgyevu -ga 是负责经济事务的官吏,或即征税官。参见 F. W. 托马斯《有关西域的藏文文献和文书》,第 2 卷,伦敦,1951 年,136 页;第 3 卷,伦敦,1955 年,50 页。

〔4〕G. Uray: Nerassifrovannye tituly dostoinstva v carskick annalach Tibeta, *KSINA*83 (1964), 186 － 187。

"五十个(人)"[1],尽管这里的译意不十分贴切,但可确认它是一种称号。

说 lnga-bcu-rkang 是一种称号,可在伯希和藏文 1101 号卷子中找到最有说服力的证据。[2] /lnga-bcu-rkang vgo klu-gzigs kyi chan gyi vbangs kyi dphyav chad-de vbangs-lav las-pav // vphral-du ma byor-nas //……"勒曲堪(lnga-bcu-rkang)郭六吉之将(chan)的属下,贡品虽定,但役职任务尚待指派……"(第 1-2 行)

藏于印度事务部图书馆的残卷 Ch.83.vi5,1、3,亦可对照上文作如此翻译:〔 〕-las // lnga-bcu-rkang/khong svan-cevi chan/wang bun-cong la nas khal gcigs/cang〔 〕[3]"〔 〕(在)勒曲堪(lnga-bcu-rkang)孔三节之将(chan)中:送王本穷,大麦一驮;〔送〕姜〔 〕"。

(4)上引两段文字,不仅证明 lnga-bcu-rkang 是一种称号,而且说明这种团队的首领还被称作"将"(chan),即"小队(长)"之意。

印度事务部图书馆所藏 Ch.73.xv5 号卷子,曾经托马斯转写和翻译,但有几处重要的段落有误[4],这个卷子提供了关于"将"(chan)的重要材料。实际上,这件文书是一份分配纸张的记录。纸张分给人数很多的抄写生,要他们抄写佛经。一般情况下,这些佛经供吐蕃官员礼佛用。这件文书共 4 页(A、B、C、D),每页都记有人名。

文书的开头,记录了纸张分配的份额,以及丢失纸张应受的惩治条例。再以下记到:shog-chad vdi-mams sde-chan so-sovi lnga-bchu-rkang dang vog-sna-la gnyer-par"在各部落将(sde-chan)勒曲堪(lnga-bchu-rkang)及耆老(vog-sna)的监督下,分配了这些纸张"(A,第 6-7 行)。

以下 3 页,记录了各写经生的名字,根据他们所在千户、将(chan)分给的纸张数。其中提到的将(chan)有:

---

〔1〕托马斯前引书:第 2 卷,40、82,83 页;第 3 卷,39 页。

〔2〕A. 麦克唐纳夫人、今枝由郎前引书,444 页。

〔3〕承印度事务部图书馆和档案馆好意,我得以从微缩胶卷中引用此类材料,与托马斯转写件(同上引书,第 2 卷,40 页)对照,知后者有数处错误。

〔4〕托马斯前引书,第 2 卷,80-84 页。但我所引为印度事务部图书馆及档案馆提供的微缩胶卷。

悉董萨（stong-sar）（千）户之将（chan）：娘合东吉（B、第 1 行），史季七（第 6 行），郭大宝（第 9 行），安千吉（第 1 行），叶羌国（第 13 行），樊英吉（第 14 行），范千（第 15－16 行），杨国邦（第 18 行），娘何贝穷（第 20 行），袁安吉（第 22 行）；

阿骨萨（rgod-sar）（千）户之将（chan）：姜英（C、第 1 行），姜大（第 4 行），姜国觉（第 7 行），孔三吉（第 10 行），樊大力（第 12 行），范兴吉（第 16 行），沙格力（第 19 行），金力千（第 22 行），节国千（第 25 行），沙昆（第 26 行）；

悉宁宗（snying-coms）（千）户之将（chan）：康大乔（D 第 1 行），阴吉干（第 6 行），姜马力（第 8－9 行），姜一吉（第 11 行），樊牙杜（第 14 行），阴汉吉（第 26－27 行）。此处又见僧孔三吉（khong svan-ce）之名，他是阿骨萨（rgod-sar）千户的第四将——Ch. 83vi5 号卷子记：勒曲堪（lnga-bcu-rkang）孔三吉（khong svan-ce）将（chan）。

（5）通过以上讨论，可得出以下认识。

a）根据 Ch. 73. xv5 这份卷子，悉董萨和阿骨萨千户各有 10 个"将"，而悉宁宗千户仅有 9 个"将"。这就指出一个事实，即：千户之下有 10 个"将"单位；换句话说，"将"即百户。

b）管理一个"将"的人，称"勒曲堪"。其中，lnga-bcu 为"五十"；rkang，还不能准确地解读。

c）"勒堪"仅是一种官号，所领为"将"的十分之一，或说，勒堪即"十户"长。

d）格儿，即"小百户主"，地位较勒堪高，但目前尚未见到它与勒曲堪的关系的材料。

e）在上述文书中，格儿、勒堪及勒曲堪多与民政事务有关，如：署文、签证、转呈、分配粮食、监督纸张使用，等等。这就清楚地看出一个事实，即那些从千户中征集武士的地区官吏的称号，与本文讨论的称

·欧·亚·历·史·文·化·文库·

号和术语完全是两回事。[1]

（译自：G. Uray, "Notes on the Thousand-districts of the Tibetan Empire in the First Half of the Ninth Century", *Acta Orient. Hung.* Tomus XXXVI. Fasc. 1 – 3, 1982。原载四川藏学研究所等编：《国外藏学动态》二,1987 年内部发行）

---

[1]有关从千户中征集军队的情况,参见伯希和藏文 2218 号残卷及 Ch. 73. xv 号残卷 12 行；A. 麦克唐纳夫人、今枝由郎前引书,634 – 638。Ch. 73. xv 残卷 12 行已反复研读,见托马斯前引书,第 2 卷,67 – 71 页,第 3 卷,37 页；藤枝晃《吐蕃统治时期的敦煌》,《东方学报》31 卷（京都,1961 年）,229 – 231 页（我未细读）；G·乌瑞《关于敦煌的一件军事文献的考释》,《匈牙利东方学报》12 卷,1961 年,223 – 230 页。

19 关于敦煌的一件
军事文献的考释

〔匈〕乌瑞 著

赵晓意 译 杨铭 校

(1)在这部谨献给丁·雷门斯教授的论著中,论述吐蕃的军事和行政区域的组织结构是十分恰当的。在与他关于突厥族部落名称和部落制度有关的研究中,一方面,这位著名教授本人在好几处地方详细地阐述了突厥族的军事区域结构的某些特点,另一方面,几位研究者又指出了古代中亚草原上诸民族在军事和行政区域结构方面与吐蕃有着某些相似之处,或存在着这些相似之处的可能性[1] 可是,尽管这些相似之处十分明显,但在有关某些重大事件的自然和发展历史上,一切涉及草原区域方面的情况,我们还未搞清楚,有关吐蕃的这方面的研究才刚刚开始。这一点从一开始就必须予以强调。到目前为止,证明其本质上的相似可能还为时过早,更不用说试图找到这两个地区在军事组织结构方面的历史渊源关系[2] 此外,首先要搞清楚个别民族和地区所处的自然环境及其军事和行政区域的发展情况,这是解决这些难题的有效方法。本着这一观点,在此我将印度事务部图书

---

〔1〕F. W. 托马斯《有关西域的藏文文献和文书》(*TLTD*),伦敦,1935 /1955 年,卷 1,285 页注 1,同作者《南语(Nam)——汉藏边境地区的一种古语言》,伦敦,1948 年,33 页注 11 ;G·图齐《藏王陵墓》,罗马,1949 年,Ⅱ,738 页 a – b;K. Gzegledy《关于草原民族及其北部邻国的历史的新资料》,《匈牙利语言学报》,16 卷(1951 年),66 页;P. 戴密微《拉萨僧净记》卷 1,巴黎,1952 年,267 页注。R. A. Stein,*JRAS*,1953,P.279 。也应提到那些已被引用的,与上述现象有关的中国、中亚、印度和伊朗的类似情况,托马斯 *TLTD* Ⅲ,17 、18、48 页及《南语》33 页注 1。

〔2〕自然地,除了元朝在 13 世纪下半叶引进的组织结构和萨迦派,以及仿效帝国的军事和行政组织。见 S. ch. 达斯《13 世纪中国鞑靼王国统治下的西藏》,*JASB* 73 卷(1904 年),pt. Ⅰ,附编,97 – 102 页;图齐《印度—西藏》,罗马,1932—1941 年,卷 4,84 – 90 页,图齐《西藏画卷》卷 1,12 – 15、251 – 252 页,注 36 – 40,卷 2,680 – 682 页注 52;G. 舒勒曼《历代达赖喇嘛传》(第二版),莱比锡,1958 年,92 页。

馆文书斯坦因收集品 Ch. 73. xv, 10 的新翻译(释本),奉献给读者。这一重新译释能使我们对吐蕃统治下的甘肃地区的下层组织轮廓有一个清楚的认识。

(2)文献 Ch. 73. xv, 10 最初由 F. W. 托马斯翻译出版在《有关西域的藏文文献和文书》(第二章、沙州地区: *JRAS* 1927 年, 826 – 830 页)上,并附有评论。再版时,又补充进许多评论,刊在 *TLTD* Ⅱ, 67 – 91 页和 Ⅲ, 第 37 页上。

在本篇论文的原稿即将付印时,印度事务部图书馆员艾夫里尔·F. 汤普森小姐通过我以前的论文,对我关于 Ch. 73. xv, 10 的研究十分了解。她善意地提醒我对托马斯版本上的几处印刷错误和一处严重遗漏加以注意。

以下是她所列的全部原文:

4 行印作 yang gyu tshe

9 行印作 dpon(d 很模糊)

16 行印作 Cang Kun tshe

24 行印作 zhim kvan ving

29 行印作 Ser kun kun(第二个 kun 插入下行)

396 行印作 Hag jevu shun

40 行后补进遗漏的一行;

Rgod sar kyi sde/Wang jevu tse dgon//

下列几行重新编号;

新序号 43 行印作 Wang Dzin sheng

46 行印作 Ser Dzin ving

49 行印作 ban Cang Kun tse

52 行印作 ru Dbu ruvi ru vbring, yang Stag, slebs……

汤普森小姐所提出的修正不仅极大地增强了本篇论文在语言学上的正确性,而且还剔除了由于那一行的遗漏,我原先作出的所谓正确解释而引起的谬误。对于她的慷慨帮助,我表示深深的感谢。

在整篇论文中,Ch. 73. xv, 10 的原文和各行序号均引自 *TLTD* 版。

这个版本是根据汤普森小姐提出的修正意见出版的。仅有一个例外：52 行上的第一个音节，汤普森小姐修正原文上是 ru，而托马斯版本上印作 tu（很可能是 du）。在此处，托马斯版本采用了一个较为满意的词义（比较下面 225－226 页）。

（3）原稿 Ch. 73. xv, 10 是分散在几叶里的人物名册的断片。它包括倒数第一叶（17 行）的结尾部分、最后一部分的全部正文（8－53 行）以及有关原稿的校正条款（封底 1－2 行）。每一行有一人名和有关他的详细情况。长于一行的段落仅仅出现在本叶的结尾和各叶的开头处。

第 1 行不可解释。2 至 4 行有 3 个人名和各自的详细情况。这些名字的后面交替出现 vphongs 和 dgon 等头衔。

第 5 至第 7 行是 Rgod sar kyi sde/Bam Kun ce/dgon gyon/ru vbring shud pu Legs zigs kyi dar chan An Je ving dang sbyor//。

第 8 至 9 行用红笔写作：// Rgod sar kyi sde/ru vbring/shud pu Legs gzigs dpon gyog bzhi bcu char gcigi yul yig 1a。

第 10 至 12 行是 Rgod sar kyi sde/An Je ving, vphongs/gyasu ru cung//Cang Ka jovi dar chan/Bam Kun ce dang sbyor//。

第 13 行至 53 行，是 38 个名字以及详情。名字后交替跟有继 dgon 和 vphongs 之后的头衔。第 51 至 53 行：Rgod sar kyi sde/Con Je shing dgon gyon tu dbu ruvi ru vbring yang Stag slebs kyi dar chan//Jevu shib tig dang sbyor//。

托马斯关于这几节的翻译如下，*TLTD* Ⅱ, 69－70 页：

第 5 至 7 行："阿骨萨（rgod sar）部落，范昆则，dgon，左中翼，shud pu legs gzigs 的 dar tshan 安则兴，从。"

第 8 至 9 行："阿骨萨部落，中翼：shud pu legs gzigs 主从四十人，一 tshar 地区的名单。"

第 10 至 12 行："阿骨萨部落，安则兴，vphong，右小翼，张客柱的 dar tshan 范昆则及随从。"

第 51 至 53 行："阿骨萨部落，钟则兴，dgon，左中翼之中翼，

Stag legs 的 dar tshan 曹细娣,从。"

以上翻译矛盾重重。按照本叶(8-9 行)标的题目,这一 char"一部分"的首领及其部下(dpon gyog)合计 40 人。而在托马斯的翻译里,10 至 12 行提到两人,在 51 至 53 行里并列地提到另外两位(译 dan sbyor"与某某一道"),这样 2 + 38 + 2 = 42。便有 42 人属于这一部分。[1] 而且,将 10 至 12 行的 gyasu tu cun 翻译成"右小翼",以及将 51 - 52 行中的 gyon tu dbu ruvi ru vbring 译为"左中翼之中翼"也是不能令人信服的。因为这样翻译忽略了 gyas 和 gyon 两词以(s)u/ tu 结尾的情况。

通过仔细检查上下文,我们首先发现:这 3 个人的名字,如范昆则,ru vbring shud pu Legs zigs/gzigs 和安则兴,在两个部分的名册里重复出现,虽然任何一个人绝不可能同时属于两个部分。以下情况同样值得注意:所论及的每个人的管区(千户)的名字,以及 dgon、dpon 或 vphongs 等术语只在第一部分的名册上标在范昆则的名字旁(5 - 7 行);在第二部分的名册上标在 ru vbring shud pu Legs gzigs 和安则兴的名字旁(8 - 12 行)。由此,很显然,范昆则属于第一部分,而 ru vbring shud pu Legs gzigs 和安则兴属于第二部分。

dar chan 一词恰恰用颠倒。在第一部分的名册里,第二部分的安则兴(此部分的首领作为 ru vbring shud pu Legs zigs kyi dar chan 被提到)在第二部分中的名册的第一段里,我们发现第一 char 的范昆则的名字,他是 ru cun 张客柱的 dar chan,显然是第一 char 的首领。因而 dar chan 一词表示某种职务,其职责不在本部分内行使,而是负责联系与之相关的其他部分。正如原文所说的,这一职责在于通过左队的 dar

---

〔1〕在本章的标题中出现的 Char 的首领 ru vbring shud pu Legs gzigs,由于首领的名字也在花名册里,因此便用不着单独注明。虽然在此处它的形式是 shud pu legs,但因为它在目录的中间,此部分在 Char 的两个较小的官之间提到,因此毫无疑问这里指的是首领(下面 P. 228 页)。关于 Legs 和 legs gzigs 之间的关系,其不同之处,我想与其把它解释为缩略不如把它解释为错拼。因为我还未见过写于 7—8 世纪的原写本中,有名字的这种缩略形式。

than(gyon,比较 51 – 53 行的 gyon tu)[1]和另一右队(gyasu)/的 dar chan 来保持各个部分之间的联系(sbyor 意"附着,联系")。因此,dar chan《指联络官所佩戴的丝质徽章或所执的旗帜。dar chan 一词并非源于一个人所扛的作为军事标志的旗,而是指联络官所使用的旗,或指用来标明区域边界的旗帜。

根据以上的分析,我们便不难译出第二部分名单的结尾段落。在此段所提到的人物中,只有钟则兴 dgon 属于第二部分,而 dbu ruvi ru vbring yang[2] stag slebs 是首领,曹细娣是第三部分中的 dar than,这部分的名册在我们所讨论的原本中没有出现。

以上对 gyasu 和 gyon(tu)两词结构的翻译,需要对 ru vbring 和 ru cung 两个术语重新进行解释。这两个词只放在各部分的首领名字之前,无论他们的名字在本部分中还是在其他部分里提起时,都是如此。由此可见,ru vbring 和 ru cung 两词很可能是头衔,系同一阶层中的中等或低等的衔号。[3] 自然地,可能还有较高级的衔号,受封者显然是率领着由几个部分组成的 ru"翼"。[4] 从 51 行至 53 行,左队首领的名字前便加有一短语 dbu ruvi ru vbring"中翼的中(级)翼(官)"。很显然,这样的"翼"的确存在。现解释如下:从属于中级翼官 shud pu Legs gzigs 的部分是一个翼——右翼的最后一部分。写卷上,翼(horns)的统

---

〔1〕此处 5 – 7 行上的 gyon 并不属于后面的 ru -vbring。标点符号也证明了这一点。由此而产生的 gyon ru"左翼或左队"一字也将弃而不用,因为这个字只在这一段的基础上而存在。

〔2〕在原写本出版时,托马斯用一种古代小书写体来写 yang。在翻译上没有多加考虑,可能是因为把它当做连词来翻译的。但在编纂来自敦煌文献中的人名时,他很正确地将它当做氏族姓氏(*TLTD* Ⅱ,p. 116)。比较 M. 拉露《公元八世纪大蕃官吏呈请状》,*Journ Asia* 1955 年,210 页。

〔3〕比较:dgra blon chen po :vbring po:chungu"大:中:小军论"(拉露上引文,182、193 页);gsang gi yi ge pa ched pho:vbring po:chungu"大:中:小密件抄写员"(拉露上引文,182、196 页);rtse rje:rtse rje vbring po:rtse rje chungu"节儿:中节儿:小节儿"(拉露上引文,183 – 184,203 页);stong pon:stong cung"千户长:小千户长"(拉露上引文 180 – 185,207 – 208 页)。

〔4〕由某些团队(char)组成的 ru"翼",一定要与最高的组织用名相区别,在吐蕃区域内,每个最高的组织由 8 个千户、1 个小千户和 1 个近卫军千户组成(*TLTD* Ⅰ,276 – 283 页,Ⅱ,418 页);图齐《西藏画卷》Ⅱ,733 页 b –738 页 a;G. 图齐《关于两次尼泊尔科学考察的报告》,罗马,1956(*SORX* 1,81 – 83 页)。孙波(sum pa)翼包括 10 个千户和 1 个小千户(图齐,同上《报告》,84 页)。在吐蕃统治下的甘肃,最高的翼很可能比上述吐蕃本土的翼要大些,因为在当地的等级排列中,ru dpon"翼长"被列为第一,甚至被排到 khri dpon"万户长"之前。拉露上引文,182 – 205 页。

计数字的原文似属于这部分的名册结尾(写卷的左方还注有校正条款!)。这就是有必要列出与左翼保持联系的中翼的原因,其征兵表写在另一写卷上。

至此,根据我们对原写本的分析,以下的人属于第二部分;安则兴既是 vphongs,又是执旗(手)(第 10 - 12 行);38 名 dgons,vphongs(第 13 - 50 行);最后是 dgon 兼执旗(手)钟则兴(第 51 - 53 行)。这样等式为 1 + 38 + 1 = 40。这一答案恰好与本章所给这部分的人数相吻合。以下是我关于此段的重新翻译:

阿骨萨(千户)部落的范昆则是一个 dgon,与左队中(级)翼(官)shud pu legs zigs 的执旗手安则兴。

在阿骨萨(千户)部落里的中(级)翼(官)shud pu legs gzigs 的花名册里,指挥官及其部下(总计)四十(人),即一个队。阿骨萨(千户)部落的安则兴是一个 vphongs,与右队的下(级)翼(官)张客柱的执旗(手)范昆则相衔接……阿骨萨(千户)部落的钟则兴是一个 vphongs,与左队的中翼中(级)翼(官)yong stag slebs 的执旗(手)曹细娣相衔接。

(4)这一部分的内部结构有问题,略述如下,但其中绝大多数的问题暂时还不能解决。

人们被分成对,其中一方被称作 vphongs,另一方被称作 dgon。托马斯认为,vphongs 可能表示弓箭手(比较 phon"射箭术"),dgon 意为"弓箭手的随从"(比较 mgon"保护者")。为证实这一点,他提出印度事务部图书馆原写本 M. Tagh. b,0044 和 M. I. vii,88a(*TLTD* Ⅱ ,70 - 71 页,425 - 426 页,Ⅲ ,37 页,vocabulary,122 页 a,158 页 a)。然而,托马斯本人也意识到:从语源学的角度看,他的解释存在着语义上的问题,仅仅只就(其所指的)军事职务而言,M. Tagh. b. 0044 为他的解释提供了依据。这份文献是一份 dgon 的装备单,根据此单,一个 dgon 的装备包括一把弓和许多箭(*TLTD* Ⅱ ,440 - 410 页),这一点暗示了 dgon 是弓箭手而不是"弓箭手的随从"。鉴于 Ch. 73. xv. 10 中将社会上所有著名人物,如司吏和全部僧侣都列为 dgon,那么将其译为"弓箭手的随从"似不可能。这就是我暂时还不能更为确切地给这个术语下定义的缘故。

在这一部分里,(首领)shud pu legs(gzigs)的左右 vphongs,即 vjin pa(第 19 位,30 行)和 drod pa(第 21 位,32 行)行使着两项特殊的职责。vjin pa 和 drod 两词在这篇文献中的特定意义分别为"占有者"和"管火者"(参见 *TLTD* Ⅲ 37 页和 vocabulary 145 页 a、173 页 a)。前者可能是指军需品的保管者,而后者则可能是指这一部分的营火检查官或引火具的保管者。

在 32、36 和 43 行的开头,即第 12 位(dgon),第 25 位(vphongs)和第 32 位(dgon)的名字前,我们发现各有一个用笔画的圈。很可能暗示此符号是用来划分更小单位的。但是,这些细小单位在人数上可能有很大不同(分别为 11 人,13 人,7 人和 9 人),还有一些成对的 vphongs dgon 可能会因此而分为两个不同的单位。以上情况我们必须意识到。

(5)*TLTD* Ⅱ 70 页上,在各部分的名册中注册的只是阿骨萨(千户)部落的人,除名字前有 pho kvang sivi lha vbangs 字样的 4 个人和 1 个名字跟在 Leng ho sivi lha vbangs 之后而未跟在部落名之后的一个人外。这一点已经引起了托马斯的注意。

关于 Lha vbangs 一词,托马斯建议译作"寺庙的仆人"(*TLTD* Ⅱ, 67－70 页、111 页等,Ⅲ,vocabulary,191 页 b)。可是与此同时,人们已经发现 Muhur phu 上的 rdo ring 刻印文字中有 Lha rin kyi vbangs"神授土地上的臣民"几个字。这个术语专门用来指佛教寺庙里的寺户(第 28 行,见 G. 图齐《藏王陵墓》,罗马,1950 年,*SOR* Ⅰ,17 页 12－13 行, 78 页注 42,88 页 14 行)。原写本中的 Lha vbangs 一词是短语 Lha ris kyi vbangs 的合成变异形式,是后者的缩略。由此,在征兵名册中所提到的人是普光寺(pho kvang si)和灵修寺(leng ho si)两座寺庙里的寺户(比较 Ch. 75,xii. 5,第 2 行,gcug lay khang,pho kvang sir"在普光寺",见 *TLTD*,Ⅱ,109、111 页)。

下一个问题是为什么此征兵表上并没有指出寺庙里的寺户不是(千户)部落的成员,而他们的名字却同(千户)部落的人同列于一张花

323

名册上,其原因是领地防卫部队具有半军事化半行政化的特点。后者其中一项职责是有权征税。但根据 Mchur phu 的 rdog ring 刻印文字,寺庙里的奴隶兵丁只受寺庙的支配(28 – 31 行,见图齐《藏王陵墓》,17页 10 – 13 行,88 页 14 – 17 行)。由于征兵表上没有提到要免除寺庙里的寺户,可知他们也要被迫服兵役的。所有这一切表明,Ch75. xv. 10 这份明显具有军事性质的注册表上,不仅包括有阿骨萨(千户)部落管辖之下的各阶层的人物,而且还包括该(千户)部落中所有寺庙里的寺户。

名册中还包括佛教僧侣。第二部分的 40 人中有 10 人全是 dgon,其名字前有 ban de“可尊敬的”的称号(第 13、15、19、21、23、25、35、37、47、49 行)。所有这些人都属于阿骨萨(千户)部落,这意味着佛教僧侣有服兵役的义务,或者至少一方面要从军,另一方面同一般俗人一样要纳税。在寺户问题上,当局为取悦寺院,赋予了寺院特殊的待遇。而以上所提到的一切与当局给予寺院的特殊待遇相矛盾。当局在对待僧侣问题上的这种两面政策并不难解释。试图实行中央集权制的王权要依靠佛教,因而它不得不赐予寺院财产和奴隶,以及免除寺院奴隶纳税,以便对僧侣提供经济上的支持。然而他们在赋予僧侣特权时十分小心谨慎,唯恐大规模的免缴纳税和免除服役会削弱王权方面的经济和军事力量。

(6)根据以上分析,虽然文献 Ch. 73. xv, 10 十分有助于我们了解吐蕃占领下的甘肃地区的组织体制。除一两点外,这篇文献的分析详细而清楚地描绘了这个地区下层单位的组织结构以及相互之间的关系。通过对各种组织成员的逐一分析,我们可以由此而推断出吐蕃区域组织的权限及其僧侣政策的全貌。

(译自:G. Uray,“ Notes on a Tibet an Military Document from Tun-huang”, *Acta Orient. Hung.* Tomus ⅩⅢ. Fasc. 1 – 3,1961。原载四川藏学研究所等编:《国外藏学动态》二,1987 年内部发行)

20 《贤者喜宴》所载的
吐蕃纪年研究

〔匈〕乌瑞 著

李禹阶 杨铭 译

　　李方桂教授多方位的研究,不仅涉及藏汉语言学的各个方面,而且还涉及了早期藏族历史及其原始资料。因而,我希望他能接受我这篇特为贺其寿辰的撰稿。在拙文中,我将对早期和稍晚一点的吐蕃编年史的关系,谈若干看法。

　　《贤者喜宴》,由巴卧·祖拉陈瓦撰写于公元1545至1565年之间。这部著作,确切地说是此书的 ja 函,除记述了稍后的西藏历史外,更由于保存了10世纪以前吐蕃的许多信史资料而著称。在人们发现《贤者喜宴》此书时,图齐就认识到,其中引载的赞普诏书,虽有部分缀字损坏,但为出自8至9世记的题铭所证实[1]。R. A. 石泰安指出,敦煌历史文书与《贤者喜宴》之间,有两点相一致的地方。其一,他发现《贤者喜宴》所载的吐蕃诸小邦王臣表,与敦煌遗书中所谓的小邦王臣表,在内容和形式上都极其相似[2];其二,《贤者喜宴》关于松赞干布的国家组织的区划,与《赞普纪年》中公元645年的记载,在资料上有着一定的联系[3]。最后,应当提到,巴卧在其书中提到及引用的两种纪年,应比《布顿佛教史》更早。它们是:库·尊珠雍中(1011—1075年)的《全史》(Lo -rgyus chen -mo)和《德东宗教源流》(Lde -ston -gyi chos-

　　〔1〕G. 图齐《藏王陵墓》,罗马东方学丛书,罗马,1950年,43 - 44页,特别是51 - 60页。对照 H. E. 黎吉生《拉萨古代历史王诰》,RAS 奖金基金会会刊卷19,伦敦,1952年,4:39 - 40页。
　　〔2〕R. A. 石泰安《汉藏边境的古部族》,巴黎,1959年,8 - 9页及注。
　　〔3〕R. A. 石泰安《西藏的文明》,巴黎,1962年,85页。对照 R. A. 石泰安《古代西藏历史的两点小注》,亚洲杂志版 CCLI,1963年,327 - 328页。

byung）。[1]

因此,在《贤者喜宴》中,能够见到有关吐蕃纪年的段落,是很自然的。

某些记载——如下面提到的"森波杰(Zing-po-rje)传记"——可以在敦煌吐蕃历史文书《赞普传记》的第三节和第四节开篇中见到。简要的内容如下:叶若布(Yel-rab)和垄牙(Klum)的统治者,专横的森波杰达甲吾(Zing-po-rje Stag skya-bo),为其所逐之臣谋杀,遂将国土献给那保(Nas-po)的统治者森波杰赤邦松(Zing-po-rje Khri pang-sum)。由于不满,娘·孟多日曾古(Myang Smon-to-re Ceng sku)和韦·旁多热义策(Dbavs phangs-to-re Dbyi-chab)决定背叛森波杰赤邦松投奔赞普达布聂西(Stag-bu snya-gzigs)。他们将谋略告知了农·邦松准保(Mnon Pang-sum Vdron-po),其人是森波杰王的心腹随从。还通知了蔡邦纳森(Ches-pong Nag-seng),根据文书内容及若干其他史料判断,他是赞普达布的一个臣民。[2] 娘氏、韦氏和农氏以蔡邦为使者,向赞普输诚,然后在秦瓦(Pying-ba)堡寨中,秘密盟誓效忠于赞普。但是,在反对森波杰的战争开始以前,赞普达布死去,其子伦赞(Slon-mchan)与密谋者再次盟誓,随后开始进攻。于是,森波杰丧了命,其国家落入赞普伦赞之手,娘氏、韦氏、农氏将森波杰之政权供奉给了赞普。同时,囊日伦赞(Gnam-ri Slon-mchan)赞普赏赐参与盟誓者,赐给他们堡寨、奴隶和尊号。[3]

现在,看看《贤者喜宴》中有关达日聂西(Stag-ri Gnyan-gzigs),即

---

〔1〕参见乌瑞《D.S.鲁格的〈布顿大师传〉评介》,罗马东方丛书34卷,罗马1966年,载《匈牙利东方学报》,卷20第3号,1967年,382－385页。

〔2〕写本:法国国家图书馆藏伯希和藏文写卷1287号(先前编号250),118－198行,*DTH* = J.巴考、F.W.托马斯、Ch.杜散《敦煌吐蕃历史文书》,巴黎,1940—1946年,102页22行至106页19行;释读部分由J.巴考和Ch.杜散所编,132页20行至139页11行。对照A.罗拉塔堤斯的传记分析《藏文敦煌纪年颁赐名单中的社会词语》,《匈牙利东方学报》,卷5第3号,1955年,249－270页,以及R.A.石泰安《西藏的文明》,105－108页。伯希和藏文文书1728号,引自匈牙利科学院图书馆,承蒙巴黎国家图书馆允许而制作的缩微胶卷。

〔3〕有关此问题以及拼读问题,以及在引句中出现的地理名称的界限和地望等,参见G·乌瑞《Mas-po,Yel-rab及Klum:吐蕃地理考》(待刊)。

达布聂西统治时期的段落,有如下记载[1]:

Nyang-Spas[2]-Gnon gsum vbangs-su chud skadl. "娘氏、韦氏和农氏三人,变为臣民。(此次)商议。"

与这段记叙相应的段落,可以在《赞普传记》中有关森波杰的记事中见到,是有关盟誓者向赞普宣誓效忠[3]:

Myang-Dbavs Mnon-clang gsum // bro len-ching mkhar pying-bar mchis-nas // "娘氏和韦氏,以及农氏等三人,去秦瓦堡寨盟誓。"

通过对照可以看出,《贤者喜宴》的这一段,是"森波杰传记"中有关句子的释义。原句"他们去秦瓦堡寨盟誓",被改为"变为臣民",以表达盟誓的目的和结果。这样,这一段实际上成了"森波杰传记"第一部分的概要。"娘氏和韦氏,以及农氏等三人"这种结构转换的结果,简单地变成了属民,因为在解释中,没有必要区别最初的两个密谋人和稍后加入的另一个人。至于这些名字,Nyang、Gnon 通常是稍后的读音,或是吐蕃氏族名称 Myang 和 Mnon 的异体,同样 Spas 是 Sbas 之讹,通常是氏族名称 Dbars 较晚的拼写形式。

又一次提到"森波杰传记"的一段,可据《贤者喜宴》的函次,见到其在有关囊日松赞(Gnam-ri Srong-bcan),即囊日伦赞的统治一节中[4]:

blon-po Dbas Snang[5]/ Che-spong Na-gnag-ser[6]/ Nyang

〔1〕*DP. ja X* = Dpav-bo Gcug-Lag-Vphreng-bars Dam-pavi Chos-kyi Vkhor-Los bsgyur-ba-rnams-Kyi byung-ba gsal-bar byed-pa Mkhas-pavi dgal-ston zhes bya-bavi legs-par bshad-pa,其短称为:Chos-byung Mkhas-pavi dgavi ston(ja 函木版),11 页 b 面第 4 行 = R(同卷,黎吉生文书),16 页 a 面第 4 行,在释读刻版时,我注意到了两个本子:一是乌兰巴托甘丹特清楞寺印本的缩微卷,以及不幸极遭污损的罗克什千札的编印本(DpaL-vo-gtsug-lag 的 Mkhas-papi-dgar-ston,第 4 部分,萨塔一比塔卡丛书,卷 9/4,德里,1962 年)。黎吉生文书引自缩微胶卷,能够引用这两种胶卷,得十分感谢蒙古人民共和国科学院,感谢甘丹特清楞寺的住持,感谢谢·比拉、H. E. 黎吉生和 R. A. 石泰安。这两种胶卷目前存放在匈牙利科学院。

〔2〕R:sngas。

〔3〕写本,159 - 16 行 = *DTH*,104 页,22 - 23 行。

〔4〕*Dp. ja X*,11 页 b 面第 7 行 = R. 16 页 b 面 2 行。

〔5〕R:gzher。

〔6〕R:seng。

Cong-gu / Gnon Vphan[1]-lnga-sum-rnams-kyis[2] byas /"大论为韦·朗热,蔡邦·纳昂色,娘·曾古(与)农·邦俄孙"。

此节可与"森波杰传记"中的颁赐表相对照[3]:

Myang Ceng-sku-vi[4] bya-dgavr // Mnyan Vji-zung-gi mkhar Sngur[5]-ba[6]-dang / bran-khyim stong-lnga-brgyar scal to / Dbavs Dbyi-chab-[k]yi bya-dgavr / Za-gad Gshen-kyi yul-sa-bang / Mal-tro-pyogs-nas bran-khyim stong-lnga-brgyav scal-to // Mnon Vdron-po-vi[7] bya-dgavr / Kho-na-vi[8] pu-nu-po Mnon-la scogs-pa bran-khyim stong-lnga-brgyav scal-to // Ches-pong Nag-seng-gi bya-dgavr /[9] Von-kyi smorn-mkhar-nas // bran-khyim sum-brgyav scal-to // …… // Vung lta-ste / Myang-Dbavs Mthon(应作:Mnon[10])-dang gsum/Ches-pong prin[11]-clang bzhis // glo-ba nye-nas / bran-khyim mang-po-dang /[12] yul ched-po scal-te[13] // bcan-po-vi[14] blon-por bchug-go //"赏赐娘·曾古者为念·几松之堡寨布瓦及其奴隶一千五百户。赏赐韦·义策者为线氏撒格之土地及墨竹地方奴隶一千五百户。赏赐农·准保者为其长兄农氏奴隶一千五百户。赏赐蔡邦·纳森者为温地方孟氏堡寨、奴隶三百户。……斯时也,娘氏,韦氏,农氏三族,以及使者蔡邦氏,此四大家族(对赞普——即

---

[1]R:phan。

[2]R:gsum-rnams-kyi。

[3]写本:191-198行=*DTH*,106页,5-19行。

[4]*DTH*:skuvi。

[5]*DTH*:sdur。

[6]此处 b 被删掉。

[7]*DTH*:povi。

[8]*DTH*:navi。

[9]*DTH*略去 shad。

[10]由巴考校订,*DTH*,139页注。对照罗纳塔斯,同上,250页注,267-260页。

[11]*DTH*:srin。对照罗纳·塔斯,同上,250页注4;267页注44。

[12]*DTH*略去两处 shads。

[13]原为 to,但 o 右边同字母已被删去。*DTH*,to。

[14]*DTH*:povi。

王室〔1〕)最为忠诚,遂赏赐众多奴户,广袤土地,并任之为赞普之论相也。"〔2〕

尽管上述名字不同,可是十分清楚,《贤者喜宴》的一段是颁赐表目的摘要,即这些人名的形式:姓氏加名字(rus + mying)〔3〕,出于一个详细的计数,同时其特点与后一段引文相符。然而,从名字农·邦俄孙可以看出,《贤者喜宴》的这一段,是颁赐表目的变体。其中,Mnon vdron-po 这种族名加名字的形式,被族名加称号(rus + mkhah)的形式 Mnon Phan-sum 所代替。这些名字最重要的区别是语音上的,或者是拼写规则上的:

Che-spong < Ches-pons,

Nyang < Myang,

Cong-gu < Ceng-sku,

Gnon < Mnon.

而 Na-gnag-ser < Nag-seng、Vphan-lnga-sum < Phang-sum 的转讹,是由于复句及插入句造成的。韦·朗热这个名字是一个误记,或者是当时的原名。韦·朗热达赞(Dbavs snang-bzher Zla-brcan,或略式 blon-che Snang-bzher Zla-brcna,blon chen-po Snang-bzher 和 blon-che Snang-bzher),是赤松德赞赞普的大臣,在其任职期间的公元 763 年,吐蕃攻占了长安。〔4〕 对于 8 至 10 世纪的史家,记录这样一个著名人物的名

---

〔1〕参照李方桂《藏文的 Glo-ba-Vdring》,哥本哈根,1959 年,55 – 57 页。亦可参照 R. A. 石泰安《西藏的文明》,105 页。

〔2〕对照罗纳·塔斯,同上,251 – 255 页。

〔3〕对照 G. 乌瑞《Vgreng,所谓古藏文中相当于羌的种族名称》,载《匈牙利东方学报》,19 卷,(1066),248 – 249 页。H. E. 黎吉生《早期西藏记录中的人名与称号》,载《藏学论文集》卷 4,1967,第 1 号、5 – 6 号、11 – 16 号,及 20 页注。

〔4〕对照写本,112 – 113 行,384 行 = DTH,102 页,14 行(误作:Zu brcan);115 页、7 行(误作:mang-bzher);释读,132 页,10 – 11 行(误作:Zu brcan);154 页,7 行(误作:gla-brcan;而且,巴考在 132 页注中所作的说明亦误);《大事纪年》译文(二):大英博物馆馆藏文书 Or. 8212(187),抄本一,第 25、28、30、39、58 – 59 行 = 抄本二,3 行 = 在 DTH 中由托马斯编定、释读,57 页,9 – 11、20 – 21 行;58 页 6 行,60 页 14 行;释读,64 页 6、15、19 – 20 行,6 – 7 行;66 页,12 – 13 行(公元 757、758、760、763 年)。文书《大事纪年》的第二段译文,引自缩微胶卷,由匈牙利东方学院图书馆承伦敦大英图书馆协助而摄制。

字,并非难事。其后,误记的现象再未出现,所以在后来的编年史中,很少有漏记韦·朗热达赞的。就我所知,他仅在《大臣遗教》(Blon-po-bkayi thang-yig)中,以(Sbas)Zhang-bzher Bla-bcan 的名字出现过。[1]其次,《贤者喜宴》混淆年代,将其误记为赤年松赞(Khri Gnyan-gzungs-bcan)的大臣——被记作 Spas Shang-gzher lha-bcan。[2]然而,如果仅是因为名字的形式的话,由于窜缀的原因后两处是有问题的。

除了以上已论及的两处一致点之外,我们还应该进一步提到《智者喜宴》中的两个段落,其中,仅涉及"森波杰"(Zing-po-rje)这个名字,或因错讹而出现的不同形式。

这里,森波杰是在关于赞普达日聂西(stag-ri Gnyan-gzigs)的一段中被提到的,直接在有关娘氏、韦氏和农氏叛主的句子前面。

Ban-pa-rje;Va-zha-rje;Drang-gar-rje / zin-po-rje / Zhahg-zhung-rje-rnams[3] btul / "苯巴节(或苯巴王),阿柴王,仲格尔节(或仲格尔王),森波杰和象雄王归降。"此段文字出处不详,仅仅是 Zin-po-rje(原文如此!)这个名字与"森波杰传记"有关。这段记述没有提到森波杰达甲吾,或者写出森波杰·赤邦松归附达布聂西赞普的情况。只有从达布聂西之妹嫁给森波杰(赤邦松)的记述中,看出其间有某种从属关系来。

更重要的是,在《贤者喜宴》的小邦王名单里,出现了森波杰·赤邦松这个名字,因为在这里,史实也是可以确定的。名单的第七条如下:

Nyam-shod-khra-snar Zings-rjg khri[4] Vpbrang-gsum[5] blon-po[6] /[7]Mgar-dang Gnyan /[8]"在娘雪察拉,(王是)森杰·赤

---

〔1〕对照由噶丹彭错林寺所印《五部遗教》,Cha 卷,7 页 2 行。

〔2〕*Dp. Ja X*,11 页 a 面 3 行 = R. 15 页 a 面 6 行 = R:sbas。

〔3〕*Dp. ja X*,11 页 b 面 4 行 = R.16 页 a 面 4 行。

〔4〕R:khravl。

〔5〕R:gsum。

〔6〕在乌兰巴托 X 抄本中,十分清晰,而在影印件中,很难辨读。

〔7〕影印件的 X 抄本,仅见一个 shad。

〔8〕在 X 抄本中,条目号是增写在名字 Gnyan 之上的。

邦松,大论(是)噶尔氏和年氏。"

根据 M.拉露的整理,敦煌写本小邦王名单的各个条目,包括以下记载:[1]

——首府:khra-sum(1286,1290,*AFL*)。

——诸侯:Dgu-gri Zing-po-rje(1290,在 1 表中),Dgu-khri Zing-po-rje(1290,2 表),Dgug-grivi Zing-po-rje(1286),Drang-rje Rnol-nam(*AFL*)。

——大臣:Mgar 和 Mnyan(1286)。

可见,在古写本中,此王的名字均为 Dgu-gri(-Deu-khri-Dgug-grivi) Zing-po-rje。[2] 另一方面,在《贤者喜宴》中,其名写作 zhings-rje Khri Vphrang-gsum,很明显它就是 Zing po-rje Khri pangs-sum(-pang sum),是从"森波杰传记"中衍生而来的。[3] 在《贤者喜宴》的一个先行词中,肯定是发生了窜缀,因为保存在《贤者喜宴》中的"森波杰传记"引句,没有 Zings-rje khri vphrang-gsum 此名,或 Zing-po-rje khri pangs-sum。因而有可能,巴卧·祖拉陈瓦不仅引用了小邦王名单,也引用了"森波杰传记"中相类似的但不能确定的编年史。

对这些段落的研究,再次证明了《贤者喜宴》中的某些记载,可以追溯至古王国的时代,而它们在其他稍后一些的史籍中并不存在。但同时,上述事实又告诫人们,这些被巴卧·祖拉陈瓦引用的古史,常有转讹及窜缀的现象,如此我们必须比以往更加慎重地引用《贤者喜宴》中的史实,而且只能在仔细地审订和考据之后。

---

〔1〕M.拉露《古代西藏小邦王臣一览表》,亚洲杂志,CCLⅢ卷,1965,199 页。

〔2〕一览表仅把 Drang-rje Rnol-nam 记作"AFL",但事实上这是 Sribs-yul 的统治者的名字,它见于 Ngas-po 之中,仅在于"AFL"一览表中,3 条有关 Ngas-po、Sribs-yul 及 Klum 的文字是连在一起的,对照拉露上引文。

〔3〕写本,119、133、135、139 行 = *DTH*,102 页 25 行;123 页,15 – 16、18 – 19、25 行。然而,大多数情况下,在"森波杰传记"中及在《吐蕃纪年》的其他地方,都用略式 Zing-po-rje,参照写本,140、143、145、153、156、159、163、172、174 – 75、190、202、249 行 = *DTH*,103 页,27、32、35、36 行;104 页,11、16、20、28 行;105 页,9 行;106 页,3 – 4 行;108 页,28 行。而且,在两处甚至出现了 Dgu-gri zhing-do-rje 的形式;对照 C 写本,183、234 行 = *DTH*,105 页,25 行;108 页,4 行。

（译自：G. Uray, "Traces of a narrative of the Old Tibetan Chronicle in the mKhas-pavi dgaev-ston", *Li Fang-kuei Festschrift* [Monumenta Serica, vol. ⅩⅩⅥ.] Los Angeles：Monumenta Serica Institute at the University of California, 1967 [1969] 。原载四川藏学研究所等编：《国外藏学动态》四,1990 年内部发行）

21　苯教历史编年研究

〔挪威〕克瓦尔内　著

杨铭　译　　刘勇　校

苯教研究的历史虽不长,却是一个观点反复变化的有趣例证。不到 30 年以前,似乎没有人怀疑苯教代表着远古泛灵论宗教的残余,其中还糅合了照搬和硬塞进去的佛教的成分。

当 20 世纪 60 年代初,人们有可能与苯教徒学者合作而又能接触苯教文献时,相反的观点就有了根据:苯教现在被认为是一种舶来品,但它却出自正统的佛教传统,这个传统与佛教传入之前的西藏没有重大联系。

近年来,我认为在更深入地研究苯教文献、历史以及宗教仪轨之后,第三种较为折中的观点逐渐产生了:这种观点认为苯教确实是一种有其独立地位的宗教,是作为整个西藏文明的一部分,它有着丰富的礼仪和神话传说,在佛教正式传入西藏之前就有了这些礼仪和传统。

苯教研究的一个重要方面就是构拟一个可靠的编年体大纲。所幸的是,这是苯教徒自己也关心的问题,至少两个世纪来,他们已编写了大量叫做教历(bsten rcis)的《苯教历史编年》,也就是一些短篇文献,苯教历史的大多数重大事件都在其中按年代顺序罗列出来。

很难得的一册《苯教历史编年》是由苯教徒学者尼玛丹增(nyi-ma-bstan-vjin)(1813 年生)于 1842 年写的,1961 年被发现,1965 年在德里(Delhi)出版,1971 年出版了我自己的译文本,而且后来的苯教历史研究者广泛利用了这个本子。

尼玛丹增 1836 年成为曼日(sman-ri)大寺院的主持。该寺院坐落在后藏(gcang)某地,在藏布江的北面,一直是苯教的传统中心。他是位著名的多产学者,特别是以《苯教甘珠尔和丹珠尔编目》一书的作者著称。我1974年发表了一篇对该书的分析文章。他的教义年表极受苯教徒们的推崇,并被认为是可靠的和权威性的。所以该书所提供的年代自然被当做标准,其他材料都要以此为准。

然而近年来,另外一些经文同样也提供了苯教编年表,而且里面的资料不仅是补充了尼玛丹增的教义年表,还与之相矛盾。

S.G.卡尔梅(Karmay)在他的《东洋文库图书馆苯教出版物编目》(1977年出版)一书中利用了这样一篇经文,克躬仁次(Katsumi Mima-ki)在他1983年发表的一篇文章中也提到另一篇类似的经文。

1981年访问印度时,我复印了一篇安多苯教徒学者霍孙丹金洛珠(hor-bsun bstan-jin-blo-gros)(1888—1975)写的《苯教历史编年》。这份手稿是近年来自西藏的。1984年3月我在一次学术会议上推荐了该年表。1984年10月重访印度时,我又复印了不下3种别的编年体文献,也是不久前才从西藏带过来的。

我现在按年代顺序简要阐述一下这些经文,有关文献手稿的标题、技术细节等,请以会议所出的简报为准。

首先,鉴别出一篇早于尼玛丹增所写的《苯教历史编年》是会使人感兴趣的,我去年在印度就碰见过这样一篇文献,即出自一个"辛"(gshen)门第的叫楚臣坚赞(chul-khrims-rgyal-mchan)的苯教徒撰写的教义年表。这个喇嘛生于1783年,1804年写下该年表,篇幅很短,只有52条事项。经过分析发现该文本中的一个引人注目的事实:一半以上的事项(30项)都晚于公元1027年,也就是60年为一绕迥系统被介绍到西藏的那一年。在那30条事项中,只有4条的年代与尼玛丹增的教义年表相同,即1390年、1665年及以后。另有20条事项的年代都晚于尼玛丹增所记述的相同事件发生的年代,并且在这20条中有15条事项几乎要晚1~4个绕迥年不等;换句话说,这些事件的年份相同,但所处的绕迥年都不一样。这就影响到一些很关键的日期,比如曼日寺的创建,据称是在1465年,而非1405年,后者至今被权威的尼玛丹增的教义年表视为当然。

既然楚臣坚赞的文献要比尼玛丹增的早一个绕迥年,当然不能轻易忽略过去,而且有些年代差异可以通过文献内部的考订加以解决,所以我们所面对的基本难题是年代顺序,这个难题只有通过广泛研究所能获得的所有历史资料来解决。

另外一篇早于尼玛丹增教义年表的文本由堪布囊卡坚赞(skyah-sprul nam-mkha-rgyal-mchan)(生于 1770 年)写于 1831 年,然而该文本未与世人见面。

还有一篇教义年表也是尼玛丹增编写的,这是我只想提请大家注意的一个事实,他为自己的年表写了一篇辩护词,即在一篇短文中他讨论并证明了他所选择的年代是正确的。他的讨论涉及从东巴辛饶(ston-pa-gshen-rab)的诞生,即苯教所认为的祖师的出现,到曼日寺创建等等事件。虽然我们已知道他把曼日寺的创建考订为 1405 年即木鸡年,并且引用了创建人希饶坚赞(shes-rab-rgyal-mchan)的传记来支持他的这一考订,但他确实也提到了另外一些年代不详的史料(尽管是为了批驳),这些史料把曼日寺的创建说成是在水鸡年即 1393 或 1453 年。

尼玛丹增的教义年表前半部论及东巴辛饶的生平和西藏早期的一些国王,他在其辩护词中引用了大量苯教文献,大多数都是苯教教义的真迹文本,还有若干佛教徒作者的材料。谈到苯教的后期历史,即大约从公元 9 世纪以降,尼玛丹增参考了苯教历史性的和传记性的文献。不过遗憾的是,这些材料目前似乎还不能看到。但毫无疑问,研究一下他的辩护词是会有用处的,为了正确评估他的教义年表所提出的年代,大量研究苯教历史文献的必要性变得越发突出了。

再谈一篇由琼珠·晋美朗卡多杰(khyung-sprul vjigs-med-nam-mkhavi-rdo-rje)(1896—1956)写的教义年表,许多苯教徒仍旧记得这个喇嘛。为了在西藏西部复兴苯教,他于 1936 年在琼垅这个古代苯教徒朝圣的地方创建了一所寺庙。G. 图齐在那里碰见过他,并说他是"在西藏遇见的最有教养的人之一"。A. 柯文达(Anagarika Govinda)也访问过琼珠的寺庙(他实际上并未提及琼珠的名字,并且明显地不知道琼珠是个苯教徒），并写道：他是"一个有着睿智的面庞和高贵举止的中年人"。

琼珠的教义年表与尼玛丹增的是一个模子，他的原文照抄摘引后者的年表。例如，他所记述的曼日寺的创建就在 1405 年。他的年表也包括了一些尼玛丹增所未记叙的事项，然而许多都和藏传佛教历史中的事件有关。至于其他某些事件，他所提供的年代与尼玛丹增的年表相左。总的来说，琼珠的著作是有益的，但对尼玛丹增的年表增补的东西很有限，因为他没提出什么与之有差异的事项。

接着我们来注意一下两篇成书相距不久的教义年表。由霍孙丹金洛珠写于 1955 年的那一篇，我们曾提到过他。我复制了一份 1981 年从西藏带过来的该年表的文本，现在已发表了一篇关于该年表的简评。我只想指出，现在对这个年表的利用还有困难，不仅因为它比较起尼玛丹增的年表来通常有一个绕迥年的差异，还因为头 3 个绕迥年的时代都明显存在着一定程度的混乱。然而这个文本确实提供了相当数量的新材料，尤其是关于作者家乡安多地区的寺庙建立的情况。

在该年表的版本记录页上，霍孙提到在准备这篇年表的过程当中，他后来根据他的同学楚臣坚赞的意见修订了这个年表。这指的是规范师楚臣坚赞（slob-dpon Chul-khrims-rgyal-mchan）（生于 1893 年），他也写过一篇《苯教历史编年》。楚臣坚赞成了后藏地区雍仲林寺庙的规范师（slob-dpon），是现为苯教规范师的登真郎达的老师。1984 年我还复印了一份从西藏带过来不久的手写文本，从其末页得知该文本著于 1952 年。对这份年表进行仔细研究，将是十分有益的。另有一篇值得仔细研究的文献，是由一个叫巴丹楚臣（dpal-ldan-chul-khrims）（1902—1973）的苯教居士编写的苯教史。该书 1972 年在印度以两卷本形式出版。第二卷的附录提供了一个象雄和西藏地区的寺庙概览，并指明这些寺庙的创建年份。在他留下来的文稿中也有一份教义年表手稿，是对尼玛丹增年表的修正。

最后提到的一篇《苯教历史编年》是我 1984 年在印度复制的，从西藏带过来不久。该年表与尼玛丹增的一样，记叙了直到 1842 年为止的史实。不过,1842年以后的事项由一个从西藏极东部嘉绒地方来的叫雍仲都图(gyung-drung-bdud-vdul)的人增补上去了,其记叙的事件直到1980年为止。该年表的这一增补部分,提供了当代西藏的政治现实,因为它提到了世界及中国历史上的一些事件,比如列宁、斯大林的诞生,毛泽东的出现,长征和中华人民共和国的建立等等。在这些事件的年代之中,作者也提到了某些我们还不知其生卒年代的安多、康巴的喇嘛。

必然提到的一个问题是,《苯教历史编年》写作的规范或文献的背景是什么? 如果我们不注意佛教教义年表对同一文献写作所提供的规范,我们就得注意某些比现在所能见到的早期文本还要古老的苯教历史文献,如从1804年起记事的楚臣坚赞的教义年表。这些历史文献中有一些篇幅实际上算得上是年表,至少是年表的雏形,因为文献成书的年代是在现今世界的大环境中,所以苯教教义流传的过程,与某些重大的事件一起被记入了西藏苯教史之中。通过扩充这些篇幅,事实上就能得到一份《苯教历史编年》。目前,我已注意到有两篇历史文献附有这样的简单年表。头一篇是苯教学者昆卓札巴(kun-grol-grags-pa)(生于1700年)写于1766年的苯教史;第二篇还要早得多,由巴通丹甲桑波(spa-ston bstan-rgyal-bzang-po)写于1465年,或者更有可能是写于1525年。

附录:苯教历史文献

1.《辛的纪年新法中之教法史编年注释》(*gShen gyi rcis gsar rnam dag las/bstan rcis skal ldan dang vdren*)。由辛卡·楚臣坚赞(gshen-mkhas Chul-khrims-rgyal-mchan,生于1783年)作于1804年(木鼠年)。手写卷,10张。

2.《教祖纪年法教法史编年神奇宝曼》(*Sangs rgyas kyi bstan rcis ngo mchar nor buvi phreng ba*)。由尼玛丹增(Nyi-ma-bstan-vjin,生于1813年)作于1842年(水虎年)。

A.《藏文象雄文词典》(*Tibetan zhang zhung dictionary*),德里(1965

年),第 23 - 40 页,由登真郎达(Tenzin Namdak)编辑付印(1961 年)。P·克瓦尔内编印了此文献及译本:《苯教历史年表:尼玛丹增教历》("A Chronological Table of the Bon po: The bstan reis of Nyi ma bstan vjin"),载《东方学报》(*Acta Orientalia*)卷 33(1971 年),第 205 - 282 页。

B. 手写卷,32 张,题为《雍仲苯教历编年神奇宝鬘》(*gYung drung bon gyi bstan rics ngo mchar nor buvi phreng ba*),由雍仲都图(gYung-drung-bdud-vdul)提供(1980 年)。

C.《教法史编年注释闻者喜宴》(*bsTan rcis kyi rnam bshad mthong bavi dgav ston nam dogs bsal pan ca li kavi chun po*),由尼玛丹增为自己的《苯教历史编年》一书作注,完成于 1842 年。付印于《藏文象雄文词典》,第 41 - 61 页。

3.《三种纪年法万劫时轮之三有漏纪年法经典虚空宝藏》(*dPyad gsum dag rcis bskal srid dus kyi vkhor lo las/zhag gsum rcis gzhung nam mkhavi gter mjod*)。著作者琼珠·晋美朗卡多杰(khyung sprul vjigs-med-nam-mkhavi-rdo-rje,1897—1956 年),其中包括 1924 年印行的尼玛丹增《苯教历史编年》的一部分,但记载增加到 1936 年。《琼珠·晋美朗卡多杰历算和占星术》(*khyan-sprul vjigs-med-nam-mkhavi-rdo-rje on Calendrieal Calculations and Astrology*),2 卷,由坦辛·拉玛达克从德里 1950 年的平版印刷品中翻印,印度喜马偕尔邦多兰吉,1972 年,卷 1 第 55 - 71 页(第 28 张 a 面至 36 张 a 面)。

4.《辛的纪年新法中之教祖纪年法教法史编年贤劫珠宝项链》(*gShen gyi rcis gsar rnam dag las/sangs rgyas bstan rcis hskal bzang nor buvi mgul rgyan*),由洛本·楚臣坚赞(slob-dpon chul-khrims-rgyal-mchan)(生于 1893 年)作于 1952 年(水龙年)。手写卷,15 张。

5.《教祖大觉悟者纪年新法释》(*rGyal ba sangs rgyas bstan pavi rcis gsar ke ta ka yi vphreng ba*),由霍孙丹金洛珠(Hor-bcun bsTan-vjin blo-gros,生卒年:1888—1975)作于 1955 年(木羊年)。手写卷,13 张。P.克瓦尔内评述:《新苯教历史年表:霍孙丹金洛珠〈教历〉(1888—

1975）》（*A New Chronological Table of the Bon Religion：The bstan-rcis of Hor-bsun bstan-jin-blo-gros*（1888—1975）），即出。

6.《象雄吐蕃雪域之雍仲苯教寺院概览》（"Zhang bod gangs rivi ljongs dar gyung drung bon gyi dgon deb"），由巴丹楚臣（dpal-ldan-chul-khrims，生卒年：1902—1973 年）作于 1972 年（水鼠年）。载于《雍仲苯教源流》（*gyung drung bon gyi bstan vbyung*），2 卷，多兰吉，1972 年，卷 2，第 563 - 643 页，其中有巴丹楚臣所著的苯教历史附录。

7.《大觉悟者教法源流如意宝藏》（"Sangs rgyas bstan pa spyi yi vbyung khungs yid bzhin nor bu vdod pa vjo bavi gter mjod"），由昆卓扎巴（kun-grol-grags-pa，生于 1700 年）著于 1766 年（火狗年）。载于《苯教历史的三种资料》（*Three Sources for a History of Bon*），由克都雅卓印行，多兰吉，1974 年，第 197 - 552 页。《教历》，第 545 - 549 页。

8.《教法广说兴盛明灯》（"bsTan pavi rnam bshad dar rgyas gsal bavi sgron ma"），由巴通丹甲桑波（sPa-ston bsTan-rgyal-bzang-po）著于 1465 年，更可能是 1525 年（木鸡年）。载于坦辛·拉玛达克所编写的《苯教历史资料集》（*Sources for a History of Bon*），多兰吉，1972 年，第 498 - 769 页。《教历》：第 767 - 768 页。

（译自：Per. Kværne，"Chronological Tables［bstan-rcis］of the Bon Religion" contained in：A. Wezler, et al. , eds. , *Proceedings of the* XXII *International Congress for Asian and North African Studies*［ZDMG Supplement 9］, Franz Steiner［Stuttgart 1992］, pp. 212 - 213. 原载四川藏学研究所等编：《国外藏学动态》六，1992 年内部发行）

附　录

山口瑞凤著述目录

学历

1944 年 3 月　　富山県立神通中学校卒业

1947 年 3 月　　金沢工业专门学校机械科卒业

1950 年 3 月　　第一高等学校文科丙类卒业

1953 年 3 月　　东京大学文学部印度哲学梵文学科卒业

1958 年 3 月　　东京大学大学院(旧制)退学

1964 年 9 月　　フランス国立 Ecole Pratique des Hautes Etudes 第 4、第 5 学部退学

1979 年 9 月　　东京大学において文学博士の学位取得

职历

1958 年 10 月至 1962 年 9 月　　フランス国立 Centre Nationale de la Recherche Scientifique, attache de recherches (研究员)

1962 年 10 月　　ロックフェラー财団　给费研究员

至 1964 年 9 月

1964 年 11 月　　财团法人东洋文库　专任研究员

至 1970 年 4 月

1970 年 5 月　　东京大学助教授(文学部文化交流研究施设)

1979 年 4 月　　同上　教授

1981 年 2 月至 3 月　　フランス国立 College de France の招きでLa fondation du royaume　tibétain d'apres les sources anciennes, tibétaines et chinoisesの题名で连讲

1986 年 1 月　　东京大学教授より名古屋大学教授(文学部インド哲学科)に転任

1989 年 3 月　　名古屋大学 定年退官

1989 年 5 月　　东京大学名誉教授受赏及び名誉会员など

1972 年　第 9 回日本翻訳文化賞（R. A. スタン『チベットの文化』定方晟共訳）

1984 年　第 74 回日本学士院賞（『吐蕃王国成立史研究』）

1985 年　第 4 回东方学术赏

1985 年　Membre d'honneur de La Société Asiatique（France）

1988 年　第 42 回毎日出版文化賞（『チベット』上・下）

1996 年　勋三等瑞宝章

业绩目录

著书 および 翻訳、编纂

1969 年　『チベット语文语文法教科书』（ユネスコ东アジア・センター）

1983 年　『吐蕃王国成立史研究』（岩波书店）

1987 年　『チベット』上（东京大学出版会）

1988 年　『チベット』下（东京大学出版会）

〈2003 年许明银訳『西藏』上・下, 全仏文化事业有限公司, 台北〉

2004 年　（改订版）『チベット』下（东京大学出版会）

1998 年　『チベット语文语文法』（春秋社）

2002 年　『概说・チベット语文语文典』（春秋社）

2003 年　『要诀・チベット语文语文典』（成田山新胜寺）

2009/2010 年　『インド仏教哲学史评说』（岩波书店）〔印刷中〕文末注记参照

1971 年　R. A. スタン『チベットの文化』（岩波书店、共訳者定方晟）

1993 年　同上（决定版）（岩波书店、共訳者定方晟）

1970 年　*Catalogue of the Toyo Bunko Collection of Tibetan Works on History*（东洋文库）

1977 年至 1988 年　『スタイン搜集（敦煌）チベット语文献解题目录』12 分册（东洋文库）

1984 年　『スタイン搜集チベット语文献解题目录』索引（东洋

文库）

1985 年　　監修『敦煌胡语文献』（讲座敦煌 6、大东出版社）

1986 年　　監修『チベットの仏教と社会』（春秋社）

1973 年　　*Sum cu pa dang rtags kyi ' jug pa*, *Studia Tibetica* Ⅱ（东洋文库）

2005 年　　『多田等观——チベット大蔵経にかけた生涯』（春秋社、共编者・多田明子）

2006 年　　改订・中村元監修『新・仏教辞典』第三版,（诚信书房）

论文（和文）

1953 年　　『訳梵蔵文文法论』（东京大学文学部卒业论文、未刊 300×524）

1954 年　　「訳梵蔵文における自动词文の研究」（『大仓山学院纪要』1）大仓山文化研究所

1957 年　　「チベット语接続辞 te について」（『东洋学报』39－4, pp. 49－88）东洋文库

1963 年　　「顾实汗のチベット支配に至る经纬」（『岩井大慧博士古稀记念転籍论集』, pp. 741－773）

1966 年　　「古代チベット史考异」上（『东洋学报』49－3, pp. 1－39）东洋文库

1967 年　　「古代チベット史考异」下（『东洋学報』49－4, pp. 40－96）东洋文库

1967 年　　「吐番—伝承と制度から见た性格」（『历史教育』第十五卷, 9、10 合并号, pp. 41－48）

1968 年　　「苏毘の领界」（『东洋学报』50－4, pp. 1－69）

1969 年　　「白兰と Sum pa の rLangs 氏」（『东洋学报』52－1, pp. 1－61）东洋文库

1971 年　　「东女国と白兰」（『东洋学报』54－3, pp. 1－56）东洋文库

1972 年 「吐蕃の国号」(『日本西藏学会会报』18)

1973 年 「吐蕃王家の祖先」(驹沢大学仏教学部研究纪要，pp. 15－38）驹沢大学

1973 年 「女国の部族名 dMu 」(『日本西藏学会会报』19)

1973 年 「チベット仏教と新罗の金和尚」(『新罗仏教研究』，pp. 3－36)

1973 年 「痳悉董摩とsPu de gung rgyal 」(『中村元博士还历记念论集』pp. 393－409)

1974 年 「チベットの历学」(『铃木学术财团研究年报』10，pp. 77－94)铃木学术财团

1975 年 「ring lugs rBa dPal dbyangs」(『平川彰博士还历记念论集』pp. 641－664)

1975 年 「敦煌チベット文语の解释について」(『东大文学部文化交流研究施设纪要』1，pp. 31－41)东京大学文学部文化交流研究施设

1976 年 「『三十颂』『性入法』の成立时期をめぐって」(『东洋学报』57－1/2，pp. 1－34)东洋文库

1977 年 「「吐蕃」の国号と「羊同」の位置」(『东洋学报』58－3/4，pp. 55－95)东洋文库

1977 年 「活仏について」(『玉城康四郎博士还历记念论集』，pp. 285－302)

1978 年 「吐蕃王国仏教史年代考」(『成田山仏教研究所研究纪要』3，pp. 1－52)成田山仏教研究所

1978 年 「『诸王统史明示镜』の著者と成立年」(『东洋学报』60－1/2，pp. 1－18)东洋文库

1979 年 「ソンツェン？ガンポ王の『十六条法』の虚构と吐蕃の刑法」(『隋唐帝国と东アジア世界』，pp. 1－39)

1979 年 「七世纪前半の吐蕃とネパールの关系」(『东大文学部文化交流研究施设纪要』2，pp. 29－57)东京大学文学部文化交流研究

施设

1979 年　「『二巻本訳語釈序』の研究」（『成田山仏教研究所研究紀要』4, pp. 1 – 24）成田山仏教研究所

1979 年　「吐蕃王国の成立と法令・制度」（『中国律令制とその展开』, pp. 79 – 89）

1980 年　「ダルマ王の破仏とその杀害者」（『胜又俊教博士古稀记念论集』, pp. 657 – 672）

1980 年　「ダルマ王杀害の前后」（『成田山仏教研究所研究纪要』5）成田山仏教研究所

1980 年　「ダルマ王の二子と吐蕃の分裂」（『驹沢大学仏教学部论集』11, pp. 214 – 233）驹沢大学

1980 年　「吐蕃支配时代」（讲座敦煌 2『敦煌の历史』, pp. 197 – 232）大东出版社

1980 年　「中国禅とチベット仏教 – 摩诃衍の禅」（讲座敦煌 8『敦煌仏教と禅』pp. 379 – 407）大东出版社

1981 年　「沙州汉人による吐蕃二军団の成立とmKhar tsan 军団の位置」（『东大文学部文化交流研究施纪要』4, pp. 13 – 47）东京大学文学部文化交流研究施设

1982 年　「チョナンパの如来蔵说とその批判说」（『田村芳朗博士还历记念论集』pp. 585 – 605）

1982 年　「チベット史料の年次计算法」（『东洋学报』63 – 3/4, pp141 – 168）东洋文库

1982 年　「汉人及び通颊人による沙州吐蕃军団编成の时期」（『东大文学部文化交流研究施设纪要』5, pp. 1 – 21）东京大学文学部文化交流研究施设

1982 年　「カダム派の典籍と教义」（『东洋学术研究』21 – 2, pp. 68 – 80）

1982 年　「チベット仏教典籍解题」（『成田山仏教研究所研究纪要』7, pp. 1 – 37）成田山仏教研究所

1983 年　「チベット（仏教）」（玉城康四郎编『仏教史』Ⅱ, pp. 189 – 298）山川出版社

1984 年　「接続辞〈dang〉と〈na〉の用法の変迁」（『东大文学部文化交流研究施设纪要』6, pp. 21 – 46）东京大学文学部文化交流研究施设

1984 年　「虎を伴う第十八罗汉図の来历」（『神秘思想论集』, pp. 393 – 420）成田山新胜寺

1985 年　「チベット史における汉文史料の误伝」（『东洋学报』66 – 1/2/3/4, pp. 481 – 513）东洋文库

1985 年　「十九世纪までのチベット旅行记」（『思想の动き』18）

1985 年　「「La 义七字」の用法分类と de nyid の解释」（『东 大文学部文化交流研究施设纪要』7, pp. 1 – 29）东京大学文学部文化交流研究施设

1985 年　「『デンカルマ』八二四年成立说」（『成田山仏教研究所研究纪要』9, pp. 1 – 61）成田山仏教研究所

1985 年　「rdzogs tshigs の働きと用法の変迁」（山口瑞凤监修『チベットの仏教と社会』, pp. 736 – 697）春秋社

1985 年　「チベット语文献 – 仏教关系以外の诸文献」（讲座敦煌 6、山口瑞凤编『敦煌胡语文献』, pp, 451 – 555）大东出版社

1987 年　「チベットの历史」（『チベットの言语と文化』, pp. 69 – 106）

1987 年　「インド仏教における方便」（『东方』3, pp. 52 – 69）东方学院

1987 年　「助动词 yin, yod と动词' dug – 訳经文を含む古代文献の用法」（『高崎直道博士还历记念论集』, pp, 838 – 818）

1987 年　「第四章 チベット（史）」（江上波夫编『中央アジア史』, pp. 525 – 621）山川出版社

1988 年　「シャーンタラクシタの中观」（『仏教思想史论集』pp. 641 – 682）成田山新胜寺

1988 年 「摂政サンギェーギャンツォの出自をめぐって」(『榎一雄博士頌寿記念東洋史论集』pp. 443 – 458)

1988 年 「チベット古派密教と性瑜伽」上・下(『UP』190, 191)东大出版会

1989 年 「チベット文语における自己使役形」(『藤田宏达博士还历记念论集』pp. 375 – 3961)

1989 年 「刹那灭と缘起生の相违——わが国中观哲学の常识に问う」(『思想』778, 1989 – 4, pp. 55 – 69)岩波书店

1989 年 「二种类の「零」・「无」と「空」–十进法を支えるいま一つの「零」」(『思想』785, 1989 – 11, pp. 87 – 98)岩波书店

1989 年 「中国のチベット仏教寺院」(镰田茂雄监修『中国』第三卷「仏土复兴」pp. 216 – 222)毎日コミュニケーションズ.

1989 年 「チベット仏教思想史」(岩波讲座「东洋思想」11『チベット仏教』pp. 22 – 115)岩波书店

1990 年 「古代チベットにおける顿悟・渐悟论争」(韩国・普照思想研究院『普照思想』4, pp. 41 – 64)仏日出版社

1990 年 「チベット系民族」(「民族の世界史」4、护雅夫・冈田英弘『中央ユーラシアの世界』pp. 515 – 576)山川出版社

1990 年 「チベット历置闰法定数の意味と历史的闰月年表」(『成田山仏教研究所纪要』13, pp. 1 – 48)成田山仏教研究所

1990 年 「生き仏国王の由来と选定」(『文芸』冬号 pp. 286 – 291)河出书房新社

1990 年 「吐蕃王朝外戚支配机构「尚论」制の成立と意义」(唐代史研究会报告第Ⅶ集『东アジア古文书の史的研究』pp. 447 – 478)唐代史研究会

1991 年 「日本に伝わらなかった中观哲学」(『思想』802, 1991 – 4, pp. 4 – 29)岩波书店

1991 年 「「无」と「空」の相违・二种类の「零」について」(『庄峰金知见博士华甲记念师友录』pp. 865 – 883)庄峰金知见博士师友录

刊行会

1991 年 「「縁起生」の复権 – 寂护による清弁・法称の刹那灭论批判 –」(『成田山仏教研究所纪要』14,pp. 1 – 57)成田山仏教研究所

1991 年 「ボン教の成立と変迁」(季刊『民族学』58,pp. 85 – 89)千里文化财団

1992 年 「三轮清浄の布施 – 大乗仏教の目的は解脱でない」(『成田山仏教研究所纪要』15,pp. 577 – 608)成田山佛教研究所

1992 年 「ダライラマ五世の统治权 – 活仏シムカンゴンマと管领ノルブの抹杀」(『东洋学报』73 – 3/4,pp. 124 – 160)东洋文库

1993 年 「十七世纪初头のチベットの抗争と青海モンゴル」(『东洋学报』74 – 1/2. pp. 1 – 25)东洋文库

1993 年 「十七世纪初头の青海トゥメト部」(『成田山仏教研究所纪要』16,pp. 1 – 26)成田山佛教研究所

1993 年 「古代グゲ王国」说の欺瞒(『东方』8,pp. 59 – 74)东方学院

1993 年 「大乗仏教教理の由来 – 小乗非仏说」(『思想』828,1993 – 6,pp. 61 – 87)岩波书店

1993 年 「『般若经』に如来蔵思想が说かれているか」(宫坂宥胜先生古稀记年论文集『インド学・密教学研究』pp. 287 – 339)法蔵馆

1994 年 「チベット语述语の系谱と用法—对象的表现と主体的表现—」(『成田山仏教研究所纪要』17, pp. 131 – 182)成田山佛教研究所

1995 年 「ダルマ王の「破仏」は虚构」(『成田山仏教研究所纪要』18, pp. 1 – 30)成田山佛教研究所

1996 年 「インド大乗仏教の真意」(『成田山仏教研究所纪要』19, pp. 1 – 38)成田山佛教研究所

1996 年 「仏教における观念的実在论の排除—「空」は「零」でも「无限小」でもない—」(『思想』865, 1996 – 7, pp. 67 – 89)岩波

书店

1996 年 「ゼノンとカントとの哲学的弱点—仏教哲学の視点から—」(『UP』285，1996、7）东大出版会

1996 年 「了义・未了义の意义—『スッタニパータ』の中观的注释」『印度哲学仏教学』11，pp. 302－330）北海道印度哲学佛教学会

1997 年 「yan chad/man chad の用法—表现主体位相の视点 —」(『成田山仏教研究所纪要』20，pp. 1－26）成田山佛教研究所

1997 年 「缘起する「空」と观念の「无」〔『法华文化研究』23，pp. 1－13〕法华经文化研究所

1998 年 「能海宽の悲运」(『金城の风土记』波佐文化协会，pp. 67－73）

1999 年 「仏陀の缘起生说－排中律の否定－」(『成田山仏教研究所纪要』22，pp. 1－44）成田山佛教研究所

2001 年 「仏说の哲学と修习－祖师と研究者が等闲视した问题」(『成田山仏教研究所纪要』24，pp. 45－76）成田山佛教研究所

2001 年 「时间と空间に关する知识と意识－自然科学・哲学・仏教の场合－」『思想』923，2001－4，pp. 142－176）岩波书店

2002 年 「二表现位相と仮说法－チベット语の基本的构造—」(『成田山仏教研究所纪要』25，pp. 1－56）成田山佛教研究所

2003 年 「仏陀の所说とその正统－小乘非仏说论」(『成田山仏教研究所纪要』26，pp. 59－103）成田山佛教研究所

2003 年 「『正法眼蔵』研究の怪」(驹沢大学公开讲座记录、『仏教学研究会年报』36，pp. 1－15）

2004 年 「西洋哲学の时间观を讶かる－H.ベルグソンの哲学を见诘めて」(『成田山仏教研究所纪要』27，pp. 1－43）成田山佛教研究所

2005 年 「邪说『相依性缘起』の暴走—般若波罗蜜多修习の否定」(『成田山仏教研究所纪要』28，pp. 51－122）成田山佛教研究所

2006 年 「第一次ダライラマ政权の崩坏と清朝・青海の关与」

(『成田山仏教研究所纪要』29, pp. 47－99)成田山佛教研究所；「仏教の时间观から西洋哲学时间论を观る」(『思想』991, 2006－12, pp. 91－132)岩波书店

2007 年　「仏说と『般若经』および唯识・中观」(『成田山仏教研究所纪要』30, pp. 1－206)成田山仏教研究所

2008 年　「西蔵大蔵经における深刻重大な误訳―《阿字本不生》义を伝え损ねた大过失」(『成田山仏教研究所纪要』31, pp. 1－62)成田山仏教研究所

2009 年　「ツォンカパの教义―仏说との乖离に惊く」(『成田山仏教研究所纪要』32, pp, 57－163)成田山仏教研究所

西文论文

1956 年　On the Tibetan syntaxes, (『大仓山学院纪要』2)

1969 年　Matrimoinial relationship betweeen the T'u－fan and T'ang Dynasties, Ⅰ (*Memoirs of the Research Department of the Toyo Bunko*, No. 27)

1970 年　Matrimoinial relationship betweeen the T'u－fan and T'ang Dynasties, Ⅱ (*Memoirs of the Research Department of the Toyo Bunko*, No. 28)

1970 年　rTsang－yul and Yan－lag gsum－pa'i ru (*Acta Asiatica*, No. 19)

1975 年　The geographical location of Sum－yul (*Acta Asiatica*, No. 29)

1977 年　On the Annals relating to Princess Wen Ch'eng (*Memoirs of the Research Department of the Toyo Bunko*, No. 35)

1980 年　Localisation de rTsang-yul(*Acta Orient. Hung.* No. 34)

1984 年　Methods of chronological calculation in Tibetan historical sources (*Tibetan and Buddhist Studies commemorating the 200th Anniversary of the Birthof Alexander Csoma de Körös*, Budapest)

1985 年　On the author and the date of the rGyal rabs rnams kyi byung tshul gsal ba'i me long (*International Conference on China Boder Area Studies*, Taipei)

1989 年　On the composition of the Sum – cu – pa and the rTags kyi 'jug pa(*Memoirs of the Research Department of the Toyo Bunko*, No. 47, pp. 91 – 113)

1990 年　The grammatical function of de – nyid (*Acta Orient. Hung.* No. 44, pp. 251 – 257)

1992 年　The significance of intercalary constants in the Tibetan calendar and hisyorical tables of intercalar months (*Tibetan Studies, Proceedings of the 5th Seminar of the International Association of Tibetan Studies*, Narita 1989)

1992 年　The establishment and significance of the zhan-lon system of rule by maternal relatives during the T'u-fan dynasty (*Memoirs of the Research Department of the Toyo Bunko*, No. 50, pp. 57 – 80)

1993 年　The conflict in early seventeenth – century Tibet and the Kokonor Mongols (『成田山仏教研究所纪要』16, pp. 27 – 48)

1995 年　Nyagnyi cannot be the name of a stong-sde(『成田山仏教研究所纪要』18, pp. 97 – 106)

1995 年　The sovereign power of the Fifth Dalai lama: sprul-sku gZims-khang gong-ma and the removal of Governor Nor-bu(*Memoirs of the Research Department of the Toyo Bunko*, No. 53, pp. 1 – 27)

1996 年　The Fiction of King Dar-ma's Persecution of Buddhism, (*De Dunhuang au Japon, £ Etudes chinoises et boudhiques offertes à Michel Soymié*, Paris)

1997 年　The Core elements of Indian Buddhism introduced into Tibet: A contrast with Japanese Buddhism (Jamie Hubbard & Paul Swanson: *Pruning the Bodhi Tree, Nanzan Library of Asian Religion and Culture*, pp. 220 – 241)

1999 年　Emergennce of the Regent Sangs-rgyas-rgya-mtsho and the

Denoument of the Dalai Lamas ' First Administration (*Memoirs of the Research Departmen of the Toyo Bunko* , No. 57 , pp. 113 – 136)

批评

1965 年　上山大峻「昙旷と敦煌の仏教学」(『东洋学报』47 – 4)

1965 年　长沢和俊『チベット – 极奥アジアの历史と文化』(『东洋学报』48 – 1)

1965 年　シェルクスマ「rtsod pa – チベットにおける僧院の论议」(『东洋学报』48 – 2)

1971 年　E. G. スミス「『パンチェンラマ一世自伝』解说その他」(『东洋学报』53 – 3/4)

1972 年　A. マクドナルド「ペリオ・チベット文书の読解」(『东洋学报』54 – 4)

1973 年　Z. アフマド『十七世纪における中国・チベット关系』(『东洋学报』55 – 4)

1964 年　「回顾と展望(チベット)」(『史学杂志』74 – 5, pp. 262 – 264)

1975 年　「回顾と展望(チベット)」(『史学杂志』75 – 5, pp. 254 – 258)

1975 年　「回顾と展望(チベット)」(『史学杂志』84 – 5, pp. 241 – 243)

1976 年　「回顾と展望(チベット)」(『史学杂志』85 – 5, pp. 249 – 251)

1979 年　佐藤长『チベット历史地理研究』(『史学杂志』88 – 11)

1979 年　フランス国立図书馆编『国立図书馆チベット语文献抄』(『东洋学报』61 – 1)

1980 年　L. ペテック『ラダック王国』(『东洋学报』62 – 1/2)

1989 年　「チベットの実像に迫る・『チベット曼荼罗の世界』を読んで」(『本の窓』89 – 6)

1989 年　「チベットに仏典を求めた二人・村上护『风の马』」

（『产经新闻』6 月 2 日）

　　1994 年　「西チベット仏教遺迹とメディアの情報操作」（『周间金曜日』1994 年　6 月 3 日、pp. 31 – 35）

　　1994 年　「『チベット死者の书』はエセ仏典」（『诸君』pp. 154 – 161）文芸春秋

（山口瑞凤提供，杨铭摘编）

武内绍人著述目录

Books 著书

1. Y. Imaeda et T. Takeuchi, *Choix de documents tibétains conservés à la Bibliothèque Nationale*, Tome Ⅲ (Paris: Bibliothèque Nationale, 1990) ⅪV + 59 pp. + 1,009pp.

Reviewed by Anne Chayet, *Revue Bibliographique de Sinologie*, Ⅷ (1990) 19;御牧克巳『日仏東洋学界通信』14 – 15 号 (1992) 18 – 19; Alexander W. Macdonald, *Journal of the International Association of Buddhist Studies*, vol. 15, no. 1 (1992) 144 – 45.

2. Tsuguhito Takeuchi, *Old Tibetan Contracts from Central Asia*. (Tokyo: Daizō – shuppan, 1995) xi + 515 pp. + 63pls.

Reviewed by C. Beckwith, *Central Eurasia Report*, 16 (1995) 22; M. Vorobyeva – Desyatovskaya, *Manuscripta Orientalia*, vol. 2, no. 1 (1996) 66 – 67; Per Kvaerne, *Acta Orientalia*, LⅦ (1996) 251 – 54; L. Petech, East and West, 46, nos. 1 – 2 (1996) 225 – 26;坂尻彰宏『内陆アジア言语の研究』Ⅺ (1996) 139 – 52; P. Zieme, *Orientalische Literaturzeitung*, 92 – 1 (1997) 124 – 28; A. Róna – Tas, *Central Asiatic Journal* 42 – 2 (1998) 322 – 25.

3. Tsuguhito Takeuchi (compiled by), *Old Tibetan Manuscripts from East Turkestan in the Stein Collection of the British Library*. Volume 1. Plates. (Tokyo – London: Joint Publication of The Centre for East Asian Cultural Studies for Unesco and The British Library, 1997) xxii + 357 pp.

4. Tsuguhito Takeuchi, *Old Tibetan Manuscripts from East Turkestan in the Stein Collection of the British Library*. Volume 2. Descriptive Catalogue (Tokyo – London: Joint Publication of The Centre for East Asian Cultural Studies for Unesco and The British Library, 1998) xxxii + 277 pp.; with

Supplementary Volume. Syllabic Index. 468 pp.

Reviewed（3 - 4 + together）by Per Kvaerne, *Acta Orientalia*, LXII（2001）330 - 31.

5. Y. Imaeda, T. Takeuchi, et. al., *Choix de documents tibétains conservés à la Bibliothèque Nationale*, Tome Ⅳ（Tokyo：Institute for the Study of Languages and Cultures of Asia and Africa, Tokyo University of Foreign Studies, 2001）Ⅷ + 1,128 pp.

6. Y. Imaeda, T. Takeuchi, et. al., *Tibetan Documents from Dunhuang kept at the Bibliothèque Nationale de France and the British Library*, Old Tibetan Documents Online Monograph Series Vol. Ⅰ（Tokyo：Institute for the Study of Languages and Cultures of Asia and Africa, Tokyo University of Foreign Studies, 2007）X X X Ⅲ +358 pp.

7. K. Iwao, N. Hill, T. Takeuchi, *Old Tibetan Inscriptions*, Old Tibetan Documents Online Monograph Series Vol. Ⅱ（Tokyo：Institute for the Study of Languages and Cultures of Asia and Africa, Tokyo University of Foreign Studies, 2009）X X X Ⅶ +98 pp.

8.武内绍人・高桥庆治著『チベット语の基础』（京都：永田文昌堂、印刷中）.

Edited Books　编书

E. Steinkelner und T. Takeuchi（Hrsg.）Geza Uray：*Eine Einfürung in die frühen tibetischen Quellen der Geschichte und Kultur Tibets bis zum Anfang des* 11. JH. s.：Wiener Studien zur Tibetologie und Buddhismuskunde（Wien：Universität Wien, in press）.

Translation　訳书

チョギャム・トゥルンパ（Chögyam Trungpa）著、武内绍人訳・解说『チベットに生まれて（Born in Tibet）』（京都：人文书院，1989）332 页.

Articles　论文

1.「现代チベット语における文の构造」京都大学修士论文

（1978）.

2.「チベット语 Thingri 方言について」『日本西藏学会会报』第 25 号（1979）6 - 10.

3. "On the Old Tibetan Word Lho-bal." In T. Yamamoto（ed.）*Proceedings of the 31st International Congress of the Human Sciences in Asia and North Africa* II（Tokyo, 1984）986 - 987.

4. "A Passage from the Shih-chi in the Old Tibetan Chronicle." In B. Aziz and M. Kapstein（eds.）*Soundings in Tibetan Civilization*（New Delhi: Manohar, 1985）135 - 146.

5. "The Tibetans and Uighurs in Pei-t'ing, An-hsi（Kucha）, and Hsi-chou（790 - 869 A. D.）." 『近畿大学教养部研究纪要』第 17 卷第 3 号（1986）51 - 68.

6. "On the Psycholinguistic Approach to Creole Languages: a Review of Bickerton's Theory." 『近畿大学教养部研究纪要』第 18 卷第 1 号（1986）1 - 8.

7.「敦煌・トルキスタン出土チベット语手纸文书の研究序说」山口瑞凤监修『チベットの仏教と社会』（东京: 春秋社, 1986）563 - 602.

8.「大谷探检队将来チベット语世俗文书」『龙谷大学仏教文化研究所纪要』第 26 号（1987）39 - 51.

9.「チベット语の述部における助动词の机能とその発达过程」崎山・佐藤编『アジアの诸言语と一般言语学』（东京: 三省堂, 1990）6 - 16.

10. "On the Tibetan Texts in the Otani Collection." In A. Haneda（ed.）*Documents et Archives provenant de L'Asie centrale*,（Kyoto: Doho-sha, 1990）205 - 216.

11.「チベット语のことば游び」江口一久编『ことば游びの民族志』（东京: 大修馆, 1990）139 - 154.

12. "A Group of Old Tibetan Letters Written Under Kuei-i-chün: a

Preliminary Study for the Classification of Old Tibetan Letters. " *Acta Orientalia Hungarica*, Tomus 44 (Budapest, 1990) 175 – 190.

13.「中央アジア出土古チベット语家畜売买文书」『内陆アジア言语の研究 V』(神戸, 1990) 33 – 67.

14. "Mongolian Loan-words in Tibetan and their Socio-cultural Implications," coauthored by T. J. Norbu. In E. Steinkellner (ed.) *Tibetan History and Language* (Wien, 1991) 383 – 386.

15. "On the Old Tibetan Sale Contracts. " In S. Ihara and Z. Yamaguchi (eds.) *Tibetan Studies / Narita* 1989 (Narita, 1992) 773 – 792.

16. "Preliminary Report on the Tibetan Texts in the Otani Collection. " In A. Wezler and E. Hammerschmidt (eds.) *Proceedings of the* XXXII *International Congress for Asian and North African Studies* (Hamburg, 1992) 211 – 212.

17. "Old Tibetan Loan Contracts. " *Memoirs of the Research Department of the Toyo Bunko*, no. 51 (Tokyo, 1993) 25 – 83.

18. "A Study of the Old Tibetan Contracts. " Ph. D. dissertation, Indiana University, Department of Central Eurasian Studies (Bloomington, 1994) 361pp.

19. "Split Ergative Patterns in Transitive and Intransitive Sentences in Tibetan: a Reconsideration," coauthored by Y. Takahashi. In H. Kitamura, T. Nishida, and Y. Nagano (eds.) *Current Issues in Sino-Tibetan Linguistics* (Osaka, 1994) 649 – 659.

20. "Tshan: Subordinate Administrative Units of the Thousand-districts in the Tibetan Empire. " In Per Kvaerne (ed.) *Tibetan Studies: Proceedings of the 6th Seminar of the International Association for Tibetan Studies* (Oslo, 1994) 848 – 862.

21.「「铅」と「お颜」－チベット语敬语语汇形成过程をめぐって－」『内陆アジア言语の研究 IX』(神戸, 1994) 95 – 104.

22. "Three Old Tibetan Contracts in the Sven Hedin Collection. " Bul-

欧・亚・历・史・文・化・文・库・

letin of the School of Oriental and African Studies 57. 3（London，1994）576 – 587.

23. "Kh. Tib.（Kozlov 4）：Contracts for the Borrowing of Barley." *Manuscripta Orientalia* vol. 1，no. 1（St. Petersburg，1995）49 – 52.

24.「スタイン捜集トルキスタン出土古チベット語文書 – 概要とカタログ作成プロジェクト – 」『内陸アジア言語の研究XI』（大阪，1996）121 – 137.

25.「チベットの歴史と文化」『アジアの歴史と文化 7：北アジア史』（京都：同朋舎、1999）168 – 189.

26. "Preliminary Analysis of the Old Zhang-zhung Language and Manuscripts." In Y. Nagano and R. J. LaPolla（eds.）*A Linguistic Approach to Zhang-zhung and Some Related Languages in the Indian Himalayas.*（Osaka：National Museum of Ethnology，2001）45 – 96.

27. "The Old Zhangzhung Manuscript Stein Or 8212/ 188." In Ch. Beckwith（ed.）*Medieval Tibeto - Burman Languages*（Leiden：Brill，2002）1 – 11.

28.「帰義軍期から西夏時代のチベット語文書とチベット語使用」『東方学』第 104 号（2002 年 7 月）106 – 124.

29. "Military Administration and Military Duties in Tibetan-ruled Central Asia（8th – 9th centuries）." In Alex MacKay（ed.）*Tibet and her Neighbours, A History.*（London：Edition Hansjörg Mayer，2003）43 – 54.

30.「チベット語羊骨占い文書」西田爱と共著『アジア言语论丛』（神戸市外国语大学，2004）1 – 16.

31. "The Tibetan military system and its activities from Khotan and Lob – nor." In Susan Whitfield（ed.）*The Silk Road：Trade，Travel，War and Faith.*（British Library，2004）50 – 56.

32. "Sociolinguistic Implications of the use of Tibetan in East Turkestan from the end of Tibetan Domination through the Tangut Period（9th – 12th c.）." In P. Zieme et. al.（eds.）*Turfan Revisited.*（Dietrich Reimer

Verlag：Berlin，2004）341 – 348.

33.「中央アジア出土のチベット语木简ーその特征と再利用ー」
馆野和己と共著『木简』26 号（2004）259 – 283.

34.「チベット语文书」吉田顺一・チメドドルジ编『ハラホト出
土モンゴル文书の研究』雄山阁 2007 年 2 月、pp. 200 – 209.

35.「古チベット文献研究の现阶段」『东洋史研究』第 67 卷第 4
号（2009）123 – 129.

36. "Tshar, srang, and tshan：Administrative units in Tibetan ruled
Khotan." *Journal of Inner Asian Art and Archaeology* 3（2009）145 – 148.

37. "Old Tibetan Buddhist Texts from post - Tibetan Empire Period
(mid 9th to late 10th centuries)." Cristina Sherrer-Schaub（ed.）*Old Ti-
betan Studies 2：Proceedings of the 10th Seminar of the International Associ-
ation for Tibetan Studies*（Brill，2009）.

38. "Present Stage of Deciphering Old Zhangzhung." Y. Nagano
（ed.）*Senri Ethnological Studies*（2009）.

39. "Old Tibetan Rock Inscriptions near Alchi." In H. Uebach and L.
Panglung（eds.）Rock Inscriptions in Ladakh（Munich，in press）.

Reviews 书评、绍介

1.「山口瑞凤编『敦煌胡语文献』讲座敦煌 6」『东洋史研究』45
卷 - 2 号（1986）190 – 200.

2.「长野泰彦、立川武藏编『チベットの言语と文化』」『言语 8 月
号』（1987）126 – 127.

3.「庄垣内正弘著『古代ウイグル文阿毘达磨俱舍论实义疏の研
究 I』」『史学杂志』第 102 编第 1 号（1993）135 – 137.

4.「北村甫、长野泰彦著『现代チベット语分类辞典』」『言语研究』
104（1993）157 – 167.

5.「新刊学术志绍介：『西藏考古』と Manuscripta Orientalia」『内陆
アジア言语の研究 XI』（大阪，1996）151 – 152.

その他

1.「チベット语の言叶游び」『民博通信』第 33 号（国立民族学博物馆，1986）34 – 40.

2.「チベット语の敬语表现」『言语 7 月号』（大修馆，1987）66 – 67.

3.「敦煌・トルキスタン出土チベット语法律文书の研究」『三岛海云记念财团事业报告书』（1989，东京）115 – 117.

4.「チベット语における形容词表现の研究」昭和 63 年度文部省科学研究费补助报告（1989）.

5.「チベット语のすすめ1 – チベット世界へ」『言语 5 月号』（1990）108 – 113.

6.「チベット语のすすめ2 – 文のタイプと述部の构造」『言语 6 月号』（1990）98 – 103.

7.「チベット语のすすめ3 – 能格と敬语」『言语 7 月号』（1990）104 – 108.

8.「チベット语のすすめ4 – 方言と文字」『言语 8 月号』（1990）102 – 107.

9.「チベット语のすすめ5 – チベット语の历史」『言语 9 月号』（1990）102 – 107.

10.「チベット语のすすめ6 – チベット文明の现在と未来」『言语 10 月号』（1990）106 – 112.

11.「中央アジア出土チベット文献」『しにか』（1991 年 1 月）26 – 32.

12.「チベット・中央アジアの木简」『しにか』（1991 年 5 月）35 – 40.

13. 桑山正进编『慧超往五天竺国传研究』（本文共訳と注 4 点）京都大学人文科学研究所（京都，1992）292pp.

14.「チベット语」柴田武编『世界のことば小事典』（大修馆，1993）278 – 281.

15.「古チベット語文献における言語体系と言語接触」平成 4 年度科学研究費补助金(一般 C)研究成果报告书（1994）50pp.

16.「私が受けた言语学のトレーニング」『言语 5 月号』（大修馆，1995）43.

17.「チベットのことわざ」柴田武、谷川俊太郎、矢川澄子编『世界ことわざ大事典』（大修馆，1995）277－287.

18.「チベット語 – 今に生きるアジア有数の文献言语」『アエラムック 14：外国语学がわかる』（朝日新闻社，1996）74－77.

19.「古チベット语文献研究とその背景」『财团法人新村出记念财团报』10（京都、1996）4－6.

20.「ひと—クリストファー・ベックウィズ教授」『民博通信』第 74 号(国立民族学博物馆，1996）38－39.

21.「Zhang-zhung 语およびボン教关连チベット语文献の解析とデータベース化」国际学术研究：学术调查（「チベット文化域におけるボン教文化の研究」研究课题番号 08041040、代表者长野泰彦）研究成果报告书（1999）231－35 ＋ 17pls.

22.「归义军期から西夏时代のチベット语文书とチベット语使用」『东方学』第 99 号(2000 年 1 月)164.

23. コラム「潮音风声」连载十回『読売新闻夕刊』（2000 年 11 月 1 日—16 日）.

24.「中央アジア出土チベット语木简の総合的研究」平成 12—14 年度科学研究费补助金（基盘研究（C2））研究成果报告书（2003）.

25. " Dernière études sur le tibétain ancien, ses sources et sa méthodologie," Conférences de M. Tsuguhito Takeuchi, Professeur à l' Universitéde Kobe（Japon），Directeur d'études invité, *Annuaire EPHE*, *Section des sciences religieuses*, t. 111（2002－2003）139－140.

26.「チベット语木简概略」森安孝夫编『中央アジア出土文物论丛』（京都：朋友书店、2004）137－141。

27.「长尾雅人先生を偲ぶ」『日本西蔵学会会报』第 52 号（2006）

107 – 108.

28.「チベットとシルクロード」『神戸大好き研修会記录』vol. 75（神戸、2006）5 – 13。

29. "Old Tibetan Buddhist Texts from post -Tibetan Empire Period（mid 9th to late 10th centuries）." 平成 15 – 17 年度科学研究费补助金［基盘研究（B）研究课题番号 15401021、代表者荒川正晴］研究成果报告书（2006）39 – 47.

30.「チベット文明のユニークさと普遍性」『图书』（东京：岩波书店、2008 年 10 月号）10 – 13。

31.「佐藤长先生の学恩」『东方学』第 116 辑（2008）250 – 252.

32.「敦煌出土の古代シャンシュン语文献」国立民族学博物馆编『チベット ポン教の神がみ』（千里文化财团、2009）126 – 127。

33.「チベット语」『事典 世界のことば141』（东京：大修馆书店、2009）260 – 263.

学会発表等

1978.11 「チベット语 Thingri 方言について」日本西藏学会第 26 回大会（东京）.

1982.8 "A Hitherto Unnoticed Passage From the Shih-chi in the Old Tibetan Chronicle," The 3rd International Seminar on Tibetan Studies（New York：Columbia University）.

1983.8 "On the Old Tibetan Word Lho-bal," The 31st International Congress of Human Sciences in Asia and North Africa（Tokyo-Kyoto）.

1984.9 "A Group of Old Tibetan Letters Written Under Kuei -i -chün," Bicentenary Csoma de Körös Symposium（Visegrad-Budapest）.

1986.8 "A Preliminary Report on the Tibetan Texts in the Otani Collection," The 32nd International Congress for Asian and North African Studies（Hamburg）.

1987.11 「大谷探検队将来チベット文书」第 35 回日本西藏学会（国立民族学博物馆）.

1988. 10　"On the Tibetan Texts in the Otani Collection," The Colloque Franco-Japonais de Documents et Archives Provenant de L' asie Central (Kyoto).

1988. 10　「中央アジアの文献言语と言语接触」第 97 回日本言语学会大会公开讲演［リレ－讲演］（神戸市外国语大学）.

1989. 8　"On the Old Tibetan Contracts," The 5th Seminar of the International Association for Tibetan Studies (Narita).

1990. 6　"Recent topics on Old Tibetan Philology," The Colloquium on Central Asian Philology (Tokyo: International institute for Buddhist Studies).

1990. 7　「Diglossia or lingua franca – 10 世纪トルキスタンにおけるチベット语使用状况をめぐって –」第 23 回京都大学言语学恳话会(京都大学).

1992. 8　"Tshan: Administrative Units in Tibetan -ruled Dunhuang and East Turkestan," The 6th Seminar of the International Association for Tibetan Studies (Fagernes, Norway).

1993. 9　"Split Ergative Patterns in Transitive and Intransitive Sentences in Tibetan: a Reconsideration," The 26th International Conference for Sino-Tibetan Linguistics (Osaka: National Museum of Ethnology).

1993. 10　"Old Tibetan Documents from Central Asia," The Buddhist Forum at the School of Oriental and African Studies, London University (London)

1998. 7　"Sociolinguistic Implications of the use of Tibetan by non-Tibetans after the end of the Tibetan Domination of East Turkestan through the Tangut Period (9th – 12th c.)," The 8th Seminar of the International Association for Tibetan Studies (Bloomington, USA).

1999. 8　"Preliminary Notes on the Old Zhang-zhung Manuscripts," International Symposium New Horizons in Bon Studies (Osaka: National Museum of Ethnology).

1999. 11 「帰義軍期から西夏時代のチベット語文書とチベット語使用」第 49 回東方学会、敦煌·吐魯番研究シンポジウム（東京）。

2000. 6 "Further Remarks on the Old Zhang -zhung Language and Manuscripts," The 9th Seminar of the International Association for Tibetan Studies（Leiden，Netherland）．

2001. 6 「写本から版本へ：チベット文献における書写様式の変遷」特定領域研究「東アジア出版文化の研究」第 1 回研究集会（東京：学術総合センター）。

2001. 9 "Military Administration and Military Duties in Tibetan - ruled Central Asia（8th – 9th centuries），" The History of Tibet Conference（St Andrews，UK）．

2002. 9 "The Tibetan Language and the Tibetan Texts from the End of Tibetan Domination of East Turkestan through the Tangut Period（9th – 12th c.）." Turfan Revisited（International Turfan Conference）at Berlin.

2002. 9 "Sociolinguistic Implications of the use of Tibetan by non -Tibetans after the end of the Tibetan Domination of East Turkestan through the Tangut Period（9th – 12th c.），" The 8th Himalayan Languages Symposium（Univ. of Bern，Switzerland）．

2002. 11 "Old Tibetan Woodenslips and Tibetan Administration of Central Asia（mid 8th to mid 9th centuries），" Circle of Inner Asian Art at the School of Oriental and African Studies，London University（London）．

2003. 3—4 Four invited lectures at école Pratique des Hautes Etudes："Dernière études sur le tibétain ancien，ses sources et sa méthodologie." Sorbonne，Paris.

2003. 4 An invited lecture at University of Lausanne："Old Tibetan Texts in Perspective." Lausanne，Switzerland.

2003. 4 「古チベット語木簡について」京都大学言語学懇話会（京都大学）。

2003. 9 "Old Tibetan Buddhist Texts from post-Tibetan Empire Period（mid 9th to late 10th centuries）." The 10th Seminar of the International Association for Tibetan Studies（University of Oxford, UK）.

2003.12 「中央アジア出土のチベット语木简」木简学会（奈良文化財研究所）.

2004.5 An invited lecture: "Early and Late Tibetan Texts regarding Khotan." The Kingdom of Khotan to AD 1000: A Meeting of Cultures: The Symposium held in conjunction with the exhibition The Silk Road: Trade, Travel, War and Faith（British Library, UK）.

2004.10 An invited lecture at the Hungary Academy of Sciences: "Classification, Cataloguing and Dating the Stein Tibetan Texts -Preblems and Progress." The Collections of Sir Aurel Stein and Alexander Csoma de Körös in the Oriental Collection: State of Cagalogues, Budapest.

2005.5 「チベット帝国（吐蕃）の税制」第50回国际东方学者会议、シンポⅡ「前近代中央アジアにおける税制」（东京：日本教育会馆）.

2005.12 "Aspects and Variations in Old Tibetan." 11th Himalayan languages Symposium and Workshop on Old Tibetan and Tibetan Dialectology,（Chulalongkorn Univ., Bangkok）.

2005.12 Two invited lectures at Harvard University: "Old Tibetan Wooden slips and Tibetan Administration of Central Asia," "Post-imperial Old Tibetan texts in the 10th Century and Thereafter."（Cambridge, 2005）.

2006.11 「古チベット文献研究の现阶段」东洋史研究会大会（京都大学文学部）.

2007.5 An invited lecture: "The Impact of the finds at Dunhuang on Tibetan Studies," A Hundred Years of Dunhuang, 1907—2007, The British Academy, the British Museum and the British Library, 17 – 19 May 2007.

2008.2 Two invited lectues at Oxford University, Oriental Institute:

·欧·亚·历·史·文·化·文·库·

"Problems and Progress in Old Tibetan Studies," "Post-imperial Old Tibetan texts in the 10th Century and Thereafter." 13th and 14th February 2008, Oxford University, Numata Distinguished Guest Speaker Series: The Advent of Buddhism in Tibet.

2008.5　An invited lecture: "The Universal Nature of the Tibetan Literary Tradition-Contributions of non-Tibetan Peoples." Colloque Edition, édition: l'écrit au Tibet, évolution et devenir, at Ecole Normale Supérieure, Paris.

2008.9　"The Present stage of deciphering Old Zhangzhung." with Ai Nishida. International Symposium on the Linguistic Substrata in Tibeto-Burman Area, at National Museum of Ethnology, Osaka, Japan.

2008.9　"Formation and transformation of Old Tibetan." International Symposium on the Linguistic Substrata in Tibeto-Burman Area, at National Museum of Ethnology, Osaka, Japan.

（武内绍人提供,杨铭摘编）

岩尾一史著述目录

一、著书（いずれも共著）

1.「Pelliot tib'etain 1078bis よりみた吐蕃の土地区画」,『日本敦煌学论丛』, 第 1 卷（2006 年 10 月）, pp. 1－26.

2. Imaeda Yoshiro, Takeuchi Tsuguhito, Hoshi Izumi, Ohara Yoshimichi, Ishikawa Iwao, Iwao Kazushi, Nishida Ai and Brandon Dotson (eds), *Tibetan Documents From Dunhuang kept at The Bibliothèque nationale de France and The British Library: Old Tibetan Documents Online Series vol.* 1, Institute for Languages and Cultures of Asia and Africa, Tokyo（2007 年 1 月）.

3. Iwao Kazushi, Nathan Hill and Takeuchi Tsuguhito (eds), *Old Tibetan Inscriptions: Old Tibetan Documents Online Series vol.* 2, Institute for Languages and Cultures of Asia and Africa, Tokyo（2009 年 3 月）.

4.「古代王朝の诸相」,『新アジア仏教史』第 9 卷, 佼成出版社, 东京（forthcoming）.

二、论文

（学位论文）

1.「吐蕃の翼制」（修士论文, 京都大学, 1999 年 3 月）

2.「吐蕃の国家と支配体制」（博士论文, 京都大学, 2005 年 3 月）

（单著）

1.「吐蕃のルと千戸」,『东洋史研究』, 第 59 卷第 3 号（2000 年 12 月）, pp. 1－33（查读论文）.

2.「吐蕃支配下敦煌の汉人部落—行人部落を中心に—」,『史林』, 第 86 卷第 4 号（2003 年 7 月）, pp. 1－31（查读论文）.

3.「吐蕃の万戸（khri sde）について」,『日本西藏学会々报』, 第

·欧·亚·历·史·文·化·文·库·

50 号（2004 年 5 月），pp. 3 – 15（查读论文）.

4.「キャ制（rkya）の研究序说—古代チベット帝国の社会制度—」,『东方学』第 113 辑（2007 年 1 月），pp. 118 – 103（逆页. 查读论文）.

5.「チベット支配下敦煌の纳入寄进用リスト— IOL Tib J 575, 1357（A），（B）の绍介—」,『敦煌写本研究报』，创刊号，（2007 年 3 月），pp. 165 – 189.

6. "On the Old Tibetan khri-sde," 沈卫荣（主编），『西域历史语言研究集刊』，第 1 辑，（2007 年 12 月），pp. 209 – 226.

7.「古代チベットの长さの单位：mda'と sor mo」,『敦煌写本研究报』，第 4 号，（forthcoming）.

8.「古代チベットの会计と支出处理：IOL Tib J 897 の事例より」,沈卫荣（编），『西域历史语言研究集刊』，第 3 辑，（forthcoming）.

9. "Organisation of the Chinese Inhabitants in Tibetan - rule Dunhuang," In：Scherrer-Schaub, C.（ed.），*Proceedings of the Tenth Seminar of International Association for Tibetan Studies*：*St. Hugh' Colledge*，Oxford，E. J. Brill，（forthcoming）.

10. "Dpya'（tribute）and Accounting Systems in the Old Tibetan Empire：an Introduction to Pelliot Tibetain 1128."In：Scherrer-Schaub, C. Takeuchi, T. and Dotson, B.（eds），*Proceedings of the Eleventh Seminar of International Association for Tibetan Studies*，E. J. Brill，（forthcoming）.

11. "Newly identified fragment of Old Tibetan Annals," In：Imaeda Yoshiro and Matthew T. Kapstein（eds），*Old Tibetan Doucments Online Monograph Series*，vol. 3，forthcoming.

12. "An Introduction to the Study of the unit of rkya：the Social System of the Old Tibetan Empire," *Memoirs of the Research Department of The Toyo Bunko* No. 67（forthcoming）.

13. "The Purpose of Sutra Copying in Dunhuang Under the Tibetan

Rule," In: Proceedings of the International conference "Dunhuang Studies: prospects and problems for the coming second century of research", Shanwu Yinshuguan, (forthcoming).

（共著）

Sam van Schaik and Kazushi Iwao, "Fragments of the Testament of Ba from Dunhuang", *Journal of American Oriental Society*, 128.3, pp. 477 – 488（2009 年 8 月．査読論文）.

三、その他

（エッセイ、辞典項目など）

1.「最近 10 間の日本における古チベット語文献研究」,『通讯』, 第 2 号（2004 年 6 月）, pp. 28 – 35.

2.「古代チベットと敦煌—チベット史・敦煌史における古チベット語文書の利用—」,『アジア研究情報ゲートウェイ』, http://asj. ioc. u – tokyo. ac. jp/html/asw. html,（2005 年 2 月）.

3.「吐蕃」項,『中国文化史辞典』, 大修馆书店, 东京,（forthcoming）.

（翻訳）

沈卫荣（著）, 岩尾一史（訳）,「元・明代ドカムのリンツァン王族史考证—『明実録』チベット史料研究（一）—」,『东洋史研究』, 第 61 巻第 4 号（2003 年 3 月）, pp. 76 – 114.

（口头发表）

1.「吐蕃支配下敦煌の汉人部落—行人部落を中心に—」, 第 15 回中央アジア学フォーラム（于大阪大学, 2002 年 3 月）.

2. "Organization of the Chinese Inhabitants in Tibetan-rule Dunhuang", *The Tenth Seminar of International Association for Tibetan Studies* (St. Hugh' Colledge, Oxford, 2003.9).

3.「吐蕃の万戸（khri sde）について」, 第 51 回日本西蔵学会（于仏教大学, 2003 年 11 月）.

4.「新资料绍介：dBa'-bzhed：The Royal Narrative concerning the

bringing of the Buddha's Doctorine to Tibet. Wien 2000」，第 17 回中央アジア学フォーラム（于大阪大学 2003 年 12 月）.

5.「吐蕃の税制关系术语について」，第 22 回中央アジア学フォーラム（于神戸市外国语大学，2004 年 8 月）.

6. "La gestion des greniers de Dunhuang a l'epoque tibetaine. Le cas de Ptib 1111", *Institutions religieuses, civiles et militaires du Tibet. Documents d'asie centrale, de Dunhuang et de Te（Mus-tang）*（Ecole Pratique des Hautes Etudes, Paris, 2005.5）.

7.「mda'―古代チベットの长さの单位―」，第 43 回野尻湖クリルタイ（日本アルタイ学会）（于野尻湖 2006 年 7 月 16 日）.

8. "Dpya'（the annual tribute）and its accounting system in the old Tibetan empire: an introduction of Pelliot tibetan 1128", *The Eleventh Seminar of International Association for Tibetan Studies*（Bonn, Aug. -Sep. 2006）.

9. "The Old Tibetan Documents Online Project: Method to Utilize KWIC System"，法藏敦煌藏文文献首发式暨敦煌藏学国际学术讨论会（2006 年 9 月 12 - 14 日）

10. "On To-dog in Tibetan-ruled Dunhuang"，中国历代边臣疆吏/ Official on the Chinese borders（于"台湾中央研究院历史语言研究所"/ Ecole francaise d'Extrême orient, Taipei, 2006 年 10 月 2—4 日）

11.「敦煌出土のチベット语『十万颂般若经』について」，私立大学学术研究高度化推进事业学术フロンティア「奈良平安古写经研究拠点の形成」研究会（于国际仏教学大学院大学 2007 年 1 月 22 日）

12.「敦煌チベット文十万颂般若经と写经事业」，第 7 回辽金西夏史研究会（于关西大学 2007 年 3 月 24 日）.

13. "The costs of copying Satasāhasrika -prajñapāramitā in Tibetan ruled Dunhuang"，*The 41st International Conference on Sino -Tibetan Languages and Linguistics*，（SOAS, London, Sept. 17 - 21, 2008）.

14. Sam van Schaik and Kazushi Iwao（共同発表），"Fragments of

Dba' bzhed from Tun Hong", *Dba' bzhed and the Early History of Tibet*, (SOAS, London, Nov. 24, 2008).

15.「敦煌の授戒関係資料」，私立大学学術研究高度化推進事业学术フロンティア「奈良平安古写经研究拠点 の形成」研究会（于国際仏教学大学院大学 2009 年 5 月 11 日）

16.「古代チベット帝国の農・牧の区別と征税制度」，第 46 回野尻湖クリルタイ（日本アルタイ学会）（于野 尻湖 2009 年 7 月 20 日）

17. "The purpose of the sutras copying in Dunhuang under the Tibetan rule", International Conference "Dunhuang Studies: *Prospects and Problems for the Coming Second Century of Research*", (Saint-Petersburg, Sept. 3－5, 2009).

18.「古代チベット帝国の陇右支配と「大军管区」(khrom chen po)」，第 37 回中央アジア学フォーラム（龙谷大学 2009 年 10 月 3 日）

（讲演、レクチャー）

1.「唐蕃会盟碑への道」，『第三回 TOKYO 汉籍 SEMINAR』（于学术総合センター，东京，2007 年 3 月 10 日）.

2. "Administrative system of the Old Tibetan Empire", (School of Oriental and African Studies, University of London, Feb. 26, 2009)

3.「古代チベットの服装」，『2009 度神户市外国语大学市民讲座:「チベットとシルクロードー古文书とフィールドからことばと文化を読むー」』（于神户市外国语大学，神户，2009 年 11 月 14 日）.

（赏罚）

1. 平成 20 度，第 27 回东方学会赏受赏（2008 年 11 月）［论文「キャ制（rkya）の研究序说ー古代チベット帝国の社会制度」［『东方学』第 113 辑）およびこれと关连する研究活动］.

（长期海外研修）

1. 2004 年 9 月 12 日ー2006 年 1 月 12 日:フランス、パリ（受入先研究机关:高等研究院）

2. 2007 年 4 月 1 日—2009 年 3 月 31 日：イギリス、ロンドン（受入先研究机关：大英図书馆国际敦煌プロジェクト）

（科学研究费获得状况、研究协力状况）

1.「吐蕃の国家と中央アジア支配体制の研究」科研费？特别研究员奖励费，平成 16 度 – 平成 18 度代表.

2. 东京外国语大学アジア・アフリカ言语科学研究所 COE 拠点「アジア书字コーパスに基づく文字情报学拠点」サブプロジェクト「古代チベット语文献オンライン（OTDO）」研究协力者（http://ot-do. aa. tufs. ac. jp／）.

3. 平成 19 度 – 平成 21 度科学研究费补助金（基盘研究 B）「古チベット语ユニオンデータベースの构筑と解析 – 言语接触を中心とする多层构造の解明」（研究代表者：神户市外国语大学外国语学部教授武内绍人）研究协力者.

（岩尾一史 提供，杨铭摘编）

藏文与拉丁字母转写符号对照表

ཀ	ཁ	ག	ང	ཅ	ཆ	ཇ	ཉ
k	kh	g	ng	c	ch	j	ny

ཏ	ཐ	ད	ན	པ	ཕ	བ	མ
t	th	d	n	p	ph	b	m

ཙ	ཚ	ཛ	ཝ	ཞ	ཟ	འ	ཡ
ts	tsh	dz	w	zh	z	v	y

ར	ལ	ཤ	ས	ཧ	ཨ		
r	l	sh	s	h			

后　记

上述评述与译文,大多是我和我的师友、同事们在 20 世纪的 80—90 代完成的,当时我还在重庆市博物馆工作。

为协助四川省藏学研究所和四川外语学院中国学研究所编辑内部刊物《国外藏学动态》,当时我除了到北京、成都等地四处约稿以外,还与我的师友、同事们身体力行,自己动手寻找资料,精心翻译,以上多数稿件就是在那一段时间内出炉的。所以在这本集子中,除少数几篇译文或评述经报刊正式登载过以外,多数或载于内部刊物《国外藏学动态》,或是近年来的新译,可以说多数篇目是首次正式与读者见面。

读者或可以看出,收在这本集子里的译文,要么是我自己翻译的,要么是我和同事共同翻译的,还有就是我与师友共同撰写的评述。这些译者或作者多数在重庆工作,或者是重庆人。因此,是否可以把这本集子看做是从事敦煌学、藏学研究或翻译的重庆方面军的成绩呢? 尽管这个方面军的规模有限,人数很少,但现在看来,他们同样为时下还是"显学"的敦煌学、藏学研究作出了自己的一点贡献。

说到这里,我要简单表列一下集子中部分作者或译者的情况:

刘忠:中国社会科学院历史研究所研究员;

周伟洲:陕西师范大学西北民族研究中心教授;

李禹阶:重庆师范大学教授;

刘豫川:重庆中国三峡博物馆研究员;

董越:重庆中国三峡博物馆副研究员;

赵晓意:原重庆教育学院、现浙江越秀外国语学院副教授;

杨壮立:成都铁路局信息处工程师。

在这里,我要向以上老师、学友、同事、朋友表示深深的谢意! 感谢他们与我合作,完成了这本集子中各篇译文的翻译、校订,各篇评述的撰写工作。同时,我还要感谢日本友人山口瑞凤、武内绍人、岩尾一史、石冢晴通、石冢恒子等，他们不仅乐意授予我们翻译其著作（或其继承的著作）的许可，而且还无偿地赠送作品、著作目录给我，为我们的编辑工作提供了极大的便利！

此外，还要感谢西北大学董志勇教授、中国藏学研究中心张云研究员、四川大学罗二虎教授、西南民族大学刘勇教授以及我的研究生王丽君、武丹等，他们或者校对了这本集子中的译文，或者对某篇译文的术语等内容提出过修订建议，从而使本集子的内容更加准确、专业，使之能更好地为国内从事敦煌学、藏学以及西北民族史的同仁提供参考、借鉴作用。

　　　　　杨铭　辛卯年孟春月于西南民族大学武侯校区

·欧·亚·历·史·文·化·文·库·

索 引

·欧·亚·历·史·文·化·文·库·

欧亚历史文化文库

已经出版

林悟殊著:《中古夷教华化丛考》 定价:66.00 元

赵俪生著:《弇兹集》 定价:69.00 元

华喆著:《阴山鸣镝——匈奴在北方草原上的兴衰》 定价:48.00 元

杨军编著:《走向陌生的地方——内陆欧亚移民史话》 定价:38.00 元

贺菊莲著:《天山家宴——西域饮食文化纵横谈》 定价:64.00 元

陈鹏著:《路途漫漫丝貂情——明清东北亚丝绸之路研究》

定价:62.00 元

王颋著:《内陆亚洲史地求索》 定价:83.00 元

〔日〕堀敏一著,韩昇、刘建英编译:《隋唐帝国与东亚》 定价:38.00 元

〔印度〕艾哈默得·辛哈著,周翔翼译,徐百永校:《入藏四年》

定价:35.00 元

〔意〕伯戴克著,张云译:《中部西藏与蒙古人
　　——元代西藏历史》(增订本) 定价:38.00 元

陈高华著:《元朝史事新证》 定价:74.00 元

王永兴著:《唐代经营西北研究》 定价:94.00 元

王炳华著:《西域考古文存》 定价:108.00 元

李健才著:《东北亚史地论集》 定价:73.00 元

孟凡人著:《新疆考古论集》 定价:98.00 元

周伟洲著:《藏史论考》 定价:55.00 元

刘文锁著:《丝绸之路——内陆欧亚考古与历史》 定价:88.00 元

张博泉著:《甫白文存》 定价:62.00 元

孙玉良著:《史林遗痕》 定价:85.00 元

马健著:《匈奴葬仪的考古学探索》 定价:76.00 元

〔俄〕柯兹洛夫著,王希隆、丁淑琴译:
　　《蒙古、安多和死城哈喇浩特》(完整版) 定价:82.00 元

乌云高娃著:《元朝与高丽关系研究》 定价:67.00 元

杨军著:《夫余史研究》 定价:40.00 元

梁俊艳著:《英国与中国西藏（1774—1904）》 定价:88.00 元

〔乌兹别克斯坦〕艾哈迈多夫著,陈远光译:

《16—18 世纪中亚历史地理文献》（修订版） 定价:85.00 元

成一农著:《空间与形态——三至七世纪中国历史城市地理研究》

定价:76.00 元

杨铭著:《唐代吐蕃与西北民族关系史研究》 定价:86.00 元

殷小平著:《元代也里可温考述》 定价:50.00 元

耿世民著:《西域文史论稿》 定价:100.00 元

殷晴著:《丝绸之路经济史研究》 定价:135.00 元（上、下册）

余大钧译:《北方民族史与蒙古史译文集》 定价:160.00 元（上、下册）

韩儒林著:《蒙元史与内陆亚洲史研究》 定价:58.00 元

〔美〕查尔斯·林霍尔姆著,张士东、杨军译:

《伊斯兰中东——传统与变迁》 定价:88.00 元

〔美〕J.G.马勒著,王欣译:《唐代塑像中的西域人》 定价:58.00 元

顾世宝著:《蒙元时代的蒙古族文学家》 定价:42.00 元

杨铭编:《国外敦煌学、藏学研究——翻译与评述》 定价:78.00 元

敬请期待

周伟洲著:《西域史地论集》

〔俄〕Т.Б.巴尔采娃著,张良仁、李明华译:

《斯基泰时期的有色金属加工业——第聂伯河左岸森林草原带》

李鸣飞著:《玄风庆会——蒙古国早期的宗教变迁》

马小鹤著:《光明的使者》

许全胜著:《黑鞑事略汇校集注》

张文德著:《朝贡与入附——明代西域人来华研究》

尚永琪著:《胡僧东来——汉唐时期的佛经翻译家和传播人》

筱原典生著:《西天伽蓝记》

桂宝丽著:《可萨突厥》

张小贵著:《祆教史考论与述评》

贾丛江著:《汉代西域汉人和汉文化》

王冀青著:《斯坦因的中亚考察》

王冀青著:《斯坦因研究论集》

王永兴著:《敦煌吐鲁番出土唐代军事文书考释》

薛宗正著:《汉唐西域史汇考》

李映洲著:《敦煌艺术论》

牛汝极著:《新疆文化的现代化转向》

蓝琪著:《16—19 世纪中亚各国与俄国关系论述》

许序雅著:《唐朝与中亚九姓胡关系史研究》

叶德荣著:《汉晋胡汉佛教论集》

〔俄〕波塔宁著,〔俄〕奥布鲁切夫编,吴吉康译:《蒙古纪行》

王颋著:《内陆亚洲史地求索》(续)

〔德〕施林洛甫著,刘震译校:《叙事和图画
　　——欧洲和印度艺术中的情节展现》

王冀青著:《斯坦因档案研究指南》

刘雪飞著:《上古欧洲斯基泰文化巡礼》

汪受宽著:《骊靬梦断——古罗马军团东归伪史辨识》

〔前苏联〕巴托尔德著,张丽译:《中亚历史》

徐文堪编:《梅维恒内陆欧亚研究文选》

〔前苏联〕К. А. 阿奇舍夫、Г. А. 库沙耶夫著,孙危译:
　　《伊犁河流域塞人和乌孙的古代文明》

徐文堪著:《古代内陆欧亚的语言和有关研究》

刘迎胜著:《小儿锦文字释读与研究》

李锦绣编:《20 世纪内陆欧亚历史文化研究论文选粹》

周晶著:《纷扰的雪山》

李锦绣、余太山编:《古代内陆欧亚史纲》

郑炳林著:《敦煌占卜文献叙录》

陈明著:《出土文献与早期佛经词汇研究》

李锦绣著:《裴矩〈西域图记〉辑考》

王冀青著:《犍陀罗佛教艺术》

王冀青著:《敦煌西域研究论集》

李艳玲著:《公元前 2 世纪至公元 7 世纪前期西域绿洲农业研究》

许全胜、刘震编:《内陆欧亚历史语言论集——徐文堪先生古稀纪念》

张小贵编:《三夷教论集——林悟殊先生古稀纪念》

李鸣飞著:《横跨欧亚——马可波罗的足迹》

杨林坤著:《西风万里交河道——明代西域丝路上的使者与商旅》

杜斗诚著:《杜撰集》

林悟殊著:《华化摩尼教补说》

王媛媛著:《摩尼教艺术及其华化考述》

〔日〕渡边哲信著,尹红丹、王冀青译:《西域旅行日记》

李花子著:《长白山踏查记》

王冀青著:《佛光西照——欧美佛教研究史》

王冀青著:《霍恩勒与鲍威尔写本》

王冀青著:《清朝政府与斯坦因第二次中国考古》

芮传明著:《摩尼教东方文书校注与译释》

马小鹤著:《摩尼教东方文书研究》

段海蓉著:《萨都剌传》

〔德〕梅塔著,刘震译:《从弃绝到解脱》

郭物著:《欧亚游牧社会的重器——鍑》

王邦维著:《玄奘》

冯天亮著:《词从外来——唐代外来语研究》

芮传明著:《内陆欧亚中古风云录》

王冀青著:《伯希和敦煌考古档案研究》

王冀青著:《伯希和中亚考察研究》

李锦绣著:《北阿富汗的巴克特里亚文献》

〔日〕荒川正晴著,冯培红译:《欧亚的交通贸易与唐帝国》

孙昊著:《辽代女真社会研究》

赵现海著:《明长城的兴起
　　——"长城社会史"视野下明中期榆林长城修筑研究》

华喆著:《帝国的背影——公元14世纪以后的蒙古》

〔前苏联〕伊·亚·兹拉特金著,马曼丽译:《准葛尔汗国史》(修订版)

杨建新著:《民族边疆论集》

〔美〕白卖克著,马娟译:《大蒙古国的畏吾儿人》

余太山著:《内陆欧亚史研究自选论集》